동아시아 역사 속의 여행 2

네트워크, 정체성

이 책은 한국학술진흥재단 기초학문 육성지원사업(KRF-2004-074-AM0005)의 연구지원을 받았습니다.

동아시아 역사 속의 여행 2

네트워크, 정체성

임성모 외 지음

산처럼

| 일러두기 |

1. 외래어 표기는 한글맞춤법 통일안의 외래어 표기법을 따랐다. 단, 중국 지명의 경우 전근대 시기의 것은 편의상 한글 발음으로 표기하고, 몽골어의 경우도 원음을 고려해서 일부 수정 표기를 했다.
   (예) 四川→사천(전근대)/쓰촨(근현대), 칭기즈칸→칭기스칸
2. 논저명 가운데 원음 표기보다 한자의 뜻이 가독성이 있다고 판단될 경우에 한글 발음으로 표기했다.
   (예) 『旅行月刊』→『여행월간(旅行月刊)』
3. 주는 가독성을 고려해 미주를 원칙으로 하되, 본문에 인용될 때에는 경우에 따라 인용문 말미에 출전을 밝힌 경우가 있다.

| 책을 내면서 |

흔히들 인생을 여행에 비유하곤 한다. 한 인간이 나서 자라고 늙어가는 희로애락의 과정route, 그리고 설령 원망願望에 그친다 할지라도 엄존하는 고향root 회귀의 지향이 구불구불한 여로 위에 펼쳐지는 부메랑과도 같은 여정tour과 사뭇 닮아 있는 탓일 게다. 그런 연유에서인지 대개의 성장소설들은 여행을 중요한 모티프로 삼아왔고 우리는 이런 문학작품들과 접하면서 '비유로서의 여행'에 꽤나 익숙해져 있다.

하지만 여기서 다루려는 것은 '비유로서의 여행'이 아니라 '실태로서의 여행'이다. 우리의 감성을 풍요롭게 만드는 문학적 대리체험의 세계와는 달리 이 책이 다룰 여행은 조금은 딱딱하게 이성을 작동시켜야 하는 역사적 직접체험의 세계이다. 고대 중국 사마천의 남방여행부터 근대 일본인의 만주관광에 이르기까지 동아시아 세계를 무대로 펼쳐졌던 다양한 여행들의 실태를 당대의 문맥에서 재구성해보려는 것이다.

마르코 폴로나 이븐 바투타의 사례에서처럼 동서고금을 막론하고 여행기는 중요한 문학 장르이자 정보 원천으로서 한 사회의 타자인식을 변모시키는 결정적 매체가 되곤 했다. 그러나 기존 역사학에서 여행기 분석 등을 통해 여행의 실태에 접근하려는 시도는 상대적으로 미미했다. 그것은 '진보'라는 화두에 골몰해온 근대 역사학이 시간성을 중시한 나머지 인간과 물자의 이동에 깃든 공간성의 문제를 경시해온 결과로 보인다.

역사란 모름지기 시간과 공간을 통합적으로 파악해야 그 전체상이 그려질 수 있음에도 불구하고 종래의 역사학은 공간의 측면을 지리학이나 지역학의 손에 넘겨준 감이 있다. 예컨대 여행기를 고찰할 때에도 여행 주체의 내적 욕구나 동기에 비해 여행의 외적 여건이나 환경은 경시되는 경우가 많았다. 공간이동의 인프라로서 교통, 운수, 무역, 관리체계, 지리 정보, 통번역 등에 관한 이해가 관건일 텐데도 말이다.

최근 들어 기존 역사서술의 이러한 공간 경시 편향을 반성하는 기운이 일고 있다. 환경사, 지역사, 도시사 등에 대한 관심이 높아지고 이주, 이민, 여행과 같은 테마가 새삼 부상하고 있는 것이 그 증거일 것이다. 그것은 시간과 공간을, 이념과 일상을 통합한 역사서술 본연의 모습에 접근하려는 방법론적 모색이기도 하다. 이 책 역시 그런 지향성을 공유하는 가운데 '실태로서의 여행'을 조명하고 이를 디딤돌 삼아 '방법으로서의 여행'에 다가서려는 자그마한 시도이다.

이 책은 한국학술진흥재단 기초학문 육성지원사업의 일환으로 2004년부터 2년간 연세대 국학연구원 동아시아 연구실이 추진한 프로젝트 '동아시아의 공간체험과 타자인식—여행, 정보, 네트워크의 문화사'의 최종 결과물이다. 동아시아 연구실의 구성원이 주로 중국사와 일본사 전공자였던 관계로 우리 연구팀의 작업은 중국, 일본의 역사적 여행에 집중됐다. '동아시아'를 '동북아'라는 좁은 범주로 설정한다고 해도 한국 등의 경험이 빠져버린 셈이다. 우리 연구팀은 그 부분을 이번에 두 권으로 발간되는 이 책의 제3권에 담기로 하고 현재 편집작업을 진행중임을 밝혀둔다.

그동안 우리 연구팀은 2005년과 2006년 두 차례의 심포지엄과 워크샵을 개최해 개별 연구성과들을 중간 평가하고 자체 점검할 기회를 마련했다. 회의장에 직접 왕림해서 고견을 피력해주셨던 전임 국학연구원장 전인초 선생님께 감사드린다. 기꺼이 사회를 맡아주신 강은경, 최윤오, 유용태 선생님, 그리고 번거로운 토론을 맡아 꼼꼼하고 날카로운 지적을 통해 연구의 얼개와 세부까지 일일이 맹점을 짚어주셨던 윤정분, 윤병남, 정병준, 전인갑 선생님께도 깊은 감사를 드린다.

연구팀 안에서 번거로운 회계 업무를 도맡아 처리해준 박경석, 김성수, 문정희 님께 감사를 드려야겠다. 그리고 심포지엄 등을 준비하고 종종 참석해 날카로운 질문을 던지기도 했던 연세대 사학과 석·박사과정의 학생들에게도 고마움을 전한다.

이분들의 도움이 없었더라면 우리 연구팀의 성과물들이 지금과 같은 연구수준을 확보하기 어려웠을 것이다. 타자와의 만남을 통해 자기정체성을 재구성하는 것이 여행의 알맹이라면, 이런 학술적 만남들이야말로 자기전공의 박제화된 폐쇄성을 뛰어넘어 인문학의 보편적 문법을 서로 고민하게 만드는 지적인 여행 그 자체라 할 것이다. 턱없이 미진하긴 하지만 이 책이 그처럼 풍요로웠던 담론의 성찬을 독자들에게 현장감 있게 전해줄 수만 있다면 더 바랄 나위가 없겠다.

연구를 시작하면서 우리 연구팀은 성과물을 먼저 관련 학술지에 발표해서 학술적으로 검증받은 뒤에 이를 토대로 각자 논문을 수정하여 별도의 단행본을 출간하기로 했다. 학술지와 달리 일반 독자를 상대로 한 글쓰기를 시도하려 했던 것인데, 막상 모아놓고 보니 독자들의 구미에 맞을지 솔직히 자신은 없다. 역시나 전공의 벽을 허무는 작업이 그리 만만한 일은 아니다. 하지만 이번 작업을 계기로 좀더 많은 독자들과 만날 채비를 시작할 수 있게 된 것은 우리 연구팀의 소중한 자산이 되지 않았을까 내심 위로를 해본다.

　여행은 탐험과 관광 사이에 있다고들 한다. 탐험이 미지의 세계를 향한 불안한 여정, 관광이 기지既知의 세계로 가는 편안한 여정이라면, 여행은 그 중간쯤에 자리잡고 있다는 뜻일 게다. 동아시아 역사 속의 여행을 조감해본 우리의 연구 여정도 불안과 기대가 뒤섞인 여행 그 자체가 아니었나 싶다. 이 책의 출간 역시 우리에게는 불안 반 기대 반의 또 다른 여행이 될 것이다. 독자들에게도 이 책과의 대면이 의미 있는 여행의 시발점이 됐으면 한다. 그렇게 길은 끝없이 이어지고 만들어져가는 것이리라.

　끝으로 어려운 출판계 상황에도 아랑곳없이 우리 프로젝트 성과물의 출간을 선뜻 맡아주신 도서출판 산처럼의 윤양미 사장께 깊이 감사드린다. 아울러 우리 연구팀이 2년간 연구에 전념할 수 있도록 물심양면으로 지원해주신 한국학술진흥재단 관계자 여러분들께도 진심으로 감사의 뜻을 전한다.

2008년 8월 15일
임성모

동아시아
역사 속의 여행 2 ——— 차례

책을 내면서 5
총설 동아시아 여행 속의 네트워크와 정체성 • 임성모 13

제3부 네트워크

제국 경략에 미친 고대 순행의 유산 _ 김선민 37
● 황제·관료·군대의 대규모 집단여행
  1. 순행의 기원 37
  2. 수 양제의 순행 39
  3. 순행의 효과와 영향 59

송대 여행인프라와 문화체험 _ 김종섭 70
● 조진成尋의 『참천태오대산기』를 중심으로
  1. 조진의 입송入宋 준비 72
  2. 송대의 여행 인프라 75
  3. 조진의 문화체험 87
  4. 일상문화체험 100

송·원대 남해인식과 남해여행 _ 김영진 110
  1. 송·원대 남해인식과 남해항로 112
  2. 남해여행 여건의 성숙과 남해여행자들 129
  3. 왕대연의 남해여행과 『도이지략』의 세계 157

5세 달라이 라마 북경행의 배경과 17세기 내륙아시아 네트워크 _ 김성수 172

1. '위대한 5세'의 시대, 17세기 내륙아시아 172
2. 청조는 왜 5세 달라이 라마를 초빙했는가 178
3. 17세기 청조와 티베트 교단의 사자使者 서친 초르지 189
4. 5세 달라이 라마, 북경행에 오르다 199
5. 17세기 내륙아시아의 네트워크 210

근세 후지신앙의 성립과 그 전개 _ 이계황 215

1. 후지신앙의 창시자, 가쿠교 216
2. 미로쿠와 그의 사상 221
3. 후지코와 후지즈카 230

민국 시기 상하이 우성여행단과 '레저여행' _ 박경석 246

1. 20세기 초반 여행의 일반적 양태 251
2. 우성여행단의 창립 254
3. 우성여행단의 활동 262
   여행, 공연, 체육, 봉사
4. 단원의 모집과 성장 267
5. 단체여행의 진행 270

제4부 정체성

사마천의 남방여행과 천하인식 _ 김유철 277

1. 사마천의 여행 경과와 그 성격 277
2. 1차 여행의 경위와 목적 288
3. 『사기』에 나타난 남방민족에 대한 기록의 허실 303
4. 사마천에게 여행의 의미 315

명조明朝에서 본 류큐왕국의 정체성 _ 차혜원 320
- 만력연간(1573~1620) 명조의 류큐정책을 중심으로
  1. 류큐의 '왜경倭警' 전달과 명조의 대응 323
  2. 책봉 논의의 전개와 그 성격 329
  3. 책봉사 하자양夏子陽이 본 류큐 336

메이지 관료의 '문명'인식 _ 방광석 347
- 이와쿠라사절단의 재조명
  1. 이와쿠라사절단과 '문명화' 349
  2. 서양 '문명'의 상대화와 체제개혁 구상 362

일본인인가, 중국인인가 _ 백영서 369
- 20세기 전반기 중국여행을 통해본 대만인의 정체성
  1. 여행을 위한 준비 369
  2. 식민지 시기 대만인의 대륙여행 조건 372
  3. '고아의식'을 조성한 대만인의 중국여행 374
     우줘류의 정신세계
  4. 여행 후기 385

미주 391
수록논문 중 발표된 글의 출처 439
지은이 약력 440
찾아보기 443

총설
동아시아 여행 속의 네트워크와 정체성

임성모

1

 여행은 낯선 공간으로의 이동과 귀환을 전제로 하는 행위이다. 인간은 자신이 속한 낯익은 공간의 고유한 한계를 안은 채 자기세계의 인식 수준에서 여로를 시작한다. 낯선 여정을 통해 다른 공간과 사물, 인간을 마주하며 얻게 되는 타자에 대한 인식은 세계인식의 지평을 넓혀주는 동시에 일상 속에서 감지할 수 없었던 자기공간의 고유한 특징을 좀더 분명히 깨닫게 만드는 계기가 된다. 그 결과 역사상으로 펼쳐진 다양한 여행들은 한 사회의 구성원들이 유지해온 의식체계와 행동양식의 여러 층위에 중요한 변화를 초래하는 경우가 많았다.
 여행의 '여旅'는 본디 '이동하다' 혹은 '무리를 지어 옮겨다니다'라는 뜻이다. '이동'은 정주定住생활 이전의 대다수 인간들에게 생존을 위한 본능적 행동양식이었다. 문명이 형성된 뒤로도 이동은 인간 생활의 불가결한 일부였으나, 차츰 영구적 '이주'로 이어지는 이동과 달리 귀환을 전제로 하는 '여행'이 새로운 개념으로 등장했다. 여기에 다시 '투어(리즘)tour(ism)'의 번역어로서 근대 동아시아에 정착된 '관광觀光'이라는 말은 '타국의 우수한 문물을 살핀다觀國之光'라고 하는 중국 고전에서의 원래의 공적인 의미를 뛰어넘어 여가와 견문이라는 사적인 요소를 여행이라는 용어 속에 가미시켰다.

여행은 전통에서 근대로의 이행을 극적으로 대비시키는 문맥에서 조명되기도 한다. 일반적으로 서양에서는 '여행travel'의 어원을 '수고travail'에서 찾는다. 일본의 민속학자 야나기타 구니오柳田國男가 '수고·고통'과 동의어였던 '다비旅'로부터 즐거운 '료코旅行'로의 전환이 근대의 '새로운 문화의 음덕'이라고 칭송했을 때,[1] '다비'가 'travel', '료코'는 'trip/tour'에 상응한다고 볼 수 있겠다. 반면에 미국의 역사학자 다니엘 부어스틴Daniel J. Boorstin은 자발적이고 적극적이던 '여행'이 근대화과정을 거치면서 타율적이고 소극적인 '관광'으로 변모했다고 하여 산업화의 부작용을 비판한 바 있다.[2]

하지만 어떤 입장을 취하든 전통과 근대, 여행과 관광을 이분법적으로 대비시키는 이러한 논리는 사태를 지나치게 단순화시킬 우려가 크다. 여행이 지닌 고통과 쾌락, 능동성과 수동성, 일상과 일탈의 측면은 동전의 양면처럼 그 경계가 희미함에도 불구하고 이를 무리하게 나눠보려고 하기 때문이다. 오히려 온갖 경계를 횡단하는 '공간체험'으로서 여행이 지니는 문화적 보편성을 전제로 해서 그것이 특정 지역에서 역사의 각 국면마다 변모하는 양상들에 주목하는 편이 더 생산적이지 않을까. 그런 맥락에서 우리는 여행을 "경계를 넘어 타자와 대면하고 타자인식을 통해 자기정체성을 변화시키는 문화적 공간체험"이라는 광의의 개념으로 사용하면서 전통에서 근대를 관통하는 동아시아의 통시적 맥락 속에서 그 구체적인 양상에 접근해보고자 했다.

우리가 역사적 현상들 가운데서 특히 여행에 주목한 까닭은 세 가지, 즉 여행의 사회성, 역동성, 그리고 거울상mirror-image 때문이다. 우선 여행은 극히 보편적인 인간행위임과 동시에 다양한 문화적 상징과 가치체계를 함축하는 사회적 행위이다. 여행의 관념과 형식에는 그 시대의 경계넘기, 정보와 교류, 네트워크, 정체성 등과 직결되는 한 사회의 인식 지평이 반영되게 마련이다. 또한 여행은 그 과정에서 다양한 우연적 계기가 작동하는, 그 자체로 매우 역동적인 현상이다. 때문에 정보와 교류, 인식의 전환 등과 같이 그 실체를 파악하기 힘든 가변적 역사공간을 규명하는 데 있어서 여행은 매우 유용한 테마가 될 수 있다. 무엇보다 타자와의 만남인 여행은 개인과 집단 속에 체화된 한 사회의 경험과 지식, 인식체계, 때로는 편견과 선입견까지도 함께 소통시키는 매개체로서의 측면을 지닌다. 그렇기에 역사상의 다양한 여행체험은 여행기 등을 통해 사회적으로 확산되는 과정에서 타자에 대한 인식을 형성하는 간접적 계기를 제공하는 동시에 자기정체성을 비추는 '거울'로서도 기능해왔다. 또한 여행은 자신과 타자의 경계를 창출하는 동시에 그 경계를 뛰어넘을 수 있는 가능성까지도 만들어내는 것이다.

지금까지 동아시아 역사연구의 영역에서 여행의 이러한 측면들이 통시적으로 검토된 경우는 거의 없었다. 이제 여행의 다양한 역사적 양상들을 분석함으로써 자연적 혹은 인위적으로 구획된 동아시아 역사상의 공간들이 인간행위와 어떤 식으로 상호작용을 했는지, 또 공간이동의 다양한 체험들이 그 사회에 어떤 유산을 남겼는지 체계적으로 규명해야 할 시점이 됐다. 동아시아에서 전통과 근대를 관통하는 여행의 양상들에 대한 이해를 통해서 우리는 동아시아의 각 역사 단위들에 나타나는 공간체험의 고유한 특징, 만남과 상호인식, 자기정체성 변화의 문제로까지 인식의 지평을 넓힐 수 있을 것이다.

우리의 연구는 전체적으로 새로운 공간체험에 의해 타자인식이 형성되는 여행을 경계넘기, 정보와 교류, 네트워크, 정체성이라는 네 가지 관점에서 접근했다. 물론 여행은 이들 가운데 하나의 성격을 갖는다기보다 네 가지 특징을 많든 적든 모두 지니고 있는 것이 일반적이다. 다만 여행이 이루어지는 배경과 역사성에 근거하여 가장 특징적인 부분이 강조될 수 있을 뿐이다. 이런 맥락에서 경계넘기, 정보와 교류의 특징이 드러나는 여행을 제1권으로, 네트워크와 정체성이 강조되는 여행을 제2권으로 나누어 편집했음을 밝혀둔다.

2

여행은 여행자의 내적 욕구나 동기뿐만 아니라 이를 가능하게 하는 외부적 여건·환경에 의해서 크게 좌우된다. 여행을 파악하는 데 있어서 교통, 운수, 무역, 국가·민간의 관리체계, 지리 지식에 입각한 정보 등에 관한 이해가 필수적인 것도 이 때문이다. 네트워크란 일차적으로 이러한 여행인프라의 측면을 의미한다. 하지만 네트워크에는 여행과정을 통해서 구축되고 변용되는 사회적 관계망이라는 측면도 포함된다. 여기서는 이 두 가지 측면을 모두 포괄하는 개념으로서 네트워크라는 용어를 사용했다.

제3부에서는 이처럼 여행의 과정에서 형성되는 다양한 네트워크의 양상들을 고찰한다. 관료군의 대규모 집단여행이기도 했던 수 양

제의 순행을 통해본 제국 네트워크의 양상, 중세 일본인 승려의 송나라 여행기에 나타난 송대의 여행인프라와 문화체험, 송·원대 중국의 남해 여행인프라와 그 네트워크가 남해인식의 심화에 미친 영향, 티베트 달라이 라마의 북경여행을 통해 드러나는 17세기 내륙아시아의 정치네트워크, 에도江戶 시기 일본의 후지산 신앙에 기반을 둔 민간의 종교네트워크, 후지코富士講의 조직과 그 특징, 20세기 전반기의 중국에서 레저와 근대성에 대한 관심이 종래의 내셔널리즘적 지향에 변화를 일으킨 양상을 보여주는 상하이 민간 여행단체의 실태 등이 그 구체적 분석 대상들이다.

군주와 관료집단이 일상적 생활과 의례를 영위하는 경사京師 중심의 한정된 공간을 벗어나 새로운 환경, 민족, 문화를 체험한다는 의미에서 '순행巡幸'은 광의의 여행 개념에 포함시킬 수 있는 현상이다. 순행은 무엇보다 국가적 공간통합의 의례였다. 군주라는 상징을 중심으로 영토가 공간적 일체성을 획득함을 보여주는 장치였기 때문이다. 순행은 국가의 영역을 하나로 잇고 그 네트워크의 정점에 군주가 자리잡고 있다는 것, 그리고 군주의 자애로운 시선 아래 영토와 주민, 즉 신민臣民이 규율화된다는 것을 상징적으로 시위하는 통치행위였다. 정복행위를 함의하는 '순수巡狩'라고도 불린 '순행'에서 '행幸'이란 곧 '군주의 은혜'를 뜻했다. 후한後漢 채옹蔡邕의 말처럼 "황제의 가마가 이르는 곳마다 신민은 그 은혜를 입는다. 그 혜택은 이루 헤아릴 수 없기에 '행'이라는 말이 사용됐던" 것이다.[3] 황제의 순행은 여행이라는 형식을 빌려 '은혜로운' '제국네트워크'를 형성하고 가동시키는 정치적 장치였다는 측면에서 주목할 필요가 있다.

중국사에서 순행으로 유명한 황제라면 보통 진 시황과 한 무제를 떠올리지만, 김선민의 「제국 경략에 미친 고대 순행의 유산」은 오히려 수 양제에 주목한다. 양제는 두 황제와 비교해도 결코 뒤지지 않을 만큼 순행에 적극적이었음에도 도읍 건설과 운하 개착, 고구려 원정 등에 가려져서 그동안 상대적으로 덜 조명되어왔기 때문이다. 양제의 순행은 그의 짧은 재위 기간을 감안할 때 장기간에 걸친 원거리 순행의 두드러진 사례인데, 이 글은 양제 순행의 행선지와 규모, 그리고 그 여정에서 무엇을 보고 어떤 일을 했는지를 특히 3차에 걸친 북부 지역의 순행北巡을 중심으로 해서 입체석으로 재구성한다.

수 양제의 순행이 제국 지배에 미친 역사적 유산을 필자는 크게 두 가지로 정리하고 있다. 첫째는 지배층에게 안전한 '국토 순례'의 기회를 제공했다는 점이다. 관료후보군까지 포함되는 이들 참여자에게 순행은 곳곳에 위협요소가 도사리고 있는 지배영역에 대해 견문을 넓힐 수 있는 천재일우의 기회였다는 것이다. 둘째는 출발 전에 치르는 각종 의례와 통과 지역의 명산대천 및 역대 제왕의 능묘에 지내는 제의를 통해서 참가자들이 전통 문화의 체험과 자국 역사에 대한 자긍심을 높일 수 있는 계기가 됐다는 점이다. 아울러 수많은 주변 이민족 군장들이 순행지로 내조來朝하는 것을 직접 목도함으로써 중화의식을 배양하는 토대로 작용했다는 점이다. 김선민은 고구려에 대한 수나라의 집요한 정벌도 이렇게 고양된 중화의식을 배경으로 감행됐을 것이라는 진단을 내린다.

동아시아에서 순행은 결코 전근대의 '유물'에 그치는 사안이 아니었다. 근대화의 물결 속에서 군주제를 폐지하고 공화제로 전환한 중국이나 한국과는 달리 일본은 천황제라는 군주제를 '근대화'시키는 데 순행을 대대적으로 활용했다. 메이지明治 시기 45년간 무려 97회의 크고 작은 순행이 일본열도 구석구석까지 시행됐다.[4] 새로운 지배자로서 천황을 국민(신민)들에게 알리고 영토적 통일성과 국민적 일체감을 창출하는 작업이었던 이 순행을 최근에는 '시선의 정치'라는 관점에서 접근하기도 한다.[5] 중요한 것은 근대 일본이 동아시아의 '전통'을 유럽 군주제의 의례와 접합시켜 근대적인 형태로 다시금 '창조'해냈다는 점이다. 이처럼 순행은 동아시아사를 관통하는 '제국네트워크'의 핵심적 장치였던 것이다.

제1권에서 도쿠가와德川 시기 일본 농민들의 이세伊勢여행을 분석한 이계황의 글(「에도 시대의 여행환경」), 또 몽골제국의 잠치제도를 분석한 김성수의 글(「몽골제국 시기 유라시아의 광역 교통망 잠치」) 등에 이미 부분적으로 언급되어 있듯이, 여행에는 그것을 가능케 하는 교통로, 운송체계, 숙박시설, 정보망, 그리고 통역과 같은 각종 인프라들이 요청된다. 제2권에서는 중국 송·원대와 근대 시기에 발달한 여행인프라를 집중적으로 조명했다. 송·원대의 경우 중국 내륙여행에 동원된 인프라와 해상여행, 특히 남해南海여행에 동원된 인프라를 함께 다뤘으며, 근대의 경우에는 민간여행사의 설립과 전개과정을 통해 근대적 여행인프라의 일면을 조명했다.

먼저 김종섭의 「송대 여행인프라와 문화체험─조진成尋의 『참천태오대산기』를 중심으로」는 11세기 일본과 송 사이의 비공식적 여행을 통해서 본 여행인프라의 사례 분석이다. 9세기 말 이후 당나라로 보내는 외교사절을 중지해 공식 교류를 끊고 있던 일본은, 송대에도 송 상선과 사람의 입국을 제한하고 일본인의 송 입국 또한 제한하고 있었다. 조진成尋은 바로 이 시기에 조정의 허락도 받지 않은 채 중국으로 건너간 일본 승려로서, 송 황제 신종神宗의 권유를 받아 중국에 체재하다가 객사했다. 그의 여행 일기인 『참천태오대산기參

天台五臺山記』는 엔닌圓仁의 『입당구법순례행기入唐求法巡禮行記』에 비해 세간의 주목을 덜 끌어왔다.[6] 엔닌이 일본으로 귀국해 교단 안의 자기위상을 확립한 데 반해서 조진은 송에서 객사함으로써 교단의 외부에 머물러 있었던 탓이다. 이 글은 『참천태오대산기』를 분석한 국내 최초의 연구로도 의미가 있다.

김종섭은 송대에 외국인이 이용할 수 있었던 교통·숙박시설 등의 여행인프라에 대해서 고찰했다. 우선 여행허가증에 해당하는 공이公移의 발급 등 여행 관리체제의 실태를 조명한다. 그리고 조진이 이용한 인프라가 신종 알현을 전후로 해서 변모했음을 밝혔다. 알현 이전의 천태산 여행은 제한된 경비로 인해 공식 사절단의 교통·숙박에 비해 각종 제약이 따랐지만, 그 이후의 오대산 여행은 공식 사절급 대우를 받으며 말까지 제공받고 관리에 준하는 양질의 숙식을 제공받았다는 것이다. 동서고금을 막론하고 여행인프라의 신분적 또는 계급적 격차를 엿볼 수 있는 대목이다.

이 글에서 각별히 주목할 부분은 통사通事(통역) 진영陳詠의 역할이다. 국가가 임명하는 정화鄭和 원정 이후의 통사와는 달리 민간에서 고용했던 당시의 통사들은 통행증 발급, 여행 도정의 통과 절차 등 여행 관련 업무를 도맡았다. 장기 거주 문제 등 외국인과 관련된 일반 행정 업무도 대행해주었으며 교통 및 숙박 알선, 여행지 입장허가 등 현지 가이드 역할까지 했다. 당시 통사라는 존재는 외국으로 송의 문화를 전달하는 가교였던 셈이다. 어쩌면 통역은 국외여행에서 가장 기본적인 인프라라고도 할 수 있을 것이다. 그럼에도 불구하고 이 문제에 대한 연구는 극히 미흡한 실정이다. 외교와 관련된 통역의 사례 분석은 일부 있으나[7] 통시적이고 종합적인 통(번)역 연구는 아직 본격화되지 못하고 있다. 여행 연구 차원을 뛰어넘어

인문학 전체의 향후 과제가 아닐 수 없다.

한편 김영진의 「송·원대 남해인식과 남해여행」은 중국사상 유례 없이 해상활동에 적극적이었던 12~14세기 남송과 원대의 남해여행을 고찰한다. 종래의 '남해' 연구가 대개 동서교섭사나 대외무역사의 관점에서 이루어져왔던 반면, 여기서는 남해 지역의 사정을 담은 당시의 사료를 토대로 남해 항로의 구체적인 인프라 실태와 중국인의 남해인식의 변천을 살피고 있다.

당 중기 이후 토번吐蕃과의 대립 등으로 육상교통로가 자주 막히자 중국인의 해상활동이 활발해지면서 '해상 실크로드'의 초석이 닦였다. 당은 아랍·페르시아 상인의 해상무역을 적극 권장하는 한편 해외무역에 관한 사무를 일괄 관장하는 시박사市舶司를 광주에 설치했다. 광주를 중심으로 활성화된 남해무역은 송 왕조가 당의 무역정책을 계승하면서 더욱 성장했고 그 추세에는 원대에 이르러 강화됐다. 원대에 천주를 방문한 마르코 폴로와 이븐 바투타는 천주를 세계 최대 무역항의 하나로 거론했는데, 천주의 성장으로 상징되는 남해무역은 원대에 접어들어 군사적 경략經略과 병행해서 추진되는 가운데 전례 없는 성장을 보였다. 쿠빌라이의 남해 경략 이후 인도 서해안까지 원 왕조의 영향력이 미쳤기 때문에 인도양을 누비는 원대 중국인의 남해무역은 그 규모가 더 커졌다. 당시 페르시아에 쿠빌라이의 동생 훌라구의 일한국이 있었던 것도 중국 상선의 페르시아만 일대 자유왕래와 무역에 유리한 환경을 조성해주었다.

송·원대의 남해여행에서 주목할 점은 첫째로 항해기술과 조선기술의 발달이다. 지남침의 보편화에 따른 항해기술의 발달은 해상활동의 안전성을 증대시켰으며, 조선기술의 진보는 선박의 성능 향상 및 대형화, 적재 능력의 제고로 이어져 해상운송 능력을 증대시켰다. 이는 당시 사람들에게 해외 진출과 여행의 기회를 더 많이 제공할 수 있는 인프라를 구축하는 일이기도 했다. 두 번째로 주목할 점은 무역 상인을 통한 정보의 획득과 그 전파이다. 일반적으로 전근대 중국에서 해외정보는 사신, 상인, 승려의 왕래를 통해 얻어진 정보가 그 원천이었다. 그러나 외국 사신의 입국으로 얻어지는 정보는 뒤늦게 공식 편찬물에 공개되기 때문에 일반인은 해외무역 상인들을 통해서 정보를 얻었다. 문집이나 지방지에 수록된 관련 기록도 중요한 정보원이기는 했으나, 이들 역시 철지나거나 단편적인 경우가 많아서 생생한 정보를 얻으려면 상인을 통해야 했다. 김영진은 남송대의 중요한 해상海商과 관료들이 남긴 기행문, 그리고 원대의 저명한 여행가 왕대연汪大淵의 여행기를 분석하여 당시의 항로, 선박, 숙식 등의 여행인프라를 규명하는 한편, 중국인의 남해여행을 통한 세계인식의 문제를 조명하고 있다.

김영진도 지적하고 있듯이, 종래의 동아시아사는 육지에서의 인간활동을 중심으로 삼아왔다. 항해, 어업, 해상무역, 해적, 해상민海上民 등, '지역地域'이 아닌 '해역海域'에서의 활동은 역사적으로 경시 또는 무시당해왔던 셈이다. 유럽사에서 브로델F. Braudel의 『지중해』(1966)가 간행된 뒤 해역사 연구가 심화된 데 비하면 '해역 아시아' 연구는 일국사적 차원에서도 지역사적 차원에서도 여전히 낙후되어 있다.[8] 이 글은 동아시아 해역사 연구의 일환으로서도 중요성을 갖는다.

박경석의 「민국 시기 상하이 우성여행단과 '레저여행'」은 1930년대의 상하이에 등장한 민간의 자생적 여행 전문단체들 가운데 중·상류층 시민들의 주목을 받았던 우성여행단의 사례를 통해서 내셔널리즘에 압도되지 않은 일상성의 측면을 미시사적으로 규명한다.

새로운 교통수단과 서비스의 등장에 의한 여행의 근대적 변모를 산업네트워크의 차원에서 접근하고 있다.

1920년대 후반 산업자본이 일정하게 축적되고 서구의 근대적 여행 풍조가 유입되기 시작하면서 중국에서는 최초의 여행사가 설립되고 다양한 여행기를 수록한 『여행잡지』 등이 발간됐다. 상하이의 우성여행단은 사회교육이나 구호활동과 같은 공익성 기능을 수행하는 일반적 사회단체의 면모를 가짐과 동시에, 기본적으로는 '레저로서의 여행'을 즐기기 위한 '오락성 클럽' 가운데 하나였다. 이들 '여행클럽'은 서구의 여행사를 이식해서 만든 영리 목적의 '중국여행사'와 경쟁하면서 일정하게 대안적 역할을 하기도 했다. 이 글은 우성여행단의 창립 경위, 참여자들의 출신 배경과 여행단 창립 이유 및 여행에 대한 인식, 구체적인 활동과 성장과정, 단체여행의 사례 등을 분석함으로써 여행단의 역사적 의의를 조명하고자 했다.

박경석은 결론적으로 두 가지 특징에 주목하는데, 첫째로 사회단체를 매개로 한 근대 여행의 발흥이 중국 근대 여행의 특징적 면모 중 하나라는 점이고, 둘째로 우성여행단의 여행이 기본적으로 '여가를 즐기기 위한' 여행이었다는 점, 즉 '여행도 구국에 봉사해야 한다'는 행태 이외에 여행 자체를 즐기려는 경향이 함께 존재했다는 점이다. 그러나 민간의 이러한 상대적 자율성은 중일전쟁에 이은 '신중국' 수립 이후 가시화되지 못했다고 한다. 이 글은 내셔널리즘 일변도의 사회사 연구를 비판적으로 넘어서는 문화사 연구의 성과이며, 아울러 다양한 사진자료를 함께 제시하고 있어 독자들의 흥미를 배가시킬 것이다.

앞서 언급했듯이 네트워크에는 인프라로서의 측면뿐 아니라 사회적 관계망으로서의 측면이 존재한다. 동아시아에서 관계망으로서의 네트워크를 형성함에 있어서 종교는 역사적으로 중요한 역할을 담당해왔다. 위의 김종섭의 연구도 송대 중국과 일본 간에 존재했던 학승學僧네트워크를 다룬 것이라고 볼 수 있는데, 여기서는 종교를 매개로 한 국제적·일국적 네트워크의 사례를 17세기 내륙아시아와 18세기 일본에서 각각 찾아보았다.

먼저 김성수의 「5세 달라이 라마 북경행의 배경과 17세기 내륙아시아 네트워크」는 이 시기 내륙아시아라는 역사공간의 형성을 청조의 군사적 팽창의 결과로만 설명해온 종래의 관점에 이의를 제기한다. 17세기를 전후한 내륙아시아의 경우, 전통적으로 몽골의 후퇴와 청조의 서진이라는 두 가지 측면에 관심이 집중되어왔다. 청조에 대한 주변 민족의 대응과 그 가운데 오늘날 중화인민공화국의 판도가 형성되는 과정을 밝히는 데에만 주력해온 것이다. 그러나 김성수는 오히려 티베트 불교에 의해 구성된 불교세계를 청조 중심으로 통합하려 한 측면이 조명되어야 한다고 본다. 17세기 내륙아시아의 역사는 청조, 몽골, 티베트의 삼각관계 속에 전개됐고, 이들은 모두 티베트 불교 신자로서의 정체성을 공유하는 가운데 '불법의 보호자'로 정형화된 '승려와 세속 군주'의 관계 속에 얽혀 있었다는 것이다.

김성수는 이 시기에 광역 국가의 황제인 청 황제가 티베트 불교 전파 지역을 대변하는 통치자로서 문수보살의 화신으로 묘사되기에 이르며, 그 과정에서 5세 달라이 라마의 북경 방문과 순치제順治帝와의 회견이 결정적 계기를 제공했던 것으로 본다. 17세기 내륙아시아는 다양한 정파의 치열한 경쟁 속에서도 스스로를 티베트 불교 신자로 자리매김하고, 교단의 수호자로서 역할을 얼마나 충실히 수행할 수 있는지를 세속 군주의 덕목으로 여겼다. 이런 시대적 분위기 속에서 티베트 교단은 자연히 내륙아시아 각 정파의 종교적 숭배의 대상인 동시에 대화의 창구 역할을 수행하게 된다. 달라이 라마의 북경행은 당시 티베트 내부 여러 교파 간의 경쟁 속에서 교단과 청조의 관계 개선 또는 이후 겔룩 교단을 절대 우위의 상황으로 만드는 데 결정적인 역할을 했던 것이다. 청대사, 몽골사, 티베트사가 내륙 아시아라는 광역의 역사공간에서 서로 긴밀하게 네트워크화된 시기로서 17세기를 조망하고 있는 것이다. 이 글은 현실정치적 관점을 그대로 투영한 소급적 역사해석 대신에 당시의 종교적 통합이라는 측면에 초점을 맞춤으로써 일국사적 역사인식을 해체시키는 데에도 일조할 것이다.

한편 이계황의 「근세 후지신앙의 성립과 그 전개」는 18세기 일본의 대표적 민간신앙인 후지富士신앙이 어떠한 사회적 네트워크에 의해 성립·전개됐는지를 검토한다. 후지산은 산악신앙이 생겨난 6세기 이래 신앙의 대상이었으나 민간인의 후지산 등정이 늘어나는 것은 16세기 이후의 일이며, 후지신앙이 민중에게 일반화되는 것은 18세기 후반의 후지코富士講가 결성된 이후였다. 이계황은 후지신앙의 창시자 및 계승자의 생애와 사상을 고찰하는 가운데, 후지코라는 네트워크와 그 종교적 상징물인 후지즈카富士塚에 주목한다.

후지신앙의 태두인 가쿠교角行는 1560년 후지산에 오른 이후 전국 각지를 돌며 수행을 계속해 종교적 능력을 얻었다. 그는 후지산을 우주의 중심이자 만물의 근원으로 자리매김하면서 당시의 서민들에게 도덕적인 삶을 강조했다. 그는 슈겐도修験道가 서민을 현혹시켜 세상을 어지럽힌다고 비판하면서 도쿠가와 막번체제의 틀 밖에서 민간신앙으로서 후지신앙을 성립시켰다. 가쿠교의 계승자인 미로쿠身禄는 가업家業과 중생구제에 힘쓸 것을 강조하며 근검절약과 이타행利他行을 몸소 실천하다가 현실정치를 부정하면서 스스로 죽음의 길을 택했다.

후지코는 미로쿠의 입정入定 이후인 18세기 중반부터 결성되기 시작하여 19세기 전반기에 절정을 이뤘다. 에도 및 그 인근 지역에 후지즈카가 축조된 것도 같은 시기였다. 후지코는 조町공동체나 나카마仲間조직과는 달리 개인의 필요에 따라 아래로부터 결성되는 인적 결합 형태를 취했다는 점에서 주목된다. 이는 후지산 등정만을 목적으로 하는 인적 결합조직이 아니라 일상생활과 밀접하게 연결된 종교조직이었다. 또 의례와 등정을 주도한 지도자 그룹 센다쓰先達와 서민 신도 간의 인격적 결합에 근거한 매우 유동적인 사회조직이기도 했다. 이계황은 후지코의 종교의례인 법회가 길흉을 점치며 주술을 외우고 부적을 발부하여 민중의 애환을 정화해주고자 했으며, 민중은 이 후지코를 통해서 재앙과 질병이 없는 안정된 삶을 희구했다고 평가한다. 이 글은 종래 본격적으로 검토된 바 없는 후지신앙과 후지코라는 종교네트워크를 다룬 선구적 연구이다.

3

네트워크가 여행의 인프라이자 사회적 관계망으로서 중요성을 갖는다면, 정체성은 여행의 목적과 결과에 직결되는 핵심적인 사안일 것이다. 여행은 "타자인식을 통해 자기정체성을 변화시키는 문화적 공간체험"이기 때문이다. 에드워드 사이드Edward Said의 『오리엔탈리즘』(1978)은 이미지로서의 '동양'이 '서양'의 정체성 형성과정에 어떻게 폭력적으로 편재되는지를 규명하는데, 영문학의 정전canon에 묘사된 '오리엔트' 여행이 그 중요한 구성요소였음을 지적하고 있다. 제1권 임성모의 글(「팽창하는 경계와 제국의 시선」)이 분석한 '제국의식'이라는 것도 일본의 제국주의적 대외 팽창에 수반된 일본인의 오리엔탈리즘적 정체성 형성과 '대륙여행'을 연결시키고 있다. 제4부에서는 이처럼 여행을 계기로 변모하는 정체성의 여러 양상들을 규명하고자 했다. 사마천司馬遷의 남방여행에 나타나는 변방 민족에 대한 타자인식, 사쓰마薩摩 침공 이후 류큐琉球왕국의 지위를 '이중조공二重朝貢' 상태라고 규정해온 역사인식에 감춰진 정체성 조작의 문제, 19세기 말 일본의 국민국가 수립을 견인한 이와쿠라岩倉 사절단의 서양체험과 문명관의 전환, 20세기 중반 대만인의 중국 본토 여행을 통한 대만인의 독자적 정체성 형성의 과정 등이 그 구체적 분석 대상들이다.

김유철의 「사마천의 남방여행과 천하인식」은 7차에 걸친 사마천의 남방여행을 총괄적으로 검토하면서 각 여행들 사이의 미묘한 성격차를 규명함으로써 변방 민족에 대한 사마천의 타자인식에 나타난 특징을 도출해낸다. 필자에 의하면 사마천의 1차 여행은 2~7차의 여행과 성격이 확연히 달랐다. 거의 유일하게 현지에서의 경험과 정보를 획득하는 여행이었지만, 『사기』의 집필과정에서는 다른 여행과 마찬가지로 천자와 조정의 위업을 확인하는 증거일 뿐이었다. 그러나 남만南蠻 지역은 이곳으로의 여행 자체가 이미 태사령太史令으로서 황제를 수행하는 방식으로 진행됐기 때문에, 현지에서 사마천 개인으로서의 경험과 정보도 없어 천자 중심의 이념적인 인식의 범위를 벗어나지 못했다.

결국 사마천에게 변방여행은 지식과 정보를 확보하고 축적하는 것보다는 이념적 인식을 확인하는 과정이었다. 즉 '변방을 알기 위한 여행'이라기보다 '자기를 확신하기 위한 여행'이었던 것이다. 요컨대 여행이 갖는 자기세계의 확대라는 의미보다 기왕의 자기세계를 확인하기 위해 진행된 셈이다. 여행이 세계인식을 확대시켜 기존의 자기정체성을 재편하기보다 오히려 자기세계를 축소시켜버린 사례라 할 것이다. 김유철은 사마천이 말년에 역사의 가치지향성에 대한 회의를 강하게 표현했던 것도 그의 강한 이념적 성향이 현실을 통해 괴멸해버린 모습이라고 지적한다. 이 글은 사마천의 남방여행에 대한 검토를 통해서 사마천이 고대지향적 가치관의 소유자로서 당시의 이념을 체계화했지만 한 개인으로서의 한계와 역사현실 속에서 갈등하기도 했던 존재였음을 정체성 인식의 맥락에서 잘 보여주고 있다.

차혜원의 「명조明朝에서 본 류큐왕국의 정체성」은 흔히 중국과 일본 사이에서 '양속兩屬'관계에 있었다고 규정되는 근세 류큐왕국의 정체성이라는 문제를 명조의 류큐정책에 대한 분석을 통해서 근본적으로 재고한다. 16세기 후반 이래 일본의 압박으로 류큐의 위기가 심화되는 시기에 명조가 택한 정책들은 책봉조공 관계, 나아가 '속국' 류큐에 대한 기존의 통념을 재검토할 단서를 제시해준다. 특히 이 문제는 명조 정부뿐 아니라 류큐와 직접 접촉하는 푸젠福建 지역, 일본과 사쓰마번 등 여러 세력들의 이해관계가 얽혀 있는 민감한 사안이었다. 이 글에서는 일본의 도발로 인해 동아시아 각국이 위기에 처했던 1590년대에서 1609년 사쓰마 침입 직전까지 명조와 류큐가 어떻게 상호관계를 유지, 변화시켜나갔는지를 검토한다.

책봉조공 관계는 원래 양자간의 문화적 소통과 합의를 전제로 한 것으로, 일방적인 상명하달이나 힘의 우위로만 영위되는 관계는 아니었다. 이 관계는 복잡한 의례, 난해한 한문 공문서 등을 매개로 유지됐던 만큼, 문화와 언어가 다른 피조공국의 주체적인 노력 없이는 이루어질 수 없었다. 특히 초기부터 류큐 쪽의 노력으로 시작해 유지된 명조와의 조공관계에 있어 지배와 예속의 성격은 더욱 애매해진다. 명조와 류큐는 관념적인 '예禮'의 언사로 미화된 책봉조공 관계를 270여 년간 유지했다. 경제적 이해관계, 방어전략상의 연대, 정치적·문화적 후광 등이 관계를 유지시킨 주요 동력이 되어왔음은 분명하다. 그러나 시대와 국면에 따라 각 요소의 영향력과 비중은 가변적일 수밖에 없었다.

요컨대 책봉조공 관계 위에 형성된 '중화세계질서'는 고정값을 지닌 지배논리가 아니라 때로는 교역 네트워크의 바탕그림으로, 때로는 생생한 현실적 갈등과 역관계들을 완충시키는 상징적 질서로, 때로는 최소한도의 현상 유지의 장으로 모습을 바꾸고 있었다. 이 글은 책봉조공 관계라는 형식적 틀이 아니라 구체적 사실 속에서 중국의 류큐정책과 지배의 성격이 재조명되어야 한다는 것을 일깨워준다.

방광석의 「메이지 관료의 '문명'인식」은 19세기 말 이와쿠라사절단의 여행을 메이지 관료들의 집단적인 공간체험으로 보고, 이 여행에서의 시찰과 견문을 통해 사절단의 주요 인물이 서양 '문명'을 어떻게 인식하고 자신들의 체제구상을 가다듬어갔는지를 개인 사료를 중심으로 분석, 검토함으로써 근대 국민국가 수립기 일본 지배층의 정체성 인식에 접근하고 있다.

메이지유신을 전후해 관료들의 해외체험은 주로 정책 조사를 위한 파견이나 외교사절로서의 주재, 유학 등을 들 수 있다. 이와 달리 이와쿠라사절단에 참가한 관료들은 메이지 관료로서 포괄적인 문명체험을 하게 되는데 비교적 자유롭게 구미 각국의 다양한 제도와 시설, 행사 등을 시찰, 견문하면서 각자 나름대로 서양문명에 대한 인식을 구체화해갔다. 그러므로 메이지 관료의 '문명'인식을 해명하기 위해서는 구메 구니타케久米邦武 개인의 의견이 주로 반영된 견문기 또는 여행기의 성격이 짙은 『미구회람실기米歐回覽實記』이외에도 사절단의 공적 사료와 사절단에 참가한 주요 인물의 일기와 편지, 의견서 등 개인 사료를 아울러 검토할 필요가 있다. 이 글에서 필자는 기도 다카요시木戶孝允나 오쿠보 도시미치大久保利通 등 핵심 관료들의 사례를 구체적으로 조명했다.

사절단 귀환 이후 메이지 정부의 주도권을 장악한 오쿠보의 경우 구미의 민주정치를 상대화시키는 면모를 보였다. 부강한 나라를 건설하는 데는 민주적인 정치제도가 아니라 애국심을 가진 국민이 필수적이며 당시 일본의 상황에서는 무엇보다 절대적인 권력의 형성이 선결사항이라는 것이 해외체험의 결론이었다. 기도나 오쿠보나 모두 당분간은 독재체제를 유지하되 점진적으로 서양식 입헌제로 나아가야 한다는 데는 인식을 공유하고 있었던 것이다. 이러한 서양문명의 상대화와 그 수용에 대한 신중한 자세, 점진적인 입헌제 도입론은 '정한론征韓論' 정변에서 기도와 오쿠보 등 '사절단파'가 승리함에 따라 정부 안의 지배적 견해가 됐으며, 이후 이토 등 차세대 지도자들에게도 이어져 메이지 정부의 기본노선을 이루게 된다.

백영서의 「일본인인가, 중국인인가—20세기 전반기 중국여행을 통해본 대만인의 정체성」은 대만인의 정체성 형성에 결정적 영향을 미친 중국에 대한 부정적 이미지의 역사적 연원과 변천과정을 조명한다. 현대 대만인의 정체성을 둘러싼 문제는 청일전쟁 이래 50년간 일본의 식민지로 전락한 대만의 주민들이 중국과 일본 사이에서 갖게 된 복잡한 정체성 문제에서 연원한다. 이 글에서는 식민지 시기 중국대륙을 견문하고 돌아온 대만인의 경험세계로 들어가 이들이 중국대륙을 어떻게 인식했으며 그 경험이 정체성에 미친 영향과 의미를 살피고 있다.

　일본 식민지 시기 대만인의 중국 출입은 여행권을 발급받아야 하는 등 '일본국 신민'임에도 불구하고 '일본인'과는 다른 각종 차별에 직면했다. 대만인의 저항운동이 일어났으나 중국여행권 제도는 폐지되지 않았고 중일전쟁이라는 전쟁 국면으로 치닫게 되자 여행 요건은 오히려 더 강화됐다. 그럼에도 불구하고 대만인들 가운데 생업과 관련해 같은 생활권인 푸젠성 남부 지방을 여행하는 사람들이 적지 않았다. 여행기를 남긴 극소수의 여행자들 가운데 이 글에서는 식민지 시기 대만인의 정체성을 가장 잘 형상화했다고 평가받는 소설가 우줘류吳濁流에 주목한다. 그는 1940년대 초 상하이上海를 거쳐 난징南京에서 생활하며 관찰한 중국 여행기를 남겼고 또 나중에는 당시의 체류경험에 기초해서 자전적 소설을 남기기도 했다.

　여행기 『남경잡감南京雜感』에 나타난 중국은 거의 종교적인 수준의 정식적 버팀목인 '조국'으로 그려진다. 그러나 이 신앙은 중국대륙의 직접적 경험이 느는 가운데 점차 훼손되어갔다. 자전적 소설 『아시아의 고아亞細亞的孤兒』는 잇단 전쟁의 소용돌이 속에서 일본인은 물론 중국인도 대만인을 적으로 보았던 상황을 형상화하면서 중국에 대한 환멸의 귀결을 '고아의식'이라 명명한다. 우줘류의 의식 변화에는 역사적 상황에 대응한 결과라는 측면도 있지만 연속성의 측면 또한 중요하다. 대만의식을 거론할 때 양안兩岸관계에만 주의를 기울이는 경향이 강하지만, 이미 일제 시대부터 일본의 개입에 의해 그 관계가 변형된 이래 지금까지도 그 틀이 유지되고 있으며 냉전 시대를 거치면서 미국이 일본을 하위파트너로 삼아 양안관계에 개입함으로써 관계의 틀이 바뀌는 변화가 있었다는 사실에 주목해야 하는 것이다. 백영서는 고아의식이라는 정체성으로부터 벗어나려는 노력이 자칫 통합/독립의 양극 분해로 귀결되지 않으려면 '이중적 주변의 시각'에서 중심과 주변의 연쇄적 차별구조를 근원적으로 비판할 필요가 있다고 강조한다. 그리고 대만이 경험한 '식민지 근대성'이 과연 근대를 넘어설 대안적 근대로 이어질 수 있을지, 그에 대한 모색을 화두로서 남겨두고 있다.

4

동아시아에서 여행의 역사를 통시적으로 재조명한다는 작업은 현실적으로 어떤 의미가 있는 것일까. 우리는 좀더 시야를 넓혀서 여행을 포함한 인간 이동 mobility/diasplacement의 문제가 화두로 부상하고 있는 작금의 현실을 둘러볼 필요가 있다.

최근 들어 우리 사회는 세계화와 산업구조 재편에 따라 외국인 노동자의 유입이 급증하는 초유의 사태를 마주하고 있다. 이 과정에서 종래 '정주定住'를 일종의 '정상' 상태로 간주해오던 역사인식에 균열이 생겨나고 있다. '이주'를 '비정상' 상태로 간주하며 역사서술의 사각지대에 몰아넣어왔던 관행을 반성적으로 성찰하려는 움직임이 나타나고 있는 것이다. 본래 이주라는 현상은 국내외의 경계를 넘나드는 현상이기 때문에 종래의 일국사—國史적 접근방식만으로는 결코 그 전체상이 그려질 수 없다. 결국 이주의 재조명은 역사학에 대해 일국사적 틀을 뛰어넘는 역사서술을 요구하고 있는 것이다.

이 책에서 다룬 여행은 이주와 함께 인간이동의 한 형태이다. 일반적으로 여행은 귀환을 전제로 한다는 점에서 이주와 구별되어왔다. 그러나 세계화의 과정에서 두드러지는 현상 가운데 하나는 '이

주의 여행화'라고나 할 수 있는 '단기 이주'의 급증이다. 노동력 이동에서의 소위 출가出嫁노동이 그 전형적 형태일 텐데, 이는 예컨대 최근 연변 조선족들의 한국 이주라는 형태로 우리가 일상적으로 목도하고 있는 현상이기도 하다. 그리고 이렇게 '여행화'된 이주가 기존 국민국가의 법적·정치적·문화적 대응의 차원에서 여러 가지 모순을 드러내고 있음도 주지의 사실이다. 한국 사회에 마이너리티minority나 다문화주의multi-culturalism에 관한 논의의 필요성이 최근 제고되고 있는 것 역시 이러한 모순에 대한 사회적 대응방식의 일환이라고 보아야 한다. 또 최근에 민족이산diaspora의 문제를 '기원국'과 '정착국'이라는 고정적인 틀이 아니라 양자를 넘나드는 초국가적/국가횡단적transnational 시각에서 바라보려는 시도는 학술적 대응의 한 표현일 것이다.

요컨대 '이동'의 문제는 단순히 연구의 소재라는 차원이 아니라 연구의 방법이라는 차원에서 자리매김될 필요가 있으며, 이때 현상 기술적인 접근에 그치지 않고 그 사적 배경을 통시적으로 조망하는 역사기술적 접근을 취할 필요가 있다. 달리 말해서 '방법으로서의 이동'을 진지하게 고민할 시점에 다다른 것이다. 그것은 역사학의 입장에서 본다면 그동안 경시되어온 공간론적 접근을 회복하는 일이기도 하다. 이주 문제에 관해서는 이런 관점에서의 논의들이 최근 들어 시작되고 있지만,[9] 여행에 관해서는 아직 그런 논의를 찾기 힘든 것이 현실이다.[10] 이 책이 역사서술에 있어서 '방법으로서의 여행'을 성찰할 교두보로서 기여할 수 있게 되기를 기대해본다.

제 3 부
네트워크

제국 경략에 미친 고대 순행의 유산
황제 · 관료 · 군대의 대규모 집단여행

김선민

1. 순행의 기원

'여행'이라고 하면 우선 일상공간을 떠난다는 설렘과 흥분, 그리고 미지의 세계에 대한 상상과 기대 등을 떠올리게 된다. 여행은 여러 가지 관점과 기준에 의해 정의 · 분류할 수 있지만, 적어도 근대적 의미의 '여행'이라고 하면 자신이 생활하는 지역의 경계를 넘어 타자他者와 대면하고 그에 대한 인식을 통해 자기의 정체성을 변화시키는 문화적 공간체험이라고 정의할 수 있다.

이 글은 '순수巡狩' 혹은 '순행巡幸'이라 불리는 고대 제왕의 통치행위를 현대적 개념인 '여행'의 관점에서 새롭게 조명 · 해석해보려는 목적에서 시도했다. 고대 제왕의 '순수'는 황제와 그를 수행하는 대규모 관료 · 군사집단의 원행遠行을 지원하기 위한 수많은 인력의 강제동원과 막대한 공적 물자소비가 수반된다는 점에서 오늘날 우리가 갖고 있는 근대적 '여행'의 보편적 이미지와 부합되지 않는 면이 있다. 그러나 황제와 관료집단이 일상적 생활과 의례를 영위하는 경사京師 중심의 한정된 공간(경계)을 떠나 새로운 지리적 환경과 민족과 문화를 체험한다는 의미에서 황제의 '순수'를 넓은 의미의 '여행'의 범주에 포함시켜볼 수도 있을 것이다. 이 글에서는 시기적으로는 6~7세기, 대상 지역은 중국, 주체는 중국의 제왕과 관료와 군대집단으로 설정하여 그들이 자국의 영토와 변경 지역을 돌아보는 여행을 소재로 삼으려 한다.

이 글에서는 순행의 역사적 사례로서 수隋 양제煬帝의 순행을 집중적으로 다루고자 한다. 진秦의 황제지배체제 이후 순행으로 유명한 군주라면 누구보다도 진 시황始皇과 한漢 무제武帝를 들 수 있다. 그에 비해 수 양제는 결코 두 사람에 뒤지지 않는 적극적인 순행을 했음에도 불구하고 동도건설과 운하개착, 고구려 원정 등에 가려 순행활동이 상대적으로 덜 드러난 측면이 있다. 그러나 양제의 순행은 짧은 재위 기간에 비하면 진 시황이나 한 무제를 능가할 정도로 오랜 기간에 걸친 원거리 순행을 기록하고 있다. 이 글은 양제 시기 순행의 행선지와 규모, 그리고 어디서 무엇을 보고 무엇을 했는지 특히 북순北巡을 중심으로 순행의 여정을 입체적으로 재구성해보고자 한다.

황제가 일단 도성을 벗어나면 이를 '행행行幸'한다고 하는데, 그런 의미로 보면 '순수'도 '행행'의 영역에 포함된다. 그러나 남교에서의 교제郊祭와 같은 주기적 제례 혹은 황제 개인의 위락이나 기타 사적 목적을 위한 행행과는 달리 '순수'는 명백한 정치적 행위로서의 성격을 띠며, 보통 출행하기에 앞서서 원행의 목적과 명분을 조서로 공포하는 형식을 갖춘다. 순행이 정치적 행위인 이상 여기에는 민정의 시찰이나 제례 봉행과 같은 평화로운 일정 수행뿐만 아니라 국내·국외 세력과의 예기치 않은 충돌이나 계획적인 정벌전쟁의 수행과 같은 무력적 군사행위도 당연히 순행에 포함된다. 따라서 황제의 순행에는 그와 같은 유사시에 대비한 상당 규모의 군대를 대동하는 것이 일반적이다. 이 글에서 다룰 순행의 범위는 돌궐 지역으로의 북순北巡에 한정했다. 북순이 양제의 행행 가운데 비교적 '순행'의 일반적 의미에 가깝다고 보았기 때문이다.

순행은 출행의 목적이 분명한 대규모 공식집단여행이다. 대부분의 연구에서는 특정 시기 순행의 목적과 배경에 주로 관심을 가져왔다.[1] 이 글에서는 기존의 연구성과를 참고하되 순행의 목적과 배경보다는 순행이 참가자들에게 미친 효과와 영향에 초점을 맞추고자 한다. 다시 말해 순행이라는 공간적 체험을 겪은 자들에게 과연 자신과 주변을 바라보는 시선에 변화가 생겼는지, 만약 있었다면 어떤 식의 변화가 일어났는지 순행이 초래한 인식변화의 흔적을 더듬어 보고자 한다. 그러나 이러한 작업은 누가 순행에 참가했는지 일일이 확인할 수 없고, 순행이 그들에게 미친 인식변화 또한 그들이 남긴 기록이나 행적을 통해서 파악해야 하는데, 고대사에서 그 변화상을 보여주는 자료의 발굴은 사실상 기대하기 어려운 실정이어서 많은 경우 정황에 의한 추론에 의존할 수밖에 없음을 밝혀둔다.

2. 수 양제의 순행

양제 순행의 특징

순행은 다른 말로 '순수巡狩' 혹은 '순수巡守'라고도 한다. '순수'의

'수狩'자는 원래 '수獸'로 쓰였고 수렵을 뜻한다. 고대에 수렵은 단순한 사냥행위를 넘어 진열을 갖춘, 실전을 방불케 하는 군사훈련으로서의 성격을 띠고 있었다. 따라서 '순수'라는 말에는 순시하는 중에 수렵의 형식을 갖춘 무장순찰과 무력정벌을 동반한다는 뜻이 들어 있으며 이것이 초기 순행의 목적이다. 즉 부락연맹 혹은 초기 국가 단계에서 부락연맹의 수령이 연맹을 공고히 하고 통치를 강화하기 위해 지속적으로 자신의 세력 범위를 무장순찰하고 신속臣屬세력에 상벌 및 징치懲治를 시행했던 행위가 '순수'였다.[2]

그러나 이러한 군사 위주의 '순수'는 점차 정치 위주의 행위로 성격이 변모했다. '순수'라는 말은 '천자가 땅을 지키는[守土] 제후들을 돌아본다'는 뜻을 지니게 됐고 그때 제후가 자신이 맡은 바 직무를 천자에게 보고하는 것을 '술직述職'이라고 했다.[3] '순수'가 '천자를 위해 땅을 지키는[守土] 제후를 돌아본다'는 뜻으로 해석됨에 따라 『춘추春秋』에서도 '순수'를 '순수巡守'로 적고 있다. 이처럼 서주 이후의 순수는 천자가 제후의 충성도와 봉국封國의 통치 상황을 살펴볼 목적으로 행하는 행정적 성격이 강했다. 이러한 목적과 기능을 가진 '순수'의 전통은 진한 시대 이후로도 답습됐지만, 그렇다고 무장순찰과 수렵형식 등의 초기적 요소가 완전히 사라진 것은 아니었다.

이제부터는 수 양제의 순수에 대해 살펴보기로 한다. '정관貞觀의 치治'는 흔히 당唐 태종太宗의 치적으로 일컬어지지만 그것을 가능하게 한 실질적인 주역은 재상 위징魏徵이었다. 위징은 수나라가 강한 군대와 풍족한 재정에도 불구하고 일찍 멸망한 원인은 바로 '동動의 정치' 때문이며 따라서 당은 '동'이 아닌 '정靜의 정치'를 펼쳐야 함을 태종에게 누누이 역설했다.[4] 위징이 말하는 양제의 '동의 정치'란 낙양 동도를 비롯한 궁원의 건설, 통제거通濟渠 등 대규모 운하의 개착, 장성의 축조와 군사도로 건설, 그리고 서역 및 3차의 고구려전 등의 대외전쟁을 가리키지만, 모두 여섯 차례에 걸친 대규모 원거리 순행 또한 '동의 정치'에서 간과할 수 없는 항목이다.

양제는 등극하기 전부터 궁궐에 머물기보다는 중국의 남북을 오가며 북방 수비와 강남 총관 등 풍부한 순유巡遊의 경험이 있었다. 개황 원년(581) 13세의 어린 나이로 보좌를 받으며 병주幷州총관과 하북도행대상서령직을 역임하면서 북변 지역에 대한 경험을 쌓았고, 589년에는 남조 진陳 정벌의 행군원수를 맡아 남북통일을 완수했으며 강남의 반란 진압과 안집을 위해 양주揚州총관으로서 10여 년을 강남에 머물렀던 적이 있다.[5] 600(개황 20)년에는 행군원수로서 북변을 침범한 돌궐을 격파하기도 했다.[6] 창업기인만큼 왕자에게 주어진 역할과 임무는 막중했고, 따라서 활동 반경도 전국에 걸쳐 있었다. 이러한 순유의 경험이 등극 후 양제의 순행관에 일정 정도 영향을 미쳤으리라는 것은 짐작하기 어렵지 않다. 양제는 지난 남조의 황제들이 얼굴에 분을 바르고 깊은 궁궐에 들어앉아 백성들과 대면하지 않았기 때문에 결국 망국에 이르렀다는 사실을 경계하며 자신은 결코 그런 황제가 되지는 않겠다고 마음먹은 바 있다.[7] 사실상 왕자 시절 풍부한 현장 경험을 지닌 양제로서는 순행의 중요성을 누구보다도 잘 알고 있었을 것이다.

그런 이유에서인지 수 양제는 중국 역사를 통틀어 재위 기간에 비해 가장 오랜 기간 순행을 했고, 순행의 거리 및 동행 인원에 있어서도 진 시황과 한 무제를 능가하는 대규모 순행을 계획하고 실행했다. 이러한 양제의 잦은 순행을 가리켜 『수서隋書』 「양제기」에서는 "동쪽으로 갔다 서쪽으로 갔다 한 곳에 머물러 있지 않았다"[8]고 표현했고, 『통전通典』에서는 양제의 순행이 그 본래의 취지인 '사방을 살피고 덕의를 선포하는[省方展義]' 것과는 거리가 먼 것으로 평가했다.[9] 당조의 사가들로부터 망국의 군주에 대한 긍정적 평가를 기대하기는 어려운 일일 것이다. 이와는 별도로 양제의 순행을 객관적으로 평가할 때 다른 시대의 순행과 비교하여 다음의 몇 가지 특징을 발견할 수 있다.

첫째, 순행의 여정도 길지만 한 번 순행에 소요된 기간이 매우 장기에 걸쳐 있다. 수 문제의 경우 남북 통일전쟁의 수행 등 주변 여건이 양제 시기와 다르다는 점도 있지만 대체로 순행 범위는 병주并州·제주齊州·연주兗州와 같이 비교적 관중과 산동 지역을 크게 벗어나지 않는다. 그에 비해 양제의 순행은 재위 약 14년 동안 대규모 순행을 여섯 차례나 행했는데, 모두가 수천 킬로미터에 달하는 원거리 출행이었고 순행기간도 장기에 걸쳐 있었다. 양제가 행한 순행의 경로와 기간을 연대순으로 정리하면 아래와 같다.[10]

① 1차 남순(605년 8월~606년 4월 : 약 8개월)
경사→강도江都→동도
② 1차 북순(607년 4월~9월 : 약 5개월)
경사→적안택赤岸澤에서 태사이목太師李穆의 묘에 제사→하북 10여 군 정남징발 태행산-병주 치도馳道 개착→6월 연곡連谷에서 수렵→안문雁門→마읍馬邑→유림군楡林郡→8월 유림 출발→운중雲中→금하金河를 거슬러 계민가한 아장에 행차→누번관樓煩關→태원太原→제원濟源→동도
③ 2차 북순(608년 3월~9월 : 약 6개월)
동도→오원五原(豊州)→분주汾州→8월 항산恒山에 제사→동도

④ 1차 서순(609년 정월~11월 : 약 10개월)

동도→장안→부풍扶風(岐州)→임진관臨津關→서평西平→발연산拔延山에서 수렵→성령星嶺→호미천浩亹川에서 토곡혼 공략→장액張掖→연기산燕支山(武威)→대두발곡大斗拔谷(凉州)→장안→동도

⑤ 2차 남순→1차 고구려 원정(610년 3월~612년 9월 : 약 2년 6개월)

동도→강도→611년 2월 탁군涿郡으로 출발→4월 탁군 임삭궁臨朔宮 도착→1차 고구려 원정 준비→612년 3월 요하遼河 도하→동도

⑥ 2차 고구려 원정(613년 3월~10월 : 약 7개월)

동도→4월 요하 도하→6월 양현감 여양黎陽에서 반란→9월 상곡上谷(易州)→박릉博陵→동도

⑦ 3차 고구려 원정(614년 3월~12월 : 약 9개월)

동도→탁군 임투궁臨渝宮에서 황제黃帝에 마제禡祭→4월 북평北平(平州)→7월 회원진懷遠鎭→8월 회군→10월 동도→장안→동도

⑧ 3차 북순(615년 5월~10월 : 약 5개월)

동도→태원 분양궁汾陽宮 피서→8월 북새北塞 순행, 안문에서 시필가한에 포위→동도

⑨ 3차 남순(616년 7월~618년 3월 : 약 20개월)

동도→강도

이상과 같이 재위 13년 8개월중 양제는 대규모 행행을 아홉 차례나 행했는데, 돌궐 지역으로의 북순이 3회, 토곡혼 지역으로의 서순

이 1회, 강도로의 남순이 3회이다. 여기에 세 차례에 걸친 고구려 원정은 일단 경사를 떠나 원행을 했다는 점에서 함께 넣어 정리했다. 그는 전체 재위 기간 13년 8개월중에 장안에 약 1년여, 낙양에 약 4년을 머물렀으며 나머지 8년 반은 전국을 행행하며 보냈다.

둘째, 양제의 순행은 규모 면에 있어서 어느 황제의 순행도 이를 따라오지 못할 정도로 대규모 집단을 거느리고 다녔다. 각종 공식 행차의 규모와 격식은 예전禮典에 상세히 규정되어 있으나 실제로는 순행 때마다 황제의 명령으로 정해지는 것이 일반적이다.

황제가 도성 밖을 나갈 때 행렬의 규모는 어느 정도였을까. 황제가 출행할 때의 행렬을 노부鹵簿라고 한다. 노부에는 대가大駕·법가法駕·소가小駕 노부 등 세 가지가 있으며,[11] 수대에는 법가 대신 중가中駕라고 부르기도 했다.[12] 각각의 노부는 속거屬車와 고취鼓吹의 규모에 차이가 있는데, 예를 들어 진한대의 노부를 보면 대가의 속거는 81승, 법가 36승, 소가 12승이었던 것이 양제 대업 3년에 와서 대가 36승, 법가 12승, 소가는 속거를 없애는 등 규모를 대폭 축소했다. 대체로 황제가 교사郊祀 혹은 순수를 위해 도성 밖을 나갈 때는 대가를 갖추었으며, 대가 노부의 행렬 구성에 대해서는 예전에 상세히 나와 있다. 그러나 의전을 위한 노부의 행렬과는 별도로 순행에는 수많은 인원이 황제를 수행했다. 당대의 문헌에는 양제가 행행할 때 육궁六宮과 문무이사文武吏士를 포함하여 항상 10만을 넘는 인원이 움직였다고 되어 있다.[13] 양제의 순행은 적어도 10만 명 내외의 거대한 인원이 동시에 움직이는, 마치 일대 전투를 치르기 위해 출정하는 대규모 군사집단과도 같은 행렬이었음을 알 수 있다.

양제의 순행중 외형적으로 화려함의 극치를 보였던 것은 아마도 1차 강도 순행일 것이다. 즉위하자마자 낙양 도성건설을 명한 양제는 그 다음날 다시 강도 순행의 조칙을 내렸는데, 순행을 위한 준비 작업으로 대규모 운하건설이 착공됐다. 황하와 회수를 연결하는 통제거와 회수에서 장강을 연결하는 한구邗溝가 개착됐다. 605년 운하에 용선龍船을 띄우고 출발한 강도 순행은 그야말로 장관을 연출했다. 배가 지나가는 연도에는 버드나무가 줄지어 늘어서고, 용선을 비롯하여 사치스럽게 치장한 수많은 배들로 길게 이어진 선단이 낙양에서부터 강도에 이르는 수백 킬로미터의 물길을 유유히 미끄러져갔다. 가는 도중 곳곳에 건설한 화려한 이궁離宮들은 순행의 행차를 더욱 장엄하게 장식했다. 진풍경을 바라보는 이들의 놀라움도 컸겠지만 배에 승선한 자들 역시 새롭고도 감명 깊은 경험이었음에 틀림없다. 황제와 동행한 인원은 제왕과 백관, 승니·도사·번객蕃客 등을 포함하는 대규모 집단으로 용주를 비롯한 수천 척의 배가 동행했으며 배를 끄는 만선사挽船士만 8만 명에 이르렀다고 한다.

강도 1차 순행이 새로운 황제의 즉위를 제국의 핵심 지역에 각인시키는 효과를 노린 행사였다면 북변으로의 1차 북순(607)은 북방의 돌궐세력에게 수 제국의 위력을 시위하는 데 그 목적이 있었다. 1차 북순에서는 갑사甲士 50만 명, 말 10만 필을 동원했는데, 이는 그 후 토곡혼 정벌을 위한 서순(609) 때 50만 군대를 동원한 예와 함께 양제 시기 최대 규모의 순행으로 기록된다. 돌궐의 목축지를 향해 북상하는 양제의 순행 행렬은 "깃발과 물자수송대가 천리에 이어졌다"고 묘사될 정도로 대규모 군사를 대동한 군사적 성격이 강한 순행이었다.[14] 이는 순행지가 북방 유목민의 근거지에 가깝기 때문에 불의의 사태에 대비하여 만반의 준비를 갖추기 위함이었다. 상세한 기록은 남아 있지 않지만, 2차·3차 북순 역시 갑사 50만까지는 아니더라도 상당한 규모의 군대가 동행했을 것으로 짐작된다.

셋째, 양제의 순행은 지역적으로 변방에 치중되어 있다. 진 시황, 한 무제를 비롯한 일반적인 순행의 지역 범위는 내지 특히 동순東巡이 큰 비중을 차지하는 반면 양제의 경우 돌궐·토곡혼 등 서북 변방에 집중되어 있는데, 이는 양제가 특히 변방의 상황에 깊은 관심을 갖고 있음을 말해준다. 양제의 순행은 서역으로 향하는 지역을 순행하면서 토곡혼을 정벌하거나, 강도에 순행하여 그곳에서 바로 탁군으로 이동하여 고구려를 침공하는 등 순행과 정벌전쟁을 연계하는 특징을 보인다. 다음에 수 양제의 순행의 특징을 가장 잘 드러내는 북순에 초점을 맞추어 그 구체적 과정을 재구성해보고자 한다.

순행의 재구성

여기에서는 진의 황제지배체제 이후 진 시황과 한 무제와 더불어 순행활동에 가장 적극적이었던 수 양제의 순행을 좀더 구체적으로 살펴보되, 그중에서도 양제 순행의 성격을 가장 잘 드러내는 북순北巡을 입체적으로 재구성해보려 한다.

중국과 국경을 접한 이민족 가운데 가장 위협적인 세력은 돌궐이었다. 그들의 생태와 습성, 전투력과 위험성에 대해서는 일찍이 『사기史記』에서부터 줄곧 지적되어온 바로, 그간 세력의 부침浮沈은 있었지만 수대에 들어와서도 돌궐은 한시도 경계를 늦출 수 없는 최대의 주적인 동시에 우호관계를 위해 가장 공을 들여야 하는 외교 파트너이기도 했다. 마침 계승분쟁으로 인한 돌궐의 동서 분열(583)은 수조에게 남조 통일전쟁 수행의 여건을 마련해주었을 뿐 아니라 돌궐세력을 약화시킬 수 있는 좋은 기회이기도 했다.

먼저 수는 돌궐 중 비교적 약세인 동돌궐 계민啓民가한을 적극 후

원함으로써 위협세력이었던 서돌궐 달두達頭가한을 이간시키는 정책을 취했다. 인수仁壽 원년(601)을 전후한 시기 수 문제는 1만여 가에 달하는 돌궐 투항자들을 장성 바로 남쪽의 항안진恒安鎭(雲中. 현 다퉁大同시)에 안치시키고 달두가한의 공격에 대비하여 수만의 군대를 주둔케 했다. 곧 달두가한의 공격과 반격이 이어졌고, 철륵鐵勒·사결思結 등 유목민 세력이 달두가한을 이반하여 수조에 귀부함에 따라 달두가한은 토곡혼으로 도주했다. 이듬해(602) 장성 북쪽 황하로 유입되는 금하金河 유역에 금하(유림군)와 정양定襄(정양군) 2성을 쌓고 계민가한을 거주하도록 했다.[15] 수의 지지를 얻어 돌궐 안에서 안정된 지위를 갖고 부락을 통령할 수 있게 된 계민가한은 표면상으로는 더없이 공손한 태도로 수조에 신복했다.[16]

금하와 정양에 거주하던 계민은 양제 대업초(605) 스스로 내부內附하여 정양과 마읍 사이에서 목축을 했는데, 정양 아래 장성의 남쪽이 마읍군이므로 602년에 옮겨간 금하·정양 지역보다는 더 남쪽으로 이동한 것이었다. 무엇보다도 장성을 넘어 중국 내지로 들어왔다는 사실이 중요했다. 이러한 계민에게 양제는 606년 이주 명령을 하달했다. 정양과 마읍 사이에서 목축을 하지 말고 장성 밖으로 나갈 것을 명하는 조치를 내린 것이다.[17] 비옥한 초지에서 목축을 하다가 뜻밖의 이주 명령을 받은 계민은 이듬해인 607년 1월 입조하여 양제에게 '중국의 제도를 따르겠다'는 간청으로 양제의 이주명령 철회를 끌어내려 했지만, 양제는 계민의 청을 들어주지 않았다. 다음날 다시 계민은 하속들을 이끌고 표를 올려 간청했고, 양제는 중국의 문물제도가 크게 갖추어져 선우單于가 변발을 풀기에 이르렀다고 기뻐하면서도 끝내 계민의 청을 들어주지 않았다.[18]

그해(607) 4월 여름 양제는 첫 북순을 떠난다. 양제는 순행에 즈음

하여 내린 조서에서 "그간 내부해온 번이蕃夷를 친히 위무할 틈이 없었고 또 산동이 난리를 겪었으니 구휼이 필요하다"[19]고 하여 동돌궐의 안집과 조趙·위魏 지역의 순시가 이번 순행의 목적임을 밝히고 있다. 여기서 '번이를 위무'한다고 했지만 이번 북순은 사실 606년에 하달된 출새出塞 명령의 이행 상황을 직접 확인하려는 의도가 포함되어 있었다.

조서에서 양제는 담당 관사가 식式에 따라 순행 준비를 하도록 했는데, 예禮에 의하면 교사郊祀와 순행에는 대가大駕의 노부鹵簿를 갖추게 되어 있으므로 이때의 순행은 대가의 의장대를 갖춘 것이 분명하다. 4월 18일 양제는 수만 명에 달하는 문무관리와 궁인들, 갑사甲士 50만 명과 말 10만 필의 대군을 거느리고 경사를 출발했다. 황제의 순행에는 출발에 앞서 많은 의례가 따른다. 『수서』 「예의지」에 의하면 수에서는 황제가 행행할 때 명산대천을 지나게 되면 유관 관리가 제사를 올렸으며 악독岳瀆은 태뢰太牢를 바치고 산천에는 소뢰小牢를 바쳐 제사했다. 또 황제가 친정 혹은 순수할 때는 먼저 상제에 '유類' 제사를 지내고, 사社에는 '의宜' 제사를, 종묘에는 '조造' 제사를 지냈으며 돌아와서의 예도 마찬가지였다. 장차 황제의 수레가 출발할 때는 국문國門에서 길의 신道祖神에게 발제軷祭를 올렸다.[20]

사社에 올리는 '의宜' 제사는 제물의 피를 북에 바르고 사社에 고하는 의식이다. 이것을 '흔고釁鼓'라고 하는데, 당대의 경우 황제의 친정·순수시에 숫양·수퇘지·수탉의 피를 발랐다고 한다.[21] 『수서』 「예의지」에는 태자의 친정과 대장의 출사 때 수퇘지의 피를 발랐다는 기록만 있고[22] 황제의 경우에 대해서는 언급이 없는데, 이미 말했듯이 황제의 친정 및 순수시 유·의·조 제사를 지낸다고 했으므로 사社에 지내는 '의宜' 제사 때 바로 이 흔고를 했던 것이 분명하다.[23]

순행의 행렬은 대군의 출정식을 방불케 했다. 형형색색의 깃발들이 천리에 이어지고 대고鼓와 대각角 소리가 사방에 울려퍼졌다. 갑사만 50만이므로 황제 이하 수행인원을 더하면 출행인원은 거의 60만에 육박한다. 이런 엄청난 수의 대집단이 이동하려면 아무래도 연도 주변의 농지가 훼손되게 마련이다. 양제는 칙을 내려 농가에 피해가 없도록 각별히 주의할 것을 당부했고, 만약 부득이 길을 열어야 할 경우 담당관이 수용한 토지를 측량하여 가까운 창고의 곡식으로 가능한 충분히 보상해주도록 했다.

출발한 지 3일째 되는 날[24] 양제는 장안의 동쪽에 있는 적안택에 들러 고故 태사 이목李穆의 묘에 태뢰를 바쳐 제사했다. 대개 황제가 순행하는 도중에 명산대천, 과거의 이름난 제왕, 명신과 장상將相의 능묘를 지나면서는 예를 갖추어 제사를 올리는 것이 상례인데,[25] 명산대천은 30리 안, 성제·명왕은 20리 안, 명신·장상은 10리 안에 있을 때로 한정했고 그 능묘가 속한 본주에서 제사를 주관했다.[26] 적안택에서 제사한 이목은 북주 시대 유명한 주국대장군柱國大將軍으로서 관중의 명문가 중 하나였다. 운명의 장난인지 그로부터 8년 뒤인 대업 11(615)년 이목의 가문은 양제에 의해 멸문의 화를 당하게 된다. 이목의 아들 우위대장군 이혼李渾과 그의 형손인 장작감 이민李敏이 양제의 고구려 원정을 기회로 모반을 일으키려 했다는 좌위대장군 우문술宇文述의 모함을 받아 족주族誅를 당한 것이다.[27]

5월에는 조서를 내려 하북 10여 군의 정남을 징발해 태행산 동쪽에서부터 서쪽으로 병주幷州에 이르는 치도馳道를 개착하도록 했다. 이는 유사시에 사용할 군사 도로를 건설한 것으로 보인다. 6월에 유림군 남부의 연곡에서 수렵을 한 후 동쪽으로 이동하며 안문, 마읍[28] 등 장성 일대를 돌아보고, 다시 서쪽으로 향하여 황하 오르도스 북쪽의 유림²⁹에 도착했다. 계민가한과 토곡혼·고창의 사신이 양제의 행궁에 와서 조견했다.

이때 계민은 다시 한번 양제에게 중국의 의복관대를 따르겠다는 청원을 올렸다. 그러나 지난 1월 동도에서처럼 이번에도 양제는 허락하지 않았다. 이유는 "새북이 아직 조용하지 못해 전쟁을 해야만 하는 때에 효순하는 마음을 가지면 되지 꼭 의복을 바꿀 필요가 있느냐"는 것이었다.[30] 이 말은 북방에서 수가 이민족 세력을 완전히 제압하기 위해서는 전쟁이 불가피한데 계민의 유목부족이 그 일익을 담당해야 할 것이고 따라서 우수한 전투력의 근원인 유목민의 습속을 그대로 유지할 필요가 있다는 뜻이었다. 사실 계민으로서도 진정 돌궐의 습속을 버릴 마음은 없고 다만 수의 계속적인 지지를 부탁하는 아첨성 발언이었거나, 장성 이북으로 나가도록 한 조치를 철회하도록 하려는 의도가 아니면 앞으로 계속될 수의 참전 요구를 벗어날 심산에서 해본 소리였을 것이다. 양제로서는 605년 거란 토벌 시 계민이 2만 기를 내어 수와 연합전선을 구축한 예[31]와 같이 필요할 때 언제든지 계민이 휘하의 우수한 기병을 거느리고 자신의 부름에 응해주기를 바랐을 것이다. 하지만 608년 계민이 이오국伊吾國 정벌을 위한 설세웅薛世雄과의 연합공격 약속을 일방적으로 파기한 사실[32]은 표면상의 충순한 태도와는 달리 유목군주로서의 자존심과 야망을 그대로 간직하고 있음을 보여주는 증거이며, 이러한 계민의 심중을 양제도 모를 리 없었다.[33]

양제는 유림성 동쪽에 수천 명이 들어갈 수 있는 거대한 천막을 세워 돌궐에게 수 제국의 힘과 권위를 과시했다. 양제는 이 거대한 천막에 계민과 그 아래 수령들을 초대하여 성대한 연회를 베풀었고 각종 가무와 잡희雜戱 공연으로 이민족을 위압했다. 연회에 참석한 돌궐 부락의 빈객들은 놀라움을 금치 못하며 다투어 소·양·낙타·말 수천만 마리를 바쳤다고 한다. 양제는 계민에게 백帛 2천만 단과 노거輅車·고악鼓樂·번기幡旗 등 의장儀仗을 내렸고, 그 아래 수령 3,500명에게도 등급에 따라 하사품을 내렸다.

유림에서 양제는 또 하나의 대형 이벤트를 기획했다. 대사大射의 예는 매년 초가을에 무기를 검열하고 한겨울에는 전법을 가르치는 전통적인 군례軍禮의 하나이다. 양제는 이 대사의 예를 멀리 새북땅 유림에서 거행했다. 당시 유림에는 돌궐 계민가한과 서역 및 동호東胡의 군장들이 모두 조공하기 위해 와 있었으므로 이들에게 수 군대의 위용을 자랑하고 싶었던 것이다. 먼저 발연산 남북으로 둘레 200리 되는 곳에 모두 표식을 세우고 사냥 이틀 전 표식을 따라 5리 간격으로 깃발을 세웠다. 1만 명의 군사를 거느린 총 40군軍의 장수들이 사냥 하루 전 각자의 군을 거느리고 깃발 아래 모였고, 40명의 사使가 절節을 세우고 깃발을 드날리며 군대가 있는 곳에 가서 사냥을 감독했다. 사냥 당일, 좌우에 도열한 군사들의 북과 나팔 소리가 하늘을 찌르는 가운데 여섯 마리 월따말이 끄는 수레를 타고 양제가 등장한다. 그 뒤로 융복 차림에 말을 탄 백관이 뒤따르고 북을 치는 군사와 함께 장수들이 들어온다. 새북의 산야를 뒤덮은 양제의 군사들과 번쩍이는 의장과 무기, 요란한 함성과 쫓기는 짐승들 사이로 화살이 오가는 가운데 사냥은 절정에 이른다.[34] 적막한 새북땅을 뒤흔들어놓은 화려한 대사례의 거행은 이민족 군장들에게 중국 황제의 위엄을 다시금 확인시켜준 계기가 됐고 아울러 중국의 전통문화를 체험할 수 있는 기회도 함께 제공했다.

유림에서 계민가한 이하 각국 조공사절들에게 위엄을 한껏 과시한 양제는 유림군 일대를 돌아보기 시작했다. 양제는 장성이 심하게 훼손된 것을 보고 7월 29일 정남 100여 만을 징발해 서쪽 유림에서부터 동으로 자하紫河에 이르는 장성을 수축토록 했다. 1천여 리에 달하는 장성을 20일 만에 완공하는 강행군으로 열에 대여섯이 목숨을 잃을 정도였다.[35] 대략 유림군과 정양군의 남쪽 경계를 따라 장성이 이어진 것으로 보아 유림·정양군에 거주하는 돌궐의 남하를 염두에 둔 축성임을 알 수 있는데, 이것은 결국 북새땅에서의 각종 전시용 이벤트에도 불구하고 양제가 진정 우려하는 바가 무엇인지를 분명히 보여준다. 계민은 100만의 기병을 거느린[36] 중국 북방 최대의 유목세력이다. 비록 양제의 방문을 맞이하기 위해 손수 아장 앞의 풀을 깎는 등 비굴한 태도를 연출하지만, 그들에게 야성은 생존수단이나 다름없었기 때문에 양제로서는 한시도 긴장을 늦출 수가 없는 존재였던 것이다.

그러나 1차 북순의 종장은 결국 비극으로 끝나고 말았다. 돌궐에 대한 지나친 후대와 무리한 장성의 수축을 비판하던 태상경 고경高熲과 예부상서 우문필宇文弼, 광록대부 하약필賀若弼 등 3인이 조정을 비방했다는 이유로 양제에게 주살된 것이다.[37] 고경은 특히 문제 시기 재상으로 중망이 높았던 자였으나, 새북땅 유림 현지에서 양제의 손에 간단히 처형되고 말았다.

8월 9일 유림을 출발한 양제 일행은 금하[38]를 거슬러 올라가 운중雲中에 있는 계민의 아장에까지 이르렀다. 그 전해(606)에 내려진 출새 명령이 그대로 이행됐는지는 문헌상 확인할 수 없다. 양제는 계민의 아장에서 뜻밖에 고구려 사신과 맞닥뜨리게 된다. 이후 마읍을 지나 장성을 넘은 양제는 17일 누번관을 거쳐 태원에 이른 후 제원濟源을 거쳐 9월 23일 동도로 귀환했다. 약 5개월에 걸친 멀고도 먼 여정이 마무리됐다.

50만이나 되는 대규모 군사를 대동하는 이와 같은 순행 방식의 목적은 무엇보다 무력시위를 통해 상대를 굴복시킴으로써 다른 마음을 품지 못하도록 하는 데 있었다. 고구려 원정도 비슷한 관점으로 볼 수 있을 것이다. 양제의 고구려 원정을 순행으로 볼 수 있느냐에 대해서는 논란이 있지만, 100만이란 대규모 군사의 동원은 먼저 무력시위를 통해 고구려의 굴복을 받아내는 것이 1차 목표이고 사정이 여의치 않으면 전쟁을 불사한다는 2차 목표를 갖고 있었던 것으로 보인다. 그런 점에서 보면 고구려 원정도 넓은 의미에서 돌궐 북순과 같은 '순행'의 범위에 넣을 수 있을 것이다. 그러나 '순행'이란 말 자체가 중국 자국의 역사 및 현실인식을 그대로 투영하고 있는 그들만의 범주어임을 상기할 때 고구려 원정을 그들의 논리대로 '순행'으로 표현하는 것이 타당한지는 생각해볼 문제이다.

대규모 군사를 동원하는 순행 방식의 또 한 가지 목적은 순행하는 지역이 북방 유목민의 근거지에 가깝기 때문에 불의의 사태에 대비하여 만반의 준비를 갖추기 위함이었다. 이후의 북순에서도 양제는, 구체적 기록은 남아 있지 않지만 갑사 50만까지는 아니더라도 상당 규모의 군대와 동행했을 것으로 짐작되는데 이는 모두 돌궐의 전투력과 위험성을 십분 알고 있었기 때문으로 해석된다.

1차 북순이 끝난 지 반년 만인 이듬해(608) 3월 양제는 2차 북순을 떠난다. 동도에서 출발하여 태원을 지나 오원五原(豊州)으로 행차하여 장성을 돌아보았다. 아울러 계민가한에게 그간 성실히 조근을 했고 융속戎俗을 바꾸려는 생각을 갖고 있으니 운중에 있는 만수수萬壽戍[39]에 성을 쌓고 집을 짓도록 하는 동시에 그에 필요한 휘장과 침상·침구 등 물자를 넉넉히 공급하도록 조처했다. 이와 같은 회유정책의 한편으로 양제는 7월에 정남 20여 만을 징발해 유림의 서쪽인 유곡楡谷40에서 동쪽으로 장성을 축조하여41 방비를 강화하는 등 만일에 있을 돌궐의 변환邊患에 대비해 경계를 늦추지 않았다.

변방 단속을 마친 후 8월 20일 양제는 오악五嶽 중의 하나인 북악 항산恒山에 친히 제사를 올리고 대사大赦의 조를 내렸다. 보통 사면을 내릴 때는 무고령이 금계金鷄와 북을 궐문의 오른쪽에 세우고 북을 1천 번 친 다음 사면령을 낭독하면 죄수를 석방하도록 되어 있다.42 지금은 경사를 멀리 떠나 항산에 있지만 황제가 있는 곳이 곧 조정이므로 항산에서의 사면도 그에 준하는 의식을 갖추었을 것으로 짐작된다.

대체로 순행에서 제사는 매우 중요한 일정에 속한다. 순수의 기원으로 일컫는 순舜은 2월에 태산泰山으로 가서 섶나무를 태워 산천에 차례대로 제사를 올렸는데, 5월에는 남악 형산衡山, 8월에는 서악 화산華山, 11월에는 북악 항산으로 가서 모두 태산에서와 같이 제사를 지냈고, 5년에 한 번씩 이 산들을 방문했다고 한다.43 이처럼 본래 순수는 제후들의 입조와 함께 그 지역을 대표하는 명산의 제사를 병행하는 독특한 구조를 갖고 있었다. 역사상 잘 알려진 시황제와 한 무제의 순수에서도 제사는 매우 큰 비중을 차지한다. 명산 제사는 장생불사와 관련된 측면도 없지 않지만, 천하의 영유와 지배를 상하 신령과 백성에게 고하고 확인하는 정치적 목적도 간과할 수 없다.44 후대의 순수에서도 그 일정에 반드시 명산 제사가 포함됐다.

여러 지역을 돌아보며 명산에 제사하는 순수에 비해 특별히 태산에 올라가 천지에 제사하는 것을 '봉선封禪'이라 했다.45 상고 시대에 천자는 순수를 하는 도중에 사악四岳에 이르면 천지에 제사를 올렸는데, 후세에는 군주가 권위를 과시하기 위해 봉선의식을 별도로 거행한 것이라고 한다. 수명受命한 제왕으로 천하통일의 공이 있는 자만이 지낼 수 있다는 봉선제사는 제왕이라면 누구나 선망하는 의식이지만, 실제로 봉선을 행한 자는 그리 많지 않다. 역사적 근거가 확실한 최초의 봉선은 기원전 219년 태산泰山과 양보梁父에서 행해진 진 시황의 봉선으로 추정되며 이후 한 무제도 다섯 차례나 봉선을 거행했다.

진 시황이나 한 무제에 비하면 수 양제의 순행은 거리상 두 사람에 비견될 정도인데도 순행중에 명산에 제사했다는 기사는 2차 북순 때의 항산 제사가 유일하며, 태산의 봉선은 단 한 차례도 없었다. 봉선은 수명군주나 통일의 공업이 있는 군주라야만 자격이 있다고 하지만 역사적 실례를 보면 반드시 그렇지만도 않았다. 한 무제나 당 고종은 창업주도 아니고 통일의 공업과도 거리가 먼데도 봉선을 했고, 반면 수 문제로 말하면 창업주에다 400년간의 남북 분열을 종식시킨 위업이 있음에도 스스로 부족하다고 여겨 신하들의 봉선 요청을 사양한 바 있다. 결국 봉선을 허락하긴 했으나 대사를 감당하기 어렵다는 이유로 문제는 태산 근처에서 태산을 향하여 절하는 배례拜禮의식으로 봉선을 대체하기로 했다.⁴⁶ 개황 15(595)년 정월, 태산에 제사하면서 문제는 지난해 가뭄으로 관중 지역에 대기근이 들은 데 대해 자신의 죄과를 사죄했다.⁴⁷

따라서 양제가 봉선을 하지 않았다 해서 이상할 것은 없으나, 명산제사는 또 다른 문제였다. 양제의 순수 행로는 태산이나 그밖의 명산이 있는 지역이 아니어서 제사의 기회를 가지지 못했을 수도 있다. 그러나 한편으로는 외부 출입이 통제된 은밀한 곳에서 천지의 신령과 교감하고 신비감으로 황제의 권위를 높이는 제사보다는 많은 사람들 눈앞에 화려하고 장엄한 광경을 연출하는 방식이 자신의 권위 발양에 더 효과적이라고 판단했을 수도 있다.

항산의 제사는 양제의 방식답게 많은 관객을 초빙한 가운데 성대하게 치러졌다. 하북도 관내 군수들이 모두 모였고 배구裵矩가 초치한 서역의 10여 개국 사신들도 자국의 왕을 대신하여 양제의 옆에서 제사를 도왔다.[48] 양제는 항산 제사의 거행을 위해 마치 사전에 준비작업이라도 한 듯했다. 양제는 항산에 이르기 전 오원五原에서 계민가한을 붙들어놓고 회유책을 펼치는 동안 은밀히 황문시랑 배구를 철륵鐵勒에 파견하여 토곡혼을 공격하게 하고 패주하는 토곡혼가한 복윤伏允에게 사신을 보내 투항을 권유했다. 동시에 양웅楊雄과 우문술宇文述로 하여금 복윤을 공격케 하여 2성을 함락시키고 3천의 수급과 함께 왕공 이하 귀족 2백 명과 백성 4천 명을 포로로 귀환시켰고, 복윤은 남쪽의 설산雪山으로 도주했다. 뿐만 아니라 그 사이 옥문도행군총관 설세웅薛世雄은 멀리 이오국을 공격하여 점령했다. 배구가 서역의 10여 개국의 사신들을 거느리고 항산 제사에 참석한 것은 바로 이와 같은 회유책과 무력 제압의 양면 전술을 성공리에 끝낸 직후의 일이었다.

항산의 제의는 개황 15년 문제의 태산 배례 때의 의례를 상당 부분 채용했다. 태산 아래 단을 쌓고, 제단의 담 밖으로 섶나무 단을 만들고, 신묘神廟를 꾸미고 남문 밖에 2개의 매감埋坎을 설치하는 등 남교의 제사 때와 똑같이 제단을 마련했다. 그러나 제단을 2단 더 늘리고 도사道士와 여관女冠 수십 명에게 제단의 담 안에서 초제醮祭를 올리도록 한 점은 지금까지의 산악제사와 다른 면모를 보인다.[49] 초제란 공물을 차려놓고 신들에게 제사하며 재앙을 없애고 복을 내려달라는 저원문을 올리는 도교의식으로, 제사 대상은 천지·산천·성신·악독岳瀆 등 국가의례 일반에서 제사하는 신들과 다르지 않다.[50] 새북의 오지 항산에서 치러진 도교식의 산악제사는 내외의 참관자들로 하여금 중국의 독특한 문화를 체험할 수 있는 기회를 제공하는 한편 수 제국에 대한 인식을 새롭게 하는 계기를 마련해주었다. 이런 점에서 2차 북순은 1차 북순과 마찬가지로 소기의 정치군사적 목표 달성에 문화선전의 효과까지 더한 매우 성공적인 순행이었다고 평가할 수 있다.

2차 북순에서 돌아온 후 양제는 7년간 북순을 행하지 않았고, 대업 11(615)년에 가서야 3차 북순을 떠나게 된다. 그러나 양제는 그 7년간 한시도 쉴 틈 없이 다른 지역을 오가며 바쁜 일정을 보내고 있었다. 대규모 원정군을 거느린 점에서는 북순과 다름없었으나 일상적인 순행에 그치지 않고 실제 인접 국가와 격렬한 전투를 벌인 점에서 지금까지보다 훨씬 긴장되고 위험성이 큰 행행이었다. 7년간 양제는 네 차례의 큰 전쟁을 치렀다. 609년 서쪽 방면으로 토곡혼을 굴복시켰고, 이듬해인 610년 봄부터 동북 방면의 고구려 원정을 준비하여 614년 말까지 약 5년간 세 차례의 고구려전을 치르는 데 전력을 투구했다. 고구려전이 일단락된 후 양제는 다시 그간 돌아보지 못했던 북변으로의 순행을 재개한다.

3차 북순[51]은 고구려전에서 동도로 돌아온 지 3개월 만인 615년 3월부터 10월까지 약 7개월이 걸렸다. 동도를 출발한 양제는 태원을 거쳐 4월 분양궁에 도착하여 피서를 했다. 4월은 한여름도 아닌데 피서를 했다는 것은 순행의 목적이 다른 데 있음을 말해준다. 그간의 사실은 다음과 같다. 대업 5(609)년 계민가한의 아들 시필始畢가한의 지배 아래에 들어간 동돌궐은 수의 이간책에 불만을 품고 종종 북변을 침공했다. 더욱 불안한 점은 국내의 반란세력들이 돌궐과 연계하고 있다는 사실이었다.[52] 돌궐의 태도가 심상치 않음을 감지한 양제는 대업 9(613)년 우선 설세웅으로 하여금 12군의 병마를 조발하여 북새를 순시하도록 했다.[53] 3차의 고구려전과 양현감楊玄感의 반란진압 등 내외의 전란을 수습한 양제는 동도 귀환 후 바로 북순을 계획했던 것으로 보인다. 전쟁의 피로가 채 가시기도 전에 서둘러 북순에 나선 이유는 여기에 있다.

양제 일행은 분양궁에 도착했지만 궁성이 좁아 백관 사졸들은 산골짜기에 흩어져 풀을 엮어 막사를 만들고 그 안에 기거했다.[54] 3차 북순에도 대규모 군대가 수행했음을 알 수 있다. 그러나 여기서부터 조짐이 좋지 않았다. 6월 초 돌궐군이 누번군에 있는 남성진嵐城鎭[55]을 초략했다. 양제는 범안귀范安貴를 보내 토격하게 했지만 잇따른 패배 끝에 범안귀는 전사했고, 소식을 접한 관리들은 모두 두려워 떨었다. 7월, 안문雁門으로 향한 양제 일행은 먼저 연도에 있는 천지天池에 당도했다. 마침 비가 와서 골짜기에는 2척 깊이의 진흙이 쌓였다. 수행 관리들은 낭패스럽게도 장막조차 대부분 도착하지 않아 쏟아지는 비를 그대로 맞으며 앉아서 밤을 새워야 했다. 새벽이 되자 많은 사람이 죽어 있었다. 궁인들은 먹을 것이 없어 위사에게서 건량乾糧을 꾸어가기도 했다.[56]

불길한 조짐이 이어졌지만 8월에 양제는 계획대로 북변을 순시했다. 그러나 3차 북순에서 양제는 순행사상 최대의 위기를 맞게 된다. 8월 13일 계민을 뒤이은 시필가한이 기병 수십만을 거느리고 장성 근처 안문을 순행중인 양제 일행을 기습하려는 계획을 꾸민 것이다. 다행히 의성공주義成公主가 급보를 전해와 양제는 안문성으로 피신했으나 시필가한은 그날 안문성을 포위했다.[57] 당시 안문성 안에는 군민軍民 15만 명과 20일분의 식량밖에는 없었고, 이미 안문군代州 안의 41성 가운데 39성이 돌궐에게 함락됐다. 돌궐의 맹공으로 양제의 어전에 화살이 날아드는 등 형세가 급박하게 돌아가자 양제는 급기야 어린 조왕趙王을 품에 안고 울다가 눈이 붓기까지 했다.

한때 양제는 정예로 포위망을 뚫고 탈출하려는 생각도 했지만, 만에 하나 실패할 경우 후회를 돌이킬 수 없다는 번자개樊子蓋의 말에 따라 수성守城을 결정한 뒤 장사들에게 파격적인 훈상을 내걸고 분투를 진작하는 동시에 전국에 모병의 조를 내려 원병을 초모했다. 이에 각지 수령들이 원병을 거느리고 속속 안문성을 향해 모여들었고, 9월 15일 마침내 시필가한이 포위를 풀고 물러남으로써 양제는 구사일생으로 목숨을 건질 수 있었다. 양제는 곧 태원과 안문군의 사죄死罪 이하를 곡사曲赦하는 조서를 내린 후 태원을 거쳐 동도로 귀환했다.[58]

양제를 비롯한 순행집단이 이 사건을 통해 겪은 경악과 공포는 굳이 말할 필요가 없을 것이다. 북순에 왜 그렇게 많은 군대를 대동해야 하는지 3차 북순은 그 이유를 분명하게 보여준다. 수십만 군대를 대동한다고 해도 시필가한의 예처럼 수십만 유목기병이 사력을 다해 기습을 감행한다면 이를 당해낼 수가 없다. 북변의 돌궐은 표면상의 복속 여부와는 관계없이 잠시도 경계를 늦출 수 없는 위험세력임을 3차 북순은 실례로 보여주고 있다.

3. 순행의 효과와 영향

수 멸망의 궁극적 책임자로 지목받는 양제는 그 순행에 대해서도 백성을 수고롭게 하고 재물을 낭비한 부정적 측면만이 거론되어온 것이 사실이다. 그러나 의도하지 않은 불행한 결과와는 별도로 순행에 대한 양제의 견해는 수긍할 만한 점이 없지 않다. 양제는 지난 시대 남조의 황제들이 얼굴에 분을 바르고 깊은 궁궐에 들어앉아 세상물정을 모르고 지냈기 때문에 결국 망국으로 이어졌다고 하면서 자신은 결코 그런 황제가 되지는 않겠다는 통치권자로서의 포부를 드러낸 바 있었다. 그러나 양제의 잦은 대규모 순행은 고스란히 백성들의 부담으로 돌아왔다. 백성들만이 아니라 한치의 오차 없는 순행의 진행을 위해 불철주야 책임을 다해야 하는 관리와 군인들도 피곤하기는 마찬가지였다. 누적된 피로를 방출할 출구가 필요했다. 망국에 대한 감계鑑戒로부터 출발한 순행이 오히려 수를 망국으로 이끄는 역설적인 상황이 발생하게 된 것이다.

그러나 한편으로는 순행이 남긴 긍정적인 측면 또한 간과할 수 없다. 우선 3차에 걸친 북순의 목적은 수나라 정권의 최대 위협세력인 북변의 돌궐에 대한 방어를 강화하는 데 있었고, 비록 마지막 3차 때 시필가한에 포위되어 생사를 가르는 절박한 위기의 순간을 맞기도 했지만 1차와 2차는 소기의 목적을 달성했다고 볼 수 있다. 둘째, 강도 순행에서는 수백 년간 분열됐던 남북의 문화융합에 기여한 바가 적지 않았다. 서순을 통해서는 위협세력이었던 서돌궐과 토곡혼을 제압하고 서역으로 통하는 무역로를 확대하여 동서간의 문화교류를 촉진하는 결과를 낳았다.

이와 같은 즉각적이고 가시적인 효과와는 다른 관점에서 양제 순행이 역사에 남긴 결과와 영향에 대해 몇 가지 생각해보고자 한다.

첫째, 양제의 순행은 많은 사람들에게 국토순례의 기회를 제공했다. 양제의 순행은 결코 양제 혼자만이 떠난 것은 아니었다. 순행마다 자세한 기록이 남아 있지는 않지만 순행에 참가하는 인원은 10만 명이 기본이었던 듯하다. 하지만 1차 북순에 갑사 50만, 말 10만이 동원된 예와 같이 대체로 순행에 참가하는 인원은 그보다 훨씬 많았던 것으로 보인다. 순행 참가자들의 직군을 보면 황제의 신변보호를 위한 군사력이 큰 비중을 차지하며 아울러 순수의례에 규정된 위의威儀 관련 인원 또한 상당수에 이른다. 주목할 것은 순행에 참가하는 관료군이다. 황제의 출행은 조정의 대이동을 방불케 한다. 수도방어와 군국정사를 위한 필요 인원을 남겨두고 수많은 고하의 관료들을 대동한다. 여기에는 현직의 직사관은 물론이고 황제 신변보호의 임무를 수행하는 장래의 관료후보군인 고위관료의 자제들도 대거 포함된다.

둘째, 순행은 역사에 대한 자긍심을 갖게 한다. 양제는 수십만의 대집단과 함께 짧게는 반년에서 길게는 1년 반 이상을 근거지를 떠나 원로를 여행했다. 지도가 보급되지 않았던 그 시기, 끝없이 땅을 밟으며 광활한 국토와 장대한 운하를 직접 눈으로 보았을 것이고, 그와 동시에 통일제국을 수립한 수조의 위력과 그에 대한 경외심도 느꼈을 것이다. 또한 순행 출발 전에 치르는 각종 의례와 통과 지역의 명산대천과 고대 제왕의 능묘에 지내는 제의는 참가자들로 하여금 전통문화를 체험할 수 있는 기회를 제공하는 동시에 자국의 역사에 대한 자긍심을 더욱 높이는 계기가 됐을 것이다.

셋째, 순행은 중화주의 의식을 더욱 강화하는 결과를 가져왔을 수도 있다. 순행에서 대집단의 역사의식을 자극한 또 한 가지 중요한 사건이라면 그들이 순행 때마다 목도한 수많은 이민족 군장들의 내조來朝이다. 그리고 이것은 결국 중국의 중화주의를 공고화하는 요인으로 작용할 수도 있다. 수는 대업 5년 전국 190군 890만 호로 유사 이래 최대의 판도와 호구 수, 그리고 풍족한 재정을 누리고 있었다. 북순과 서순, 고구려 원정 때도 멀리 서역의 고창을 비롯하여 많은 주변 이민족 군장들이 양제의 행행지로 내조해왔다. 최고조의 국력 상승기에 오른 수 제국답게 조공사절의 빈례는 성대하게 치러졌다. 중국 정권에 최대의 위협세력인 돌궐이 복종해왔고 추세를 감지한 주변 국가들이 잇따라 내조하는 상황을 바라보며 순행집단은 조공체제의 당위성에 더욱 확신을 갖게 됐을 것이다. 만에 하나 내조에 불성실한 태도를 보이는 불량한 국가가 있다면 이는 도저히 용납할 수 없는 일로서, 고구려에 대한 3차의 집요한 공격은 이러한 고양된 중화의식을 배경으로 감행됐다고 볼 수 있다.

넷째, 돌궐 내지를 직접 여행하며 제한적이지만 그들과 접촉할 기회를 갖는다는 것은 일반인은 물론 관인들의 경우도 결코 쉬운 일이 아니었다. 단적인 예로 수십만의 군대를 대동한 양제조차도 안문에서 시필가한의 기습과 포위로 죽을 고비를 넘긴 적이 있다. 언제 기습을 받을지 모르는 위험천만한 지역이었으므로 새북땅의 여행은 개인은 물론 설사 대규모 군사집단이라 하더라도 목숨을 걸어야 하는 일이었다. 그러나 양제의 순행은 양적으로나 질적으로 국가가 해줄 수 있는 최고 수준의 무장호위대를 갖춘 안전한 집단여행의 기회를 수많은 사람들에게 제공했다. 결과적으로 많은 사람들이 그 누구도 일생 동안 꿈꾸기 어려운 오지의 변경 곳곳을 돌아보는 혜택을 입을 수 있었다. 역설적이지만 양제 자신은 의도하지 않았더라도 젊은 관료 후보들을 비롯한 다수의 사람들이 제국 전체를 조망해볼 수 있었던 이러한 귀중한 여행경험은 분명 다음 시대에 여러 방면으로 긍정적인 영향을 미쳤을 것이다.

다섯째, 돌궐과의 잦은 접촉이 그들에 대한 인식에 변화를 가져왔을 수 있다. 양제는 돌궐 계민가한이 중국의 의복관대를 따르겠다고 간청했을 때 일언지하에 이를 거절했는데, 화華·이夷는 서로 다르므로 각자의 길을 가는 것이 마땅하다는 이유에서였다. 이는 화·이를 엄격히 구별하는 양제의 차별주의적 태도를 드러내는 한 예이다.

화이차별주의는 비단 제도나 문화에서만 나타나는 것이 아니었다. 거주 영역에 있어서도 양제는 계민가한이 내부후 장성 안에서 축목을 하자 이들을 새외로 나가도록 했는데, 이 역시 화·이는 한 곳에 공존할 수 없다는 화이차별주의의 일면을 보여주는 사례이다. 양제의 이와 같은 차별주의는 언제 '인면수심'으로 돌변할지 모르는 돌궐의 위험성을 우려했기 때문이며, 이는 비단 양제만이 아니라 주위의 신료들에게도 공통된 인식이었다.[59] 그러한 우려는 3차 북순 때 안문에서 시필가한에게 포위당하는 사건으로 현실화됐다. 이처럼 양제는 돌궐에 대해 비록 정치적으로는 신복臣服을 요구하면서도 지리적 경계를 분명히 하고 사회문화적 체제가 다를 수밖에 없다는 차별주의를 견지했는데, 그 배경에는 돌궐에 대한 불신과 문화적 편견이 존재하고 있었다고 보인다.

그로부터 20여 년이 지난 당 정관 4(630)년, 돌궐 제1제국의 와해로 내부來附해오는 돌궐유목민의 처리 문제가 현안으로 대두됐다. 그에 대한 당조의 견해는 어떠했는가. 수 양제와 비교하여 어떤 차이점이 있는가. 다음에는 이 점을 구체적으로 살펴보고자 한다.

정관 4년 힐리詰利가한의 패망과 돌궐 제1제국의 붕괴는 당조에 커다란 충격을 가져다준 일대 사건이었다. 이를 전후하여 부족민을 거느린 돌궐 수령이 대거 내항하여, 새내로 유입해 들어옴으로써 태종은 이들을 안치하여 화이공존의 장을 마련해야 하는 어려운 과제를 안게 됐다. 이른바 돌궐 항호降戶로 일컬어지는 이들의 처리 문제를 둘러싸고 당시 조신들 사이에 격렬한 논쟁이 벌어졌다. 논쟁은 수년간을 끌었고 최종적으로 중서령 온언박溫彥博이 제안한 하남河套(오르도스) 분치론이 채택되는데, 그것은 이후의 내항 번족 처리에도 하나의 원칙을 제시하고 있다는 점에서 상징적인 의미를 갖는다.

항호 처리에 대한 조신朝臣들의 주장은 다음 세 가지로 대별할 수 있다.60

첫째, 이들을 강남 혹은 연주兗州·예주豫州 사이로 사민徙民시킬 것을 제안한 다수 조신들의 주장을 보면 이것은 기본적으로 돌궐유목민의 교화 가능성에 대한 믿음으로부터 출발하고 있다. 그에 의하면 돌궐 항호들의 종락을 강남으로 옮겨 주현에 분산 소속케 한 다음 농사를 짓도록 하고 그 풍속을 바꾸어 진정한 당조의 백성으로 만들자. 그렇게 하면 중국에는 호구 증대의 이익이 있는 반면 새북은 텅 비게 되어 변란의 소지가 영구히 사라질 것이라고 했다. 유목민을 교화시켜 농민화하겠다는 이 같은 사민론은 유목민의 농경 가능성을 볼 때 전혀 불가능한 것은 아니지만 실은 현실적 여건을 고려하지 않은 소박한 이상주의에서 발로된 주장으로 보인다. 왜냐하면 정주문화에 길들여지지 않은 10만에 이르는 유목민을 제국의 한복판인 산동·하남 지역에 옮겨놓고 어떤 인위적 조작을 가한다는 것은 그에 부수되는 재정적 부담을 고려할 때 분명 득책은 아니었기 때문이다. 그로 인한 재정적 손실은 도리어 호구 증대의 이익을 상쇄시킬 수도 있었다. 더구나 이들은 내항자라고는 하지만 양순하고 무력한 백성이 아닌 여전히 강한 전투력과 기동성을 보유한 유목민이었던 것이다.

이러한 강남사민론에 강력히 반대하고 나선 하북귀환론자들의 입장은 그와 반대로 이적夷狄에 대한 강한 불신을 전제로 하고 있다. 안사고顔師古·두정竇靜·두초객杜楚客·이백약李百藥 등으로 대표되는 하북귀환론자들은 이적은 어디까지나 이적일 뿐, 천성적으로 은의 같은 것은 모르는 사람의 탈을 쓴 짐승과 같은 자들이므로 이들을 내지 한복판에 끌어들이는 것은 화를 자초하는 것이라 보았다. 또 이적이란 본래 오고가는 것이 무상한 자들로서, 그 상성常性을 바꾸어 중국의 풍속에 동화시키는 것은 사리에 맞지 않고 마땅히 그 습속에 따라 다스려야 한다고 했다. 대체로 이들 귀환론자들은 이적을 중국 백성과 같이 덕으로 회유하는 것은 불가하고 오로지 위엄으로써 굴복시키는 것만이 가능하다고 보았다. 하지만 이것은 이론적으로 중국세력이 이적세력에 대해 절대우위에 섰을 때만 가능한 단순논리일 뿐 실제 상황은 그렇게 간단하지가 않았다. 그래서 하북귀환론자들은 이들에 대한 불간섭주의의 원칙에 서 있으면서도 그렇게 했을 경우 발생할지도 모르는 후환에 대비한 방안 제시를 빠뜨리지 않고 있다. 즉 이들을 고토故土로 돌려보내 본래의 방식대로 살게 해주는 것이 최선의 방책이되, 단 그 세력을 나누어 상호 신속관계가 발생하지 못하도록 해야 한다. 이를 위해 그 토지를 나누고 부락들을 분리시켜 각각 수령으로 하여금 통령케 하면 부락 간의 힘의 균형이 이루어져 서로 탄멸하기 어려워질 것이니 결국 이들은 대대로 번신이 되어 변새를 영구히 지킬 것이라는 주장이었다.

 이에 대해 중서령 온언박은 양자를 절충한 하남분치론을 제안했다. 그러나 당시 비서감이었던 위징은 위에 서술한 하북귀환론자들과 마찬가지 입장에서 강한 어조로 하북귀환론을 전개했다. 이로써 시작된 온언박과 위징 간의 논쟁은 수년간을 끌었고 정관 7~8년 마침내 온언박의 제안이 최종적으로 채택되어 실행된다. 하남분치론은 먼저 강남사민론에 대하여 항호를 강남으로 이주시켜 각 주현에 분산 소속케 하는 것은 사물의 본성에 위배되기 때문에 '함육涵育의 도'가 아니라고 비판하는 한편, 하북귀환론에 대하여는 돌궐이 파멸되어 부락들이 귀항해왔는데 측은히 여겨 받아들이지 않는다면 '천지天地의 도'가 아니라고 반박했다.

 그는 하남분치론의 역사적 사례로 후한 광무제光武帝의 예를 들었다. 즉 광무제는 항복한 흉노를 오원五原 새하塞下에 두어 그 부락을 보전시켜 국가의 방패로 삼았고, 또 그 본속을 저버리지 않도록 하여 항호들을 안무했으니 이는 첫째 공허한 땅을 충실히 하고, 둘째 시기하는 마음이 없음을 보여준 것이라고 했다.[61] 따라서 광무제가 한 것처럼 돌궐 항호들을 새내에 안치하여 중국 변방의 울타리로 삼을 것을 제안하고 있다. 온언박의 제안이 절충적이라고 하는 것은 비단 지리적으로 하북과 강남의 중간에 위치한 하남(하투)을 항호 안치 지역으로 제시한 점에서뿐만 아니다. 한편으로는 항호들의 물성보전원칙을 주장하면서도 다른 한편으로는 이들이 하남에 살게 되면 '화풍華風'의 세례를 받아 결국은 수년 후에 모두 농민이 될 것이라는 낙관적 기대를 버리지 않은 점에서도 그의 제안은 절충적이었다.[62]

이와는 다른 관점에서 돌궐 항호의 본속유지 필요성을 제시한 견해도 있었다. 돌궐 항호들은 결코 무장해제된 포로가 아니며 여전히 강력한 전투력을 보유한 전사집단이라는 점에서 그들의 뛰어난 전투력은 경계의 대상인 동시에 당조에 유용한 군사적 자원이기도 했다. 정관 시기 대외전쟁을 대부분 이끌었던 명장 이정李靖의 말은 그 점에서 매우 시사적이다. 이정은 "하늘이 사람을 만듦에 본시 번한 蕃漢의 분별이 없었으나 땅이 멀고 황막하여 필히 수렵으로 살아가야 하기 때문에 항상 전투에 익숙하게 된 것이다. 만약 우리가 은덕과 신의로 그를 안무하고 의식을 진휼하면 곧 모두 한병漢兵인 것이다"[63]라고 하여 번·한 간 생활환경에 따른 습성상의 차이를 인정하는 한편으로 이민족의 군사적 가치를 은연중 시사하고 있다.

한편 태종의 화이관은 다소 복합적이다. 그는 기본적으로 화이는 단지 습성이 다를 뿐 다 같은 인간이라고 보는 '화이불수華夷不殊' 또는 '화이일가華夷一家'론을 표방하고 있지만, 다른 한편으로 그의 언사에는 하북귀환론자들의 이른바 '인면수심'론도 종종 등장하고 있어 태종의 화이관이 무조건적인 '화이불수'가 아님에 주의해야 한다. 예컨대 정관 17(643)년과 18년에 태종이 보여준 두 가지 태도를 비교하면, 정관 17년 태종은 막북의 설연타薛延陀와 약속한 공주와의 혼인을 일방적으로 파기하면서 그 이유로 공주 강가降嫁로 인한 설연타의 자만심이 다른 유목부족의 복종을 끌어낼 것이고, 융적은 인면수심이니 일단 조금이라도 뜻대로 안 되면 반드시 뒤돌아 깨물고 해를 가할 것이라는 논리를 피력했다. 바로 다음해인 정관 18년 태종은 수년 전에 하투 이북으로 귀환명령을 받은[64] 이사마李思摩 휘하 돌궐족 일부가 설연타의 위협을 피해 다시 남사南徙를 희망하자 이에 대해서는 "이적 역시 사람이고 그 정情도 중국과 다르지 않다. 군주는 자신의 덕택이 미치지 않음을 걱정할 것이지 이류異類를 시기할 필요는 없다. 대개 덕택이 두루 미치면 사이四夷도 일가처럼 만들 수 있다"는 '화이일가'론을 제시하고 있다.[65]

태종에게 '인면수심'과 '화이일가'는 양립이 가능한 명제였던 것으로 보인다. 설연타에 대한 태종의 공주 강가 파기는 상대가 단순히 이적이기 때문은 아니었다. 융적 중에서도 설연타와 같이 당조에 굴복하지 않는 강역 밖의 독립세력 또는 복속 후 당조에 이반하거나 도전하는 세력의 경우는 '화이불수'의 범위에서 제외된다. 그때는 '불수不殊'가 아니라 '인면수심'론이 전면에 등장한다. 외교상의 언약이나 조약의 일방적 파기와 같은 당조 자신의 배신의 행동은 이러한 '인면수심'론에 의해 합리화된다. 그에 반해 당조에 굴복한, 따라서 비교적 위협이 덜한 약소세력이거나 국익 차원에서 전략상 회유가 필요한 경우 이적도 똑같이 사람임이 강조되고 '화이일가'론이 전면에 등장한다. 이른바 '화이일가', '화이불수'론은 당이 상대하는 이민족의 성격에 따라 그 적용의 가부가 결정되는 것이다. 일단 '화이일가'의 범위에 들어온 이민족은 적어도 표면상 중국 서민과 일가를 이룰 수 있는, 지역 안의 공존이 가능한 사람들로 간주됐다. 이러한 '화이일가'론의 등장 배후에는 당 건국집단의 출신성분이 다분히 호족胡族적이고 따라서 어느 정도 심리적·문화적으로 호胡·한漢 공존의 정서적 바탕이 마련되어 있었다는 요인을 들 수 있다.

그러나 출신 배경으로 말하면 호족적 요소는 북주를 뒤이은 수 건국집단에게 오히려 더 다분했다고 말할 수 있다. 또 상대하는 유목세력을 보아도 수대의 계민가한이나 정관 4년 내부해온 돌궐 항호나 잠재적 위험도에서 별반 다를 바가 없었다. 하지만 수 양제는 돌궐 지역으로 순행할 때마다 틈틈이 장성을 수축하여 화·이 간의 경계를 나누고 돌궐의 남하를 막았던 반면, 정관 4년을 전후해서는 과문인 탓인지 장성을 수축했다는 기사는 아직 보지 못했다. 이것은 수와 당 사이에 이민족을 바라보는 시선에 있어 다소의 변화가 있음을 말해준다. 수 양제가 동서로 만 리도 넘는 북방 변경에 계속해서 장벽을 쌓은 이유는 '인면수심'의 이민족을 믿을 수 없었기 때문이었다. 당 태종 또한 비록 '화이일가'를 표방하고 있지만 그것은 이민족이 당조에 철저히 순복할 때만 해당되는 말일 뿐 복속한 이민족의 이반이나 도전에 직면해서는 언제든 '인면수심'으로 선을 긋는 이중적인 태도를 보였다. 그럼에도 불구하고 내부해온 돌궐을 하남(하투)과 장성 안으로 분산 안치시킨 당 태종의 처사는 이전 시기에 장벽을 쌓던 양제 때와는 다른 새로운 양상이라 해도 좋을 것이다.

이러한 변화를 가져온 배경에는 여러 가지 요인이 있겠지만 특히 수차례 돌궐의 목축지를 직접 밟으며 그들과의 잦은 접촉과 교류를 감행했던 수 양제의 순행이 미친 영향을 간과할 수 없다. 잦은 접촉은 상대방에 대한 이해를 낳는다. 정관 4년 돌궐 항호를 받아들여 하남에 분치할 것을 주장한 온언박은 고조 때 돌궐의 침입을 막기 위한 병주도행군장사로 출전했다가 패하여 돌궐의 포로가 된 적이 있었다. 돌궐은 온언박이 근신임을 알고 당의 허실과 병마의 다소를 알아내고자 고문苦問했으나, 그는 끝내 말하지 않았고 이에 격노한 힐리가한은 그를 음산陰山의 험지에 옮겼다가 태종 즉위 후 송환했다.[66] 당 태종 때 명장 이정은 양제 대업 말 여러 차례 마읍군승馬邑郡丞을 역임한 경험이 있다.[67] 돌궐에 대한 오랜 접촉과 경험은 이들로 하여금 돌궐도 '하늘이 만든 똑같은 사람'이며, 다만 땅이 멀고 황막하여 반드시 수렵으로 살아가야 하기 때문에 전투에 익숙하게 된 것일 뿐'이라는 이해와 인식을 갖도록 하는 계기가 됐다고 본다. 물론 잦은 접촉과 경험이 반드시 긍정적 요인으로 작용한 것만은 아니며 오히려 그 반대로 부정적 인식을 강화시키는 경우도 없지 않다. 그런 차이를 감안하더라도 돌궐에 대해 갖고 있던 막연한 부정적 이미지, 적대감, 선입견, 편견, 불신감으로부터 다소 완화된 시선으로 그들을 바라보게 된 것은 돌궐 유목제국의 패망이란 외부적 조건 외에도, 수 양제가 '마련해준' 순행을 통한 그들과의 잦은 접촉과 견문이 하나의 요인으로 작용한 결과로 보아도 좋을 것이다.

송대 여행인프라와 문화체험

조진成尋의 『참천태오대산기』를 중심으로

김종섭

　일본은 당唐 소종昭宗 건녕乾寧 원년(894)에 당으로 보내는 정식 외교사절을 중지함으로써 당과의 공식적인 교류를 끊었다.¹ 이후 당나라 상선의 입항도 2년에 한 번으로 제한했다. 또 일본은 송나라 상선을 하카다博多 한 곳에만 입항하게 하고, 다른 곳에 입항한 송나라 상선은 다시 하카다로 보냈다. 송나라 상선은 하카다에서 입항 규정을 심의받았고, 상인은 다자이후太宰府 홍려관鴻臚館에 묵었다.² 일본은 송나라 사람의 입국을 제한했을 뿐만 아니라 일본인의 송 출국도 제한했다. 이런 이유로 북송 160여 년간 일본에서 송나라로 건너간 승려 가운데 기록상 확인이 가능한 이는 20여 명에 불과하다.³
　조진成尋은⁴ 바로 이 시기에 일본 조정의 허락을 받지 못한 채 송으로 간 승려이다. 그는 1011년에 태어났다. 그의 아버지에 대해서는 이설이 많지만 어머니는 천황가의 피를 이어받은 미나모토 다카아키라源高明(다이고醍醐 천황의 아들)의 자손이라고 한다.⁵ 그는 7살 때 대운사大雲寺에서 몬쿄文慶의 제자가 됐으며, 1034년 24세 때에

몬쿄가 산조三條천황의 호지승護持僧이 되어 원성사圓城寺로 옮기자 대운사 주지가 됐다. 62세가 되던 1072년 송나라로 갔다가 신종의 권유로 다시 일본으로 돌아오지 않고 생의 마지막 약 10년 동안을 송에 머물렀다. 신종神宗 원풍 4(1081)년 송나라에서 객사했으며, 천태산天台山 국청사國淸寺에 안장됐다.

그는 송에서 보고 느낀 바를 『참천태오대산기參天台五臺山記』[6]에 남겼다. 이 일기는 『선혜대사사자성심기善惠大師賜紫成尋記』라고도 하는데, 송 신종 희녕 5(1072)년 3월 15일부터 다음해 6월 12일까지 총 468일간의 송나라 체험을 기록한 것으로 대략 9만 6천 자에 8권으로 구성되어 있다. 원본은 대운사에 있었으나 1549년 화재로 소실되고, 동복사東福寺의 개산선사開山禪師가 초록한 동복사본이 현존하는 것 가운데 가장 오래됐다.[7]

『참천태오대산기』는 엔닌圓仁의 『입당구법순례행기入唐求法巡禮行記』에 비해서 일본인들에게 주목받지 못했다. 엔닌은 일본으로 돌아와 활동하면서 자신의 위상을 확실히 확립한 데 비해 조진은 송에서 객사하여 명확한 학파를 형성하지 못했기 때문이라고 한다.[8]

전근대 시기의 일기란 오늘날의 것과 성격이 다르다. 기록문 또는 기행문의 성격이 더 강하다. 같이 간 수행승들이 일본으로 돌아갈 때 그들에게 이 일기를 건네주는 것으로 보아 그가 일기를 쓴 주된 목적은 일본 사문寺門의 발전에 대한 사명감 때문으로 보인다. 그러므로 그의 일기에는 당시 송나라 불교체험을 중심으로 일본과 송의 해로海路, 송나라 사회생활 등을 서술하고 있는 반면, 상대적으로 정치·경제적 상황이나 제도적인 면에 대한 언급은 거의 없다.

그리하여 『참천태오대산기』를 바탕으로 진행된 연구는 대부분 문화사적 연구에 집중되어 있다. 기존의 연구성과를[9] 보면, 먼저 여행인프라 부분에서 교자轎子가 송 초기에 금지됐다가 후기로 접어들수록 점차 보편화되어갔다고 한다.¹⁰ 송대 외국인의 숙박시설은 반형관班荊館·동문관同文館·도정역都亭驛·도정서역都亭西驛·회원역懷遠驛·내원역來遠驛·고려사관高麗使館 등이 있었으며, 조진은 객점·국청사·해원廨院·전법원傳法院·관역·진용원眞容院 등을 이용했다고 한다.¹¹ 그리고 조진 일행의 조력자인 통사通事 진영陳詠은 일본을 왕래하면서 장사를 하던 인물로 조진의 성지순례를 돕다가 나중에는 그의 제자가 됐다고 한다.¹² 조진의 인적 교류와 관련해서 보면, 그가 송나라에서 만난 사람들은 모두 2,054명이며, 이 가운데 승려 468명, 관인 1,395명, 속인 177명이라고 한다.¹³ 조진은 소식蘇軾을 알아보지 못했다고 하고, 그를 둘러싼 당파 인물을 분석하기도 했다.¹⁴

이 글은 기존의 연구성과를 바탕으로 『참천태오대산기』를 통해서 조진이 경험한 송나라 여행인프라와 타문화체험을 분석해보고자 한다.

1. 조진의 입송入宋 준비

조진이 천태종의 본산인 송나라 태주台州의 천태산을 순례하고자 했던 것은 당시 일본에 널리 알려져 있던 일이다. 그는 송나라로 가서 3년간 수행할 수 있도록 1070(60세)년 일본 조정에 요청했으나 허락을 받지 못했다.¹⁵ 그는 포기하지 않고 일본 조정의 허락 없이 스스로 갈 길을 모색했다. 그 방법은 송나라 상선을 구하여 몰래 떠나는 것이었다. 조진은 1072년 3월 15일 현재의 가라쓰唐津에서 송나라 상선을 탔다. 그가 물색한 배는 당시 송나라 상선은 하카다 한 곳에만 정박할 수 있었는데도 불구하고 가라쓰에 정박한 배였다. 송나라 상선의 이런 행위는 지역 영주들이 자신의 이익을 위해서 일본 조정의 정책을 무력화시킴으로써 가능했다고 한다.[16] 조진이 이런 배를 탄 것은 그가 이들의 존재를 이미 알고 있었고 일본 조정의 눈을 피할 수 있는 방법이라 여겼기 때문일 것이다.

일본 조정은 일본인의 해외 진출을 제한하기는 했어도 엄격하게 통제한 것은 아니었다. 가라쓰에서 송 상선과 접촉할 때 일본 조정의 눈을 피하면서도 죽음을 무릅쓴 긴박감은 보이지 않는다. 또 조진은 송나라로 가는 일에만 몰두했지 다시 일본으로 돌아왔을 때 받을 처벌에 대해서는 걱정이 별로 없었다. 그도 그럴 것이 그의 제자들이 다시 일본으로 돌아왔을 때 아무런 처벌도 받지 않았을 뿐 아니라, 『참천태오대산기』가 여러 경로를 통해서 초록되거나 인쇄되어 유통되는 과정에서 일본 조정은 제재를 하지 않았다.[17]

배의 선정만큼이나 중요한 것은 뱃삯이었다. 조진과 함께 제자 라이엔賴緣·가이슈快宗·세이슈聖秀·이칸惟觀·신켄心賢·젠큐善久·조메이長命가 배를 타서 모두 8명이었다. 뱃삯으로 미 50곡, 견 100필, 괘褂 2중重, 사금 4소량, 상지上紙 100첩, 철 100(단위를 알 수 없음), 수은 180량 등을 지불했다.[18] 그가 뱃삯으로 지불한 금액은 대략 196관貫이며, 1인당 24관 500문 정도가 됐다. 여기에 계산에 넣지 않은 철, 종이, 마고자 등을 합산하면 1인당 뱃삯은 더욱 많아진다.

그들이 지불한 1인당 뱃삯은 당시 송나라 사람들의 생활비와 비교해보면 어느 정도가 될까. 소식은 신종의 원풍개혁을 풍자한 시를 지었다는 이유로 호주지주湖州知州에서 파직되어 옥에 갇혔다가 황주단련부사黃州團練副使로 좌천된 적이 있었다. 그때가 신종 원풍 3(1080)년이었다. 이때 소식은 4관 500전을 30꾸러미로 나누어 대들보에 묶어놓고 하루에 한 꾸러미씩 사용했다고 한다.[19] 물론 이 금액은 소식 혼자 사용한 것이 아니라 가족이 함께 쓴 금액이다. 즉 조진 일행의 1인당 뱃삯은 대략 소식 가족의 5개월 생활비를 웃돈다. 뱃삯이 이렇게 비싼 이유는 아마도 조정의 반대를 무릅쓰고 출발하는 탓으로 위험부담에 대한 비용이 높았을 것이고 또 당시 송나라를 오가는 일본 배가 없어 선택의 여지 없이 일방적으로 뱃삯을 지불했기 때문일 것이다.

조진이 이렇게 막대한 금액을 준비할 수 있었던 것은 그가 대운사의 주지였을 뿐만 아니라 조사 엔친円珍의 유계가 송나라 천태종과 교의상 교류를 심화시켜 산문의 교학 기반을 확충하는[20] 것이었던 만큼 대운사 차원에서의 지원이 있었을 것으로 보인다. 조진이 라이엔을 비롯한 수행승 7명을 대동한 것도 이를 잘 반영한다. 그리하여 오랜 시간에 걸쳐 불전 · 의궤 · 법구 등도 수집하고 여행경비도 마련할 수 있었던 것으로 여겨진다.

1072년 3월 15일 드디어 조진 일행은 히젠국肥前國 마쓰우라군松浦郡 가베도壁島(현 사가현佐賀縣 가라쓰시唐津市 요비코초呼子町의 가베도加部島)에서 송나라 상선을 탔다.[21] 그러나 배는 기상 관계로 출발하지 못했다. 이 기간 동안 조진 일행은 다른 사람들의 눈에 띌까봐 노심초사했다. 15일에 해변으로 사람들이 와서 그들은 한 방에 들어가 소리가 새어나가지 않게 문을 꼭 걸어 잠그고 있었고, 16일에는 해변으로 남녀가 찾아와 거래를 하자 온종일 방문을 닫고 지냈으며, 17일에도 해변으로 사람들이 찾아오자 소리가 새어나가지 않도록 방문을 닫고 있었다. 이런 생활이 반복되는 동안 조진 일행은 지극

히 난감했다고 한다.²²

　1072년 3월 19일 드디어 어렵게 항해를 시작했지만 더 큰 불안이 닥쳐왔다. 바다를 건넌다는 두려움이었다. 조진은 항해 전부터 매일같이 관음보살을 만 번씩 외우며 바다를 무사히 건널 수 있도록 기도했으며, 높은 파도를 만나자 오대산 문수보살과 일만보살, 천태산 석교의 오백나한을 수만 번이나 외우면서 위급함을 극복하고자 했다.²³ 더구나 심한 파도가 닥치자 5년간 눕지도 않고 해온 수행이 끝날지도 모른다는 절박한 심정을 표출하기도 했다.²⁴ 평생을 불교에 몸담았지만 자연의 위력 앞에서는 한없이 초라해지는 인간의 모습을 그도 보여준다. 이렇듯 그의 입송과정은 조정의 허락을 받지 못한, 어찌 보면 범법자로서의 불안함과 초조감, 떠나기 전에 발각되어 모든 일이 무산될지도 모르는 난감함, 그리고 험한 대자연의 위력 앞에서 한없이 나약한 인간적인 두려움 등등 감내하기 어려운 여러 감정들의 연속이었다. 그러나 이런 힘든 고통들을 종교의 힘으로 극복해나갔다.

2. 송대의 여행인프라

송대 외국인의 출입과 내지여행 조건

　1072년 3월 21일 조진 일행은 송나라 해역으로 들어왔으며, 3월 27일에는 명주明州(현 닝보시寧波市)의 황석산黃石山에 도착해 4월 4일에는 명주 항구에 닿았다. 당시 송나라는 해외로 오고가는 배를 관리하는 시박사市舶司를 항주杭州와 명주 두 곳에 두었으며 상인들이 그중 한 곳을 선택하여 수속을 밟을 수 있게 했다.[25] 그런데 명확한 이유는 알 수 없으나 조진 일행은 명주에서 하선하지 못했다. 월주越州(현 샤오싱시紹興市)로 가라는 명령을 받고서 4월 5일 명주 경내에서 하천을 오르내릴 수 있는 배로 갈아타고 월주 경내에 갔다. 4월 13일 항주 주구湊口에 도착했으며, 14일 항주 갑문을 통과하고서 드디어 하선했다.

조진 일행이 탄 배를 처음 맞이한 이는 항주지부杭州知府로 그들에게 연회를 베풀어주었다.[26] 당시 송나라는 대외무역으로 큰 경제적 이득을 보고 있었으므로 외국 상인의 입항을 장려했을 뿐만 아니라 이들에게 재산권 · 거주권 · 교육권 · 혼인권 등도 보장했다. 그리고 해외무역이 잦은 지역에 외국인이 모여 살 수 있는 번방蕃坊을 설치하여 이곳에 머무는 외국인에게 다양한 혜택을 주었다. 또한 외국 상인이 자주 출입하는 곳의 지방관은 이들을 위해서 환영연과 환송연을 성대하게 베풀어주게 되어 있었다.[27] 조진 일행도 항주 지방관으로부터 환영연을 받았다. 그렇지만 연회의 주요 대상은 조진 일행이 아니라 송 상인이었다. 이를 보면 환영연이나 환송연은 비단 외국 상인에게만 한정된 것이 아니라 대외무역을 하는 자국 상인에게도 동일하게 적용됐음을 알 수 있다.

항주지부는 외국인에게 비교적 호의적이었다. 4월 16일 문관問官이[28] 사람들을 이끌고 와 물건을 실어나를 때[29] 조진은 한 통의 문서를 보여주었다. 그는 한번 읽어보고는 돌려주면서 내일 항주부로 와서 제출하면 될 것이라 하고 돌아갔다. 또 장을 보러간 수행승 가이슈 등에게 문관은 작은 배를 이용해서 돌아갈 수 있게 해주었다.[30] 이 시기 송은 입국한 외국인에게 비교적 호의적이었다.

그렇지만 외국인이 내지여행을 하려면 여행허가증에 해당하는 공이公移를[31] 발급받아 이를 항상 휴대하고 다녀야만 했다. 그리고 외국인이 장기간 거주를 할 경우에는 훨씬 더 엄격한 절차를 밟아야 했다. 조진이 천태산 국청사에 3년간 머물고자 하는 뜻을 밝히자 국청사에서는 임의로 처리하지 못하고 태주에 알렸으며, 태주에서도 처리하지 못하고 중앙에 글을 올려 칙지勅旨를 기다렸다.[32] 이처럼 외국인이 만약 변방이 아닌 다른 곳에 거주하고자 할 경우 칙지가 있어야만 했던 것으로 보아 비교적 엄격한 제한이 있었던 것으로 보인다.

조진의 장기 거주 문제를 처리하던 중에 뜻밖의 기회가 왔다. 신종 황제가 조진 일행을 보고자 한 것이다. 신종은 외국에서 승려가 오면 초대해서 만나기도 했다. 특히 당시 일본과 공식 사절이 단절된 상황에서 만나기 쉽지 않은 일본 승려가 왔다고 하니 신종은 더욱 보고 싶었을 것이다. 조진 일행의 입장에서 보면 신종과의 만남은 앞으로의 여행에 큰 변화를 가져올 수 있는 좋은 기회였다.

여행조력자, 통사通事

송나라는 외국 사절이 오면 통상적으로 숙식을 제공하고 경호를 담당했다. 소식은 "고려 사절이 한 번 입공할 때마다 조정과 회절양로淮浙兩路는 연회비용으로 대략 10여만 관을 지급하고, 정·관역을 수리하여 장식하고, 떠들썩하게 물건을 사고팔게 했는데, 인력과 선박을 징발하는 것은 그 비용에 포함되어 있지도 않습니다"[33]라고 말했듯이 외국 사절과 관련된 비용이 백성에까지 영향을 미칠 정도로 후하게 대접했다.

그런데 조진 일행의 경우는 정식 사절이 아니므로 송나라에 공식

협조를 구할 수 없었다. 그리하여 송과의 소통을 위해서는 경비를 들여 통사를 고용해야만 했다. 그렇다면 그가 어떻게 통사와 관련된 정보를 얻을 수 있었을까. 지니고 있던 서적들 가운데 엔닌의 『입당구법순례행기』가 그 해답을 제시해준다. 엔닌은 이 책에 당 문종 개성 3(838)년 6월 13일부터 선종宣宗 대중大中 원년(847) 12월 14일까지 여행한 내용을 소상히 기록해놓았다. 그 가운데 주목을 끄는 것은 신라인 김정남의 존재이다. 물론 엔닌은 일본 사신 일행을 따라갔기 때문에 오야케노 도시오大宅年雄라는 통역관이 있었다. 그렇지만 당나라 사정에 밝은 김정남이 엔닌 일행의 통역을 맡았고 여러 가지 일들을 전담했다.[34] 조진은 아마도 엔닌의 일기에서 김정남과 같은 존재의 중요성과 필요성을 짐작했으며 자신의 원활한 성지순례를 위해서는 반드시 통사를 고용해야겠다고 생각했던 것 같다. 조진이 송에 도착한 후 진영陳詠을[35] 통사로 고용하면서 매우 기뻐했다는 점을 보면 그가 얼마나 이를 중요하게 여겼는지 잘 알 수 있다.[36] 조진은 진영뿐만 아니라 시십랑施十郞과 숭대사崇大師[37]를 통사로 삼은 적이 있었는데, 그들에 대한 기록은 미미하다.

조진의 일기에 자주 보이는 통사는 중국 문헌에는 드물게 나타난다. 후진後晉 소제少帝 개운開運 3(946)년 거란주가 후진을 멸망시키고 낙양으로 입성하면서 놀란 백성을 위로하기 위해 통사를 파견한[38] 것과 송 진종眞宗 천희天禧 3(1019)년 예빈원에서는 외국인을 통사로 삼을 수 없다는 조칙을[39] 내린 사례가 있다. 두 사례에 보이는 통사의 성격은 사뭇 다르다. 기본적으로 통역의 임무를 맡은 것은 동일하나 거란에서는 관료의 성격이, 송대에는 통역의 성격이 강했다. 그런데 통역이 거란 때는 전체 업무의 일부분에 지나지 않았지만 송대에는 전문적 성향을 띠었다. 그러면 조진의 일기에 보이는 통사

진영 역시 전문 통역인이었을까.[40]

1072년 4월 21일 조진은 통사 진영을 만났는데, 그가 진영을 어떻게 알게 됐는지 천태산을 방문하기 위해서 항주로 보낸 문서의 내용을 보자.[41]

(영종) 치평治平 2(1065)년 일본으로 가서 매매를 하고, 본국(일본)의 승려 조진과 서로 알게 됐다. (신종) 희녕 2(1069)년 일본에서 유황 등을 싣고 와, 항주에서 세금을 내고 물건을 팔았다. 이후 항주와 소주에서 매매를 하고, 지금은 항주 파검영把劍營 장삼張三의 객점에 머물고 있다.

위의 내용을 보면 진영은 일본을 방문한 적이 있는 상인이며, 1065년경 즉 조진이 송나라로 가기 전 약 6, 7년 전에 이미 그들은 서로 알고 있던 사이로 송에서의 만남은 구면이었다.[42]
당대와 마찬가지로 송대에도 다른 지역을 여행하기 위해서는 관의 허가가 필요했으며, 외국인 역시 예외는 아니었다. 그러니 조진은 무엇보다 관의 허가가 필요했고 공문서를 발급받는 것이 급선무였다. 엔닌은 이 여행허가증을 제때에 발급받지 못해서 모진 고초를 겪다가 우여곡절 끝에 겨우 발급을 받아 장안을 다녀왔다.[43] 조진은 엔닌의 경험을 그의 일기를 통해 알고 있었기 때문에 이 공문서가 얼마나 중요한 것인지 깨닫고 있었고 엔닌과 같은 고초를 겪고 싶지 않았을 것이다. 이런 심정은 항주 공이에 "관과 진의 입구에서 사람들에게 근거를 문초당하여 가지 못할까 두려우니, 공이를 발급해서 몸에 지니고 다닐 수 있도록 청합니다"[44]라고 적은 것을 보아도 잘 알 수 있다. 그러니 통사 진영에게 주어진 가장 일차적이면서 중요한 일은 바로 여행허가증에 해당하는 공문서를 발급받는 것이었다.

1072년 4월 16일 조진은 송 문관의 방문을 받고, 그에게 송나라에 온 이유를 적은 문서를 보여주었지만 아무런 진전이 없었다. 4월 19일 진영을 통사로 삼으면서 관부와의 교섭이 본격적으로 추진됐다. 4월 26일 진영은 항주부로 가서 천태산을 방문하고자 한다는 문서를 전달했다. 진영이 이 일을 추진하기 시작해서 정식으로 송나라 관부에 접수하기까지는 7일이 걸렸다. 다음날부터 항주부와 조진이 자주 연락을 취하는 등 본격적으로 일이 추진됐다. 드디어 5월 23일 진영이 항주 공이를 가지고 오자 조진 일행은 뛸 듯이 기뻐했다.[45] 공이는 천태산을 갈 수 있는 통행증이었으며, 가는 곳마다 공이를 보여줌으로써 자유롭게 이동할 수 있었다. 이처럼 통사 진영은 관부와 관련된 일을 도맡아 항주 공이가 발급될 수 있도록 노력했다. 이로써 통사가 상거래 혹은 개인적인 일로 방문하는 외국인을 대신해서 관서의 일을 대행해주었다는 것을 알 수 있다. 진영은 공이를 발급받는 절차를 잘 알고 있었을 뿐만 아니라 원만하게 처리될 수 있도록 해주었다. 예를 들면 관서 사람들이 올 때 그들에게 일정한 돈을 주도록 조언하는[46] 등 순조롭게 진행될 수 있도록 했다.

진영은 공이를 항상 휴대하고서 필요할 때마다 보여주었다. 6월 7일 국청사의 첩에 "명주 객인 진영이라는 자가 있는데, 항주의 공이를 가지고 일본국 승려 조진 등 여덟 명을 이끌고 본 절에 도착하여 참배했다"[47]라고 했다. 이는 현지 가이드가 되어 조진 일행을 여행지에 안내하는 것과 같은 모습이다. 그리고 진영은 여행 도중 여행의 편리를 도모하기 위해 명주 사람 심복沈福의 배를 빌려온다거나 천태산으로 가는 도중 채가산蔡家山에서 묵도록 하는[48] 등 교통 및 숙박과 관련된 일들을 일일이 다 처리해주었다.

천태산 국청사를 방문한 조진은 향후 3년간 국청사에 머물며 수행할 수 있게 해달라고 청했다. 그러나 국청사는 외국인의 거주 문제를 혼자서 결정할 수 없다고 하고, 이 사실을 태주로 알렸다. 조진은 항주에서 발급한 공이를 반납하기 위해서 통사 진영을 다시 항주로 보냈다.[49] 이때 조진은 가지 않고 진영 혼자 항주로 간 것으로 보아 본인 없이 대리인만으로도 일처리가 가능했던 것으로 보인다.

조진과 송나라 사람들의 교류가 시작된 것은 국청사를 방문하면서부터이다. 그는 승려뿐만 아니라 각 지역의 관원 및 지식인들과도 교류를 하게 됐다. 이때 문제가 될 수밖에 없는 것이 바로 언어 장벽이다. 5월 20일 조진이 태주의 관원들을 만날 때 통사 진영이 통역을 맡았다.[50] 조진 일행이 개봉으로 갈 때도 태주 사신 숭반崇斑과 통사 진영이 동행을 했다. 이처럼 통사 진영의 또 하나의 중요한 역할은 통역이었다. 수주秀州에서 관원을 만났을 때,[51] 등주登州의 수재를 만났을 때도 진영이 통역을 맡았다.[52] 궁궐의 칙사가 왔을 때도 진영이 조진의 말을 일일이 통역해주었다.[53] 송 조정도 역관을 따로 쓰지 않고 진영을 통해 조진과 의사소통을 했다. 신종은 통사 진영에게 조진 일행을 수행하도록 했을 뿐만 아니라 그에게도 일정한 물품을 하사했다. 이렇듯 통사 진영은 공·사 구분 없이 통역업무를 도맡았다. 이에 조진 일행은 송과의 언어적 소통에 아무런 지장이 없었다.

또 통사 진영은 필요한 물품을 구입해주었다. 1073년 2월 23일 그는 수행승들이 일본으로 돌아갈 때 필요한 작은 배를 구입하러갔다. 이때 조진은 진영에게 당견 25필을 주었다.[54] 같은 해 4월 11일에는 개봉 태평흥국사의 인쇄원에 가서 『양보타라니경兩寶陀羅尼經』한 권을 구입해주었다.[55] 또 객성에서는 진영을 시켜 조진에게 필요한 말을 전달했으며,[56] 조진이 조대사照大師에게 종이를 보낼 때도 진영을 시켰다.[57] 과자나 차 등을 스님께 주고 오라는[58] 등의 심부름도 통사가 도맡아했다. 이렇듯 통사는 물품 구입이나 전달 등 송인과 조진을 잇는 매개자 역할을 했다.

이처럼 통사 진영은 송을 방문한 조진 일행에게는 없어서는 안 될 존재였다. 한마디로 송과의 소통에서 그의 손이 닿지 않는 부분이 없을 정도였다. 통사의 이런 일들은 궁극적으로 송의 문화를 전달하는 가교 역할이기도 했다.

송대 통사는 국가에서 임명한 것이 아니라 개인이 고용한 것이다. 조진과 통사 진영의 관계만 놓고 볼 때 통사는 전문적으로 통역 업무만 담당하는 전문 통역관은 아니다. 그런데 진영은 통사로 고용됐다가 1073년 4월 5일 조진의 제자가 되므로, 이와 같은 특수한 정황들을 고려해볼 때 진영을 송 통사의 전형으로 보기에는 무리가 있다. 조진과의 관계가 특별한 점과 신종 알현에 따른 여행 환경의 변화 등으로 인해 그의 역할이 더 다양해지지 않았을까 한다. 그렇다 하더라도 송대 이후 통사의 외국인 관련 업무 대행이나 통역 등의 역할 매김에 어느 정도 기여한 의의가 있다고 본다.

송대와 달리 명대 정화鄭和의 원정 이후에는 통사가 조정의 명령을 받고 공무를 수행하는 존재가 됐다. 특히 그들은 포르투갈, 네덜란드 등지에서 중국으로 진출한 이들을 상대로 통역 및 통상업무를 담당했다.[59] 이때의 통사는 조정의 임명을 받은 자들이었다. 이로 보아 통사는 송대 민간에서 활성화됐다가 이후 국가조직에 편입된 경우가 아닐까 한다.

교통수단과 숙박시설

송대의 교통수단을 살펴보면 크게 축력과 인력을 이용한 것으로 나눌 수 있다. 축력에는 말·당나귀·노새·낙타·소 등이 있었으며 특히 소가 끄는 수레를 많이 이용했다. 인력에는 견여肩輿·첨자檐子·두자兜子 등으로 불리는 교자轎子가 상당히 보편적으로 이용됐다.[60] 그리고 운하의 성황으로 인하여 하선도 많이 이용됐다. 태종 태평흥국 7(982)년 공인과 상인과 백성들은 교자를 탈 수 없도록 규정했다.[61]

조진 일행은 신종 알현을 명받기 전에 천태산을 순례했다. 이때 이용한 이동수단은 주로 걷거나 교자를 이용했으며 배를 타기도 했다. 5월 4일 항주를 출발하여 배를 타고 5월 10일 월주 섬현剡縣에 도착했다. 5월 11일부터 육로 여행을 하는데, 이때 조진과 라이엔은 교자를 타고 나머지 사람들은 걸어갔다. 그런데 그가 이용한 교자는 노임을 지불하는 영리 목적의 교자였다. 당시 돈을 지불할 수 있는 자라면 얼마든지 이용할 수 있었던 것 같다. 상인이었던 진영도 교자를 탄 예가[62] 있는 것으로 보아 태종 때의 규정이 효력을 상실한 듯하다. 이후 북송 후기부터 교자는 누구나 탈 수 있는 교통수단이 됐다고 한다.[63]

신종 알현을 명받은 이후의 주요 교통수단은 말이었다. 이는 송으로부터 공식적인 지원을 받게 됐음을 의미한다. 1072년 9월 10일 금산사金山寺를 참배하러갔다가 돌아오는 길에 처음으로 말을 타보았다.[64] 비용을 지불하고 탄 것이 아니라 지현이 말을 보내와서 타게 된 것이다. 신종 희녕연간(1068~77) 이래 모두 말을 탔다고[65] 하지만 실제로는 그렇지 못했던 것 같다. 조진도 신종 알현을 명받고 나서야 관의 지원 아래 말을 타게 됐다. 또 10월 13일 그는 라이엔, 가이슈와 함께 말을 탔다.[66] 1073년 11월 1일 오대산을 가게 됐을 때 신종의 은혜로 말 10필을 하사받았고,[67] 마포마다 말을 교환할 수도 있게 됐다.

송대의 숙박시설은 관역·마포·객잔·점 등이 있었으며 특히 사원은 주변이 조용하고 청결해서 문인들이 자주 이용했다고 한다. 이 가운데 관역과 마포는 관료가 공무 혹은 사적으로 묵을 수 있는 곳으로 엄격한 기준이 적용됐으며, 일반 백성들은 객잔·점 등을 이용했다.[68]

천태산으로 가는 도중에 이용한 숙박시설은 주로 점과 절, 배 안 그리고 일반 가정집이었다. 처음 항주에 도착했을 때 조진 일행은 객상관사를 들렀다가 점에 묵었다.[69] 당대와 마찬가지로 점은 일반 백성들이 주로 묵는 숙박시설이었다. 조진 일행은 5월 10일 월주 섬현에 도착하기까지 배를 타고 이동하면서 월주 서홍박西興泊, 조아언曹娥堰, 채가포蔡家浦 등에서 묵었는데 아마도 배 안에서 잠을 잔 것 같다. 5월 10일 월주 섬현에 도착해서 장구랑張九郎 집에서 묵었는데 방임으로 50문을 지불했으며, 5월 11일에는 왕파정王婆亭 진공점陳公店에서 묵었고, 5월 13일에는 국청사에서 묵었다.[70] 장구랑의 집이 영리 목적의 시설이었는지는 확실하지 않다. 그래서 지불한 방임 50문이 숙박비용이었는지 아니면 감사의 뜻이었는지도 알 수 없다. 그렇지만 영리시설인 점이 없는 곳에서는 일반 가정집을 이용했음을 알 수 있다. 특히 조진 일행이 항주에서 태주로, 태주에서 항주로 돌아오는 길에 묵을 곳을 찾지 못해 곤란을 겪은 적이 한번도 없었기에 이 지역을 여행하는 데 별 어려움은 없었던 것 같다. 그렇지만 이때는 신종을 알현하기 전이므로 관역에서는 묵을 수 없었다.

1072년 10월 12일 신종의 명을 받고 개봉으로 가던 도중 개봉현에 도착한 후 배에서 잤다.[71] 이를 보건대 운하와 연결된 지역에서는 배에서 숙박하는 것이 일반적이었던 것 같다. 그리고 1072년 11월 16일 양후마포良候馬鋪에서 묵었다.[72] 이후 오대산을 갈 때는 신종의 명으로 역관을 이용할 수 있게 됐으며 역관의 음식권도 제공받았다.[73]

당대에는 30리마다 역이 설치됐으며, 모두 1,639개소가 있어서 여행객들에게 도움을 주었다. 또 마포도 당대에 설치됐는데 중요한 길목과 산골짜기에 매 30리마다 설치됐고, 말 두 필을 길러 유사시에 긴급하게 보고하도록 했다.[74] 그렇지만 역과 달리 마포는 『통전通典』이외에는 그 예를 찾기가 쉽지 않아 자료의 신빙성을 판단하기는 힘들다.

이런 의미에서 조진 일행이 묵었던 마포는 중요한 의미를 지닌다. 그의 일기에 따르면 송대에는 역과 역 사이에 마포가 설치된 것을 알 수 있다. 예를 들어 1072년 11월 2일과 3일의 일기를 보면, 11월 2일 신점마포新點馬鋪에서 말 10필이 와서 출발했다. 15리를 지나 팔용마포八甬馬鋪에서 말 10필을 교환하고, 15리를 지나 초구마포醋溝馬鋪에서 말 10필을 교환하고, 10리를 지나 십리점마포十里店馬鋪에서 말 10필을 교환하고, 10리를 지난 중모현中牟縣 삼이역三異驛에 도착했다. 중모마포에서 말 10필을 가져오자 출발하여 12리를 가서 의정마포義井馬鋪에서 말 10필을 교환하고, 다시 12리를 가서 백사마포白沙馬鋪에서 묵었다. 11월 3일 묘시에 말을 타고 서쪽으로 가다가 12리를 지나서 국전마포國田馬鋪에 도착했다. 이곳에서 말 10필을 교환하고 다시 12리를 가서 도토점마포道土店馬鋪에 이르러 말 10필을 교환했다. 다시 15리를 가서 봉영역奉寧驛에 도착해서 묵었다.⁷⁵ 즉 역과 역 사이에 마포가 설치되어 신속한 정보전달뿐만 아니라 숙박도 편리하게 했음을 알 수 있다. 물론 이것은 관인 및 조정의 허락이 있는 사람들만 이용하는 곳이긴 하지만 지역마다 곳곳에 마포나 역이 설치됐다는 것은 국가의 힘이 곳곳에 미치고 있음을 의미한다. 즉 송대는 국가의 힘이 보다 조밀하게 작용하고 있었음을 알 수 있다.

　결론적으로 조진 일행의 여행은 신종 알현을 기점으로 그 전과 후의 여행인프라가 크게 변화됐다. 그는 신종 알현 전에 천태산을 방문했으며 신종을 알현하고 오대산을 방문했다. 천태산을 방문할 때는 지극히 개인적인 여행이었다. 그리하여 통사에게 전적으로 의존하여 여행가이드 및 교통과 숙식을 제공받아야 했다. 비공식적인 여행이었기 때문에 송 조정으로부터 어떤 공식적 혜택도 받을 수 없었고, 또 한정된 여행경비로 인하여 교통과 숙박은 공식 사절단의 그것에 비해 제약도 따랐고 수준도 낮았다. 그런데 오대산을 방문할 때는 신종의 명으로 공식 사절급의 대우를 받으면서 말을 제공받았고 관리들만 이용할 수 있는 질 높은 잠자리와 음식을 제공받았다. 그리고 태주에서 월주로 갈 때는 병사 4명이 교자를 담당하는⁷⁶ 등 군인들의 보호까지 받으며 한층 편안히 여행할 수 있었다. 이는 교통과 숙식의 알선까지 통사에게 전부 의존해야 했던 상황에 비해 훨씬 편하고 안전한 여행이었다.

3. 조진의 문화체험

불교문화체험

송대의 불교는 매우 융성하여 2만 5천여의 사찰과 40여만 명의 승려가 있었다고 한다.[77] 당말부터 선종이 독점했으며 송대에 천태종이 부흥했지만 선종의 성행에 미치지 못했다. 송대 천태종은 산가파山家派와 산외파山外派로 나뉘어 분쟁이 일어났으며 사명지례四明知禮로 대표되는 산가파가 세력을 잡았다. 조진이 간 시점은 산가파로 대변되는 천태종이 서서히 쇠퇴해가고 있던 시점이었던 것으로 보인다. 조진이 가기 전에 선종과 천태종은 교의 문제로 서로 논쟁을 벌였는데 점차 천태종의 세력이 약화되어갔다. 결국 송 고종高宗 건염建炎 4(1130)년 천태종의 본산인 국청사마저도 '역교위선易敎爲禪'하라는 조칙을 받아[78] 선종의 도량으로 바뀌었다. 그리하여 조진이 천태산을 순례하던 당시에는 천태종이 위력을 발휘하지 못하던 상황이었다.

조진은 어려서부터 천태산 순례를 꿈으로 꾸는 등 성지순례에 강한 염원을 지니고 있었다. 그는 자신이 천태산과 오대산을 순례하는 이유를 "강남에는 천태산이 있는데 금지金地(佛寺)에 정광불定光佛이 수적垂迹(부처나 보살이 현신해서 중생을 구하는 것)하고, 하동에는 오대산이 있는데 엄동巖洞에서 문수보살이 현신한다고 전해들었기 때문입니다. 그래서 장차 그 본처를 찾아가 성적聖跡을 순례하고자 합니다"[79]라고 했다. 또한 섬현의 지현이 "부처는 본래 정한 곳이 없는데 어째서 멀리 성적을 순례하려 합니까"라고 묻자 그는 "법계는 모두 도량입니다. 부처는 정한 곳이 없지만 부처의 여러 종류는 인연을 따라서 일어납니다. 이것이 성적을 순례하는 이유입니다"[80]라고 답했다. 즉 그에게 천태산과 오대산은 일본에서는 찾아볼 수 없는 천태대종사의 본산이자 문수보살이 현신하는 신성한 곳이었으며 자신과 인연이 일어난 곳이다.

1072년 5월 13일에 그는 꿈에도 그리던 천태산을 방문하게 됐다. 천태산 국청사에 도착한 후 나한원에서 향을 사르고 참배하자 감격의 눈물이 끊임없이 흘렀다. 또 대사당을 참배하고도 흐르는 눈물을 금할 수가 없었다.[81] 5월 18일 천태산을 오르면서 천태대사진신탑天台大師眞身塔을 예배하고는 다시 흐르는 눈물을 주체할 수 없었다. 그리고 조진은 긴 항해 동안 자신을 지켜준 천태산 석교의 오백나한에게 일일이 차공양을 올리면서 지극 정성을 다했다.[82] 조진은 이와 같은 성지에서의 감격을 오대산 순례할 때에도 보였다. 그는 출발한 지 25일 만에 보흥군寶興軍 보흥역寶興驛에 도착했는데, 멀리 오대산이 보이기 시작하자 감격에 겨워 눈물을 흘렸다.[83] 이렇듯 천태산과 오대산은 그에게 성지였으며 감격 그 자체였다.

종교적 관념 속에서 이미 만들어진 신성한 이미지가 있다면 실제 사물이나 현상을 그대로 보지 못하고 종교적 색채가 가미된다. 그리고 그 이미지는 종교 안에서만 당위성을 갖게 된다. 그리하여 성지 순례는 직접 현장체험을 하지만 객관적 관찰을 기대하기가 어렵다. 관념화된 신성한 이미지의 재확인과정이었으며 주관적 색채가 가미된 체험, 종교적 관념 속에서의 체험이었던 것이다. 그래서 관념 속 이미지와 현실 사이에 괴리가 생기면 당혹스럽게 된다. 조진이 감격해 마지않았던 성지는 송나라 사람들에게는 보통 사찰, 일반적인 산에 지나지 않았다. 그는 꿈에도 그리던 천태산 석교를 방문하고 너무도 감격해했지만 이곳을 찾은 송나라 사람들이 석교를 다 건너지도 않고 다 건넌 것처럼 행동하자 매우 기괴하게 생각했다.[84] 천태산의 석교는 조진에게는 성지였으나 송나라 사람들에게는 하나의 구조물에 불과했다. 같은 공간을 체험할지라도 성지순례자와 그렇지 않은 사람 사이에는 문화체험의 태도 및 인식의 차이가 크다는 것을 알 수 있다.

또한 종교적 신념이나 믿음은 현실 속에서 현신을[85] 체험할 때 더욱 강화된다. 성지순례의 목적은 현신을 체험하고 수행을 통해 종교적 신념을 더욱 강화하고자 하는 것이다. 그런데 이런 현신체험은 강한 믿음의 한편에 강한 두려움이 공존한다. 오랫동안 수련생활로 법력이 뛰어났던 그 역시 이로부터 자유롭지 못했다. 천태산을 순례할 때 식당에서 구걸하는 노인을 보고 문수보살의 화신이 아닐까라고 생각하여 4문을 주었다.[86] 조진이 노인에게 4문을 준 것은 문수보살의 화신이 자신을 시험하는 것인지도 모른다는 생각에 기인한 것이었다. 성지이기에 성적을 만나야만 한다는 강박감과 조바심은 오대산을 순례하는 동안 더욱 간절해졌으며 문수보살의 현신을 만나지 못할까봐 노심초사했다. 결국 오대산에서 문수보살의 현신을 보지 못하자 마음이 더욱 간절하여 꿈속에서 문수보살의 현신을 보고 현신처를 찾아가기도 했다.[87]

이처럼 성지순례는 사찰을 둘러보고 절을 올리는 현실적 공간 혹은 구조물에 대한 체험이 아니다. 비현실적 관념을 그대로 연장시켜 놓은 관념 속에서의 문화체험이다. 그러므로 조진이 겪은 송의 불교문화체험은 현실세계와 거리가 있는 관념 속 이미지를 현실공간에서 확인하는 과정이었다. 그러니 주변의 평범한 자연 및 기후변화에도 다분히 관념적이고 주관적인 해석이 개입됐다. 개봉으로 돌아온 그에게 내시성內侍省 공봉관供奉官이 문수보살의 화신을 보았는지

문자 자신이 직접 대답하지 않고 통사 진영을 통해서 중대中臺에서 오색광五色光을 보았는데 그 길이가 1장이 됐다고 대답했다.[88] 또 한 겨울에 오대산을 방문했을 때 눈이 내리지 않은 것은 문수보살의 보살핌이었다고[89] 기록했다.

성지순례와 함께 송나라 사찰 방문은 불교문화체험의 중요한 부분이다. 일기에 보승사寶乘寺 · 홍교사興敎寺 · 정자사淨慈寺 · 경덕사景德寺 · 보조왕사普照王寺 · 태평흥국사太平興國寺 · 자암사紫嵓寺 · 진용원眞容院 · 영은사靈隱寺 등에 대한 기록을 남겼다. 이 가운데 비교적 상세하게 기록된 것은 보승사 · 보조왕사 등이다. 1072년 4월 25일 보승사를 방문하여 대불전 안의 모습을 구체적으로 기록했다. 중앙에는 금색미륵불, 좌우에는 석가불과 미타불이 자리하고, 비구 모습의 두 보살이 미륵불 곁에 있다. 황금으로 된 불구, 등대 등이 있고 기둥마다 붉은 비단을 둘렀다.[90] 부처의 위치, 보살의 위치, 화려한 불교용품과 기둥들을 기록했다. 기록이 자세하므로 당시 대불전 안이 얼마나 웅장하고 화려했는지 짐작할 수 있다. 그리하여 그는 당의 장엄이 '심묘'하다고 했다. 보조왕사의 승가대사진신탑僧伽大師眞身塔에 대한 기록은 다음과 같다.

(탑은) 팔각모양에 13층으로, 높이는 15~16장 정도이며, 지붕마다 황색 기와를 얹었는데 황다완黃茶碗처럼 빛이 났다. 계단마다 나망羅網이 있고, 그 가운데는 모두 보살상 · 현성상 · 천중상天衆像을 그려놓았는데 장엄이 불가사의하다. 탑 안의 장엄莊嚴 중심에 은보전銀寶殿을 만들어놓았으며, 황금보좌는 서쪽을 향하도록 했다. 대사가 앉은 뒤쪽에는 2척 크기의 거울이, 앞쪽에는 협족脇足이 있으며, 왼쪽에는 두 병의 은으로 만든 큰 물병이 있는데 높이는 2척 5촌 정

도이다. 좌우로 한 명의 승려상이 있다. 보전은 칠보로 장엄했다.[91]

장엄이 불가사의하다는 그의 기록만 봐도 얼마나 화려하고 웅장하고 정묘한 탑이었는지 짐작할 수 있다. 이 기록은 관찰자의 입장에서 비교적 구체적이고 세밀하게 묘사됐다. 불교 건축구조물에 대한 서술은 느낌을 표현한 부분과 묘사 부분으로 나누어진다. 느낌은 불교 건축구조물에 대한 감흥, 감탄을 표현한 것이며 묘사 부분은 객관적이면서 구체적이다. 상세히 기술하여 일본에 전하고자 하는 의도가 묻어난다. 즉 구체적인 묘사를 통해 일본의 불교 건축에 도움을 주고자 한 그의 사명감을 엿볼 수 있다.

그리고 조진이 경덕사 · 태평흥국사 · 자암사에 대해서 '광대가람廣大伽藍'[92]이라고 한 것이나 각 사찰의 장엄을 보고 '심묘' 혹은 '불가사의'라고 기록한 것을 보면 송나라 사찰의 규모나 장식의 정묘함이 뛰어났던 것으로 보인다.

송대에는 인쇄술이 크게 발달했다. 명나라 사람 호응린胡應麟은 목판본이 수나라에서 생겨나 당나라를 거쳐 오대에는 널리 확대되어 송나라 때 더욱 정교해졌다고 했다.[93] 인쇄술의 발달로 송 태조 이후 대장경 조판 인쇄사업이 더욱 활성화됐다. 더구나 오대부터 구경을 새겨서 민간에 팔기 시작했으니[94] 송대에는 불교 관련 서적의 판매가 활성화됐을 것으로 보인다.

조진은 천태종과 관련된 서적이나 진언에 많은 관심을 보였다. 이는 그가 막 도착한 후 장삼랑張三郞의 집에 거주할 때 벽에 걸려 있는 아축불진언阿閦佛眞言을 보고서 수행승 세이슈에게 그것을 기록하도록 한[95] 것이나 『참법사기懺法私記』와 『아심자공도我心自空圖』를 베껴 쓰기 위해 빌린 것[96], 또 통사 진영과 세이슈를 시켜 현성사顯聖寺로 가서 『천태교天台敎』 90여 권을 사오도록 한[97] 것 등에서 잘 나타난다.

천태종과 관련이 없는 불교서적도 두루 구입했다. 수행승 세이슈를 현성사로 보내 『신역경新譯經』과 『진언교眞言敎』 등을 구입해오도록 한 것[98]이나 신종에게, 옹희 원년(984) 태종이 조넨奝然에게 『대장경』과 『신역경』 286권을 하사한 것을 들어서 자신에게도 『신역경』 500권을 가지고 갈 수 있도록 상주한 것을[99] 보면 불교와 관련된 전반적인 서적을 두루 수집했다. 수집한 많은 불교 서적들을 일본으로 모두 보낸 것으로 보아 일본 사문의 교학 기반을 확충하고자 하는 그의 의도가 엿보인다.

인적 교류

조진이 교류한 송나라 사람은 대략 2,054명이다. 위로는 신종으로부터 아래로는 선원에 이르기까지 다양하다.[100] 여기서는 비교적 구체적인 만남을 살펴볼 수 있는 승려와 관료를 중심으로 그의 인적 교류를 살펴보고자 한다.

(1) 승려들과의 만남

조진이 만난 송나라 승려는 대략 468명이었다. 이들 가운데 대사의 칭호를 지닌 이는 31명이다. 그 가운데 잦은 만남을 가졌던 이는 지보智普와 천축승天竺僧(인도승. 일칭日稱과 천길상天吉祥)과 혜현慧賢(삼장三藏) 등이었다. 지보는 송나라로부터 문혜대사文慧大師를 하사받고 불경 번역에 참여하고 있었으며, 혜현 역시 관직을 하사받고 불경 번역에 참여하고 있었다.[101]

승려들과의 만남 중에는 송과 일본의 불교서적을 서로 빌려보며 학문적 교류를 한 만남이 있었다. 불경 번역에 참여한 문혜대사의 경우가 대표적이다. 조진은『교론敎論』과 같은 중국 서적을 빌려보고, 문혜대사는 일본승 겐신源信의 저작인『왕생요집往生要集』과 같이 일본에서 발간된 불교서적이나『청량전淸凉傳』과 같은 서적을 빌려보았다.[102] 또 문혜대사는 조진에게 석가불아송釋迦佛牙頌을 일본의 우치전宇治殿에 모셔놓도록 주었다.[103] 이런 만남의 경우에는 서로 점다點茶를 마시면서 담소를 나누는 것이 일반적인 모습이었으며 서로 법문에 대한 깊이 있는 담론은 나누지 않았다.

당시 송은 천축승들에게 관직을 주어 불경을 번역하도록 독려했다. 일칭에게 서천역경삼장西天譯經三藏・조산대부朝散大夫・시홍려경試鴻臚卿・선대사宣大師를 하사하고, 천길상에게 역경증의서천譯經證義西天・광범대사廣梵大師를 하사했다. 또 송나라 사람 가운데 범어梵語를 아는 자에게도 관직을 하사했다. 강남사람 이왕손李王孫은 범어에 능하고 경전에 밝아 명교삼장名敎三藏이라는 시호를 하사받았다.[104] 송나라는 이런 노력으로『신역경』500권을 출간하게 됐다.

천축승들과의 만남으로 그는 범어를 배우게 됐다. 조진은 일칭을 만날 때『문수삼종진언대범자文殊三種眞言大梵字』한 권과『존승등제진언범자尊勝等諸眞言梵字』한 권을 가져갔다. 일칭은 이 책을 보자 매우 감격해했다. 왜냐하면 그가 먼 이국땅 송에서 고향의 흔적을 느낄 수 있었기 때문이다.[105] 이후 조진은 일칭에게 범어의 뜻을 물어보기도 했다.[106] 일칭의 예처럼 천축승과의 만남은 그에게 범어를 배울 수 있는 기회를 주었다.

일기에 자주 보이지 않지만 법문을 서로 주고받는 경우도 있었다. 경덕사의 약명若明과 보안선원普安禪院 주지 유과惟果와의 만남이 그러했다.[107] 그는 이들을 만날 때 '감관무극感觀無極'이라 했듯이 크게 기뻐하고 감격해했다. 그도 그럴 것이 법문을 주고받는다는 것 자체가 마음을 주고받는 것이므로 타국에서 수행하는 승려가 마음 맞는 이를 만난 기쁨은 남달랐을 것이다.

그렇지만 법문을 주고받은 경우는 지극히 적었다. 천태산과 오대산 성지순례를 할 때조차도 그곳 승려들과 법문을 주고받았다는 기록이 없다. 그 이유는 무엇일까. 자쿠쇼寂照[108] 다음으로 송에 간 일본 승려가 바로 조진이다. 그 사이 약 70년의 시간적 간격이 있었다. 자쿠쇼는 송에 가서 사명시례를 만나 천태종과 관련된 27가지의 질문을 했다. 이때 겐신은 제자 자쿠쇼를 통해 자신이 저술한 『왕생요집』을 송에 유포하고자 했다.[109] 조진은 출발하기 전에 『왕생요집』이 송에 널리 유포되어 있다고 전해들었다. 그런데 문혜대사에게 『왕생요집』에 대해 묻자 전혀 모르고 있었다. 즉 송 불교계가 일본 천태종에 대해 어느 정도 이해하고 있을 줄 알았던 조진은 송에 와서 그렇지 않음을 알게 됐다. 그리고 조진이 송에 온 시기는 선종이 우세한 시기였으므로 다른 종파의 스님들과 서로 법문을 주고받기는 어려웠을 것이다. 또 그는 구법을 위해 송나라에 온 것이 아니라 수행이 목적이었으므로 법을 구하러 다니지 않았다. 이런 이유들로 인해 법문을 주고받은 경우가 많지 않았을 것으로 보인다.

승려들과의 교류에서 그가 철저하게 지켜나갔던 원칙이 있었다. 그것은 다른 종파에 대해서 긍정적 혹은 비판적 소견을 내지 않는 것이었다. 국청사 십방교원十方教院에 있을 때 소주韶州 객인이 와서 40리 떨어진 곳에 선종의 6대 조사 혜능惠能이 거처했던 곳이 있는데 거기에 진신 사리탑이 있다고 했으나 별 관심을 보이지 않았다.[110] 당시 송 천태종의 상황으로 볼 때 선종에 대한 비판적 소견을 피력할 만도 하지만 별 반응을 보이지 않았다.

또 다른 종파에 대해 언급할 기회가 와도 종파 간에 서로 관여하지 않는 엄격함을 보였다. 그가 기우제를 성공적으로 마치고 나자 장태보張太保가 "일본국에도 당신처럼 기우제를 지내 (하늘이) 감응할 수 있게 하는 이가 있습니까"라고 물었다. 그는 많다고 답하면서 진언종의 홍법대사弘法大師를 예로 들었다. 또 장태보가 왜 홍법대사의 비결을 배우지 않았는가에 대해 묻자, 그는 "진언종도 아니고 홍법대사의 문도도 아니어서 비를 내리도록 하는 경법을 배우지 않았습니다. 진언종 중에서도 이 비법은 두세 명에게만 전해지며, 비밀스럽게 구전되는데 하물며 다른 종파인데 어떻겠습니까. 저는 천태종 지증대사 문도입니다"라고 답했다.[111] 이미 일본에는 종파 간의 비밀이 엄격했음을 알 수 있다.

그러면 송에 와서 다른 종파에 대해 관심은 기울이지 않는 그의 태도는 어디에 기인한 것인가. 물론 당시 송 불교계의 정황을 고려해보지 않을 수 없지만 무엇보다도 그의 여행 목적이 수행에 있었음을 상기해볼 필요가 있다. 그의 바람은 천태산에서 3년간 수행하는 것이었다. 그리고 나이가 연로한 것 또한 중요한 이유였을 것으로 보인다. 즉 수행을 통해 내적인 힘을 쌓고 싶었지 다른 일에 관심을 두거나 시간을 낭비하고 싶지 않았을 것이다.

(2) 송나라 관료와의 만남

조진이 만났던 송나라 관료는 대략 1,395명으로, 그중에 기록이 비교적 구체적인 관료는 50명쯤 된다. 조진과 송 관료의 만남을 크게 공적인 만남과 사적인 만남으로 나누어볼 수 있다.

공적인 만남의 대상은 잦은 여행에 따른 여행 관련 업무나 외국인 장기 거주 문제 등의 일반적인 행정업무상 만난 관료들이었다. 이들은 주로 지방관이었다. 조진이 항주에 도착했을 때 만난 문관처럼 송 관료와의 첫 만남은 지극히 형식적이었다. 이후 1072년 5월 20일 국청사 주지와 함께 천태현 관아를 방문하여 항주 공이를 보여주며 이곳에 온 연유를 설명했고,[112] 5월 28일 태주 관아로 가서 통판通判・추관推官・도감대보都監大保 등을 만나 국청사첩과 항주첩을 보여주며 국청사에 있고자 하는 뜻을 밝혔다.[113] 8월 7일 신창현新昌縣에 도착해서 지현을 찾아가 주첩州牒을 보여주고 숙소를 안내받았다.[114] 또 1073년 5월 22일 항주의 통판학사通判學士는 조진이 출항하고자 하는 뜻을 적은 문서를 확인하고 이를 허락하기도 했다.[115] 물론 시간이 지날수록 송 관료들이 조진의 존재를 알게 되어 처음처럼 형식적이거나 어려운 면은 많이 없어졌지만 공식적 업무가 여전히 중요한 만남이었다.

또 다른 공식적 만남이 이루어진 것은 신종 알현 및 신종의 선지宣旨를 전달하는 국가적 차원의 업무가 추진될 때였다. 이때 만난 관료들은 주로 중앙관이었다. 10월 12일 개봉에 도착한 후부터 신종을 알현하기 전까지 신종 알현과 관련된 업무를 처리하기 위한 만남이 이루어졌다. 이름을 알 수 없는 관인, 시중어약侍中御藥, 객성관인 등의 내방을 받았다. 이때 그는 일본에 대한 여러 가지 사실을 문답 형식으로 알려주었다.[116]

  문 : 경내京內의 이수里數는 얼마나 되는가.
  답 : 구조九條에 38리이며, 4리를 1조로 하니 모두 36리가 됩니다.
     1조는 북변으로 2리입니다.
  문 : 경내 사람과 집은 얼마나 되는가.
  답 : 20만 가이며, 서경과 남경에는 얼마나 되는지 모릅니다. 많습

니다.

문 : 인구는 얼마나 되는가.

답 : 얼마나 되는지 알지 못합니다.

문 : 본국은 사방으로 (얼마나 가야) 북쪽 경계에 이르는가.

답 : 동서로 7,700리, 남북으로 5천 리 됩니다.

문 : 국군國郡은 얼마나 되는가.

답 : 주는 60곳이며, 군은 980곳입니다.

문 : 국왕은 무엇이라 부르는가.

답 : 황제라고 칭하기도 하고 성주라고 부르기도 합니다.

문 : 백성은 성이 있는가.

답 : 성이 있는데 후지와라藤原, 미나모토源, 다이라平, 다치바나橘 등의 성씨는 높은 성씨들이고 나머지는 백성입니다.

문 : 본국은 명주에서 가까운데 중국과 통교하지 않는 이유는 무엇인가.

답 : 본국에서 명주까지의 거리는 얼마나 되는지 모릅니다. 혹은 7천여 리라 하고, 혹은 5천여 리라고 합니다. 파도가 높아 제어할 수 없어 중국과 통교하기가 어렵습니다.

문 : 본국의 귀관에는 어떤 관직명이 있는가.

답 : 태정대신太政大臣 1명, 좌대신左大臣 1명, 우대신右大臣 1명, 내대신內大臣 1명, 대납언大納言 4명, 중납언中納言 6명, 참의參議 8명이 있는데 이들을 상경上卿이라 부릅니다.

문 : 명주에서 본국까지 가는 동안 가장 먼저 도착하는 곳은 어디이며 국왕이 거처하는 곳과 얼마나 떨어져 있는가.

답 : 명주에서 본국의 다자이후太宰府 지쿠젠국築前國 하카다진博多津에 도착하며, 하카다진에서 2,700리 떨어진 곳에 국왕께서

거하고 있습니다.

문 : 본국에서 필요한 중국의 물품은 무엇이 있는가.

답 : 본국은 중국의 향약, 다완, 금, 소방蘇芳 등이 필요합니다.

    이와 같은 문답은 지극히 형식적이고 관례적이다. 송 관료와 외국인 여행객이 서로 상대방을 잘 모르는 상황에서 이루어진 통과의례 같은 것이며 국가 간의 관계가 단절되어 있었기 때문에 있을 수 있는 형식적인 질문들이다. 이런 상황에서 질문을 받을 경우 문제나 오해가 생기지 않도록 지극히 조심스럽다. 일본까지 거리를 묻는 질문에 그는 소주 경내로 들어왔을 때 일본에서 소주까지 3천 리라고 기록했음에도[117] 이때는 7천 리 혹은 5천 리라고 답했다. 또 중국과 통교하지 않는 이유를 묻자 거센 바람과 높은 파도 때문이라고 했다. 이와 같은 관료들과의 만남 역시 공식적 업무가 중심이었다. 이후에도 삼사관인이 오대산 순례에 필요한 문서를 가지고 왔으며 객성관인이 신종의 선지를 가지고 왔다.[118] 이렇듯 조진과 관료의 공적인 만남은 지속됐다. 이와 같은 만남은 만남 자체가 주목적이 아니라 업무가 주목적이었으므로 내면적 교류가 형성될 수 없었다.

    조진과 관료와의 사적인 만남은 공적 업무의 연장선에서 이루어진 경우가 있고 그를 만나기 위해 직접 찾아온 경우가 있다. 공적 업무로 인해 서로 알게 됐을 때는 비교적 가벼운 담소와 일본에 대한 질문이 대부분이었다. 비교적 가벼운 대화의 경우, 그는 "차를 마셨다" 식으로 간단히 기록하고 있다. 또 천태현 지현은 일본 황제의 성명을 물었고,[119] 양주부揚州府 관료는 일본의 상황을 물었다.[120] 이로 보아 이 경우의 관료는 승려 조진보다는 외국인으로서의 조진에 더 관심이 있었다. 이들은 외국인 조진을 만나서 가보지 못한 일본에 대해 이것저것 궁금한 것들을 물어본 것으로 보인다.

조진이 관료의 내방을 받아 만남이 이루어진 경우는 만남의 의미가 사뭇 다르다. 1072년 6월 27일이었다. 이때 천태현 지현과 추관이 찾아와 법문을 주고받았으며, 지현에게는 『심지관경心地觀經』과 『참회문懺悔文』을 주었다.[121] 7월 21일 천태지현天台知縣과 명주추관明州推官 등이 와서 천태종의 행법 중 하나인 "일심삼관一心三觀을 어찌 보아야 합니까"라고 묻자 천태종의 교리로 답했다.[122] 윤 7월 17일에는 사리관司理官이 와서 금강반야에 대해 묻자 일일이 답해주었다.[123] 이런 지방 관료들이 조진을 찾아온 이유는 법문을 듣기 위함이었다. 명주 수재는 "달마가 서쪽에서 와서 9년 동안 불도를 크게 펼쳤는데, 국사는 동쪽에서 왔으니 그 언구言句를 퍼뜨려주십시오"[124]라고 하여, 그를 법문에 뛰어난 고승으로 여겼다. 특히 신종의 요청으로 기우제를 성공적으로 마치자 관료들의 신뢰가 더욱 두터워져 중앙 고위 관료들까지도 그를 찾아왔다. 참지정사參知政事 풍경馮京은 그를 찾아와 천태산으로 돌아가지 말고 경사에서 신종을 위해서 기도해달라고 했다.[125] 또 추밀부사간의樞密副使諫議 오충吳充은 재차 방문하여 '법화대지法花大指'를 묻는[126] 등 법문을 듣고자 했다. 이 경우의 관료들은 외국인 조진보다는 법문에 능통한 고승 조진에게 더 주목했다. 이들은 조진을 통해 훌륭한 법문을 듣고자 했으므로 그 어떤 만남보다 내면적 교류가 형성된 관계라고 볼 수 있다.

조진과 송 관료의 만남에서 정치적인 성향은 거의 보이지 않는다. 이는 1085년 송나라에 온 대각국사 의천과 비교해볼 때 뚜렷이 차이가 난다. 비슷한 시기에 둘 다 몰래 입송했지만 의천이 정치적인 행보를 보인 것과는 달리 조진은 기우제의 성공, 고위 관료와의 친분 등 정치적으로 매우 유리한 조건이었음에도 결코 정치적인 행보를 보이지 않았다. 그 이유는 입송 목적이 서로 달랐기 때문으로 보인다. 대각국사 의천은 고려 불교의 대립이 한창일 때 입송하여 그 대안을 마련하고자 했지만, 조진은 성지순례와 천태산에서의 3년간 수행이 그 목적이었다. 그리하여 송 관료와의 만남은 비교적 덜 정치적이었다.

그런데 그의 친분 정도는 신분이나 정치적·경제적 여건에 따른 것이 아니라 법문을 함께 나눌 수 있느냐에 따라 달라졌을 것으로 보인다. 비록 승려가 아니더라도 천태 교리를 아는 사람이라면 여러 가지 법문에 대해서 이야기를 나누기도 했다.[127] 또 1072년 7월 10일 국청사 지주가 그의 참법을 듣고 감탄했다. 다음날 다수의 대중이 그의 참법을 듣고자 했다.[128] 이처럼 종교적 교리로 만난 사람과는 서로가 진정으로 소통할 수 있는 관계였다.

4. 일상문화체험

문화체험은 여행 목적과 밀접한 연관이 있으며 여행자의 가치관이나 성향에 따라서 선택되어진다. 그리고 체험내용들은 기록될 때 다시 한 번 여과되어진다. 그의 일기에 송의 의복문화나 주거문화에 대한 기록은 거의 없다. 이는 관심이 없었거나 서술할 만큼의 가치를 부여하지 못한 그의 가치관에 기인한다고 하겠다. 그의 일기에 보이는 일상문화체험은 지극히 한정적이지만 그가 특별히 관심을 보인 부분이다.

일기에 목욕과 관련된 대목이 자주 보인다. 중국에서는 오래 전부터 목욕이 예의범절에 속하는 중요한 의식이었다.『예기禮記』「옥조玉藻」편에 "대부가 조정에 갈 때에는 전날 밤 재계하고, 외침外寢에 있으면서 목욕을 한다"[129]라고 하여 의례적인 면을 강조했다. 송대에도 목욕은 특별한 의례나 행사가 있을 때 행하는 중요한 일이었다. 제사를 받들어 산에 오를 관인들에게 목욕을 하게 하는[130] 등 의례적 측면이 이어지고 있었다. 그런데 당 고종은 관료들에게 한 달에 세 번 휴가를 주고, 목욕을 하면서 휴식을 취하도록 했다.[131] 이때 목욕의 의미는 휴식하면서 피곤한 심신을 풀어주는 것이었다. 그리하여 송대에는 영리를 목적으로 한 공공목욕탕이 생겨났고, 일반 가정집에도 목욕탕을 갖추는 경우가 점차 많아졌다.[132] 그러므로 송대의 목욕은 의례적 기능과 휴식적 기능이 함께 있었다.

당시 일본은 영리를 목적으로 하는 대중탕이 성행하지 않았다. 이보다 훨씬 뒤인 에도江戶 시기에 비로소 대중탕이 성행했다.[133] 이로 보아 조진이 일본에서는 대중탕을 이용하지 않았음을 알 수 있다.

일기에 목욕과 관련된 기사는 19차례 나온다. 대중탕을 이용한 기사가 여섯 차례이고, 나머지는 절에 딸린 욕원浴院을 이용한 기사이다. 오대산을 순례하는 도중에 들린 진용원에서 목욕을 마친 후 예불을 올린 것을[134] 보면 이때의 목욕은 의례적 성격이 강하다.

대중탕을 찾은 날은 불교행사와 아무 관련이 없는 날로 순수하게 피로를 풀기 위해서였다. 그는 일본에서 경험해보지 못한 대중탕을 여섯 번이나 이용한 것으로 보아 송의 대중탕 문화가 별 거부감이 없었던 것 같다. 그가 처음 대중탕을 이용한 것은 1072년 3월 21일인데 아마도 진영의 소개로 갔던 것 같다. 그는 이때 목욕비로 1인당 8문을 지불했다.[135] 또 그가 어느 대중탕을 찾았을 때 주인은 승려에게 돈을 받지 않는다고 했다.[136] 이처럼 송대의 대중탕은 영리 목적을 띤 것이었다. 원대에 가면 마르코 폴로가 항주에 3천 개의 목욕탕이 있었다고 한 것[137]을 보면 송대 이후 더욱 많이 보급되어 대중 목욕문화가 갈수록 활성화됐음을 알 수 있다.

그가 자주 이용한 또 다른 목욕 장소는 절에 딸린 욕원이었다. 천태산 국청사의 욕원에 갔을 때 그곳 승려가 매일같이 목욕물을 끓인다고 했다.[138] 또 개봉 태평흥국사의 욕원을 이용했을 때 그 안이 좀 어두웠지만 승려와 속인 수백 명이 있었다고 했다.[139] 그는 절에 딸린 욕원을 썼을 때 한 차례 땔감을 사서 불을 땐 적이 있었을[140] 뿐 목욕비용을 지불한 적은 없었다. 일반 유교 대중탕과 달리 절에 딸린 목욕탕은 비용이 저렴했거나 이용이 비교적 개방되어 있었을 것으로 보인다. 매일 물을 끓이고 수백 명이 이용하는 것으로 보아 욕원을 이용하는 사람들이 많았는데, 이것은 아마도 당시 사찰이 지닌 대민 지원사업의 일환으로 이해할 수 있지 않을까 한다.

이처럼 그의 목욕은 두 가지 의미가 있었다. 즉 속세의 때를 씻어내는 종교적 의미로서의 목욕과 일상의 피로를 푸는 휴식적 의미로서의 목욕이다. 후자의 경우, 당시 활성화된 대중목욕탕을 이용하면서도 문화적 이질감 없이 잘 적응한 것으로 보인다.

일기에는 차와 관련된 기록이 많이 보인다. 조진은 차에 관심이 많았다. 왕안석의 말처럼 송대의 차는 쌀, 소금과 같아서 하루라도 없어서는 안 된다고[141] 할 정도로 일반화되어 있었다.

일본은 당으로 가는 사절을 폐지하면서 관영의 다원을 없애 차문화를 근절했다. 약 894년 이후부터 1168년 에이사이榮西가 다시 차씨를 가져올 때까지 일본 차문화는 거의 공백기였다.[142] 이런 이유로 일본에서는 조진이 차를 자유롭게 향유하지 못했을 것으로 추측된다.

그에게 차는 종교적 의식행위의 매개체였다. 그가 송나라에 도착한 후 얼마간 여러 사람들로부터 점다를[143] 대접받았지만 대접하지는 않았다. 그가 직접 점다를 달인 것은 천태산 석교의 오백나한에게 차공양을 할 때였다. 그는 정성을 다해서 오백나한에게 각각 차 한 잔씩을 공양했는데, 그를 도와주던 국청사 승려가 이를 보고서 "여덟 이파리의 연화문, 오백여 잔에 모두 꽃무늬가 있네"라고 하여 매우 놀라워했다.[144] 정성을 다한 면도 있지만 점다를 달이는 기술이 대단히 정묘하고 전문적이었음을 알 수 있다. 그가 발휘한 이 기술은 일명 '다백희茶百戲' 혹은 '분다分茶'로 불리는 독특한 차예술로 대개 북송 초기에 시작된 기술이었다.[145] 이 기술을 이미 터득하여 정묘하게 재현했다는 것은 일본에 있을 때부터, 차가 근절된 상황에서도 차에 대한 특별한 관심이 있었음을 생각해볼 수 있다. 그런데도 그가 한동안 사람들에게 점다를 대접하지 않은 것은 아마도 천태산의 오백나한에게 차공양을 먼저 하기 위한 것으로 이해된다.

또 차는 인적 교류의 중요한 매개수단이었다. 그는 오백나한에게 차공양을 마친 후에야 비로소 찾아온 사람들에게도 점다를 대접했다. 1072년 5월 25일 조진은 처음으로 국청사 주지가 찾아오자 점다를 대접했다.[146] 그리고 점다뿐만 아니라 다탕茶湯을 대접하기도 했다. 그는 항주에 도착한 지 얼마 되지 않아 일반 백성들이 즐겨 마시는 다탕을[147] 보았다. 그가 선원 오선두吳船頭 등과 함께 항주 시장에 갔을 때 다탕 한 잔에 1문을 받고 파는 것을 보았다.[148] 그는 점다를 많이 애용했지만 다탕에 대해서도 일가견을 가지고 있었다. 신종을 알현한 후 송나라 주요 관료들인 추밀시중樞密侍中 문언박文彦博, 참정시랑參政侍郎 왕규王珪, 중서中書 · 참정간의參政諫議 풍경馮京, 중서中書 · 추밀부사간의樞密副使諫議 오충吳充, 추밀부사간의樞密副使諫議

채정蔡定 등이 찾아왔을 때 그는 다탕을 대접했다. 이들이 조진에게 다탕 만드는 법을 묻자 통사를 통해서 답했다.[149] 이렇게 차는 만남의 자리를 자연스럽게 하고 서로의 관계를 원만하게 하는 역할을 했다. 특히 조진처럼 타국에서 언어 소통도 어려운 상황에서 차의 역할은 더욱 중요했을 것으로 보인다.

당시 송나라 사대부 사이에는 투다鬪茶가 성행했다. 차의 품질, 차색의 감별, 점다의 기술을 가지고 승패를 가렸다. 이 가운데 점다의 기술은 한 점의 탕화湯花를 겨루는 것이라고 할 정도로 중시됐다.[150] 이와 같은 분위기로 보아 관료들의 차 달이는 실력은 뛰어났을 것으로 짐작된다. 이처럼 차에 조예가 있던 송나라 승려나 관료들이 그의 차 달이는 기술을 보고 놀라워할 정도였으니 상당히 경지에 오른 수준이었을 것 같다. 그의 차에 대한 전문적 식견은 송인들의 관심과 호감을 불러일으켜 차를 통해서 송인과의 교류를 더욱 원만하게 이어갈 수 있었다.

다음으로 음식문화체험에 대해 살펴보자. 송대 음식재료는 오곡, 채소, 육류, 수산물, 과일 등 종류가 다양했다. 그리고 한 가지 재료에 대해서도 다양한 요리법이 있었다. 예를 들어 면만 보더라도 개봉에는 연양면軟羊麵·동피면桐皮麵·삽육면揷肉麵·동피숙회면桐皮熟膾麵 등이 있고 임안臨按에는 저양암생면猪羊庵生麵·사계면絲鷄麵·삼선면三鮮麵·순발육면笋潑肉麵 등이 있어 지역마다 요리법이 다를 정도로 종류가 많았다. 그리고 외식문화가 발달하여 시정의 거간꾼들이 시점을 돌아다니면서 음식을 사먹었지 집에서는 요리를 하지 않았다고 한다.[151] 그러니 영리를 목적으로 하는 요식업도 발달했을 것이다.

그런데 그의 음식문화 체험은 한정적이었다. 음식 종류도 많고 사먹기도 쉬웠을 텐데 조진의 일기에 기록된 음식의 종류는 많지 않다. 그가 먹어보고 기록을 남긴 것은 여지荔子, 앵두, 곶감幹柿, 매실梅子, 잣松子, 용안龍眼, 호두胡桃子, 능금林檎果, 사탕수수甘蔗, 당병糖餠 등이었다. 송대의 요리라고 말하기 어려운 과일과 견과류가 대부분이다. 조리된 음식으로는 당병이 있다.

목욕이나 차는 일본에서도 직·간접적으로 경험한 것이지만 음식은 송나라에 와서 처음으로 먹어본 것이 있었다. 먹어본 음식 중에 먹는 방법과 맛을 상세히 기록한 것은 처음 접한 것으로, 여지·용안·사탕수수·당병이 그것이다. 그의 일기에 비교적 상세하게 기록된 과일이나 음식은 일본에 없던 것으로, 소개하고 싶은 의도에서 구체적으로 서술한 것 같다.

그가 처음으로 특이한 송나라 과일을 맛본 것은 하선하지 못하고 배 안에 있을 때 복주 상인이 가져온 여지였다. 여지는 양귀비가 즐겨 먹었다고 해서 유명한 과일로, 소식이 "하루에 여지 삼백 개를 먹을 수 있다면 오래 동안 영남에 머물러도 좋겠네"[152]라고 했듯이 당시 사람들이 선호하던 과일이었다. 여지의 맛에 대해 그는 말린 대추와 같고 크기도 대추만하다고 했다. 먹을 때는 껍질을 까서 먹는다고 했다.[153] 맛, 크기, 먹는 방법을 서술했는데 맛과 크기는 대추에 비유해서 설명했다. 용안을 설명할 때도 맛은 말린 대추와 같다고 하고 먹는 방법은 껍질을 까서 먹는다고 했다.[154] 그는 여지와 용안의 맛을 둘 다 대추와 같다고 했는데, 그의 경험으로는 맛 차이를 설명하기가 어려웠던 것으로 보인다.

또 사탕수수에 대한 기록이 있다. 길이는 4척, 지름은 1촌, 한 마디는 3촌 5분이며, 그 즙을 빨아 먹고 나서 뱉는데 매우 달콤하다고 했다.[155] 사탕수수의 길이, 두께, 맛 그리고 먹는 방법을 서술했다.

당시 일본에는 사탕수수가 없었다.[156] 만약 사탕수수가 있었다 하더라도 이렇게 먹었을지는 의문이다. 요즘에도 중국에서는 사탕수수를 이렇게 씹다가 뱉는다.

당병은 소개된 다른 것과는 달리 조리된 음식인 점이 특징이다. 밀가루로 만들며, 그 모양은 병을 닮았고, 크기는 3촌(약 9센티미터)이며, 원병의 두께는 5푼, 그 속에는 당이 들어 있어 그 맛은 감미롭다고 했다.[157] 당병의 재료, 모양, 크기, 두께, 속에 든 물질, 그리고 맛을 소개하고 있다. 송나라에서는 설탕을 넣은 당병이 한끼 식사거리였으며 조진도 즐겨 먹었던 것 같다. 만드는 방법과 재료가 간단하고, 누구나 빨리 쉽게 만들 수 있어 일반 백성들 사이에 끼니거리로 애용된 것 같다. 당시 일본에는 당糖이 극소수 상류층 사람들에게만 약으로 사용되는 것이었던 데 반해 송대는 일반 민간에 이르기까지 널리 애용됐음을 알 수 있다.

단맛 나는 과일이나 견과류 그리고 담백한 음식에 대한 소개가 주를 이루는 것으로 보아 그의 음식 취향이 담백하거나 단맛 나는 음식을 선호했던 것으로 보인다. 그외에도 신종이 하사한 음식을 먹고서 감탄한 적도 있으며,[158] 개원사에 도착한 후 진기한 과일과 맛있는 음식을 먹기도 했다.[159] 그렇지만 무엇을 먹었는지 구체적인 서술이 없다. 음식이 입에 맞지 않은 경우도 있었다. 조진 일행이 정주鄭州에서 정식으로 조로 지은 밥을 먹으려 했으나 제대로 먹지 못해 다시 150문을 들여 쌀을 사서 밥을 지어먹었던 일이 있었다.[160]

그가 수행승인 점 등으로 인해 다양한 송의 음식을 먹어보지 못했던 것으로 보이지만 한편으로는 이로 인하여 오히려 타국 생활의 관건인 음식 적응에는 큰 무리가 없었던 것으로 보인다.

이렇듯 일상문화의 체험은 불교문화체험에 비해 의미 비중이 훨씬 약했으며, 제한적이었다. 이는 종교인이라는 특수성에 기인한다. 성지순례라는 명확한 목적이 있었으며, 종교적인 율법에 따라 매일 수행할 뿐만 아니라 천태종의 특색처럼 송나라에 와서도 참법에 항상 동참했다. 그래서 조진은 종교적 동질성의 바탕 아래 체험한 문화의 이질성은 크게 느끼지 못한 것으로 보인다.

　조진은 성지순례에 대한 염원과 사문의 발전이라는 사명감을 안고 일본 조정의 허락은 받지 못한 채 입송했다. 송에 도착하기 전까지는 불안, 초조, 두려움의 시간이었지만 이를 종교의 힘으로 이겨냈다. 당시 송은 대외무역이 활발했으므로 항주에 도착한 일본인인 그에게 비교적 호의적이었지만 내지 여행의 절차는 복잡하고 엄격했다. 조진의 송나라 여행은 통사 진영의 고용으로 본격적으로 진행됐다.
　통사 진영의 역할을 크게 몇 가지로 세분화시켜보면 다음과 같다. 첫째, 여행과 관련된 업무의 대행이다. 통행증 발급, 여행 도정의 통과절차 등이 그것이다. 그외에 여행 관련 업무뿐만 아니라 장기 거주 문제 등 외국인과 관련된 일반 행정업무도 대행해주었다. 둘째, 현지 가이드의 역할이다. 교통 및 숙박 알선, 여행지 입장 허가 등과 관련된 모든 업무를 처리하여 여행에 불편함이 없도록 했다. 셋째, 통역의 역할이다. 넷째, 매개자 역할이다. 물품 구입, 중간 전달 등의 역할이 그것이다. 통사의 이런 역할들은 궁극적으로 송의 문화를 전달하는 가교적 의미를 갖는다.
　신종을 알현한 전후로 여행인프라의 질적인 변화가 나타난다. 그가 사절로 간 것이 아니므로 처음에는 송의 지원 없이 한정된 비용 안에서 이루어지는 지극히 개인적인 여행이었다. 점에서 자고, 걷거나 교자를 이용했다. 그러나 신종 알현 이후 사절 대우를 받으면서 역과 포에서 묵으면서 식사도 제공받았다. 그리고 이동할 때 말도 지원받았다. 당시 관료가 이용하는 역과 포가 당대보다 조밀하게 배치되어 여행객의 안전을 더욱 기할 수 있었다. 그리하여 그는 송나라의 잘 갖추어진 여행인프라를 통해서 순조롭게 여행할 수 있었다.

성지순례는 한마디로 감동 그 자체였다. 어떤 부정적인 인식이나 비판의식이 개입될 수 없는 대단한 감흥이 있었다. 그것은 자신의 오랜 숙원이었던 곳을 직접 찾아왔다는 것 자체가 믿기지 않았기 때문이었다. 그래서 그의 성지순례에 대한 서술은 상당히 주관적이다. 그것은 성지가 이상적 공간일수록 더욱 신비롭게 각색될 수밖에 없기 때문이다. 또 천태종의 약화라는 현실적 상황과도 동떨어진, 신성한 이미지를 그대로 투영시킨 전형적인 순례자의 모습이었다.

조진은 천태산과 오대산을 순례하는 동안 승려들과는 짧은 만남을 가졌으며, 비교적 긴 시간을 보낸 개봉에서는 문혜와 천축승, 그리고 혜현(삼장)을 중심으로 만남을 가졌다. 개봉에서는 대부분 점다를 마시면서 담소를 나누거나 서적을 빌려보았을 뿐 법문을 주고받지는 않았다. 법문과 관련해서는 삼장이 팔해탈에 대한 대승과 소승의 차이를 물어보자 천태교의로 답한 것[161]이 유일하다. 그리고 여행을 하는 동안 사찰에서 만난 승려들과도 깊이 있는 대화를 나누거나 법문을 주고받지 않았다.

관료와의 만남은 업무상의 만남이 있었고 법문을 듣고자 하는 경우가 있었다. 업무상 만난 관료들은 주로 일본과 관련해서 궁금한 것을 묻는 등 가벼운 담소를 나눴다. 이 부류의 만남은 외국인으로서의 조진과의 만남이었다. 법문을 듣고자 하는 경우는 좀더 진지하게 강학하거나 교리를 전하는 등 내적 교류가 이루어졌다. 이 부류의 만남은 법력이 높은 고승 조진과의 만남이었다. 그리고 조진과 관료의 만남에는 정치적 성향이 거의 보이지 않는다.

　일상문화체험을 살펴보면 그는 한마디로 이국문화에 잘 적응했으며 문화 충격도 그다지 크지 않았다. 일상적 문화요소들이 동질적인 경우 타국 환경에 빨리 적응할 수 있게 해주었는데 그에게 차가 바로 그 대표적인 경우이다. 이질적인 문화요소는 제한된 범위 안에서 비교적 부정적 혹은 비판적 시각 없이 수용된 것으로 보인다. 대중탕이 그 대표적인 경우이다.

　마지막으로 왜 조진이 일본으로 돌아가지 않았는지에 대해 생각해볼 필요가 있다. 첫째, 신종의 부탁이 있었다. 신종은 기우제 때 3일 만에 비를 내리는 그의 탁월한 능력을 아꼈고 조진이 그를 위해 기도해주기를 원했기 때문에 붙잡은 것으로 보인다. 둘째, 조진 입장에서는 천태산에서의 3년간 수행과제가 그대로 남아 있었다. 일기에 기록된 기간 동안 수행승들과 성지순례는 했지만 천태산에서 수행을 하지는 못했다. 그러므로 수행을 하기 위해 남았던 것으로 보인다. 그런데 3년 후에 왜 일본으로 돌아가지 못했는지에 대해서는 잘 알 수 없다. 다만 천태종에 대한 부흥을 염원한 결과가 아닐까 추측해본다. 그리하여 3년간의 여행으로 떠난 그의 송 여행길이 원래의 의도와 다르게 10년이 지나도 되돌아오지 못했다.

송・원대 남해인식과 남해여행

김영진

    중국사 이해의 폭을 넓히기 위해 시점視點을 바다에 두고 볼 수는 없을까. 물론 역대 중국 왕조를 두고 '해양국가'라고 할 수는 없다. 역대 중국 왕조가 내륙 지역에 근거지(수도 등)를 두어온 이상, 역사 기록도 내륙에서 일어난 사건을 대상으로 한 것이 압도적으로 많다. 따라서 지금까지 중국사 연구는 육상에서 일어난 일이 주된 관심의 대상이 되어왔으며 그 결과 해상에서 일어난 사건이나 활동에 관한 연구는 상대적으로 빈약하다. 그러나 그것이 곧 중국인의 해상활동이 항상 부진했고 해양에 대한 인식이 부족했기 때문이라고 단정할 수는 없다.

    이 글에서는 이러한 문제와 관련해서 중국사에서 유례없이 해상활동, 해양진출에 적극적인 송(960~1279), 특히 남송(1127~1279)과 원元(1271~1368)대의 실태를 살피기 위해 당시의 '남해南海'를 대상으로 이 문제에 접근하고자 한다. 구체적으로는 이 시기 남해로의 항해・여행을 통해 이해하려고 한다. 송・원대 남해에 관한 기왕의 연구를 개괄하면, 대체로 동서교섭사, 해외무역(주로 이를 관장하는 시박사市舶司의 연혁·직장職掌·시박조례, 국가 재정에의 기여, 교역품의 내용 등), 해외교통, 광주廣州와 천주泉州를 비롯한 주요 무역항의 번영, 원대의 남해 경략經略과 초유招諭, 그리고 남해 및 남해 제국諸國에 관한 역사·지리적 고증 등의 관점에서 이뤄져왔다고 할 수 있다.

필자는 이들 풍부한 성과를 종합적으로 검토·정리하고 주로 남송대의『영외대답嶺外代答』,『제번지諸蕃志』, 원대의『진랍풍토기眞臘風土記』,『도이지략島夷誌略』등 남해 및 남해 여러 나라와 지역의 사정을 전하는 사료를 분석하여 우선 남해에 대한 인식의 변천과 발전의 양상, 그리고 남해항로航路의 구체적인 실상을 살피고자 한다. 그리고 이 시기 여행의 실태를 본격적으로 살피기에 앞서 당시 여행을 위한 제반 여건이나 환경이 어떠했는지 검토하겠다. 즉 당시 남해여행은 무역활동과 불가분의 관계에 있었으므로 송·원대 남해무역의 실상을 개괄하고, 이 시기 비약적으로 발달한 항해·조선술의 수준을 짚어보며, 남해에 관한 정보를 어떻게 수집하고 이해했는지를 살필 것이다. 그 다음 이 시기 남해여행에 나선 사람들, 즉 외교사절 및 그 수행원 그리고 상인의 사례를 분석하여 송·원대 남해여행의 실태를 이해하고자 한다. 마지막으로 원대의 걸출한 여행가인 왕대연汪大淵(1311~?)의 여행 사례를 통해 그의 견문과 관점을 살피고 그의 저서『도이지략』을 여행기, 견문록의 관점에서 재검토해서 원대 남해여행에 대한 이해를 넓히고자 한다.

이상과 같은 검토를 통해 우선 남해 및 남해 여러 나라와 지역에 대한 당시 중국인의 인식의 지평이 어떻게 확대되고 심화되어갔는지를 볼 수 있었으면 한다. 그리고 주로 해외교통이나 해외무역의 관점에서 인식되어왔던 남해가 아니라 '여행지'로서의 남해를 항해·여행하는 '여행자'로서의 송·원대인의 모습이 드러날 수 있기를 기대한다.

1. 송·원대 남해인식과 남해항로

송·원대의 남해와 동양·서양

중국에서는 예로부터 사해四海 관념에 기초하여 중국 밖의 바다나 지역을 구분하고 인식해왔다.[1] 따라서 중국의 경내를 '사해지내四海之內', 줄여서 '해내海內'라는 식으로 표현하는 것도 이 때문이었다. 사해의 하나인 남해는 처음에는 중국 남방의 바다를 지칭했지만 점차 중국 남방의 바다에 있는 국가, 지역까지도 포함하게 됐다. 그러나 해역으로서의 남해는 시대나 자료에 따라 범위가 크게 달랐다. 즉 선진 시대의 문헌에 보이는 남해는 대체로 중국의 남방 해역 또는 오늘날의 동중국해를 지칭했다. 이어 진 시황 때 남월南越을 평정하여 지금의 광주 부근에 남해군을 설치한 이후 군 이름에 붙여지기도 했다. 대체로 후한대에 와서 중국 남방의 광대한 해역을 지칭하게 된 것이다.

남해의 범위에 대한 하나의 사전적 규정에 따르면, 크게 셋으로 구분되고 있다.[2] 즉 (1) 지금의 남중국해, (2) 동남아시아 일대 및 그 해역(대략 남양에 해당)이며 멀리 인도양의 해역, (3) 자바섬에서 오세아니아주 일대의 해양이다. 이 해석에 따를 경우 이 글에서 사용하는 송·원대 남해의 범위는 (2)의 범주에 해당된다. 그렇지만 이러한 범주를 따른다고 해도 남해의 광대한 해역을 실로 하나의 해역으로 묶어 단순화시킬 수 없다는 문제는 여전히 남는다. 그런데 송·원대에 오면 남해를 몇몇 해역으로 구분하여 이에 상응하는 명칭을 붙여 인식하고 있었기 때문에 이 시기의 남해에 관련된 기록을 통해 남해의 구분을 정리해둘 필요가 있다.[3]

송대 남해 및 남해 여러 나라의 사정을 자세히 전하는 주요 저작으로는 남송 초 주거비周去非(1135~1189?)의 『영외대답』(1178)과 남송 중기 조여괄趙汝适(1170~1231)의 『제번지』(1225)가 있다.[4] 그러나 『제번지』는 남해 권역이나 항로에 대해서는 『영외대답』의 기록을 거의 그대로 옮겨 적고 있기 때문에 『영외대답』을 중심으로 살피기로 한다. 『영외대답』은 남해의 해역을 크게 '동남해', '서남해', '동대식해東大食海', '서대식해', '남대양해南大洋海', '동대양해' 등으로 구분하고 있다. 뒤에 언급하겠지만, 동남해와 서남해는 원대의 동양, 서양과 대체로 일치하고 동대식해는 아라비아해, 서대식해는 지중해, 남대양해는 삼불제三佛齊(수마트라 동부) 이남의 해역, 동대양해는 자바의 동쪽 해역(태평양)에 각각 해당한다. 뿐만 아니라 『영외대답』「해외제번국」조는 이들 해역 연안의 국가(해외 제번국)들을 '정남제국正南諸國', '동남제국', '서남제국' 그리고 '동남해상제국', '서남해상제국'으로 분류하고 있다. 이것은 송대 최대 무역항의 하나였던 중국 남부의 광주廣州를 기준으로 설정한 것이다. 그런데 이 분류에 속한 국가 또는 지역을 보면 동남해상제국은 동남제국과 다를 게 없고 서남해상제국도 서남제국과 차이가 없다. 때문에 『영외대답』은 남해의 제번국을 정남제국, 동남제국, 서남제국이라는 세 개의 권역으로 구분하고 있는 것이다. 이는 정남제국의 중심지인 삼불제를 경계로 동남제국과 서남제국을 가르고 있는 것이다. 이처럼 남해의 여러 나라와 지역을 권역으로 구분하고 있는 것은 말할 것도 없이 해역으로서의 남해를 '남방의 바다'라는 막연한 개념이 아니라 보다 풍부해진 당시의 남해에 관련된 지식과 정보를 토대로 이루어진 것이라고 할 수 있다.

이렇게 광주와 삼불제를 잇는 선을 기준으로 동남제국, 서남제국으로 나누는 인식 속에서 중국 쪽 기점은 점차 광주 대신에 복건의 천주로 바뀐다. 즉『제번지』에서 "삼불제는 천주의 정남에 있다(『제번지』권 상,「삼불제」조)", "발니渤尼(보르네오)는 천주의 동남에 있다(『제번지』권 상,「발니국」조)", "대식국(아랍제국)은 천주의 서북에 있다(『제번지』권 상,「대식국」조)"라고 하여 방위의 기준을 천주에 두고 있는 데서 알 수 있다. 이는 천주가 송대 특히 남송 중기에 오면 예전의 광주를 능가하는 최대의 무역항으로 발전하게 되면서 해외에 대한 지식과 정보를 천주 사람들이 가장 많이 접했기 때문일 것이다. 당시 천주와 광주는 경도의 차가 약 5도에 불과하기 때문에 삼불제를 잇는 기준선이 천주이건 광주이건 큰 문제는 없었을 것이다.[5]

이상과 같이 남해의 해역이나 국가 또는 지역에 대한 구분이 생기는 것과 관련하여 송대는 바다 자체에 대한 관념 안에서 '양洋'의 관념이 등장했다는 점이 주목된다. 남송 초에 간행된 조금치趙令畤(1051~1107)의 『후청록侯鯖錄』권 2에 "지금 바다의 중심을 양洋이라고 일컫는 것은 역시 물이 많은 곳(중다처衆多處)이기 때문이다"라고 하듯, '양'의 개념을 심해, 대해, 원양遠洋이라는 뜻으로 이해하고 있다.[6] 이러한 '양'의 출현은 이미 북송 말 휘종(1101~25)연간 고려에 사신으로 온 적이 있는 서긍徐兢(1091~1153)의 저술에도 보인다. 즉 그는 당시 고려에 이르는 해로에 백수양, 황수양, 흑수양이 있었음을 전하고 있다(『선화봉사고려도경』권 34,「해도」1). 또『영외대답』

에도 교지양, 동대양해, 남대양해 등의 이름이 나온다. 그리고 남송 말에는 구체적으로 오늘날의 남중국해 일대를 구분해 '칠주양', '오저양', '곤륜양', '사막양', '사룡양' 등의 이름을 붙이고 있다.[7] 또 남송 말 진덕수眞德秀도 천주를 기준으로 '남양', '북양', '동양'으로 구분하고 있는데 여기서도 '양'의 유행을 볼 수 있다.[8]

그러나 아직 이 시기에 '양'이 완전히 '해'와 구분되는 개념으로 정착되지는 않았다. 앞의 『영외대답』에 '교지양(권 1 「삼합류」)'이 같은 책의 다른 곳에서는 '교지해(권 1, 「천분요」)'로 되어 있는 것만 봐도 그렇다. 그리고 '세란해細蘭海', '동대식해', '서대식해(『영외대답』 권 2, 「해외제번국」)'라는 '해' 이름이 나오는 것을 보면 송대는 '해'와는 별도로 '양'의 관념이 등장하여 널리 쓰였으나 완전히 '해'를 대신해서 쓰이지는 않았다고 생각된다. 서로 혼용되고 있는 것으로 보아 송대는 '양'과 '해' 사이에 별다른 차이가 없는 것으로 인식했다고 볼 수 있다. 단, '양'이 전례 없이 널리 쓰이게 됐다는 사실은 분명하다. 이러한 인식의 연장선상에서 원말에는 '해양海洋'이라는 말도 하나의 성어로 사용되기에 이른 듯하다.[9] 그리고 이러한 추세에 따라 원대에 이르러 동양, 서양이라는 용어가 등장했다고 봐도 좋을 것이다.

동양, 서양이라는 말은 원대 처음 등장했다고 보는 것이 정설로 되어 있다. 이미 동·서양의 호칭이 처음 출현한 시기, 이것을 가르는 경계선 설정의 기준이나 근거에 대해서는 선행 연구가 있기 때문에 여기서는 그동안 언급되지 않았거나 몇 가지 의문점에 대해서만 살피기로 한다. 먼저 야마모토 다스로山本達郞는[10] 동·서양 호칭의 출현은 원대로 소급할 수 있고, 동양은 오늘날의 자바, 필리핀군도에 이르는 지역이고 서양은 남인도의 국한된 지역이라고 했다. 그리고 그 중간에는 어느 쪽에도 속하지 않는 지역, 즉 수마트라, 말레이 반도 등 '중양中洋'이라고 칭할 수 있는 지역이 있는데, 이것이 중국인이 항해에 이용하는 동양침로針路, 서양침로의 발달에 따라 동·서양으로 구분되기에 이르렀다고 했다. 이 주장은 다음 장에서 자세히 다룰 원말 왕대연의 『도이지략』의 용례를 토대로 해서 내린 결론이었다.

한편, 미야자키 이치사다宮崎市定는 주로 『영외대답』에 의거하여 다음과 같이 주장했다.[11] 즉 동양, 서양의 '사상'은 송대까지 소급할 수 있고, 동·서양이란 다름 아닌 남해를 동남해, 서남해로 양분하는 것이며, 그 기점은 천주 또는 광주였는데 이곳을 통과하는 남북의 자오선에 의해 천주 또는 광주의 정남 방향에 있다고 여겨온 삼불제를 연결하는 선을 갖고 동·서로 나눈 것이라고 결론지었다.

그런데 야마모토는 동·서양의 호칭이 원대에 처음 보인다고 했으나 '동양'이라는 호칭은 이미 남송 말의 문헌에 용례가 있다.[12] 송대는 '동양'이 아직 보편화된 것 같지 않았고 그 범위가 원대보다 좁은 범위에 국한됐지만 용례가 분명히 있으므로 호칭 자체의 출현 시기는 소급되어야 할 것이다. 또한 야마모토가 주로 의거한 원말의 『도이지략』보다 약 50년 전에 간행된 진대진陳大震(1228?~1307?)의 『대덕남해지大德南海志』(1304)를 보면 적어도 원대 중엽에는 동양과 서양을 구분하는 관념이 확실히 생겼다고 할 수 있다. 즉 광동의 지방지인 『대덕남해지』(속수사고전서본) 권 7, 「제번국」조에는 '단마령국관소서양單馬令國管小西洋', '삼불제국관소서양三佛齊國管小西洋', '동양불니국관소동양東洋佛坭國管小東洋', '단중포라국관대동양單重布囉國管大東洋', '사파국관대동양闍婆國管大東洋' 등의 항목을 두어 남해의 여러 국가와 지역을 열거하고 있다(강조는 필자).

『대덕남해지』에는 이처럼 '동양', '소小동양', '대大동양', '소서양'의 호칭이 보이지만 '서양'이나 '대서양'은 보이지 않는다. 그러나 '동양'은 '서양'의 존재를 전제로 했을 때 비로소 의미를 갖기 때문에 '서양' 호칭이 보이지 않는다고 해서 '서양' 관념이 없었다고 할 수는 없을 것이다. 마찬가지로 '대서양'도 '소서양'이나 '대동양'에 대응하는 것으로 볼 수 있으므로 그 관념은 존재했다고 봐도 무방하다. 특히 '소동양', '대동양', '소서양'의 구분이 당시 존재했다는 것은 그 기준이나 근거의 타당성과는 별도로 이미 원대에 남해를 동양, 서양으로 양분하는 관념보다 더 세분화된 관념이 존재했다는 사실을 말해준다. 원대에는 말라카해협을 기준으로 소·대서양을 획분했기 때문에 소서양은 말라카해협 동쪽의 수마트라 주변 해역과 지역을, 대서양은 말라카해협 서쪽 즉 인도양을 말한다. 그리고 소동양은 필리핀군도와 칼리만탄섬(보르네오) 일대를, 대동양은 인도네시아의 자바섬, 칼리만탄섬 남부, 술라웨시섬 및 몰루카군도 일대에 해당한다.[13] 이러한 구분을 가장 상세히 한 것이 『대덕남해지』인데, 이 책이 광주의 지방지라는 것을 고려하면 소·대서양, 소·대동양 등의 구분은 중국 남부 연안 지역 특히 광주를 기준으로 그 방위나 거리를 염두에 두어 구분한 발상이었다고 생각된다.

이상 원대 동·서양의 호칭이 보편화되고 있음을 봤는데, 이제 『도이지략』에 나오는 동양, 서양의 용례를 중심으로 그것이 구체적으로 어디를 지칭하는지 살펴보기로 한다. 먼저 동양에 대해 보면, 『도이지략』「조와」에는 "조와爪蛙는 곧 옛 사파국闍婆國이다.……실로 동양 제번의 으뜸이다"라고 했다. 그리고 같은 책의 「비사야毗舍耶」조에는 이 나라 사람들이 산이나 계곡에 숨어 있다가 지나가는 사람들을 생포하여 다른 나라에 노예로 팔아넘기는 행위를 전하면서, "그러므로 동양(사람들은) 비사야(대만 또는 필리핀 북부 비사야군도 일대)라는 이름을 들으면 무서워서 피한다"고 했다. 앞의 『대덕남해지』에는 "자바국이 대동양을 관할한다"고 했고, 비사야는 소동양에 속한다고 했으므로 『도이지략』에서 말하는 동양은 『대덕남해지』의 대·소동양을 총칭하는 것임이 틀림없다. 따라서 야마모토가 주장한 동양 범위는 현저히 축소된 지역, 즉 소동양에 한정되어 있으므로 그의 주장에 동의할 수 없다.

다음으로 살펴볼 것이 서양인데, 『도이지략』에는 서양의 호칭이 동양에 비해 훨씬 많고 문맥에 따라 지칭하는 곳이나 의미가 달랐다는 사실에 우선 유의해야 한다. 앞에서 보았듯이, 야마모토는 『도이지략』의 서양을 '남인도의 국한된 지역'으로 규정했는데 이는 그 범위를 지나치게 축소해버린 것이다. 물론 『도이지략』의 서양은 야마모토의 주장처럼 인도 특히 남인도 지역을 지칭하는 경우가 많은 것은 사실이다. 이를테면 인도 서남 해안의 고리불古里佛(인도 서남단의 퀼론)을 가리켜 "거해巨海의 요충이며 승가랄僧加剌(스리랑카)과 아주 가깝고 또한 서양 제번국의 으뜸이다(『도이지략』「고리불」)"라고 했는데 여기서의 서양은 남인도 또는 인도 지역을 가리키고 있다. 또 『도이지략』은 소록蘇祿(칼리만탄섬 동북부)군도에서 나는 진주를 소개하면서 무게가 많이 나가는 진주는 이곳에서 나지 않고 "서양의 제삼항第三港에서 나온다"고 했다(『도이지략』「소록」조). 제삼항은 인도 서남부 말라파르 해안의 풀탄 또는 인도 남부 만나르만 연안의 푼네이 카얄로 비정되므로[14] 여기서 말하는 서양은 남인도 또는 인도를 지칭하는 게 확실하다. 또한 "배를 타고 서양에 가려면 승가랄 옆을 지나야 하는데 조류가 빨라 역풍이라도 불게 되면 이 나라(북류北溜, 몰디브군도 일대)에 표착하게 된다(『도이지략』「북류」)"는 기록을 보면 역시 여기서의 서양은 남인도 또는 인도 지역을 지칭하는 것으로 보인다. 그리고 후에 "서양인이 그곳의 전토가 비옥하다는 사실을 알고 배를 타고 와서 밭 가운데의 좋은 흙을 얻어 돌아가 자기 밭에 뿌려 농사를 짓는다(『도이지략』「구항」)"고 했는데, 구항舊港은 삼불제의 옛 도읍인 수마트라 동부 팔렘방을 가리키므로[15] 여기서의 '서양인'은 (남)인도인이라고 봐도 좋다.

그러나 『도이지략』에 나오는 서양이 (남)인도 지역만을 지칭하는 것은 결코 아니었다. 즉 (남)인도까지 포함해서 인도양 해역 및 연안의 국가들까지 포함한다고 봐야 하는 것이다. 이를테면 용아문龍牙門(싱가포르 및 그 해협)을 거쳐 서쪽으로 항행하는 것을 두고 "배를 타고 서양으로 간다(『도이지략』「용아문」)"고 했고, 또한 곤륜양(베트남 남부 콘도르섬 부근 해역) 일대에 해적이 많아서 "서양으로 배를 타고 가는 사람은 반드시 (여기서) 약탈을 당한다(『도이지략』「곤륜」)"라고 했는데, 여기서 보면 서양은 말라카해협 서쪽 해역 즉 인도양으로 봐야 한다. 왜냐하면 이 두 지역을 배를 타고 통과해서 서양으로 간다는 것이 반드시 (남)인도에 가는 것으로만 볼 수는 없기 때문이다.

그리고 인도 서안의 말라바르 연안의 대팔단국大八丹國의 위치에 대해 "서양의 뒤에 있다(『도이지략』「대팔단」)"고 했는데 여기서의 서양은 인도양 특히 아라비아해로 보는 것이 자연스럽다. 또 대오다大烏爹(벵갈만 서북 연안의 인도 오릿사 지방)의 위치에 대해 "서양의 중봉中峰(『도이지략』「대오다」)"에 있다고 했다. 여기서의 서양은 인도양 전체로 봐야 한다. 왜냐하면 '서양의 중봉' 즉 '서양의 중앙'은 벵갈만 연안의 바로 이 지역에 해당되기 때문이다. 따라서 여기서의 서양은 남중국해 서부, 벵갈해, 아라비아 연안과 동부아프리카 연안 각지까지 아우르는 지역으로 봐야 하는 것이다. 그리고 『도이지략』

「마로간」조에는 이란 서북부에 있었다고 추정되는 마로간국馬魯澗國을 설명하면서, "서양 나라들이 다 (이 나라에) 신속臣屬했다"라고 했다. 여기서 마로간국에 신속한 나라들은 일한국이 와해된 이후 (왕대연은 일한국이 붕괴된 이후에 이곳을 방문했다) 이란 일대의 소국들로 판단되므로 여기서의 서양이 (남)인도 지역을 가리킨다고 볼 수는 없다.

이상에서 보듯, 『도이지략』의 서양은 (남)인도 지역에만 한정됐던 것이 아니고 인도양 및 연안 지역을 가리키는 것이었다고 할 수 있다.[16] 한편 미야자키는 『도이지략』의 서양은 그 서쪽 끝의 영역이 현저히 축소됐다고 했다. 그 이유는 지리상의 지식이 발달하여 인도 서쪽의 여러 나라가 천주보다 낮은 위도에 존재하지 않는다는 사실을 알았을 것이기 때문이라고 한다. 그리고 이것은 서양이라는 말이 원래 서남해의 의미였을 것이라는 하나의 방증이 된다고 추론했다.[17] 그러나 원대의 서양이 『영외대답』의 서남해와 대략 일치한다는 주장은 맞지만 『도이지략』의 서양의 서단西端이 '현저히 축소됐다'는 주장에는 동의하기 어렵다.

한편, 『도이지략』의 서문을 쓴 장저張翥는 저자 왕대연이 "두 차례 배를 타고 동·서양에 갔다"고 한 바 있다. 여기서 말하는 서양은 인도양과 아프리카 동부 연안 지역까지 포함해서 말하는 것이 분명하다. 왜냐하면 다음 장에서 자세히 다루겠지만 왕대연은 말라카해협을 지나 인도 연안, 페르시아만 연안, 아라비아반도 일대, 아프리카 동·북부 연안 지역을 직접 방문했으므로 이 사실을 모를 리 없는 장저가 왕대연의 항해를 "배를 타고 동·서양에 갔다"고 했기 때문이다. 여기서는 동양, 서양이 병칭되고 있는 것도 주목된다. 그리고 왕대연보다 약간 앞선 시기의 해상海商 양추楊樞에 대한 묘지명에는 양추가 19세에 "관본선官本船을 타고 바다에 나가 서양에 이르렀다"고 했다.[18] 양추에 관해서도 다음 장에서 다루겠으므로 자세한 설명은 미루겠는데 그가 페르시아만 일대에서 활동했다는 사실에 비춰보면 여기서의 서양도 인도양 특히 페르시아만 일대를 지칭하는 것으로 보인다.

이상 다소 장황하게 남해의 범위, 특히 동·서양의 범위나 그것을 가르는 기준 등에 대해 설명했다. 정리하면 다음과 같다. 전통적인 사해의 하나인 남해는 송·원대에 오면 광주나 천주를 기준으로 방위나 거리를 고려하여 나뉘게 됐다. 송대에는 '양'의 관념이 출현하고 실제 많이 쓰였으며 남해는 크게 동남해, 서남해로 나뉘었고 이것이 원대에 와서 동양, 서양으로 대치됐다. 그 경계선은 천주 또는 광주에서 인도네시아의 칼리만탄섬 서부 또는 수마트라의 동부(삼불제)를 잇는 선으로 설정됐다. 또 원대에는 동·서양을 각각 소동양·대동양 그리고 소서양·대서양으로 세분하는 인식도 나타났다. 그리고 남해나 동·서양은 단지 해역으로서만이 아니라 각 해역 연안의 국가나 지역까지 포함해서 지칭하는 경우가 많아졌다는 점도 지적할 수 있다. 특히 각 연안의 국가나 지역 그리고 수많은 도서 지역은 하나의 '점'이 아니라 '면'으로 인식하는 경향이 강했다는 점도 기억해둘 필요가 있다.[19]

송·원대의 남해항로

송·원대의 남해항로를 살피기 전에 송 이전의 남해항로에 대해 개괄해보기로 하겠다. 송·원대 남해항로가 이전 시기 특히 당대의 그것을 계승한 것이 많았기 때문이다. 중국 문헌 중에서 남해항로의 노정을 명확히 기록한 것은 『한서』 「지리지」가 최초이다. 이 노선은 서문徐聞(광동 서문현)과 합포合浦(광서 북부만 부근 합포현)를 기점으로 말라카해협을 지나 인도 동남 연안의 황지국黃支國을 거쳐 종점인 이정불국已程不國(스리랑카)으로 가는 길이었다.[20] 당시는 주로 해안선을 따라 근해 항행만을 함으로써 많은 시간이 소요된 결과 무려 11개월이나 걸렸다. 이 노선은 시간이 흐르면서 그 노선도 확대됐고 지선도 증가했다.

그러나 당 중엽에 이르면 기존에 알려진 남해항로보다 훨씬 상세하고 정확한 항로가 이용됐다. 『신당서』「지리지」에 실린 가탐賈耽(730~805)의 「광주통해이도廣州通海夷道」에 의해 이 사실을 알 수 있다.[21] 「광주통해이도」는 광주를 출발하여 남중국해를 거쳐 인도와 서아시아 및 아프리카 동부까지의 항로를 자세히 기록하고 있다. 정리하면, 이 항로는 광주→말라카해협→스리랑카 및 인도 서안→호르무즈해협의 오랄국烏剌國(오블라)까지이다. 이 항로는 총 90여 일이 걸리고(동안로東岸路), 다시 오랄국에서 서쪽으로 삼란국三蘭國(탄자니아의 다르 에스 살람)까지 가는 노선인데 48일이 걸린다고 했다. 「광주통해이도」는 해로의 노정뿐만 아니라 구간 사이의 항행 일정 등을 소상히 기술하고 있다. 이 「광주통해이도」는 한대 이래 수많은 중국인의 남중국해 및 인도양 항해 경험의 집대성이요, 당대 동·서간 해양항로의 가장 체계적인 실록으로 평가받는다. 그런 만큼 이에 대해서는 연구가 많이 되어 있으므로 자세한 언급은 피하기로 한다. 다만 이 항로가 당 중기 이후 해상활동이 활발해지면서 보다 많이 이용됐고, 심해 항행이 가능해짐으로써 기본 노선은 송대에도 계승됐다는 점만 지적해둔다.

송대의 남해항로에 관해서는 『영외대답』 권 2의 「해외제번국」조와 「고림故臨국」조 그리고 권 3의 「항해외이航海外夷」조가 간결하면서도 명확하다. 여기서는 여러 노선을 소개하고 있는데 이를 종합해 보면 송대 남해항로의 실상이 잘 드러난다. 이에 의하면 남해항로는 확실히 이전 시기에 비해 많이 발전했다. 첫째, 광주에서 자바·삼불제에 이르는 노선이다. 당대에도 이미 이들 국가와 지역과 왕래가 있었으나 이 항로의 경유지나 방위, 항로 등에 대해 더 상세히 기록하고 있다. 특히 삼불제에 대해서는 '제국 해도海道의 왕래의 요충'이라 했는데 이는 삼불제, 특히 서북단의 남리藍里(반다아체)가 남해 각지의 생산품의 집산지이자 국제무역의 중심지였기 때문이다.

둘째, 광주에서 남리를 거쳐 고림(인도반도 서남단의 퀼론)까지의 항로이다. 이는 광주에서 40일 만에 남리에 도착하여 여기서 겨울을 보내고 ('주동住冬') 이듬해 다시 이곳을 출발하여 약 한 달 만에 고림에 도달하는 것이다(『영외대답』 권 2 「고림국」조).

셋째, 광주에서 남리·고림을 거쳐 대식국까지 가는 코스이다. 이 항로에서는 남리와 고림이 매우 중요한 기항지였다. 이 두 곳에서는 계절풍을 기다려 항해를 해야 했다. 즉 겨울철 동북풍이 불면 서행을, 여름철 서남풍이 불면 동행했다. 때문에 많은 선박이 장기간 이곳에 정박하여 무역을 하고 있었다. 특히 고림은 배를 갈아타야 하는 곳이기도 했다. 「항해외이」조는, "대식국에서 (중국에) 올 때는 작은 배를 타고 남행하여 고림국에 이르러 (여기서) 큰 배로 갈아타서 동행하여 삼불제국(수도인 남리)에 이르러 중국에 들어온다.…… 여러 번국에서 중국에 오려면 1년이면 왕복이 가능하나 오직 대식(국)만은 반드시 2년 이후라야 가능하다"라고 했다. 이처럼 대식국에서 동쪽의 중국 방면으로 오려면 고림에서 큰 배(중국 배)로 갈아타야 하는 반면, 중국에서 대식국에 가려면 고림에서 작은 배로 갈아타야 한다는 것이다. 즉 중국의 박상舶商이 대식(국)으로 가려면 반드시 고림에서 작은 배로 바꿔 타고 가야 했다. 비록 1월(음력)에 남풍이 분다고 해도 중국과 대식국 간의 왕복에는 2년이 걸렸던 것이다(「고림국」조). 앞의 둘째의 경우에서 보듯이 중국 상선이 기항지인 수마트라 서북단의 남리에서 출발하여 세란(스리랑카) 남부를 거쳐 1개월 만에 고림에 도착했다. 여기서 작은 배로 갈아타고 페르시아만과 아라비아반도 일대에서 교역을 한 다음, 그곳에서 겨울을 보냈다. 이듬해 서남풍이 불기를 기다려 고림에 와서 중국의 대형 선박으로 갈아타고 중국으로 돌아오는 것이다.

넷째, 광주에서 남리를 경유하여 마리발국麻離拔國으로 가는 것이다. 마리발국은 아라비아 남단에 있던 곳으로 오늘날의 오만 또는 예멘으로 비정되며 당시 대식국의 관할 아래에 있었다. 이 노선은 광주에서 중동中冬 이후 출발하여 북풍을 타고 항행하여 약 40일 만에 남리에 도착한 다음, 이듬해 겨울까지 이곳에서 머물며 교역을 하고 다시 북동풍을 타고 순풍일 경우 60일 만에 이곳에 도달하게 되는 것이다(「대식제국大食諸國」조). 여기서 보면 남리에서 대식까지는 60일이 소요되는데, 앞에서 보았듯이 남리에서 고림까지는 1개월, 고림에서 대식까지가 1개월 걸린다고 했으니 소요 일수는 일치한다. 그러나 문제는 당시 남리에서 남인도 해안을 거쳐 고림을 경유하지 않고 아라비아해를 횡단하여 아라비아반도로 직항할 수 있었는가 하는 것이다. 고림을 경유하여 페르시아만으로 가는 노선은 인도 서북 연안을 거슬러 올라가기 때문에 거리도 길고 소요 시간도 많이 걸리게 된다. 게다가 작은 배로 갈아타는 번거로움도 있기 때문에 남리에서 남인도 해안을 지나 아라비아해를 횡단하여 아라비아반도 남단으로 직항하는 편이 낫다. 따라서 어떤 논자는 송대의 남해항로는 기본적으로 연안을 벗어나 원양으로 직항하는 것이었기 때문에 아라비아 및 아프리카 동부로 가는 항로는 인도양을 횡단하는 직항로였다고 본다.[22] 이 문제는 더 검토해볼 여지가 있는데, 당시 설사 아라비아해를 횡단·직항하는 것이 가능했다고 해도 앞에서 본 기항지로서 고림의 위치나 중요성으로 봤을 때 이 직항로가 널리 활용되지는 않았을 것이기 때문이다.

다섯째, 광주에서 남리·대식국을 거쳐 목란피국木蘭皮國으로 가는 항로이다. 이는 아라비아반도 최남단의 아덴을 경유하여 아프리카 동부 연안을 따라 지중해 연안의 목란피국으로 가는 것이다.[23] 이 항로는 이미 당대 가탐의 「광주통해이도」에도 언급된 바 있다. 송대의 중국 선박이 아프리카 동부 연안이나 지중해 방면으로 직항했는지에 대해서는 아직도 정설이 없으나 대식국을 경유하여 지중해로 가는 항로는 잘 알고 있었다.

이상의 노선들은 각각 별개의 노선이 아니라 『영외대답』에 단편적으로 기록된 것들을 열거한 것이다. 정리하면, 선박이 광주를 출발하여 남리까지 40일, 남리에서 고림까지 30일, 고림에서 대식까지 30일이 걸렸으니 광주에서 대식국까지는 100일이 소요됐이다. 이는 가탐의 「광주통해이도」에 기록된 이 구간의 항 90여 일과 거의 일치한다. 이 두 기록만으로 보면 기상조 항을 고려할 경우 당·송 간 항해 속도의 차이는 무시 이다. 그런데 이 시기 중국 선박은 북동계절풍을 타고 해를 하면 목적지에 도착할 수 있고, 반대로 이듬 절풍을 타고 돌아올 수 있다. 그러므로 먼 곳이 채 걸리지 않는 셈이다. 그런데 앞에서 본대로 대식국 간의 1회 왕복에 반드시 2년이 걸린

계절풍의 영향을 많이 받았다 해도 2년이나 걸리는 이유가 오로지 계절풍의 교차를 기다려야 했기 때문만으로 보기는 어렵다. 그 이유는 다음과 같다.

겨울철 광주를 떠난 배가 40일 만에 남리에 도착하는 시기는 여전히 북동계절풍이 부는 겨울철이다. 그런데도 여기서 정박하여 겨울을 보내고 이듬해 겨울에 다시 이곳을 출발하여 인도양으로 서행西行하는 것이다. 애초에 고림이나 대식국 등이 목적지라면 굳이 남리에서 겨울을 다시 보낼 이유가 없다. 남리에서 '주동住冬'하지 않으면 1년 이내에 왕복이 가능한데도 여기서 '주동'했던 것은 실은 계절풍을 기다린 것이 아니라 무역을 하기 위해서였던 것이다. 이른바 '주동무역'을 위해서이다. 이러한 무역 형태는 송대에 보편화됐는데 이를 위해서는 오랫동안 항구에 정박·체재해야 했다. 또한 이 '주동'과 관련해 다음의 두 가지 이유 때문에라도 장기체재를 할 수밖에 없었다.[24]

첫째, 도착지에서의 교제활동 때문이었다. 배가 항구에 도착하면 그곳의 유력자나 무역 상대자들을 몇 차례 방문해 접대를 받았는데 이 기간이 1~2개월 소요됐다. 이 절차를 마친 후 교역을 시작했고 교역을 마치면 이번엔 중국 상인 쪽에서 답례로 연회를 베풀고 선물을 주는 자리를 마련했다. 이러한 일련의 과정을 거치고 나서 다시 북동계절풍이 불기를 기다려 출발하는 것이다. 둘째, 무역 대금 결제방식이 외상거래였기 때문이다. 당시 중국 상선이 외국 항구에 도착하면 현지 상인과 일종의 외상거래를 했다. 그러므로 판매대금을 받기 위해 항구에서 기다릴 필요가 있는 것이다. 결국 '주동'의 주된 이유는 계절풍을 기다리기 위해서가 아니라 현지에 머물며 무역활을 하기 위해서였던 것이다.

'네트워크

그렇다면『영외대답』이 광주와 대식국 간 왕복에 2년이 걸린다고 한 것은 오직 항해 때문만은 아니라고 봐야 할 것이다. '주동무역' 기간을 왕복 기간 2년 안에 합산했기 때문이다. 즉 현실적으로는 상선이 무역을 하지 않고 항해만을 한다는 것은 생각할 수 없으므로 『영외대답』은 이 '주동무역' 기간을 항해 기간에 포함시켰을 것으로 생각된다.

항해 소요 기간과 관련해서는 위의 구간들을 실제 항해했던 사람의 여정이 참고가 된다. 원 세조 때 인도 지방 초유招諭의 임무를 맡고 그곳에 사신으로 갔던 양정벽楊庭璧의 일정이 있다.『원사』권 210,「외이전外夷傳」에는 그가 인도 지방으로 갔던 네 차례의 출사出使를 적고 있는데 그중 항해에 소요된 달수와 도착지가 나와 있는 것이 세 차례이다. 즉 (1) 1279년 12월, 출발→이듬해 3월, 구람俱藍(송대의 고림) 도착, (2) 1281년 1월, 천주 출발→이듬해 3월, 스리랑카섬 도착→4월, 마팔아국馬八亞國(인도 서남의 말라바르 연안) 도착, (3) 1281년 11월, 출발→이듬해 2월, 구람 도착이다. 여기서 보면 두 번째 항해 때는 구람국에 못 미치는 마팔아국까지 3개월이 소요됐고 1회와 3회 항해 때는 구람까지 3개월이 걸렸다. 2회 때는 역풍을 만나 부득이 마팔아국에 상륙한 다음 육로로 구람국에 가려고 한 것이었다. 따라서 중국의 천주에서 인도 서남 연안의 구람국까지는 실제로는 3개월이 소요됐음을 알 수 있다.

앞에서 보았듯이 천주 또는 광주에서 남리까지가 40일, 남리에서 고림까지는 한 달이 걸린다고 했으니 천주 또는 광주에서 고림까지는 70일이 소요되는 셈이다. 그런데 원대 양정벽의 경우가 오히려 20일 정도 더 소요됐다. 양정벽은 막중한 외교 임무를 띠고 파견됐으니 남리에서 '주동무역'을 하면서 시간을 지체했을 리가 만무했을 텐데도 기간이 더 소요된 것은 의문이다. 그것은 『영외대답』의 기사가 최적의 항해 조건인 '순풍'의 경우를 상정하여 최단 기일을 말한 것이고 실제로는 항해 소요 일수가 더 늘어날 수 있었기 때문으로 생각된다.

이 점은 양정벽과 비슷한 시기에 역시 말라바르 해안에 있었던 팔라발국에 사신으로 파견됐던 후술할 역흑미실亦黑迷失(이그미쉬 Ighmish)의 경우를 보면 확실하다. 즉 역흑미실은 1287년, 양정벽이 간 적이 있던(1281) 마팔아국에 사신으로 간 적이 있었는데 역풍 때문에 1년이나 걸려 이 나라에 도착했다.[25] 이렇게 보면 『영외대답』에 나오는 항해 소요 일수는 최적의 조건 아래서 최단 기일을 제시한 것일 뿐 송·원대 실제의 항해 소요 일수는 이보다 훨씬 길었을 것으로 판단된다.

이상의 남해항로는 『영외대답』의 기록을 토대로 정리한 것인데, 『영외대답』보다 약 50년 후에 나온 『제번지』의 그것은 어떠했을까. 결론부터 말하면, 선박의 출발기점을 광주에서 천주로 바꿔놓은 것 말고는 다를 게 별로 없다. 『영외대답』의 관련 기록을 옮겨놓았다고 해도 좋을 정도이다. 다만 선박의 통과 지점이 추가되고 남해 각국 사이의 항로 일정이 소개되고 있는 점이 다를 뿐이다. 따라서 송대의 남해항로는 『영외대답』의 기록을 기준으로 삼아도 좋다. 남해항로의 출발기점을 천주로 한 것은 남송대에는 천주가 광주를 능가할 정도로 최대 무역항으로 발전했다는 점, 그리고 『제번지』의 저자가 천주에 소재한 시박사의 장관이었기 때문일 것이다. 하지만 광주 대신 천주를 기점으로 삼아도 전체 남해항로의 일정에는 별 차이가 없으므로 문제가 되지는 않는다.

한편 원대에는 남해항로의 전모를 알 수 있는 중국 쪽의 자료가 없기 때문에 마르코 폴로나 이븐 바투타 등 이 시기에 중국을 오갔던 사람들의 여행기에 의해 그 대략을 추적해볼 수 있다. 그리고 원말『도이지략』의 기록을 통해 남해항로의 대체적인 윤곽을 그려볼 수 있다. 물론『도이지략』은 아프리카 동부 지역까지 직접 방문한 기록임에도 불구하고 항로의 방향이나 순서, 일정 등을 기록하고 있지 않아서 정확한 항로를 찾기는 어렵다. 하지만 저자 왕대연이 방문한 많은 국가나 지역을 연결해보면 남해항로의 몇몇 지선이 증가했다는 점이 확인될 뿐 기본적인 항로는 송대와 별 차이가 없었던 것으로 보인다.

2. 남해여행 여건의 성숙과 남해여행자들

남해여행의 실태를 본격적으로 논하기 전에 먼저 당시 사람들이 여행을 할 수 있는 여건, 환경이 어떠했는가에 대해 살펴보는 게 순서일 것 같다. 여행은 여행자의 내적 욕구나 동기 외에 그것을 가능케 하는 외부적 여건·환경에 크게 좌우되기 때문이다. 송·원대 남해여행과 관련해서는 우선 교통(항로와 선박 등), 무역, 대외관계, 국가의 여행 관리체계, 정확한 지리 지식을 바탕으로 한 여행지 정보 등에 관한 이해가 필요하다. 그러나 이 문제들은 워낙 방대한 분야를 포괄하고 있는데다 논점이 다양하기 때문에 한정된 범위에서 다루기가 매우 어렵다. 따라서 다음에서는 해상교통과 해상무역의 발전에 따라 상인 등이 해외여행을 할 수 있는 기회가 많았으므로 송·원 왕조의 남해무역 정책의 추이를 먼저 다룬다. 그 뒤 항해술·조선술의 실태, 여행지에 대한 지식과 정보의 습득과 이해에 관한 내용을 개괄적으로 정리해보겠다. 단, 이러한 문제에 대한 서술은 우리가 논하려는 남해여행의 외부적 여건·환경의 이해를 위한 배경적 지식을 얻는 데 국한하겠다.

남해여행 여건의 성숙

송·원대의 남해여행은 남해무역의 발달과 함께 이루어지고 있었다. 당시 여행은 무역과 밀접한 관련이 있었던 만큼 우선 남해무역에 대해 개괄해보기로 한다. 당 중기 이후 중국인의 해상활동 특히 남해무역이 활발해졌다. 뒷날 '도자기의 길', '향료의 길' 그리고 '향자香瓷의 길'로도 불렸던 '해상 실크로드'의 초석이 이 시기에 놓이게 된 것이다. 당대 토번吐蕃 등과의 대립으로 육상교통로가 자주 막히자 해상을 통한 교역은 중요도를 더해갔다. 이에 당 왕조가 아랍·페르시아 상인의 해상무역 활동을 적극 권장하면서 마침내 해외무역에 관한 일체의 사무를 관장하는 시박사를 광주에 설치했다. 이후 당 왕조의 남해무역은 광주를 중심으로 활발하게 전개됐다. '해상 실크로드'를 통한 중국의 해외무역은 이후 다소 성쇠가 있었지만 송대에 이르러 비약적으로 발전했다.

송 왕조는 당의 무역정책을 계승·발전시켜 남해무역을 더욱 장려했다. 그 조치는 크게 보아 외국 상인에게 특혜를 주어 무역을 권장하는 것, 그리고 중국인의 해외무역을 장려하는 것이었다. 기존의 광주 외에 명주(영파), 항주, 천주 등지에 시박사를 설치한 것도 그 때문이었다. 장기간 서하, 요, 금 왕조와 대치 상태에 있었던 송대는 서방과 북방으로 통하는 육상교통로가 완전히 두절됐으므로 호시互市를 통한 극히 제한적인 교역을 제외하고 대외무역은 해상에 의존할 수밖에 없었다. 뿐만 아니라 송 왕조는 시박사가 관장하는 남해무역을 통해 얻는 이익을 국가 재정의 중요한 재원의 일부로 삼았다.[26] 이는 조공무역 위주로 진행되던 기존의 무역 형태가 완전히 '시박市舶무역' 중심으로 바뀌게 됐음을 의미한다. 그 결과 민간, 특히 상인의 무역활동과 여행의 기회는 더 많아지게 됐다.

알다시피 조공무역은, 중국을 종주국으로 인정하는 나라가 신속臣屬의 증거로 공물을 갖고 내조來朝하는, 즉 조공을 조건으로 행해지는 무역이다. 조공국이 중국 황제에게 공물貢物을 헌상하는 대가로 회사回賜, 곧 하사품을 내리는 형식으로 이루어졌다. 이는 조공국에는 막대한 이익을 주었지만 중국의 입장에서 보면 경제적 이익은 고사하고 오히려 공물의 가격보다 더 많은 대가를 사여의 형식으로 주었다. 그러므로 중국은 외국의 진기한 특산물을 얻는다는 것 외에는 경제적으로 매우 불리했다. 그런데 송 왕조는 무역의 기조를 이 같은 외교적 목적의 조공무역체제에서 국가의 재정·경제의 확대를 목적으로 하는 시박무역체제로 전환시켰다. 이로 인해 상인은 시박사로부터 무역허가증 곧 공빙公憑을 얻으면 자유롭게 해외무역을 할 수 있게 된 것이다. 이러한 '시박무역'은 남송대에 더욱 발전했는데 남송 중기 이후 천주의 눈부신 성장은 이러한 추세를 웅변해준다. 남송 중기 이후 무역항으로서의 천주는 광주를 능가하게 됐고 명실공히 남해무역의 중심지가 됐다.[27] 원대 천주를 방문한 적이 있는 마르코 폴로와 이븐 바투타가 천주를 세계 최대 무역항의 하나로 거론했듯이 천주는 원대에 들어서 더욱 발전했다. 앞에서 보았듯이, 남해항로의 주된 출발 항구가 천주로 바뀌게 된 것도 천주가 남해무역의 중심지가 됐기 때문이다.[28] 이처럼 천주의 성장으로 상징되는 남해무역은 원대에 와서 공전의 발전을 보였다.

초원에서 흥기한 몽골족이 세운 원 왕조가 가히 '해상제국'이라고 해도 좋을 만큼 남해 진출에 적극적이었던 것은 흥미로운 일이다. 그러나 이에 대한 논의는 일단 접어두고 원대의 남해무역에 대해서만 간략히 보기로 한다. 원초의 남해무역은 송대와 달리 외교적·군사적 목적의 초무招撫·경략經略과 병행해서 추진된 것이 특징이었다. 원 왕조가 남해 여러 나라의 초무에 성공하자 무역은 확대일로를 걷게 됐다. 원대의 남해무역 정책은 송대의 '시박무역'을 확대 발전시킨 것이었지만[29] 원 왕조는 훨씬 더 국가가 무역에 적극 개입했다. 그 결과 기존의 여러 항구 외에 온주, 감포澉浦(절강성 가흥시 해염현), 상해 등지에 시박사가 증설되고 개항됐다. 원대의 대외무역도 해로를 중심으로 확대됐기 때문에 추가 개항은 당연한 일이었다. 또 세조 쿠빌라이의 남해 경략 중 자바 원정(1292~93)은 실패했다고 하나 인도 서안까지 원 왕조의 영향력이 미쳤기 때문에 인도양을 누비는 원대 중국인의 남해무역은 그 규모가 더욱 커졌고 남해 진출은 더 활발해졌다. 특히 당시 페르시아에는 쿠빌라이의 동생 훌라구의 일한국이 있었는데 원 왕조와는 우호적인 관계에 있었기 때문에 중국 상선이 페르시아만 일대를 자유롭게 왕래하며 무역할 수 있는 유리한 환경이 조성되어 있었다.

한편, 원조는 당·송 이래의 시박무역체계를 계승했지만 정부가 행천부사行泉府司라는 해외무역 전담기구를 만들어 스스로 해외무역에 나섰다. 이후 관리들의 모리행위 등 폐해가 끊이지 않자 이를 폐지하고 원대 특유의 무역정책을 만들었다. 즉 관본무역 또는 관본선官本船무역이다. 이는 관이 선박과 자금을 대고 특별 선정된 상인이 정부를 대신해서 무역을 하는 방식이었다. 무역을 마치면 수익을 관과 상인이 7대 3으로 분배하며, 특히 권세가 등이 허가를 받지 않고 사적으로 상인을 고용하여 벌이는 사무역을 엄금했다. 이는 정부가 특정 상인에게 자금을 위탁하여 지분을 나누는, 일종의 해상기업을 운영하는 것이라고 볼 수 있다. 즉 시박사와 상인 사이에 전자가 자본주, 후자가 업주業主(경영인 또는 대리인)라는 형식으로 무역을 행하는 것이었다.[30] 이러한 방식에는 사실상 정부가 민간의 해외무역을 통제하고 무역 이익을 독점하려는 의도가 강하게 숨어 있었다. 때문에 민간에서는 불만이 많았는데 실제로 관본무역이 시행되는 시기에도 권세가나 유력 상인은 물론 일반 상인까지 법령을 어기며 사무역을 행하는 일이 많았다. 그러므로 현실적으로는 관본무역과 사무역은 병존하고 있었던 것이다.

이처럼 관본무역은 국가의 강한 통제 아래에 행해지는 것이었기 때문에 권세가나 호상들은 줄기차게 폐지를 요구했고 사무역의 증가로 세입이 줄어들자 마침내 1323년 폐지되고 말았다. 그 결과 일반 무역 상인에게 해외무역을 허용하고 관세를 거두는 방식으로 전환됐다. 그렇다고 해서 남해무역 자체가 국가의 통제에서 완전히 벗어난 것은 아니었지만 남해를 무대로 한 무역과 여행이 훨씬 수월해진 것만은 사실이다. 정부의 관본무역에 기대어 자본을 축적하던 특권 상인들도 스스로 해선海船의 조직자가 되어 중·소상인을 대동하여 남해무역에 나섬으로써 많은 사람들이 대상인으로 성장했다.

그러나 이처럼 남해무역이 국가의 장려로 발전하고 상인의 축재 기회가 많아졌다고 해도 해외무역 종사자는 국가의 엄격한 관리와 통제를 받아야 했다. 송대의 경우 정부는 상세 징수와 해상 치안을 위해 연안 항구를 드나드는 상선과 상인을 통제했다. 예컨대 수출입 상선과 상인의 사전·사후 관리, 입·출국 항구의 지정, 출국 이후 재입국하기까지의 주기 등에 관한 법령 제정을 통해 해외무역과 출입국에 제한을 두었다.³¹ 송 정부는 민간이 정부의 허가를 받지 않고 해외무역을 하는 것을 철저히 금지했다.

　상선이 출항하기 위해서는 반드시 허가증이 있어야 했다. 사전에 관에 신청하여 철저한 심사를 거친 후 발급받았다. 허가증은 공빙公憑, 공거公據, 공험公驗 등으로 불리는데, 승선인원수와 신분, 보증인, 화물, 목적지 등을 빠짐없이 기재하여 관에 제출하면 관의 확인 절차를 거친 후 발급받게 된다. 허가증을 얻은 이후에도 시박사와 무관한 관원이 다시 선상에서 재점검을 하며 이때 동전 등 금수품 적재 여부를 검사한다. 입항 때에도 출발지 소재의 시박사나 기타 시박사로부터 공빙을 먼저 얻어야 했다. 시박사는 원래 발급해준 공빙과 대조를 해서 특별한 변동사항 여부를 확인한 뒤 공빙을 내준다. 상선과 상인의 출항과 입항, 즉 출입국 허가를 시박사로부터 받아야 하는 것이다. 법령으로만 보면 절차가 까다롭고 제한이 많았지만 실제로는 관과 결탁해서 공빙을 얻는 경우가 많았다. 뿐만 아니라 공빙을 얻지 않고 아예 사무역에 종사하는 자들도 적지 않았음은 잘 알려져 있다. 어쨌든 당시 민간인의 해외 출국은 법망을 피해 불법 출국을 하지 않는 한 이처럼 상선의 출항에 편승해서 해외로 나가는 것이므로 민간인의 해외여행도 실은 이러한 국가의 관리체계 안에서 가능했던 것이다.

　다음으로 남해여행 여건의 성숙과 관련하여 지적할 수 있는 것이 항해술·조선술의 발달이다. 송대 지남침指南針을 항해에 이용함으로써 항해술이 획기적으로 발전됐다는 것은 잘 알려져 있어서 여기서는 지남침 즉 나침반이 항해에 구체적으로 어떻게 이용됐는지에 대해서만 간략히 언급하겠다.³² 지남침은 송대 지남어指南魚 등으로 불렸는데 이는 물고기 모양의 나뭇조각에 자침을 끼워넣어 이를 물위에 띄워 방위를 알아내는 장치였기 때문이다. 이러한 방법을 수부법水浮法이라고 한다. 당시 중국인들은 지자기地磁氣의 편차, 즉 지축의 북쪽과 자침이 가리키는 북쪽 사이의 각도차도 잘 알고 있었다. 당시는 주로 천문기상에 의지하여 항해를 하다가 날씨가 흐리면 지남침을 사용했는데 당시 그 중요성에 대해서는 "(지남침의 아주 작은 차이에) 생사가 달렸다(『제번지』 권 하)"고 할 정도였다. 또한 당시 지남침을 관장하여 방위를 알아내는 역할을 맡은 화장火長, 곧 오늘날 항해사의 임무가 막중했음을 전하는 기록 중에 "조금의 오차라도 생겨서는 안 되는 이유는 배에 탄 사람 모두의 목숨이 달려 있기 때문이다(『몽양록』 권 12, 「강해선함江海船艦」)"라고 했다. 그리고 원말의 왕대연도 만리석당萬里石塘(서사군도)의 암초지대를 통과하기란 매우 위험한 일이기 때문에, "그곳을 피하면 길吉이요, 만나면 흉이다. 고로 자오침子午針(나침반)에 사람의 명맥이 달려 있다(『도이지략』「만리석당」)"라고 하여 실제 항해에서 나침반이 매우 긴요하게 사용됐음을 전하고 있다. 이렇게 나침반이 항해에 널리 이용되면서 침로針路가 표시된 항해도가 제작되기에 이르렀다. 나침반의 표시에 따라 선박이 다니는 항로인 침로가 명시되면 항해의 안전을 기하게 되고 정확한 항해 소요 시간을 산출해낼 수도 있다. 이러한 침로가 표시된 항해도는 남송 후기에 나온 이후[33] 원대에는 다양하게 제작되어 이용됐다.

송·원대 조선술의 발달은 실로 눈부실 정도였는데 이에 대해서는 많은 연구가 있다. 이들 연구를 참고하면서 정리해보기로 한다.[34] 날로 발전하는 해상무역의 수요에 대응하기 위해 항해술과 함께 조선술도 현저한 진보를 보였다. 우선 들 수 있는 특징이 선박의 대형화이다. 이는 이미 당말부터 나타난 현상으로 송대에 오면 더욱 대형화됐다. 대형 선박은 5천 석 정도의 적재능력을 갖췄고 500~600명을 태울 수 있었다. 5천 석은 약 300톤에 해당된다. 송대 일부 문헌에는 1만 석의 적재능력을 갖춘 배의 존재를 기록한 것이 있으나 실제 그러한 배가 얼마나 있었는지는 확실치 않다.

1974년 여름 천주에서 출토된 송대 침몰선은 길이가 약 30미터, 폭 9.15미터, 깊이 1.98미터, 적재능력 약 250톤 규모였다고 보고됐다.[35] 한편, 1987년 광동성 양강陽江시 근해에서 발견된 남송 침몰선 '남해 1호'의 규모도 주목된다. 한때 세인의 이목을 집중시켰던 이 배의 최종 보고서가 아직도 나오지 않아 단정하기는 이르지만, 전하는 바에 의하면 길이 30.4미터, 폭 9.8미터, 높이(돛대 제외) 8미터, 적재능력 근 800톤(다른 자료에는 500여 톤)이었을 것으로 추정하고 있다.[36] 당시 인도양을 오가는 중국선은 아랍이나 페르시아 상선인 대식선大食船, 인도선인 바라문선婆羅門船보다 규모가 훨씬 컸다. 이에 더해 송대 해선은 견고성, 안정성, 내파성耐派性, 추진력 등의 측면에서도 뚜렷한 진보를 보이고 있다. 특히 수밀격창水密隔艙을 배 안에 설치하여 선박의 침몰을 현저히 줄여 견고성, 안정성을 높였다. 수밀격창은 당대에 발명된 것으로 알려지고 있는데 송대에는 해선 제조에 보편적으로 적용됐다. 이는 대형 선박의 화물칸인 선창과 선창 사이를 두껍고 단단한 판자로 차단하는 구조였다. 침몰 방지를 위해 배 안쪽에 단단한 방수벽을 설치해서 배의 일부가 파손돼도 배 전체에는 영향을 주지 않도록 고안된 장치였다. 또 당시 중국선의 주된 추진력은 돛에 의해 결정됐기 때문에 돛의 크기나 견고성이 중요했다. 송대는 선박의 대형화 추세에 맞춰 돛의 크기도 커지고 단단해졌다. 그러나 아무리 배가 크고 돛의 성능이 개선됐다 해도 당시의 배는 범선이었기 때문에 바람이 없을 때에는 노를 사용해야 했다. 그 수는 8~10개, 때로는 20개 정도를 갖추기도 했다.

한편 원대 중국의 남해무역선에 대해서는 마르코 폴로와 이븐 바투타의 기록이 자세하고 비교적 정확하다. 그들은 당시 중국과 인도를 왕래하는 중국 상선의 구조나 승선인원 등에 관해 자신이 승선했거나 목격한 것을 바탕으로 서술했다. 마르코 폴로는 귀국길에 천주를 출발하여 해로로 페르시아만 입구 호르무즈까지 갔는데, 그때 목격한 인도 왕래의 중국 선박에 대해 다음과 같이 쓰고 있다.[37] 중요한 부분만 간추려보면 다음과 같다. ① 갑판에는 60개의 선실이 있고 키는 하나, 돛대는 보통 네 개, 그리고 보조용 돛대가 두 개 있다. ② 배 안쪽에 단단한 판자로 만든 13개의 수조水槽가 있다. ③ 선박은 배의 크기에 따라 300명에서 200명, 150명 전후의 선원을 태우며 과거의 배는 지금보다 컸다. ④ 보통 후추를 5천 상자, 많으면 6천 상자 실을 수 있다. ⑤ 큰 노를 달고 다니며 노 하나에 네 명이 붙는다. ⑥ 후추 1천 상자를 실을 수 있을 정도로 큰 보조선 두 척이 따르며 보조선 하나에는 40명에서 80명의 선원이 있다. 이밖에 쇠못 사용, 천연 접착제의 활용, 선박의 수리 등 귀중한 정보를 주고 있다.

②에 보면, 대형 선박에는 13개의 수조가 있다고 했는데, 이는 앞에서 살핀 수밀격창이다. 천주 출토 송 침몰선도 수밀격창이 똑같이 13개가 있었다는 것이 확인됐다. 그리고 선원이 최대 300명 정도라고 했는데, 이를 송대 대형 선박의 승선인원인 500~600명과 비교해보면 오히려 규모가 작은 것처럼 보인다. 그러나 여기서 '300명'이 '선원'만을 가리킨다면 동승했을 상인이나 많은 병사들까지 포함할 때 대략 500명이 승선할 수 있었던 것으로 여겨진다. 한편, 필자는 마르코 폴로의 여행기 역주본만 접했기 때문에 단정하기 어려우나 이 '300명'이 상인과 병사까지 합산한 숫자라면 그다지 큰 대형

선박은 아니었다고 생각된다. 물론 마르코 폴로가 말한 '과거의 배'는 이보다 더 컸다고 했으므로 정확한 시기가 언제인지 알 길이 없지만 300명을 크게 상회하는 사람이 탈 수 있는 중국 상선이 이 무렵 존재했다는 것은 확실하다. 이 점은 후술할 이븐 바투타의 관찰에서도 확인된다. 그리고 적재능력이 후추 5천, 6천 상자를 실을 수 있다고 했는데, 한 연구에 의하면 이는 300~360톤 정도가 된다고 한다.[38] 이 규모는 당시 기준으로 보면 초대형은 아니지만 대형 선박에 속한다.

다음으로 1345년경 인도 서남의 큰 항구인 캘리컷을 출발, 중국 상선에 편승하여 천주항에 입항한 이븐 바투타의 증언을 통해 원대 인도양을 무대로 활동하는 중국 상선에 대해 살펴보기로 한다.[39] 중요 부분만 간추려보겠다. ① 캘리컷 항구에는 13척의 중국 대형 선박이 정박하고 있었다. ② 중국 선박은 세 종류가 있는데 큰 것부터 준크junk(정크), 자우zau, 카캄kakam이라고 불렸다. ③ 큰 배에는 1천 명이 승선하는데 선원이 600명, 전투원이 400명이다. ④ 큰 배에는 3척의 작은 배가 뒤따르는데 모선에 비해 각각 2분의 1, 3분의 1, 4분의 1 크기이다. ⑤ 큰 배에는 3개에서 12개의 돛이 있고 노 하나에 10~15명이 모여 젓는다. ⑥ 갑판은 4층으로 되어 있고 거실, 선실(캐빈), 상인용 방이 있으나 서로 격폐되어 있다. ⑦ 천주에서 약 100척의 대형 정크와 무수히 많은 배를 보았다. 이처럼 이븐 바투타도 마르코 폴로처럼 상세히 증언하고 있는데 약간 차이가 나는 부분도 있다. 중국 선박의 규모로 보면 이븐 바투타의 기록 쪽이 훨씬 크다. 승선인원이 300명에서 1천 명(선원과 전투원)으로, 또 노 하나를 젓는 데 4명에서 10~15명으로 증가하고 있다. 그리고 보조선도 2척에서 3척으로 늘고 있다.

여기서 그들이 말한 대형 선박(모선)과 보조선인원을 토대로 당시 하나의 선단船團인원을 추정해보자. 마르코 폴로가 말한 보조선 승선인원을 모선의 '선원'과 합산하면 340~380명이 된다. 이븐 바투타의 경우, 보조선의 규모가 모선의 2분의 1, 3분의 1, 4분의 1이라 했으니 모선에 승선한 인원을 배의 크기에 맞춰 적용하면, 모선과 보조선인원을 합하면 대략 1,250~1,500명이 된다. 그렇지 않고 마르코 폴로가 말한 보조선 최하 인원 40명이, 이븐 바투타가 말한 보조선 3척에 탔다고 할 경우(크기를 무시하고 일률적으로 적용), 120(40×3)명이 된다. 그러므로 모선인원 1천 명을 합산하면 1,120명이 된다. 따라서 두 사람의 증언을 토대로 인도를 왕래하는 중국 선단의 승선인원을 추정해보면, 보조선 승선인원을 포함할 경우 최하 1,120명에서 최고 1,500명 정도로 추산된다. 이븐 바투타는 이러한 규모의 중국 선박이 인도 캘리컷 항구에 13척, 천주에 100척 정도 정박해 있는 것을 봤다고 했다. 그렇다면 당시 중국 대형 선박의 숫자나 상인, 선원을 비롯한 승선인원에 대한 실태가 어떠했는지 짐작할 수 있을 것이다.

요컨대, 송·원대 조선술의 진보, 선박의 대형화, 적재능력의 제고 등은 해상운송 능력의 증대를 가져왔다. 또 선박 성능의 향상, 항해술의 진보, 특히 항해중 지남침의 보편적 활용은 확실히 해상활동의 안전을 증대시켰다고 본다. 이러한 송·원대 항해 여건의 개선은 남해무역의 눈부신 발전을 가져왔다. 뿐만 아니라 이것은 당시 사람들에게 해외 진출과 여행(무역과 겸해서 이루어지지만)의 기회를 더 많이 제공할 수 있는 인프라의 구축이었다고 생각된다.

그런데 무역을 위해서만이 아니라 해외를 여행하려면 방문지·여행지에 관한 사전 지식의 습득은 필수적이다. 미지의 국가·지역이 많았던 송·원대 남해 지역에 관한 지식과 정보는 어떻게 수집하고 이해했을까. 일반적으로 전근대 중국에서 해외정보는 사신, 상인, 승려 등의 왕래를 통해 얻어진 정보가 그 원천이 됐다. 송·원대 중국인의 남해 관련 정보도 예외가 아니었다. 관견에 따르면, 송·원대 승려가 남해를 방문·여행해서 여행기를 남겼다는 것은 들어보지 못했다. 그러므로 송·원대 남해 정보는 사신, 상인에 의해 얻었을 텐데 이 안에 외국 사신, 외국 상인이 포함되어 있었음은 물론이다. 특히 사신의 왕래를 통해 얻어진 정보는 중요하다고 판단된 경우, 관방 쪽 각종 편찬물의 자료로 채록됐다.[40] 그러나 외국 사신의 입국으로 얻어지는 정보는 훨씬 시간이 흐른 후에야 관방 쪽 편찬물에 채록, 공개되기 때문에 당시 일반인이 이러한 정보에 접근하기는 매우 어려웠을 것이다. 그러므로 일반인은 주로 해외무역을 위해 왕래하는 내·외국 상인을 통해서 남해 정보를 얻었을 것으로 생각된다. 물론 문집, 필기, 지방지 등에 수록된 관련 기록도 중요한 정보의 원천이 됐을 것이다. 그러나 이들 정보는 단편적이거나 '철지난' 정보인 경우가 많아 '생생한' 정보는 무역 상인을 통해 얻곤 했다. 단적인 예가 『제번지』이다. 『제번지』의 저자는 서문에서, 의문이 있거나 모르는 부분을 '외국 상인'에게 물어보고 해결했다고 했다. 이렇게 보면 종래의 외교기록이나 승려의 여행기에는 없는 '생생한' 정보가 상인의 견문과 전문傳聞을 통해 축적됐다고 하겠다. 그렇지만 이러한 '생생한' 정보가 반드시 정확한 정보라고 할 수는 없다. 때로는 잘못된 정보, '괴정보'도 없지 않았기 때문이다.[41] 어쨌든 상인들의 무역활동중에 습득된 남해 정보가 축적되어 남해에 대한 인식이 깊어졌다고 할 수 있다. 후술할 왕대연도 상인으로 추정되는데 그가 남긴 『도이지략』은 이를 잘 말해준다.

송·원대에 오면서 남해에 대한 인식이 깊어지고 풍부해졌다는 사실은 시대가 내려오면서 기록에 나오는 국가나 지역이 늘어나고 있었다는 데서도 알 수 있다. 즉 앞에 언급한 당나라 가탐의 「광주통해이도」에는 동남아시아와 인도양 해역의 29개 국가 또는 지역이 언급된다. 그렇지만 남송 전기의 『영외대답』은 40여 개국의 이름을 들었고 그중에 20여 국가의 위치, 국정 등을 기술했다. 또 남송 후기의 『제번지』에 기록된 국가나 지역은 총 58개인데 남해의 국가나 지역은 53개이다. 그리고 원 전기에 편찬된 『대덕남해지』「제번국」조에는 비록 목록뿐이지만 남해의 국가나 지역이 무려 143개로 늘어나며 이를 소서양, 소동양, 대동양 등 몇 개의 해역으로 나누었다는 것은 앞에서 본 대로이다. 또 원대 말기의 『도이지략』은 이보다 더 많은 220여 국가 또는 지역을 언급했다. 그중 99개 국가나 지역은 그가 직접 방문했는데 동남아시아에서부터 인도양 서안, 즉 아프리카 동부 지역에까지 이른다.

그밖에 당시 해외에 거주하는 중국인, 즉 '당인唐人'에 의한 정보도 유익했을 것이다. '당인'이 영구적으로 해외에 거주하는 중국인만을 가리키는가, 아니면 무역을 위해 현지에 장기 체재하는 중국인도 여기에 포함되는가에 대해서는 확실치 않다. 그러나 남해 특히 동남아시아 일대에 이미 송대부터 많은 중국인이 거주했고 이들이 현지인들로부터 높은 평가와 예우를 받았다는 사실은 잘 알려져 있다. 또 그들 중에는 현지 국가의 조공사신단의 일원이 되어 활약하는 경우도 있었다. 그렇다면 이들 현지 거주 중국인들로부터도 '생생한' 정보를 얻을 수 있었다고 생각된다.

남해여행에 나선 사람들

송·원대에 남해를 드나들며 여행을 할 수 있던 자들은 어떤 부류의 사람들이었을까. 결론부터 말하면 크게 외교사절 및 수행원, 상인, 그리고 선원들로 분류된다. 앞절에서 보았듯이, 중국의 대형 상선에는 수백 명의 선원들이 승선하고 있었으므로 숫자로만 보면 선원이 가장 많았을 것이다. 그러나 그들의 임무로 봤을 때 그들을 여행가나 항해가로 볼 수는 없을 것이다. 동승한 전투원도 마찬가지이다. 물론 이들로부터 얼마간의 유용한 현지 정보를 얻을 수는 있었을 것이다. 그러나 직접 쓴 여행기나 견문록을 남기지 못했다면 그들의 남해 '드나듦'은 하나의 일상이지 의미 있는 여행으로 남에게 인식되지 못했을 것이다. 따라서 여기서는 여행자의 범주에 외교 사절 및 그 수행원 그리고 상인을 넣어 살피려고 한다. 물론 이들도 자신의 '일'을 하기 위해 남해를 드나들었으므로 비슷한 시기의 마르코 폴로나 이븐 바투타처럼 '순수한' 여행가는 아닐지 모른다. 그러나 그들은 짧게는 1년, 길게는 20년 이상 남해 여러 나라를 방문했으므로 그들이 맡은 '일'의 목적이 공무였건 무역이었건 간에 남해 각지를 장기간 여행할 수 있었다. 이것이 이들을 통해 남해 여행자의 모습을 살피려는 이유이다.

이 절에서 살필 사람들은 남송대의 해상 왕원무王元懋, 원대의 외교가·정치인 역흑미실과 양정벽, 외교사절의 수행원인 주달관周達觀, 그리고 해상 양추이다. 물론 『도이지략』의 저자 왕대연도 함께 다뤄야 하나 그에 대해서는 다음 장에서 따로 살피겠다. 주달관과 왕대연을 제외한 세 명은 기록을 남기지 않았다. 역흑미실과 양정벽에 관해서는 정사正史의 본기나 열전에 간략하게 나와 있을 뿐이다.

그리고 왕원무는 일종의 설화집에, 양추는 묘지명에 간단히 언급되어 있다. 따라서 그들 자신의 체험이나 견문은 남아 있지 않다. 그러므로 그들의 이력, 여정旅程, 행적을 추려 이를 여행이라는 관점에서 조명하려고 한다. 이를 통해 송·원대 여행의 실태를 단편적으로나마 보려고 하는 것이다.

왕원무는 복건의 천주 출신 해상으로 남송 중기 천주와 동남아시아를 무대로 활동했다.⁴² 그는 어린 시절 집안이 가난해 절에 들어가 잡역까지 하는 중이 됐다. 사승師僧으로부터 '남번제국南蕃諸國', 즉 동남아시아 국가의 여러 언어를 배웠는데 이 방면에 뛰어났다. 탁월한 어학실력을 갖추게 된 그는 중국 상선에 동승하여(아마 통역이었을 것이다) 점성국占城國(베트남 중부)에 갔다. 점성국 왕은 그가 한자와 그곳 현지 언어에 능통한 것을 보고 크게 기뻐하여 빈객으로 예우했고 후에 사위로 삼았다. 그러나 점성국에서 10년을 보내면서 모은 돈과 아내인 왕녀의 결혼지참금 100만 관을 갖고 점성국을 떠나 천주로 돌아왔다. 마침내 그는 이 돈을 밑천으로 천주에서 선주이자 무역상이 됐고 남송 수도인 항주의 고관과 혼인을 맺을 정도로 이름이 알려졌다. 그리고 효종 순희淳熙 5(1178)년, 왕원무는 고리대자본의 대리인인 오대吳大를 강수綱首(선장)로 삼아 자기 배를 동남아시아 방면으로 출항시켜 무역을 하도록 했다. 일행은 순희 15(1188)년, 10년 만에 광동의 혜주로 돌아왔는데 수십 배의 이익을 얻었다.

여기서 보면 그는 승려로 있을 때 외국어 실력을 쌓아 점성국에 가서 장기 거주했고 귀환 후 선주이자 큰 무역상이 됐다. 그가 대해상이 된 발판은 탁월한 외국어 실력과 장기 거주했던 점성국 왕실의 경제적 원조였다. 결국 그는 남해여행의 기본 요건인 무역에 필요한 외국어 실력을 갖췄다는 점에서 남해여행, 혹은 장기 거주에 매우 적합한 인물이었다. 하지만 왕원무와 같이 해외 국왕의 지원을 받아 해상으로 성장한 사례는 예외였을 것이다. 그럼에도 그를 사례로 든 것은 단지 그의 행적이 비교적 자세히 기록되어 있기 때문이다. 이처럼 남해무역을 위해 장기 거주하는 사례는 많았다. 당시 중국인이 해외에 나가 1년이 넘어도 돌아오지 않는 것을 '주번住蕃'이라고 했고, 이들 중에는 10년이 되어도 돌아오지 않는 경우조차 있었다고 한다.[43] 이는 무역을 위해 장기 해외 거주자가 많았다는 것이다. 그러나 왕원무가 10년 만에 점성국에서 귀환한 것, 선주 왕원무가 보낸 상선이 동남아시아에서 10년 만에 돌아온 것만 봐도 중국 상인들은 무역을 위해 동남아시아에 장기 체재하다가 귀환하고 있었음을 쉽게 알 수 있다. 이러한 사례들은 주로 복건 상인의 경우에 많이 보이는데 바로 이러한 무역을 통한 해외나들이가 당시 가장 보편적인 남해여행의 유형이었다고 생각한다.

역흑미실은 위구르인으로 원초에 여섯 차례나 남해 여러 나라에 파견되어 활동했다.[44] 원 세조는 남해 여러 나라들을 '초유'와 경략이라는 방식으로 평정하고, 다른 한편으로는 교빙交聘과 통상이라는 외교적·경제적 방식으로 우호관계를 맺었다. 역흑미실은 경략, 초유, 교빙에 뛰어난 솜씨를 발휘한 외교가, 군사전략가로 활약했는데 그 기간이 20여 년이나 된다. 그가 활동을 벌였던 나라는 인도·스리랑카 지방의 나라들, 베트남 중부의 점성국 그리고 자바였다. 따라서 그가 남해를 장기간 항해·여행했다는 점에서 항해가, 여행가라고 해도 좋을 것이다. 하지만 그의 공적인 활약상에 대해서는 열전에 그 개략이 나와 있으나 그의 개인 이력에 대해서는 거의 알려져 있지 않다. 따라서 여기서는 그의 공적 활동에 관한 기록을 중심으로 살피려고 한다.

그가 어떠한 경로로 벼슬길에 나서게 됐는지에 대해서는 알 수 없다. 다만 위구르인인 그가 원대 색목인 우대정책에 편승해서 탁월한 개인 능력을 발휘했을 것이라고 추측할 수 있다. 1272년 그는 세조의 명을 받아 인도 서안의 말라바르 연안에 있었던 팔라발국에 파견되어 외교활동을 벌였다. 이듬해 귀국할 때 그 나라 사신을 대동하여 조공케 했다. 이는 원조가 최초로 남해를 항해하여 전개한 외교활동으로서 원대 해상을 통한 국가 간 교류의 선례가 됐다는 점에서 의의가 있다. 1275년 그는 다시 이 나라에 가서 그곳 국사國師와 함께 귀국하여 명약을 바치도록 했다. 단, 귀국 시기는 알려져 있지 않다.

역흑미실은 원조의 점성국 초유에도 활약했다. 즉 1281년 10월 사도唆都 등과 함께 해선 100척, 군인과 선원 1만 명을 이끌고 점성국 정벌에 나섰다. 점성국이 이전부터 원조에 투항과 저항을 반복하며 대항하자 드디어 군사행동에 나선 것이다. 이후에도 3년 동안이나 점성국은 전세가 불리하면 투항할 뜻을 보이다가 다시 결사항전의 자세로 맞섰다. 이후 원조는 대규모 원정군을 추가로 보내 대대적인 전투를 벌였고 역흑미실은 이때도 전략가로 활동했다. 결국 점성국은 1284년 3월 마침내 투항했고 초무 임무를 맡고 있던 역흑미실도 조정에 소환됐다. 역흑미실은 점성에서 소환된 바로 그해(1284), 승가랄僧伽剌에 사신으로 파견되어 세조의 하사품을 전달하고 불교 유적을 순례한 뒤 그해 해로로 귀환했다. 그리고 1287년 역흑미실은 마팔아馬八兒(인도 동남단)에 사신으로 파견되어 불발佛鉢과 사리를 구하려 했다. 이때는 역풍을 만나 각지 연안에 정박했기 때문에 1년 만에 그 나라에 도착했다. 여기서 그는 양의良醫와 좋은 약을 얻었고 마침내 내조하여 공물을 바치도록 했다. 그리고 궁전 건축용 목재로 쓰려고 개인 돈으로 자단목을 구입하여 세조에게 헌상했다. 이러한 역흑미실의 항해·여행경험과 외교능력은 세조에게 깊은 인상을 주었다. 몇 년 후 이른바 자바 원정에 책임자의 한 명으로 나서게 된 것이다.

1292년 역흑미실은 사필史弼, 고흥高興과 함께 복건행중서성평장정사福建行中書省平章政事를 제수받고 자바 원정의 선봉에 나섰다.[45] 이때 주목할 것은 역흑미실의 남해 항해·여행경험이었다. 즉 세조는 원정에 앞에서, "예(역)흑미실만이 오직 해도海道를 숙지하고 있으니 바다에서 일어나는 일(해중사海中事)은 예(역)흑미실에게 맡기고, 병사兵事는 사필에게 맡기는 게 좋겠다"고 했다.[46] 자바 원정 이전 이미 다섯 차례나 남해 항해·여행에 나섰던 경험이 있어 단순한 길안내만이 아니라 '바다에서 일어나는 일'을 책임지는 중책을 맡도록 했던 것이다. 물론 자바 원정은 실패로 끝나고 말았지만 이때 원 군대의 원정과 철수가 신속하게 이루어졌던 것은 해도를 숙지해 '바다에서 일어나는 일'을 책임졌던 역흑미실의 공이 컸다고 할 수 있다. 이는 그가 오랜 항해·여행경험에서 항해술까지 습득했기 때문으로 판단된다.

다음에 살펴볼 인물은 양정벽이다. 그 역시 역흑미실과 비슷한 시기에 활동했는데 인도 방면의 여러 나라에 대한 초유 임무를 맡았다. 양정벽은 개인열전에는 입전되어 있지 않으나 그의 외교활동에 대해서는 『원사』의 「본기」나 「외이전外夷傳·마팔아등국馬八兒等國」에 간단히 나와 있다. 이를 기초로 서술하겠다. 당시 인도 방면에서는 마팔아국馬八兒國과 서남단의 구람俱藍(송대의 고림故臨)이 유명한 대국이었다. 그러므로 원으로서는 이란이나 아랍 방면으로 가려면 반드시 거쳐야 하는 이 나라들을 통제해야 할 필요가 있었다. 세조가 역흑미실을 마팔아국에 파견하기 전 이미 광동초토사 다루가치

양정벽을 구람국에 파견한 적이 있었다. 전후 네 차례였다(1279~83). 양정벽의 인도행에 대해서는 이미 앞장에서 남해항로를 살피는 과정에 약간 언급했고 또 그의 활약상에 대해서는 잘 알려져 있기 때문에 그의 행적에 대해서는 상론하지 않겠다. 다만 그의 외교 행적을 통해 여행의 모습을 보려고 한다.

양정벽은 두 번째로 구람국에 가는 도중 역풍을 만나 이 나라와 이웃한 마팔아국에 간신히 상륙했다. 여기서부터는 육로로 구람국에 가려고 했다. 그러나 당시 두 나라가 긴장관계에 있었기 때문에 마팔아국이 육로를 열어주지 않아 목적지인 구람국에는 가지 못했다. 결국 양정벽은 목적을 달성하지 못하고 그대로 귀환해야 했다. 그 후 양정벽이 구람국에 다시 가서 외교활동을 벌인 결과 구람국이 조공을 해왔다(1282). 1286년경에는 남해 10개 나라가 내항來降해왔다. 양정벽 등이 초유에 공을 들인 덕분이었다. 이 10개 나라는 인도 지방에 있는 나라들과 수마트라, 말레이반도의 소국들이었다. 여기서 보면 초유를 위한 그의 외교활동은 큰 성과를 거두었다고 할 수 있다. 그가 남해 여러 나라를 방문한 총 기간은 확실치 않다. 다만 제1차 구람국 방문(1279) 때부터 '해외제번국' 10개국이 조공해온 시기(1286)까지로 본다면 약 7년이 된다. 이 기간 동안 그는 20개 전후의 나라들을 방문했다. 물론 초유가 목적이었다. 그런 면에서 보면 외교가, 정치인이 그의 본령이었다. 그러나 이 과정에서 남해를 항해하여 많은 나라를 방문·여행한 여행가이기도 했다. 온갖 위험을 무릅쓰고 망망대해를 항해하며 각지를 여행했던 그의 항정을 통해 원대 여행가의 일면을 엿볼 수 있다.

다음으로 살펴볼 인물이 『진랍풍토기眞臘風土記』[47]의 저자 주달관이다. 주달관은 절강성 온주溫洲 영가현永嘉縣 사람이다. 생몰년은 불명이고 이력도 거의 알려진 바 없다. 대략 남송말 원초에 출생하여 원말에 사망한 것으로 추정된다. 그의 신분과 관련해서도 이론이 분분하다. 예를 들면, 남해를 다녀온 적이 있는 학식 있는 상인 또는 온주 시박사의 관원이라는 것이다. 그 근거는 그가 온주 사람이라는 것, 외교사절단 수행원의 일원이었다는 것, 견문록을 책으로 남겼다는 것 등을 고려해서 나온 주장일 뿐이다. 어쨌든 그가 평민(상인)이었는지 아니면 관료였는지는 알 수 없지만 이만한 견문록을 남길 정도라면 '학식 있는 사람'이었던 것은 분명해 보인다. 주달관은 진랍(캄보디아)을 초유할 목적으로 이곳에 파견된 외교사절단의 수행원으로 동행했다. 원래 원조는 점성국과 안남을 정복한 후 진랍을 침공했으나 기후와 지형상의 장애로 실패해 이른바 '위협외교' 방식인 초유 방침으로 전환하여 사절단을 파견한 것이다. 진랍은 원대에 간불석干不昔, 감불찰甘不察, 감발지甘孛智 등으로 불렸다. 그가 방문했던 13세기 진랍은 캄보디아 문명이 가장 찬란했던 앙코르 왕조 시대의 말기였다.[48] 또 당시는 중국 상선이 드나들며 무역을 하던 시기였다.

　주달관의 여정은 『진랍풍토기』 총서에 비교적 자세히 적혀 있다. 이를 대강 추려보면 다음과 같다. 주달관은 원 성종成宗 원정元貞 3(1296)년 2월(음), 명주(영파)에서 승선하여 2월 20일 온주에서 본격적인 항해(개양開洋)에 나섰다. 여기서 중국 동남 연안을 하행하여 3월 15일 점성국에 도착했다. 다시 순풍을 타고 보름 걸려 진랍과의 경계인 진포眞蒲(베트남 동안의 바 리아Ba Ria 일대)를 거쳐 메콩강 하구인 제사항第四港에 입항했다. 여기서 서북 방향으로 메콩강을 거슬러 올라 보름 만에 사남査南(콤퐁 츠낭Kompong Chhnang)에 이르렀다. 여기서 작은 배로 갈아타고 북행하여 간방干傍에 도착했다. 이곳은 시엠 립Siem Reap 강이 톤레 삽Tonle Sap 호수로 유입되는 포구였다. 여기서 육로로 50리 더 가서 목적지인 진랍의 도읍 앙코르에 도착했다. 이 여정의 도중에 역풍을 만나 항행이 순조롭지 못해 7월(음력)에야 도착한 것이다. 도착 날짜는 명시되지 않았지만 온주에서 출발한 지 5개월 안팎이 걸린 셈이다.[49] 온주에서 점성까지는 거리가 훨씬 먼데도 한 달이 채 안 걸렸는데 점성 이남의 월남 남부 해안을 서남행하고 메콩강을 북상하는 데 걸린 시간이 예상보다 많이 걸렸다. 그 이유는 주달관도 말했지만 역풍이 심했기 때문이다. 당시 범선이 얼마나 신풍信風이라 부르는 계절풍의 영향을 받고 있는지 알 수 있다.

원 사절단은 초유 임무를 달성한 뒤 이듬해인 1297년 6월 귀국길에 올라 8월 12일 마침내 명주에 도착했다. 귀국 소요 기간은 약 한 달 반에서 두 달 남짓이었다. 진랍으로 갈 때와 비교하면 소요 기간이 채 반이 안 걸린 셈이다. 이것은 귀국할 때는 남서계절풍이 때맞춰 불어서 항해속도를 높일 수 있었기 때문이다. 여기서도 당시 범선의 속도가 순풍과 역풍에 크게 좌우되고 있었음을 알 수 있다. 결국 왕복 항해 기간 6, 7개월, 체재 기간 약 1년 정도가 되는 셈이다.

『진랍풍토기』는 주달관이 진랍을 방문·여행하면서 견문한 내용을 약 8,500자의 책으로 묶은 것이다. 길지는 않지만 13세기 말 캄보디아 사회의 생활상을 자세하고도 생동감 있게 묘사하고 있다. 그런 만큼 일찍부터 이 책에 대한 관심이 많았다. 고대 캄보디아 역사에서 신화나 전설이 역사와 뒤섞일 수밖에 없는, 말하자면 '신화의 역사화'가 불가피한 상황에서『진랍풍토기』는 하나의 복음서와 같았다. 앙코르 시대의 역사와 문화를 증언하는 유일한 문헌이기 때문이다. 하지만 19세기 초 이 책이 불어로 번역됐을 당시만 해도 고도古

都 앙코르의 실재를 믿는 사람이 없었다. 이 책의 가치를 잘 몰랐기 때문이다. 19세기 중반, 삼림에 파묻힌 채 폐허로 방치되어 있던 앙코르 유적을 찾아나선 사람들이 이 책에 기술된 방위를 대조하면서 탐색에 나섰던 사실은 유명하다. 그 후 이 책의 가치가 알려지면서 현재 국외에는 교주본校注本, 번역본뿐만 아니라 이 책 자체를 분석한 전저專著도 나와 있다. 또 이 책을 주요 자료로 삼은 연구논문은 부지기수이다. 따라서 여기서 필자가 이 책의 내용을 길게 소개하거나 논평할 생각은 없다. 다만 여행가로서의 주달관이라는 관점에서 그가 견문한 13세기 말 캄보디아 사회의 일면을 필자의 관심에 따라 언급하는 데 그치기로 한다. 이 글의 목적이 이 책의 사료적 가치를 논하거나 캄보디아 사회의 실상을 살피려는 것이 아니라 원대 여행의 실태를 탐색하는 것인 만큼 관점이 여행가로서의 주달관의 시선에 있기 때문이다.

주달관은 이 책을 모두 40개의 주제(총서 제외)로 분류했다. 분류 목록만 봐도 매우 다양한 시각에서 캄보디아 사회를 관찰하고 있음을 알 수 있다. 농업, 수공업, 무역 등 여러 산업과 경제생활, 궁실과 관속官屬, 쟁송, 의·식·주, 종교, 교통수단, 풍토, 습속, 언어 등 매우 광범위한 분야에 걸쳐 있다. 전체적인 필치는 주관적인 가치평가를 매우 억제하고 있는 인상을 준다. 사적인 감정을 잘 드러내지 않고 객관적인 관찰자의 입장에서 이 사회를 바라보고 있는 것이다. 물론 중국의 입장에서 진랍의 기이한 풍속에 대해 '낙후성'을 과장하거나 믿기 어려운 전문傳聞을 사실과 섞어버리는 오류도 보인다. 그러나 이는 극히 일부분이므로 이로 인해 책 전체 내용을 의심할 필요는 없을 것이다. 여행자는 예나 지금이나 은연중 자기가 살아왔던 세계에서 형성된 가치관과 기준으로 여행지의 문화나 관습 등을 평가해버리는 경향이 있다. 더욱이 '문명국', '선진국' 출신의 여행자는 상대적으로 낙후한 지역의 문화나 관습을 낮춰보는 경향이 없지 않은데 주달관에게서도 그러한 경향이 다소 발견될 수 있을 것이다.

그는 일반적인 여행가의 관찰력을 무색케 하는 눈으로 여행의 행정을 기록했다. 총서에서 보듯이 영파에서 진랍까지의 노선을 자세히 기록했다. 정박한 항구만이 아니라 선박이 먼 바다를 항행하면서 지나간 주요 항구도 열거했다. 뿐만 아니라 지나간 해역(대주양, 교지양, 곤륜양)이나 도시, 소요 일수, 방위 등도 자세히 적었다. 특히 항행하는 도중에 나침반의 방위를 두 차례 기록하고 있다. 항해에 나침반이 사용된 것은 적어도 북송 말부터였는데 여기서 처음으로 그 방위가 구체적으로 기재된 것으로 평가받는다. 즉 '정미침丁未針(항해 방향 남서 약 200도)', '곤신침坤申針(남서 약 230도)'의 기록 등이다. 이러한 자세에서 여행가, 관찰자로서의 엄밀성·객관성을 잃지 않으려는 모습을 볼 수 있다.

다음으로 지적할 것은 진랍 사회를 바라보는 그의 관점이 중국, 중국인의 입장에 서 있는 경우가 많지만 일방적으로 그들의 미개, 낙후성을 지적하는 예는 거의 보이지 않는다는 점이다. 가령 주달관은 다른 사람들이 이곳 부녀자들은 매우 음란해서 심지어 출산 후 하루 이틀 만에 남편과 성관계를 가질 정도라는 소리를 자주 들었다고 한다. 그런데 그는 민가에 숙박할 기회가 종종 있어서 지켜봤더니 절조를 지키는 사람도 있다고 했다. 떠도는 풍문이 아니라 자신의 관찰과 객관적인 판단에 의지하는 것이다. 그리고 이곳 부녀자들이 빨리 늙어서 20, 30세면 중국 여성의 40, 50세로 보일 정도이지만 그것은 (성생활이 문란해서가 아니라) 결혼과 출산 육아가 이른 나

이에 시작되기 때문이라고 진단했다.[50] 그리고 간통과 관련해서도 진랍에는 사소한 쟁송이 있어도 왕에게 보고하는데 간통이나 도박은 법으로 금하지 않는다고 했다. 그러나 간통한 여자의 남편이 상대 남자에게 육체적 고통을 가하고 돈을 받아 풀어준다고 했다.[51] 그런데 주달관이 방문하고 나서 약 50년 후에 이곳에 왔던 왕대연은 전혀 상반된 말을 하고 있다.[52] 즉 만약 아내가 다른 남자와 간음하면 남편이 매우 기뻐하며 자랑한다고 했다. 아내의 미모에 반해 다른 사람이 그 아름다움을 탐했기 때문이라는 것이다. 이는 상식적으로 이해하기가 힘들다. 1년 정도 이곳에 체재했던 주달관의 증언이 맞을 것이다. 그리고 진랍의 이모저모를 중국과 비교하는 사례는 많다. 진랍 사회를 국중國中, 왕을 국주國主, 그 사람들을 번인番人 또는 토인, 국인이라고 하여 중국, 중국인과 구별했다. 그밖에 세시 풍속, 언어, 농사 등에 그러한 예가 많다.

다음으로 지적할 것은 '당인唐人'에 대한 기술이다.『진랍풍토기』에 당인에 관한 기록은 몇 군데 있는데 이는 이미 많은 사람들의 주목을 받았고 일부는 이들을 동남아시아 화교 사회의 형성과 결부시키기도 한다. 그에 의하면, 이곳에 살고 있는 당인들은 의·식·주 등 모든 생활이 풍족하고 편리해한다고 했다. 또 진랍 사람들은 당인을 경외해서 부처를 대하듯 하여 만나면 땅에 이마를 대어 예를 표한다고 했다.[53] 약간 과장으로 보이지만 진랍뿐만 아니라 이 시기의 동남아시아 일대에서 당인들이 예우를 받았다는 사실을 고려하면 어느 정도 납득이 간다.

그리고 『진랍풍토기』의 서술 중 당시 성곽과 왕궁에 대한 치밀한 묘사는 높이 평가할 만하다. 전체의 윤곽이나 내부의 세밀한 부분까지 잘 묘사하고 있다. 꼼꼼히 읽어내려가면 머릿속에 그림이 그려질 정도이다. 그의 기술을 토대로 앙코르 유적도나 왕궁의 평면도를 보면 그의 서술이 매우 정확하고 세밀했음을 알 수 있다.[54]

그렇다면 여행자로서 그가 진랍 사회를 바라보는 관점은 무엇이었을까. 그는 중국과 너무 다른 풍속에 놀라기도 하고 때로는 이해하기 어려운 기술도 하고 있지만 객관적 입장에 서 있었음은 앞에서도 지적했다. 그는 진랍의 간단한 언어를 소개하면서 "성시城市 · 촌락, 언어는 각자 다르지만 중국과 다를 게 없다"[55]라고 결론을 내리고 있는데, 이 관점은 매우 중요하다. 왜냐하면 주달관은 중국, 중국인과의 비교를 통해 섣불리 우열이나 차별의 잣대로 진랍 사회를 '재단'한 것이 아니라 그저 이풍異風의 사회로서 '관찰'했을 뿐이기 때문이다. 그 결과 여행자 주달관의 진랍 사회에 대한 폭넓은 견문과 체험은 비교적 사실적 · 객관적인 서술로 결실을 맺게 됐다고 할 수 있다.

마지막으로 다룰 인물은 양추楊樞(1283~1331)이다.[56] 먼저 그의 할아버지와 아버지의 이력부터 살펴보겠다. 양추의 활동이 그들의 이력과 밀접하게 관련되어 있기 때문이다. 할아버지 양발發과 아버지 양재梓는 해운업, 무역업으로 가문을 일으켜 마침내 고관을 지내며 '거족鉅族'으로 성장했다. 양씨 일가는 본래 복건성에서 절동성으로, 다시 양발 때 절서 지방의 감포로 옮겨 살면서부터 부를 쌓기 시작했다. 감포는 원대에 와서 새로 시박사가 설치된 곳으로 후에 상해 시박사와 함께 경원(영파) 시박사로 흡수됐지만(1298), 강남 지방을 배후로 하고 있어서 원대의 떠오르는 항구도시였다. 양발은 남송 왕조에서 벼슬을 지내다가 원 조정에 협력하여 복건 안무사와 절동 · 절서 지역의 시박 업무를 총괄하는 자리에까지 올랐다. 원대에도 관료의 상행위를 금지했으나 의연히 해운 · 무역업을 했던 관료 상인이었다. 원대에도 관료가 대리인을 내세우거나 합작의 형태로 무역활동을 하는 일은 드물지 않았다. 양재도 해상무역을 하면서 관료 신분을 유지했던 관상官商이었다. 더욱이 그는 세조의 자바 원정 때 본대가 진격하기 전에 먼저 '초유' 임무를 맡고 선위사관宣慰司官으로 활동을 벌였다. 그 후 항주로총관으로 있을 때 관계를 은퇴했다.

양추는 양재의 둘째 아들로서 가업을 계승하여 이른 나이에 해외무역에 나섰다. 형 영瑛은 일찍부터 경전과 역사를 섭렵했고 특히 몽골 언어와 문자에 능통했다.[57] 더욱이 형은 벼슬에 뜻이 있었기 때문에 부친의 음덕으로 말직을 얻어 벼슬을 시작했으나 젊은 나이인 21세에 죽고 말았다. 이리하여 가업은 자연스럽게 원추가 잇게 됐다.

양추는 1301년 19살의 나이에 멀리 페르시아만 연안까지 가서 무역을 했다. 양추는 앞장에서 언급한 관본선, 즉 관 소유의 상선에 자금까지 관에서 부담하여 무역이 끝나면 수익을 나눠 갖는 관본무역의 대리인이 됐다. 그의 나이로 보아 대리인이 된 것은 부친의 영향이 컸을 것으로 판단된다. 그런데 그가 그곳에서 무역활동을 하고 있을 때 마침 일한국의 사신 나회那懷 등이 수도인 대도大都에 조공사절로 오게 됐는데 양추는 그 일행을 태우고 돌아왔다. 그 후 일행이 임무를 마치고 귀환하려 했을 때 자신들의 호송을 이번에도 양추가 맡게 해달라고 승상에게 요청해 승낙을 받았다. 이때 양추는 충현교위, 해운부천호를 제수받고 그들과 동행했다. 이번에는 관원의 자격으로 가게 된 것이다. 1304년 대도를 출발하여 해로로 호르무즈에 도착했다(1307). 중국에 돌아온 것이 그로부터 2년 후였으니 왕복에 무려 5년이나 걸렸던 셈이다. 이처럼 장기간 시일이 소요된 까닭은 불명이지만 이 기간 동안 그는 무역을 했을 것으로 생각된다. 왜냐하면 사신단 수행만을 위한 항해였다면 왕복 5년은 너무 길기 때문이다.

그런데 앞장에서 살핀 『영외대답』의 저자는 순풍일 경우 광주에서 대식국까지 왕복 2년이 걸린다고 했다. 그러므로 아무리 풍랑이 심했다도 해도 그 먼 길을 사신단 호송만을 위해 왕래한 것은 아니었을 것이다. 또한 제2차 항해 때는 선박과 식량, 그리고 선상생활에 필요한 물건과 집기들을 관에 전혀 의존하지 않고 모두 자비로 부담했다고 했다. 이러한 출항비용 외에 수백 명의 선원과 전사들에 대한 급료 등 막대한 비용을 고려하면 5년 동안 무역을 하지 않았을 리가 없다. 게다가 그가 귀로에 남해의 진기한 특산물과 백마, 흑견, 호박琥珀 등을 싣고 와서 이를 조정에 헌상하는 것을 보면 더더욱 그렇다. 그렇다면 외교사절도 상선의 일정에 몸을 맡겨야 하는 경우도 있었던 것이다. 물론 중간 기착지에서 배를 갈아탈 수도 있었겠지만, 양추는 자신의 선박으로 사신단을 호송하여 3년 만에 호르무즈까지 도착했던 것이다.

그러나 그 이후 양추는 남해를 오가면서 얻은 열대성 풍토병인 장독瘴毒 때문에 직접 배를 타고 무역활동을 벌인 것 같지는 않다. 당시 항해의 위험성에다 이러한 풍토병도 장기간의 무역활동이나 여행에 커다란 장애요인이 됐음을 확인할 수 있다. 결국 1310년 병든 몸으로 무역에 종사하던 그는 귀환해야만 했다. 1301년 관본선을 타고 페르시아만 일대에서 무역활동을 하던 시기부터 계산하면 만 9년 만이었다. 귀국 후, 그는 절서 지방의 해운을 담당하는 관직 등을 맡으면서 관료생활을 했다. 이 시기에는 그가 직접 배를 타고 남해 무역을 했다는 기록은 보이지 않는다. 그의 조부나 부친이 그랬던 것처럼 그도 관상으로서 해상무역에 종사했던 것 같다. 그러나 관직 생활 기간에도 질병으로 고생했으며 마침내 1329년 병이 깊어져 항주의 사저에서 치료에 애쓰다가 49세의 나이로 숨을 거뒀다(1331). 그는 관직생활을 하기도 했으나 해운·무역업이 본업이었다. 또 그는 평소 시를 잘 지었고 학문을 좋아했다고 한다. 이는 묘지명 작가가 으레 하는 공치사일 수도 있겠으나 평생 지은 시가 유고로 집에 보관되어 있었다고 하니 시 재주도 있었던 것으로 보인다.

이상 양추의 묘지명에 나타난 그의 이력을 정리해봤는데 의문점이 있다. 앞장에서『영외대답』은 중국에서 대식국을 오갈 때는 반드시 인도 서남안의 고림에서 배를 갈아타야 한다고 했다. 선체가 큰 중국선은 이곳에서 작은 배로 갈아타야 하고, 대식국에서 중국 방면으로 올 때는 그 반대라는 것이다. 지금까지는 페르시아만 일대가 수심이 낮아 중국의 대형 선박이 항행하기는 불편하고, 소형의 페르시아 선박은 인도양의 거친 파도를 이겨내기가 어려웠기 때문이라고 이해해왔다. 그러나 양추의 두 차례의 항해 사례에서 보면 꼭 그런 것만은 아니었던 것 같다. 첫 회는 관본선, 두 번째는 자신의 상선으로 페르시아만까지 항행했기 때문이다. 이 문제는 앞으로도 검토해볼 여지가 있는데 여기서는 상론하지 않기로 한다. 어쨌든 중국 상인이 페르시아만 일대에서도 중국 선박을 이용해서 직접 무역활동을 했다는 사실은 양추의 사례에서도 확인된 셈이다.

그렇다면 중국 상선의 행정에 따라 당시 중국인의 남해여행 범위는 적어도 페르시아만 일대까지 확대됐다고 봐도 좋다. 물론 송대의 동전이나 도자기 파편이 아프리카 동부 지역에서 발견된 사실을 들어 중국인의 해외무역 범위를 상정하는 견해도 있다. 그러나 이것이 대식 상인들의 중계무역을 통한 것이었는지는 확실치 않다. 또 당시 중국 상인들이 인도나 페르시아 지역에서 선박을 빌려 그곳까지 가서 무역을 했을 가능성도 배제할 수 없다. 그런 의미에서 양추의 사례는 원대 상선의 무역활동 범위를 실증해주고 있다. 이는 당시 중국인들이 중국 선박을 타고 항해·여행할 수 있는 범위를 말해주는 것이기도 하다. 양추의 경우 무역활동 기간이 1회 때는 2년, 2회 때는 5년이 걸렸다. 적어도 인도양을 지나 페르시아만 일대를 오가면서 무역을 하려면 수년이 걸린 셈이다. 따라서 여행 기간도 장기적일 수밖에 없는 것이다.

당시 남해여행은 극소수의 사신단과 수행원의 왕래를 제외하면 실은 남해무역과 더불어 이루어지는 것이었다. 당시 남해로 나간다는 것은 상선의 출항을 의미했다. 따라서 남해여행이란 출항 허가를 얻은 상선에 편승해서 남해로 나가는 일이었다. 그러므로 민간 해외 여행자는 주로 상인이거나 선박 관련 종사자일 수밖에 없었다. 이들이 온갖 간난을 겪으면서 장기간 항해에 나섰지만 여행가로서 대접을 받지 못하는 이유는 1차적으로 여행기록을 남기지 않았기 때문일 것이다. 그렇지만 현재 남아 있는 당시의 여행기나 견문록을 통해 그들의 여행 흔적을 짐작해볼 수는 있다. 다음에서 원대 여행자의 관찰을 통해 이를 살펴보기로 하자.

3. 왕대연의 남해여행과 『도이지략』의 세계

왕대연은 중국사에서 유례를 찾기 어려운 여행가이자 항해가였다. 비슷한 시기의 마르코 폴로나 이븐 바투타에 견주는 사람도 있다. 물론 그들에 비해 여행 기간이 현저히 짧았던 것은 사실이다. 하지만 왕대연은 그들의 주요 동선인 육로보다 훨씬 위험한 해로를 통해 오늘날의 동태평양 일부, 인도양의 전 해역과 수많은 섬들 그리고 그 연안 일대를 8년 동안 항해했다. 여행 범위가 약 100개의 국가·지역에 달했다. 동남아시아에서 남아시아, 페르시아만 연안, 아라비아해와 홍해를 거쳐 아프리카 동·북부의 해안에 이르는 해역에까지 이른다.[58] 더욱이 그는 민간인(상인으로 추정) 신분으로 국가의 지원 없이 8년에 걸쳐 두 차례 각지를 방문했다. 원대가 아무리 해외무역의 극성기라 해도 왕대연처럼 처음부터 작정하고 이렇게 광대한 지역을 여행해서 기록으로 남긴 예는 없었다. 심지어 대규모 국가사업으로 추진된 명초 정화鄭和의 대원정이 엄청난 규모였음에도 불구하고 직접 방문한 국가나 지역의 숫자는 왕대연의 그것에 미치지 못한다. 그러므로 그를 평가할 때 '위대한', '걸출한'이라는 수식어를 붙이는 것도 무리가 아니다.

왕대연의 일생은 불명이지만, 대략 1311(또는 1310)년에 강서 남창南昌에서 태어났다. 그는 소년 시절부터 남해여행을 꿈꿔왔는데 이 시기는 바로 원 왕조가 남해 개척에 적극 나섰던 시기요, 해외무역이 활발히 전개되던 때였다. 그렇지만 내륙에 위치한 남창 출신 왕대연이 사전에 어떠한 경로를 통해 남해에 대한 지식과 정보를 얻었는지는 알 수 없다. 다만 어떤 계기로 천주 등 동남 연안 항구를 드나들었거나 해외무역과 관련된 직종에 종사하면서 얻어들었을 가능성은 충분히 있다. 어쨌든 적어도 10대 후반에 남해여행에 대해 깊은 관심을 가졌던 것은 확실하다.

1330년, 그의 나이 스무 살에 천주를 출발해 대항해에 나섰다.[59] 그때 그의 신분은 상인이었을 것이다. 뒤에 보듯, 일개 선원으로 보기에는 학식이 매우 뛰어났다. 또 나이로 보면 외교사절은커녕 수행원이었을 가능성도 없어 보인다. 그리고 오로지 항해·여행만을 위해 장기간의 항행에 소요되는 선박, 물자 등 막대한 항해비용을 자력으로 조달할 정도의 대자산가로 볼 근거도 전혀 없다. 그는 긴 항해 끝에 1334년(24세), 5년 만에 귀환했다. 이때의 항해 범위는 인도양 전 해역과 주변 지역이 중심이었다. 귀환 후, 왕대연은 천주 또는 남창에서 거주했을 것으로 생각된다. 1차 항해 이후 3년여 만에 다시 천주를 출항(1337)했는데 이번에는 주로 동남아시아 지역을 항해하고 3년 만에 돌아왔다(1339, 30세). 『도이지략』에는 그 자신의 항로나 여정이 기록되어 있지 않기 때문에 이를 둘러싸고 설이 분분하다. 그렇지만 그가 적어도 두 차례 모두 천주를 출발하여 인도양 서안까지 항해한 다음 8년 만에 귀환했다는(귀환 항구는 불명이나 천주로 추정된다) 점에 대해서는 견해를 같이 한다.

그는 약관의 나이에 미지의 세계를 찾아 첫 남해항해에 나선 이후 청년기의 대부분을 거친 바다와 낯선 땅에서 보냈다. 그보다 조금 뒤의 정화는 29년간 일곱 차례나 '하서양下西洋'했다. 더욱이 정화는 공전의 대함대를 이끌고 국가의 전폭적인 지원을 받으며 기세 좋게 남해를 누볐다. 뿐만 아니라 오늘날도 그 '위대한' 업적은 화려한 스포트라이트를 받고 있다. 그러나 왕대연은 어느 것 하나 그와 견줄게 없어 보인다. 그렇다면 왕대연의 항해·여행은 별 의미가 없는 것일까. 그렇지 않다고 생각한다. 우선 그는 일개 평민 신분으로 국가적 지원 없이 대항해를 감행했다. 이 자체도 과소평가되어서는 안 된다. 또한 후술하겠지만 항해에 나선 동기와 목적이 분명했다. 간단히 말해 그의 항해·여행은 미지의 세계에 대한 탐구심과 직접 보고 들은 것을 저술로 남기겠다는 확고한 의지의 산물에 다름 아니다. 반면 정화는 목적도 불분명한 항해에 엄청난 돈과 인력을 쏟아

부으며 장기간 '보선寶船'에 몸을 싣고 명 왕조의 위세를 과시했다. 더욱이 그의 사후 자신 및 그의 항해 관련 자료가 폐기처분되어 그의 항해 관련 기록이 극히 적어진 것도 왕대연과 대비된다. 물론 그를 수행했던 자들이 몇 권의 견문기를 남겼지만 그 중요성에서 왕대연의 『도이지략』에 훨씬 못 미친다. 그 아류이거나 변종에 지나지 않는다고 하면 지나친 평가일까. 이상과 같은 점을 감안하면 왕대연의 남해 항해는 그 의의가 결코 작지 않다.

『도이지략』은 왕대연이 2차 항해에서 돌아온 지 10년 만에(1349) 편찬됐다. 원래 1차 항해 이후 초고를 작성했으나 다른 기록도 참고하고 2차 여행 이후 새롭게 얻은 지식을 보태 간행됐다. 『도이지략』은 『청원속지淸源續志』(청원은 천주의 옛이름)의 뒷부분에 첨부된 형태로 처음 세상에 나왔다. 『청원속지』가 남송 말(1250)까지만 기록되어 있어서 그 이후의 사정을 첨가할 필요가 있었기 때문에 새로 편찬되는 『청원속지』 편찬책임자가 『도이지략』(원명은 『도이지島夷志』)의 존재를 알고 검토한 연후에 신뢰할 만하다고 판단해 이 책의 뒷부분에 첨부시켰던 것이다. 그 후 왕대연은 『청원속지』의 간행과는 무관하게 남창에서 이를 단행본으로 간행했다. 현존 『도이지략』은 남창에서 간행된 각본刻本계통이다.

『도이지략』의 저술 동기나 목적, 방침 등은 장저張翥의 서문, 오감吳鑑의 서문, 그리고 왕대연의 자서自序(「도이지후서」)에 잘 나와 있다. 자서에 의하면, 중국은 무려 수천이나 되는 해외 도이島夷를 항해하고 무역을 하는데 사람들은 이러한 사정을 잘 모르니 사대부들의 이문異聞을 넓히고 원 왕조의 위덕이 원대하다는 것을 나타내기 위한 것이라고 했다. 결국 사대부들의 이문異聞을 넓히려는 것, 즉 남해에 대한 새로운 지식과 정보를 얻고 축적해두려는 것이 주된 목적이었다. 또 오감의 서문에는, 당시 해외에 대한 정보가 적지는 않은데 그 고실故實을 살피려고 해도 당국자가 이를 비장秘藏해버려 상세한 것을 알 수 없다고 했다. 따라서 왕대연과 같은 일반인은 관에 비장된 정보에 접근하기란 불가능에 가까웠을 것이다. 오감은 또 중국의 사서史書에도 해외 사정을 기록한 것이 부족하기 때문에 왕대연이 직접 항해하면서 얻은 지식을 글로 남기게 됐다고 했다. 요컨대 남해 사정에 대해 알고 싶은 게 많은데 정보가 부족하고, 있다고 해도 접근이 차단되어 있어서 직접 보고 와서 썼다는 것이다. 말하자면 미지의 세계에 대한 호기심, 탐구심, 지적 욕구, 그리고 보고 들은 것을 기록으로 남기겠다는 사명감 등이 저술 동기요, 목적이었다. 또 이것이 그가 남해 항해·여행에 나선 동기이자 목적이기도 했다.

왕대연은 자서에서 직접 현지를 유람하며 눈과 귀로 보고 들은 것만 썼고 전설 같은 것은 싣지 않았다고 했다. 장저의 서문에도 왕대연은 "직접 보지 않으면 쓰지 않았기 때문에 믿을 만하다"고 했다. 바로 이것이 이 책의 최대 장점이다. 『제번지』가 상인 등의 구전에 크게 의존하고 있는 것과는 대조적이다. 또 자서에 의하면, 그가 기록한 내용들은 각지의 산천, 토속, 풍경, 물산 중에서 괴이한 것들, 그리고 이상하고 놀랍고 비루하고 우스운 일들을 '시로 써서 기록' 해두었다가 나중에 이를 저술 자료로 활용했다고 한다.

예컨대 『도이지략』「대불산」조는 그가 실제로 그렇게 했다는 사실을 확인시켜준다. 즉 대불산(스리랑카 서안) 부근에서 진기한 산호를 채취하게 된 왕대연은 몹시 흥분하여 "이튿날 고체시古體詩 100수를 지어 그 사실을 기록해두었다"고 했다. 귀향 후 그는 이것을 당시 유명한 시인 우집虞集(1272~1348)에게 보여줬는데 우집은 다시 답시를 지어 훗날까지 이를 자신의 서재인 군자당에 두고 즐겼다고 한다. 『도이지략』에는 저자의 개인적인 일상이 기록된 것이 전혀 없을 뿐만 아니라 사사로운 감정이 드러나는 경우가 많지 않다. 따라서 「대불산」조의 기록은 예외에 속한다. 어쨌든 그가 시의 형식을 빌려 사실을 기록해뒀다가 저술 자료로 삼았음은 분명하다. 우집과 같은 대시인과 시를 주고받을 정도라면 왕대연은 시에 일가견이 있었던 듯하다. 그리고 그는 역사서도 두루 섭렵했다. 교지交趾(베트남 북부)에 대한 설명 중에 "(교지가) 예로부터 지금까지 중국에 세공을 바쳤음은 이미 여러 사서에 기록되어 있다"고 했다.[60]

『도이지략』은 이미 여러 방면에서 사료적 가치를 인정받아왔다. 우선 이 책이 다루고 있는 국가·지역의 범위가 방대해 남해 여러 지역에 대한 새로운 지식과 정보를 많이 제공하고 있다는 것, 특히 원대의 해외 교통·무역에 관한 실상을 전해주는 귀중한 자료라는 것이다. 그리고 정사正史 등의 결락된 부분을 많이 보충해준다는 점도 강조되어왔다. 그러나 이러한 평가가 주류를 이루고 있음에도 불구하고 이 책은 여행기나 견문록으로서의 인정은 별로 받지 못하고 있는 듯하다. 그것은 왕대연의 자서에서도 보듯, 저술 목적이나 방침이 남해에 대한 지식과 정보를 수집하고 축적하려는 의도가 분명했기 때문에 사료적 가치만 강조된 나머지 여행기, 견문록의 측면은 간과되어왔기 때문일 것이다. 물론 전자의 의의가 큰 것은 사실이나 관점을 달리해서 이 책을 조명해볼 필요가 있다고 생각한다.

이 책은 여행경로에 따라 조항을 배열한 것이 아니기 때문에 그가 실제로 어떤 여행경로를 거쳤는지는 정확히 알기 힘들다. 그렇다고 특별히 다른 원칙을 세워 조항의 순서를 정한 것도 아닌 불분권不分卷 형식이다. 게다가 여행지의 방위나 거리를 적시한 경우도 매우 드물고, 있어도 단편적 · 개략적이기 때문에 큰 도움이 안 된다. 따라서 이는 통상적인 여행이나 견문록의 관점에서 보면 치명적인 약점이라고 할 수밖에 없다. 더욱이 개인적인 감정이나 관심사를 적극적으로 표현하지 않는다. 그런 의미에서 '박물지'의 성격을 지니는 것도 사실이다. 또 '지리지'라고 하기에는 필수적으로 들어 있어야 할 거리, 방위, 소요 일수에 대한 정보가 매우 부족하다. 『사고전서총목제요』에는 『도이지략』이 『대당서역기』, 『제번지』, 『진랍풍토기』 등과 함께 지리류類 외기지속外紀之屬에 분류되어 있다. 여기서 외기는 '견문을 넓히는(광견문廣見聞)' 것으로 간주되는 책들을 분류해놓고 있다.[61] 어쨌든 『도이지략』이 하나의 사료집으로서 갖는 의의는 크지만 여행기의 생생한 맛을 기대하는 사람으로서는 불만이 아닐 수 없다. 그렇지만 원대 여행기 · 견문록이라고 할 만한 저술로는 이 책 외에 앞장에서 다룬 『진랍풍토기』밖에 없으므로 여행기 · 견문록으로서의 『도이지략』의 가치는 충분하다고 생각한다.

  이 책은 남해의 여러 국가나 지역들을 99개조(100조는 남의 기록을 채록)로 나누어 서술하고 있다. 내용은 주로 다음과 같은 것들로 채워져 있다. (1) 자연환경, 기후, 복장, 머리 모양, 풍속, 산업 등을 앞부분에서 개괄적으로 서술했다. (2) 경우에 따라서는 법, 화폐, 상거래, 혼인, 제사, 장례, 종교, 추장(왕)의 유무, 신체의 특징(신장, 얼굴색, 문신) 등을 소개하기도 했다. (3) 제염, 양조, 토산, 교역(교역품, 교역 상대국)에 관한 것으로 거의 빠짐없이 나온다. 마치 '지방지'를 요약 · 정리하고 있는 게 아닌가 하는 착각이 들 정도이다. 이처럼 그의 관심이 매우 다방면에 걸쳐 있지만 각 조항 하나씩만 놓고 보면 소략하다는 인상을 지울 수 없다. 특히 (2)의 부분은 각 조항에 모두 기재되어 있는 것이 아니라 하나둘씩 정황에 맞게 기술되어 있으나 아예 이들 내용이 기재되지 않는 조항도 많다. 그러므로 각 국가나 지역의 크기나 중요성을 감안해, 이를 차별화해 다루려는 자세는 부족해 보인다. 가령 자바에 대해서는 '실로 동양 제번의 으뜸',[62] 남무리(송대의 남리)에 대해서는 '남무리양喃巫哩洋의 요충'[63]이라고 해서 당시 이곳들의 비중을 전하고는 있으나 이를 뒷받침할 만한 구체적인 번영의 실상을 적기하지 못하고 있다.

그리고 국가와 지역의 구분을 제대로 하지 않고 있다는 점도 문제점으로 지적할 수 있다. 어떤 지역이나 도서島嶼 지방이 어떤 나라에 속했는지, 또는 어떤 영향 아래 있었는지에 대한 설명이 거의 없이 단지 병렬적으로 배열만 해놓고 있는 것이다. 이들 나라나 지역을 '면'으로 인식하려는 자세는 보이나 아직 확실한 저술 방침으로 자리 잡고 있지는 못한 것 같다. 이 책에 나오는 220개의 국가나 지역 중 많은 곳의 비정이 어려운 이유 중 하나도 이 때문이라고 할 수 있다.

또한 위에 열거한 내용 중 풍속에 대한 서술이 매우 소략하다는 점도 문제이다. 거의 모든 조항에서 풍속을 말하고 있지만 극히 축약해서 표현하기 때문에 구체적인 내용을 알기가 매우 어렵다. 참고로 풍속에 관한 그의 서술을 열거하면 다음과 같다. 이를테면 '순박하다', '비루하다', '경박하다', '괴이하다', '음란하다', '검소하다', '악하다' 등이다. 조금 더 자세히 서술한다 해도 '순박하고 도탑다', '고풍스럽고 정직하다', '선행을 베풀기를 좋아한다', '힘세고 사납다', '약간 이치에 가깝다', '노략질을 좋아한다', '화려함과 사치를 숭상한다'라는 식이다. 앞에서도 지적했듯이, 왕대연은 비교적 개인적인 감정 표출이나 주관적인 판단은 억제하고 있다. 그런데 적어도 풍속을 전하는 데 있어서는 매우 주관적이고 일면적이라고 하지 않을 수 없다. 따라서 이런 식으로 어떤 나라나 지역의 풍속을 간단히 한두 마디로 단정해버리는 것이 풍속을 이해하는 데 얼마나 도움이 될지는 의문이다. 아니, 경우에 따라서는 오해를 살 수도 있다는 점에서 유해하기까지 하다. 물론 때로는 이러한 단정을 뒷받침할 만한 보충 설명이 있기는 하나 대부분 어떤 기준이나 근거를 찾아보기 어렵다. 그러므로 이러한 단정적인 풍속 묘사가 정확한가의 여부를 떠나 그와 같은 서술기법 자체는 문제점이라고 할 수밖에 없다.

그럼에도 불구하고 이방세계를 바라보는 왕대연의 전체적인 관점은 객관적이고 유연하다. 예를 들면, 불교를 믿는 승가랄(스리랑카) 사람들이 모두 불교의 가르침에 따라 서로 말하므로 유자儒者의 비판을 면하기 어려우나 이곳 사람들이 불교를 믿고 생활하는 모습을 보면 풍속의 돈후함을 믿지 않을 수 없다고 했다.[64] 여기서 보면 자신도 유자의 입장을 포기할 수 없지만 그렇다고 남의 종교(생활)에 대해서도 낮춰 보지 않았다. 이러한 유연한 자세는 왕대연이 원대에 만연했던 문화상대주의의 영향을 받았기 때문인지 모르겠으나, 이방세계의 종교에 대한 인식과 관련하여 이슬람교에 대한 언급이 보이지 않는 점은 의아스럽다. 원대의 중국, 특히 그가 출항했던 천주에는 이슬람교도가 많았기 때문에 그가 이 종교에 대해 모를 리 없었을 것이다. 심지어 천당天堂(메카)도 방문했는데 그들의 종교생활은커녕 모스크에 대한 언급조차 없다. 이슬람력인 회회력回回曆과 중국력의 차이를 간단히 적고 있을 뿐이다.[65] 이는 원대에 이미 이슬람교가 중국인들에게 많이 알려져 있어서 특이한 것을 기록하겠다는 당초의 저술 의도에 맞지 않았기 때문일까.

한편 『도이지략』에서 다른 문화나 관습에 대한 경멸감, 바꿔 말하면 중국문명에 대한 과도한 우월감을 찾아보기 힘들다는 점이 평가할 만하다. 물론 '만맥蠻貊', '번인番人', '도이島夷' 등의 표현은 자주 보이지만 이는 당시 중국인들이 일반적으로 사용하는 말이기 때문에 그가 특별히 모멸감을 갖고 사용한 것은 아니었다. 그는 인도 서북 연안 지방에서 행해지는 인도 특유의 풍습을 소개하고 있다.[66] 즉 그들은 제단, 다니는 곳, 집의 벽에 쇠똥과 진흙을 바르는데 자신은 오히려 (생각보다) 깨끗하다고 했다. 또 그들이 단향목과 쇠똥을 이마에 바르는 행위에 대해서도 논평 없이 사실만 전하고 있다. 이러한 자세는 오늘날 인도양 동북부 니코바르군도의 풍습을 전하는 데서도 확인된다.[67] 그에 의하면, 이곳 사람들은 옷을 안 입고 새털로 몸을 가리고 생식을 하며 (짐승이나 새의) 털을 먹고 피를 마시고 나무 위에 둥지를 짓거나 혈거를 한다고 했다. 그렇지만 그는 이곳이 열수熱水가 풍부하기 때문에 옷을 안 입고도 거리낌 없이 거리를 활보하는 것이라고 보았다. 또 이러한 '원시적'인 그들의 식생활과 주거에 대해 "서로 더불어 태고의 하늘에 떠다니는 것"이라고 했을 뿐 직설적으로 모멸적인 표현은 하지 않았다. 아마 당시 보통의 중국인이었다면 이러한 그들의 생활에 대해 훨씬 강한 어조로 비난했을 것이다. 그러나 왕대연의 완곡한 화법은 오히려 그의 1차적 관심이 미지의 세계에 대한 객관적 관찰에 있었음을 말해주는 것 같다.

 그렇지만 왕대연도 은연중 중국문화에 대한 자부심을 바탕에 깔고 다른 문화를 비교 평가하기도 했다. 이를테면 교지국의 풍속에 대해 "예와 의를 숭상하고 중국의 풍이 있다"고 한 것이나, 학교가 잘 갖춰져 있고 시를 읽고 독서를 하며, 성리학을 담론하는 것은 중국과 같으며 단지 언어만 차이가 있다고 했다.[68] 이는 교지국의 '선진성'을 높이 평가한 것인데 그 이면에는 중국문화의 '선진성'에 대한 자부심이 깔려 있는 것이다. 특히 오다烏爹(인도 동부의 오릿사 또는 미얀마의 옛 페구Pegu국)의 번영에 대해, 외이外夷로서 농사에 힘쓸

줄 알고 나라에는 놀고먹는 사람이 없어 모두 넉넉하며 굶주림과 추위의 걱정이 없다고 했다. 또한 이곳 사람들은 예절과 양보를 알고 실천하여 시·서·예·악을 가르치니 '중국의 풍'과 다를 게 없다고 했다.[69] 여기서의 시·서·예·악이 중국 고전 그 자체를 말하는 것은 아닌 것 같은데, 이 대비의 이면에도 중국문화의 선진성에 대한 자부심이 깔려 있었음이 분명해 보인다.

한편 만맥의 나라에서는 이러한 '중국의 풍'을 실현할 수 없다고 여기는 자들을 그는 정면으로 부정했다. 이러한 왕대연의 인식의 바탕에 중국문화의 '선진성'에 대한 불변의 믿음이 사라진 것은 아니었지만 중국(문화)만이 항상 선진적이고 우월하다는 고정관념에서 어느 정도 벗어난 게 아닌가 하는 생각마저 들게 한다. 이처럼 중국인들이 경멸해온 '만이蠻夷의 나라'들도 여건만 잘 갖추면 얼마든지 선진문화를 향유할 수 있다고 보는 왕대연의 인식은 시사적이다.

그러면 무엇이 왕대연에게 이처럼 유연한 사고를 갖게 만들었을까. 우선 다민족사회인 원 왕조의 개방주의적 정책의 확산과 정착, 바꿔 말해 한족중심주의의 후퇴를 생각해볼 수 있다. 그리고 그 자신이 장기간의 여행을 통해 미지의 이방세계에 대한 실상을 정확히 알게 되는 과정에서 스스로 터득한 상대주의적 사고방식을 꼽을 수 있겠다. 요컨대 원대의 시대적 특수성과 왕대연 자신의 여행경험이 그러한 사고를 갖게 한 것이라고 볼 수 있다.

그런데 왕대연은 자신이 직접 방문해서 보고 들은 것만 썼지 전설 같은 것은 채록하지 않았다고 공언한 바 있다. 하지만 실제로 그렇지만은 않았다고 의심되는 대목도 더러 보이며 황당무계한 내용도 있다. 예를 들면, 수마트라 왕은 매년 반드시 10여 명을 죽여 그 피로 목욕하기 때문에 일년 내내 병에 안 걸리는데 백성들은 다 두려워서 복종한다고 했다(『도이지략』「수문답랄須文答剌」). 그리고 점성국에서는 매년 상원절과 하원절(음력 10월 15일)에 사람들을 풀어 산 사람의 쓸개를 채취하도록 하고 관에서 이를 구입해 술에 타서 가인家人과 함께 마시는데 이러한 행위도 몹쓸 병이 안 나게 하기 위한 것이었다고 했다(『도이지략』「점성」). 또 인도 서남해안에서는 진주를 채취할 때 왕이 10여 명을 죽여 해신에게 희생물로 바쳐 제사를 지낸다고 했다(『도이지략』「제삼항」). 또 앞에서도 약간 언급했지만 진랍에서는 아내가 외간 남자와 간통하면 남편은 이를 매우 기뻐하며 주위에 자랑한다고 했다(『도이지략』「진랍」). 이처럼 믿기 어려울 뿐만 아니라 그가 직접 봤다고 보기 어려운 사례들은 더 있다. 이는 그가 현지를 직접 방문했다고 해도 거기서 전해들은 이야기들을 수록했기 때문일 것이다.

이러한 한계에도 불구하고 『도이지략』은 현지를 직접 방문하지 않으면 도저히 쓸 수 없는 내용이 많다. 바로 이것이 이 시기의 다른 책이 따라올 수 없는 '발로 쓴 책'으로서 지닌 최대의 강점이다. 그리고 수록된 국가나 지역의 숫자가 다른 책을 압도한다. 더욱이 이 책에 비로소 처음 나오는 국가나 지역이 많고 그 이후까지도 포함하여 유일하게 거명되는 국가나 지역도 상당히 많다. 그러므로 『도이지략』이 다루고 있는 범위는 넓은 대신 각 조항별 서술은 소략한 편이다. 『진랍풍토기』는 서술 대상이 좁기 때문에 깊게 파고들 수 있었으나 『도이지략』은 애초부터 '넓음'과 '많음'을 택했기 때문에 깊이는 어느 정도 포기할 수밖에 없었다. 전자가 전문점이라면 후자는 백화점에 비유할 수 있다. 어느 쪽이 나은가는 독자가 판단할 몫이다.

『도이지략』은 정화의 대원정에 동행했던 사람들에게도 필독서였다. 예컨대 마환馬歡의 『영애승람瀛涯勝覽』 서문에서 보듯이, 마환이 출국 전 『도이지략』을 검토했고 원정중에도 내용을 대조하며 확인한 결과 상세하고 정확함을 새삼 깨닫게 됐다고 고백하고 있다. 『영애승람』이 세상에 나오게 된 것도 『도이지략』으로부터 영향을 받은 덕일 것이다. 그러나 원대 중국인의 웅혼한 남해 진출 의지나 기개는 명 왕조의 해금정책으로 인해 계승되지 못했다. 『도이지략』도 명대에 오면 더이상 새로운 각본이 나오지 않게 됐고 일반인의 관심에서 점점 멀어지게 됐다. 그렇지만 그 후 『사고전서四庫全書』에 수록됐고 청말 일부 서양학자들로부터 새롭게 주목을 받으면서 재평가를 받게 됐다. 이때 부분 역주가 이루어지는 등 본격적인 연구가 시작됐고 이후 '남해사' 연구에 있어서 빠져서는 안 될 귀중한 사료로 평가받게 됐다.

여행은 관광이나 휴식 또는 레저의 일환으로만 행해지는 것이 아니라 '일'을 위해서 또는 '일' 때문에 행해지는 경우가 많다. 특히 전근대 사회에서는 오히려 후자 쪽이 많고 또 그것이 여행의 동기, 이유, 목적 그리고 그 형태까지도 규정했다고 할 수 있다. 그런 점에서 전근대 사회에서의 여행의 함의는 늘려잡아도 된다고 생각한다. 물론 여행은 '돌아옴'이 전제된다는 점에서 이주나 이민과 다르다. 하지만 양자는 자발적이건 강제적이건 둘 다 이동에서 비롯되므로 전혀 무관한 것도 아니다. 즉 일상적인 이동이 삶의 중요한 방식인 유목민과 달리 정주민은 이동이 제한적일 수밖에 없지만 정주민도 여러 요인에 의해 이동을 하게 되는데 그러한 이동의 요인이나 수단 그리고 형태 등을 추적하다보면 양자 사이의 공통점도 발견할 수 있는 것이다. 이러한 관점은 여행 사례가 상대적으로 적고 그 실태가 불분명한 전근대의 여행을 파악하는 데 유익한 방법이 될 수 있다고 본다. 어쨌든 전근대 사회에서의 여행은 오늘날의 통념을 뛰어넘어 그 함의를 확대해서 규정해야 실태 파악이 가능해진다고 생각한다.

위와 같은 문제제기를 염두에 두면서 필자는 송·원대 남해여행의 실태를 파악하기 위해 다음과 같은 점에 관심을 기울일 필요가 있다고 생각한다.

첫째, 여행을 중심에 놓고 이른바 진출, 왕래, 교류, 방문, 항해, 무역, 교통 등과 같은 문제를 서로 연관시켜 살펴볼 필요가 있다는 것이다. 이러한 문제를 개별적·병렬적으로 다룰 게 아니라 이를 하나로 묶는 연결고리로서 여행을 상정해볼 수 있다고 생각한다. 다시 말해 여행을 '종속변수'가 아니라 '상수'로 설정하여 위의 문제들을 함께 살펴본다는 것이다.

둘째, 당연한 말이지만 여행 사례를 보다 많이 축적하고 이를 유형화할 필요가 있다는 것이다. 기왕의 여행기나 견문록은 물론 단편적인 여행 삽화까지도 재검토, 재구성하여 구체적인 여행의 실태를 탐색하는 것이다. 여행 기록은 기본적으로 개인적 흥미를 반영한 것인 만큼 방문지, 여행지에서는 매우 특징적인 것일지라도 방문자, 여행자가 관심을 두지 않으면 기록에는 남지 않는다. 여행기가 어느 정도 자의적일 수밖에 없는 이유이기도 하다. 따라서 남해여행의 경우도 당연히 이러한 점을 감안하면서 기왕의 여행기나 견문록과 마주해야 한다.

셋째, 당시 여행지로서의 남해를, 몇 개의 해역이나 지역으로 나누어 접근해야 한다는 것이다. 이를테면 해역권, 문화권, 통상권 등으로 나누어 여행의 실상을 파악하는 것이 개별 지역이나 국가로의 여행을 단순 집적하는 것보다 유효하다고 보기 때문이다.

넷째, 여행지, 방문지의 시각에서도 중국인의 남해여행을 조명할 필요가 있다고 본다. 상대방의 눈에 비친 자신의 모습을 통해 자신을 객관화, 상대화할 수 있기 때문이다. 이와 관련해서 특히 아랍 쪽 자료에 남아 있는 관련 기록을 보다 적극적으로 활용하면 큰 도움이 될 것이다.

다섯째, 여행의 안전성을 제약하는 여러 요인들에도 관심을 가져야 한다는 점이다. 지금까지는 송·원대 항해술, 조선술 등 소위 여행인프라의 눈부신 발전을 강조한 나머지, 그 이면에 엄존하는 여행의 위험 요소들, 즉 난파, 침몰, 표착, 해적, 풍토병 등에 대해서는 관심이 소홀한 편이었다. 나아가 당시 크게 유행하기 시작한 마조媽祖신앙을 비롯하여 다양한 해신海神신앙에 대한 연구도 여행자의 심성 등을 이해하는 데 도움이 될 것이다.

마지막으로 남해여행에서 돌아온 사람들에 의해 축적된 지식과 정보가 이후 중국 사회에 어떠한 영향을 미쳤는가를 면밀히 검토하는 일이다. 크게는 세계관의 변화에서부터 작게는 생활양식의 변화에 이르기까지 여러 방면에서의 변화 양상을 살펴보는 것이다. 외래문화의 유입이 일방적 전파에 의해서만이 아니라 쌍방의 교류를 통해서도 이루어진다는 점을 상기한다면 이러한 시도는 의미가 있을 것이다.

이상 송·원대의 여행, 특히 남해여행에 대해 앞으로의 연구방향을 제시해봤지만 사실 송·원대의 남해여행은 아직 연구주제로서 별다른 관심을 끌고 있지 못하고 있다. 그러니 연구성과라고 할 만한 것도 전무에 가깝다. 있다면 '종속변수'로서의 여행일 뿐이다. 따라서 상기한 문제점들을 고려하여 소위 '여행사旅行史'라는 영역이 설정되고 이 방면의 연구가 활성화되길 기대한다.

5세 달라이 라마 북경행의 배경과
17세기 내륙아시아 네트워크[1]

김성수

1. '위대한 5세'의 시대, 17세기 내륙아시아

달라이 라마 악왕로상갸쵸ngag dbang blo bzang rgya mtsho(1617~82)는 3세 달라이 라마에서 제도화되기 시작한 달라이 라마 전세 활불 계통의 다섯 번째 계승자이다.[2] 오늘날 티베트 망명정부를 이끌고 있는 달라이 라마 텐진갸쵸가 이 활불 계통의 14대 활불에 해당된다. 실상 티베트에는 달라이 라마가 속한 겔룩 교단 외에도 닝마, 사캬, 카규 등 여러 교단이 존재하며, 이들이 배출한 활불 계통만도 수백여 개에 이른다. 그러나 유독 겔룩 교단의 달라이 라마가 같은 교단의 판첸 라마와 함께 티베트 불교계를 대표하는 이유는 무엇인가.

대개 우리는 그 역사적인 연원을, 17세기 티베트는 물론 청조와 할하, 어루트 등 몽골 여러 정권을 아우르는 티베트 불교세계에서 정치적으로 상당한 영향력을 행사했던 5세 달라이 라마에서 찾곤 한다. 14대에 걸쳐 약 5세기 동안 연면히 이어진 이 활불 계통의 역사에서 5세는 과연 어떤 존재였는가.

5세의 별칭 중에는 '아바첸보lnga pa chen po' 즉 '위대한 5세'라는 것이 있다. 아마도 그의 시기에 비로소 겔룩 교단이 티베트의 종교와 세속권력을 장악하고 간덴포장dga' ldan pho brang³ 정권을 수립했던 점이 크게 작용했을 것이다. 그러나 그가 왜 위대한가의 문제는 단지 티베트사 내부의 평가에 그치지 않는다. 간덴포장 정권이 몽골 등 외세와 깊이 연결되어 성립됐던 만큼, 5세의 입지는 주변 정치세력의 입김에 취약할 수밖에 없었다. 그럼에도 그는 몽골의 다양한 정권, 정파의 세력관계를 이용하고, 여기에 청조도 적절히 개입시킴으로써 자신과 겔룩 교단의 입지를 제고하는 데 분명 획기적인 역할을 수행했다. 17세기 중후반에 걸쳐 계속된 호쇼트 몽골의 티베트 간섭과 청조의 서진西進이 가속화되는 과정에서 5세는 어떻게 자신과 겔룩 교단의 입지를 전체 내륙아시아에 걸쳐 확대시켜나갈 수 있었을까.

근래 티베트사 전공자들뿐만 아니라, 청대사 연구자들 사이에서도 5세 달라이 라마와 그 시대에 대한 관심이 확대되고 있다. 이는 종래의 일국사一國史 또는 국가사國家史가 지닌 한계를 극복하려는 지역사, 권역사 연구경향의 확산과 일맥상통한다. 17세기를 전후한 내륙아시아의 경우, 전통적으로 몽골의 후퇴와 청조의 서진이라는 두 가지 측면에 관심이 집중되어, 청조에 대한 주변 민족의 대응과 그 속에서 오늘날 중화인민공화국의 판도가 형성되는 과정을 밝히는 데 주력해왔다. 물론 이들 지역이 청조에 의해 복속되어 오늘에 이르는 과정이 새로운 역사해석이나 시각에 의해 변경될 수 있는 결과물은 아니다. 그러나 오늘날의 일국사적 질서가 17세기를 전후한 시기 내륙아시아 지역질서에 투영되어 왜곡된 상을 제시한다면, 이는 분명 새로운 역사해석에 의해 바로잡혀야 할 부분이 아닌가 생각된다.

이런 의미에서 청대 내륙아시아는 명의 계승국가로서의 청조, 즉 전통적인 한족 왕조의 계승국가가 내륙아시아로 세력을 팽창해서 형성된 국가로 설명하기에는 불충분한 점이 있다. 중국학계의 전통적인 해석처럼 몽골과 티베트의 통치를 위해 적잖은 티베트 불교사원을 성경盛京(만주어로 묵든, 현 선양瀋陽), 승덕承德, 북경北京 등지에 세웠다고 한다면, 옹화궁雍和宮이나 건륭제의 유릉裕陵·지궁地宮을 가득 메운 불경은 어떻게 설명해야 할까.

학계가 문수보살의 화신으로 묘사된 건륭제의 초상화에 관심을 갖기 시작한 것은 레싱F. D. Lessing으로 소급되고,[4] 버거P. Berger에 이르러 미술사적인 정리가 본격화된다고 할 수 있다.[5] 역사학에서는 파르쿠아르D. M. Farquhar에 이르러 본격적인 논의가 시작됐다고 할 수 있다. 그는 보살왕 또는 전륜성왕의 전통이 북위 이래 어떻게 원元, 청淸으로 연결되는지를 밝히고 있는데,[6] 특히 광역 국가의 황제로서 청 황제의 다양한 성격, 그중에서도 티베트 불교 전파 지역을 대면하는 통치자로서 어떻게 황제가 문수보살의 화신으로 묘사되고 있는지를 추적하고 있다. 특히 이 과정에서 달라이 라마가 어떤 역할을 수행했는지 밝히기도 했는데, 청 황제가 문수보살로서 정형화되는 과정에서 5세 달라이 라마의 북경 방문, 순치제와의 회견이 중요한 계기를 제공한 것으로 보고 있다.[7] 이러한 입장을 계승한 크로슬리P. K. Crossley는 한걸음 더 나아가 당시 티베트 내부 여러 교파 간의 경쟁 속에서 5세의 북경 방문이 교단과 청조의 관계 개선 또는 이후 겔룩 교단이 절대 우위를 확보하는 상황을 만드는 데 중요한 역할을 했다고 보고 있다.[8] 최근의 성과에서는 5세 달라이 라마의 북경 방문이 청조와 겔룩 교단 양자에게 어떤 의미를 갖는지에 대해 면밀히 분석하고 있는데, 이하에서 언급할 엘베르스코J. Elverskog의 연구가 그것이다.

만주 조정과 달라이 라마 양자는 다수의 불교 교단이 여러 지방 정권과 연결됨으로써 발생할 수 있는 정교계政敎界 분열의 잠재적 위험성에 대해 잘 알고 있었다. 그들은 촉토타이지가 카규 교단과 연결됐던 것처럼 몽골세력이 티베트 내전에 관여하고 있음을 잘 알고 있었다.[9] 또한 그들은 할하와 오이라트 몽골의 경우처럼, (몽골의 국가체제 이념인) '국가/정치ulus/törö 모델' 안에 새로운 불교 국가가 자리잡을 수 있음을 알고 있었다. 할하는 이미 달라이 라마에 비견되는 자신들만의 성인聖人 제브준단바 호톡토를 추대하여 앞서가고 있었다. 청조가 겔룩 교단과 연대하는 목적은 5세를 만주의 영향권 아래로 끌어들이려는 동시에, 다루기 어려운 여러 몽골세력의 종교적 논의를 통일시키려는 데 있었다. 그 첫 번째 증거가 바로 1652년 회견 자체인데, 순치제와의 회견중 달라이 라마는 불법의 최고 스승으로서 공인받게 됐다.[10]

이상에서 언급된 배경에 대해서는 지면 관계상 각주에만 간략히 언급하고 여기서 상세히 언급하지는 않겠다. 다만 기존의 연구성과에서 진전된 부분에 대해 언급하자면, 엘베르스코의 연구에서는 초기 5세 달라이 라마의 입지가 공고하지 못했으며, 이로 인해 야기된 문제를 해결하는 과정에서 겔룩 교단과 청조의 의견이 일치될 수 있는 여지가 있었음을 지적하고 있다. 즉 5세가 청조의 초청을 받아들임으로써 겔룩 교단과 5세가 얻게 된 지위가 이후 그들의 세력 확장에 중요한 역할을 하게 됐다고 보았으며, 청조 또한 5세의 권위를 통해 불교 전파 지역 안에서 자신의 입지를 강화할 수 있는 발판을 마련했다고 보았다. 물론 이것을 두고 '5세가 만주의 영향권 아래에 들어온 계기였다'라고 해야 할지, 아니면 이를 계기로 '만주가 내륙아시아의 불교적 지역질서에 적극적으로 참여하게 됐다'라고 해야 할지는 보다 진전된 논의를 필요로 하지만 말이다. 티베트사의 입장에서 이 시대를 다루고 있는 스펄링E. Sperling의 경우는, 만주가 달라이 라마를 통해 몽골 문제에 좀더 깊숙이 간여할 수 있게 됐으며, 청조가 몽골을 복속하기 이전까지 달라이 라마가 몽골과 청조 사이에서 대화의 창구 역할을 수행했음을 지적하면서 정치적 중재자로서 5세의 역할에 주목하고 있다.[11]

표현의 차이는 있으나 이상의 논의들이 공통적으로 갖고 있는 문제의식은 이 시기 내륙아시아의 상황이 청조와 몽골, 티베트라는 3자 관계 속에서 전개됐으며, 이들은 모두 티베트 불교 신자로서의 정체성을 공유하고, '불법佛法의 상사上師이자 불법의 보호자'로서 정형화된 '승려와 세속 군주'의 관계 속에 서로 얽혀 있었다는 점이다. 이에 일부 학자들은 이 시대의 독특한 성격을 티베트 불교라는 공통성에서 찾고 있는데, 이런 측면에서 이시하마 유미코石濱裕美子의 연구는 참고할 만하다. 그녀는 '티베트 불교세계'라는 용어로 티베트 불교 전파 지역의 지역질서에 대한 논의를 적극적으로 전개하고 있다. 물론 지역질서의 구조를 밝히기 위한 진전된 연구가 필요하지만, 티베트 불교의 전파가 청조를 포함한 내륙아시아의 독자적인 지역질서 구축에 중요한 계기를 마련했으며, 그 단서들이 상호 교환된 공문서에 드러나 있음을 지적했다.[12]

따라서 우리는 청대사, 몽골사, 티베트사가 내륙아시아라는 광역의 역사공간에서 서로 밀접하게 연결된 시기가 존재했으며, 이 역사공간의 형성을 청조의 군사적 팽창이 아닌 불교세계에 대한 청조 중심의 통합이라는 측면에서 바라볼 수 있는 가능성을 열어두게 됐다. 그렇다면 그런 속에서 5세 달라이 라마와 그의 시대는 어떤 의미를 갖는 것일까. 특히, 그의 북경행이 당시 내륙아시아 지역질서 구축에 미친 영향은 무엇일까.

5세 달라이 라마의 북경 방문은 1653년 초에 이뤄졌으며, 그가 라사를 출발하여 청해, 몽골, 북경 등지를 돌아 다시 라사로 돌아오는 데만 2년이 걸렸다. 당시 라사를 함께 떠난 수행인원만 3천 명이 넘었고, 그가 이르는 곳곳에서 해당 지역의 세속 군주가 후원하고 달라이 라마가 주재한 법회가 끊임없이 열렸으니, 그의 북경행에 동원된 인원에 대한 전체적인 통계를 낸다는 것이 사실상 불가능할 정도이다. 실로 당시 내륙아시아를 떠들썩하게 한 일대 사건이었다고 할 만하다.

이 과정에서 우리가 주의해볼 만한 점은 5세의 초청에서 실제 북경행이 성사되기까지 여러 사신이 몽골, 만주, 티베트 사이를 오갔으며, 이 사건을 대하는 서로의 입장 차이를 조율하느라 상당한 시간을 보냈다는 점이다. 과연 그들은 무슨 입장을 어떻게 조율할 필요가 있었을까. 필자는 이러한 다자간 소통의 장을 통해 당시 내륙아시아에 형성되고 있던 새로운 지역질서의 단면을 엿볼 수 있을 것으로 기대하면서 그 대표적 사례로서 달라이 라마의 북경행과 그 배경에 대해 분석해보고자 한다.

2. 청조는 왜 5세 달라이 라마를 초빙했는가

'청조가 왜 5세를 초빙했는가' 하는 문제는 실상 두 가지 함의를 지니고 있다. 첫째는 '다른 승려가 아닌 왜 굳이 당시로서는 상대적으로 덜 중요한 인물이었을지도 모를 5세 달라이 라마를 초빙했는가' 하는 점이고, 둘째는 '청초에 당면한 수많은 현안들 가운데 왜 티베트의 승려를 초빙하는 일이 그렇게 중요했는가' 하는 점이다. 필자는 이 두 문제가 17세기 내륙아시아의 지역질서와 관련하여 중요한 단서를 제공할 것으로 생각하며, 다음에서는 1652년 달라이 라마가 장도에 오르기 이전 청조의 초빙과정에 대해 살펴보고자 한다.

그간 학계에서 5세 달라이 라마의 북경 방문을 다뤘던 연구는 적지 않았다. 특히 중국학계가 그러한데, 청대사의 입장에서 논의를 전개하는 경우 대개 달라이 라마가 북경에 도착한 이후 순치제를 만나는 과정과 그가 북경을 떠난 이후 몽골에서 청조의 책봉을 받는 과정에 중점을 두고 연구를 진행했다.[13] 즉 그가 청조로부터 책봉을 받음으로써 티베트가 청조의 영향 아래 놓이게 됐고, 종국에 가서는 청조에 복속되어 오늘에 이르게 됐다는 것이다. 조공과 책봉이라는 외교질서의 큰 틀에서 이 사건을 이해하려는 것에 다름 아니었다.

그러나 중국에서도 티베트학이나 몽골학 전공자들 사이에서는 조금 다른 입장이 제기됐는데, 적어도 5세의 북경 방문을 일반적인 조공으로 이해하기에는 초청과정이나 접견방식 등 많은 점에서 특이한 점이 보인다는 것이다. 그리고 5세 달라이 라마의 초청이 장래 몽골의 복속 문제와 매우 밀접히 연결되어 있음을 청조가 너무나 잘 알고 있었다는 것이다. 이런 입장에서 저술된 초기 연구로 왕푸런王輔仁의 연구가 있는데, 5세 달라이 라마는 초청을 받은 이후 여러 해

동안 정황을 파악한 후 청조의 초청을 신중히 받아들였으며, 청조도 당시 몽골의 복속 문제가 걸려 있던 상황에서 달라이 라마에 대한 예의禮儀 문제가 발생하지 않도록 각별히 유의했음을 지적했다.[14]

이러한 입장에 좀더 힘을 실어주게 되는 것이 1990년대 중후반에 걸쳐 계속된 사료의 번역과 발굴인데, 첫 번째로 언급할 것이 5세 달라이 라마 자서전의 번역이다. 천칭잉陳慶英 등에 의해 진행된 5세 자전自傳의 번역은 이미 부분적으로는 발표되어 있었으나,[15] 1997년 에 『5세 달라이 라마 자전·운상五世達賴喇嘛自傳·雲裳』[16]으로 완역 됨으로써, 5세 시기 내륙아시아와 티베트 관계에 대한 방대한 내용 을 청대사 연구집단이나 몽골학계가 공유하게 됐다. 5세는 이 자전 을 1666년부터 집필했고, 사망하기 전해인 1681년까지의 내용이 여 기에 수록되어 있다. 또한 그의 말년과 장례 등에 관한 부분은 후에 상게갸쵸sde pa sang rgyas rgya mthsho(1653~1705)가 정리하여 『구름으 로 엮은 듯 투명한 비단 옷』이라는 자전과 동명의 전기문으로 정리 하여 자전의 3권 뒤에 덧붙였다.[17] 천칭잉 등의 번역은 자전의 3권 까지이며, 상게갸쵸가 저술한 부분인 4~6권 중 일부는 자히루딘 Ahmad Zahiruddin에 의해 번역됐다.

두 번째로 언급할 것은 청 초기 당안檔案의 공간公刊에 대한 것이 다. 북경 제1역사당안관北京第一歷史檔案館에 소장되어 있는 만주, 몽 골문 당안이 번역되거나 일부 영인되어 공간됨으로써 이 시기 연구 자들의 지대한 관심을 끌고 있다.[18] 특히 5세 달라이 라마와 관련된 자료집이 번역되고 영인되기도 했는데, 최근에는 1990년대부터 소 수의 연구자들에게 알려지기 시작한 내국사원內國史院과 내비서원內 秘書院의 몽골어 당안이 공간되면서 청 초기 몽골과 티베트 관련 연 구에 새로운 지평을 열고 있다.[19] 이들 자료를 이용한 연구 중 5세 달라이 라마의 북경행과 관련된 것을 보면 리바오원李保文과 궈메이란郭美蘭, 이시하마 등의 연구가 있는데,[20] 이들 연구의 공통점은 기존의 연구가 1652~53년 사이의 북경 방문과 책봉과정에 초점을 맞췄던 데 비해서, 1637(숭덕 2)년부터 구체적으로 보이기 시작하는 달라이 라마 초청과정에 관심을 집중하고 있다는 점이다. 이는 분명 『청실록淸實錄』에 의존해온 기존의 연구성과와는 사뭇 다른 면을 제시한다고 하겠다.

왕푸런의 연구에서도 보이듯이, 태종 홍타이지가 사신을 티베트로 파견한 기록은 1639(숭덕 4)년에 처음 보인다.[21] 당시 태종의 서신에는 달라이 라마를 초청하려는 의도가 분명하게 보이지 않았으므로, 학계는 당시 청조가 티베트 승려 중 누구를 초청할지 아직 정하지 않은 상태였으며, 1642년 겔룩 교단의 후원자였던 호쇼트 몽골의 구시한이 티베트의 세속권력을 장악하고 있던 짱바한에 대해 승리를 거두고 나서야 달라이 라마의 초청을 고려하기 시작했다고 이해했다. 그러나 내비서원 당안 숭덕 2(1637)년 8월의 기사에 의하면, 1637년 또는 그 이전에 이미 청조가 주도적으로 달라이 라마를 초청하고자 하는 뜻을 밝히고 있었음이 확인된다.

평안하소서. 마하 사마디 서친한[22]이 성스러운 자(청 태종)에게 글을 씁니다. 편안하신지요, 저도 이곳에서 편안합니다. 달라이 라마를 초청한다고 하는데 옳은 일입니다. 이곳의 일곱 개 호쇼[23] 할하도 초청하려 하고 있습니다. 4부四部 오이라트도 초청하려고 한다고 합니다. 초청을 위해 보내는 사람을 이곳에 들르게 하십시오. 함께 가면 좋지 않겠습니까. (할하) 세 한qaγan(汗)들의 의견이 일치하므로 이렇게 안부를 묻는 사신을 보낸 것입니다.[24]

위의 서신은 당시 할하 좌익의 서친한이 태종에게 보낸 것으로, 당시 할하 좌익의 또 다른 실력자 투셰투한, 촉토오이징노얀 등도 서친한과 함께 유사한 내용의 서한을 뒤이어 보냈음이 확인된다. 이들의 서신 내용은 거의 동일한데, 달라이 라마의 초청에 찬성하며 할하 좌익이 청조와 함께 사신 파견에 참여하고자 하니 사신을 보낼 때 자신들의 거처에 차례로 들러줄 것을 요청하고 있다.

여기에서 주의해볼 만한 부분은 이 편지가 청 태종의 의향에 대한 몽골 여러 한들의 답신이라는 것이다. 따라서 정확한 시점은 알기 어려우나 차하르, 투머드 등 소위 막남漠南 몽골의 복속이 이뤄지는 1636년 이후에서 할하 서친한의 답신이 전달되는 1637년 8월 사이에 청 태종이 달라이 라마 초청의 뜻을 밝히는 서신을 주변 몽골 한들에게 보냈으며, 거기에 대해 할하 좌익의 대표들이 동의의 뜻을 알려온 것이 아닐까 추측하게 한다. 당시 청조가 할하 좌익에만 의향을 물은 것인지, 아니면 할하 좌익만 답신을 한 것인지는 분명하지 않지만 말이다.

답신을 보낸 할하 좌익의 서친한은 할하 7호쇼[25] 중 가장 동쪽에 위치하며, 따라서 청조의 움직임에 가장 민감한 입장에 놓여 있었다. 이러한 그의 정치적 입지 때문이었을까. 그는 청조와의 관계에서도 늘 전방에서 활약했고, 조금 앞선 시기 몽골과 티베트의 관계 개선에도 앞장서서 할하의 불교발전을 위해 적잖은 공헌을 했다. 같은 좌익의 영수 투셰투한 굼부(1594~1655)의 세 번째 아들이 출생하자 새로운 활불의 출현을 공표하고 달라이 라마의 공인을 받도록 한 것이 그였으니, 이 굼부의 아들이 곧 할하를 대표하는 활불 제브준단바 호톡토 1세(1635~1723)였다.[26] 이러한 서친한의 활동에서 당시 내륙아시아의 정치활동이 불교의 수호자로서의 종교적 활동과 깊이 연결되어 있었음이 보이는데, 이는 비단 서친한의 예에만 국한되는 것은 아니었다.

비록 서친한의 서신에서 할하 7호쇼가 동의하며, 할하 세 한들, 즉 서친한 자신과 투셰투한, 그리고 우익 자삭토한의 의견이 일치한다고 하여, 자신의 편지가 할하 전체의 뜻을 전달하고 있다고 했으나, 이 편지가 전달된 전후로 우익 자삭토한이 청조에 보낸 서신은 보이지 않는다. 그렇다면 혹시 우익은 청조의 달라이 라마 초청에 반대하고 있었던 것일까. 이에 당시 할하 우익의 상황을 조금 알아 볼 필요가 있겠다.

원元이 북경을 뒤로 한 채 초원으로 근거지를 옮긴 이후 몽골 초원의 정치구도는 여러 차례 동서 대립의 양상을 보여왔다. 이것이 14세기 말에서 15세기 초가 되면 서부의 오이라트와 동부의 다얀한이 건설한 6만 호 체제로 양분되어 서로 대립하게 되는데, 지금 논의하고 있는 할하는 다얀한의 후예인 6만 호 중의 일부였다. 이들은 오늘날 몽골국의 대부분을 차지하고 있었으며, 크게 우익과 좌익으로 구분됐는데, 17세기 중후반을 거치면서 점차 좌익의 투셰투한이 세력을 확장하여 우익 대중의 대부분을 장악하게 된다.[27] 비록 1623년 서부 오이라트와의 전쟁에서 패함으로써 할하 우익이 상당한 피해를 입고 다시 할하 좌익에 의해 겸병되기는 했으나, 서친한이 서신을 보낸 1637년 즈음 자삭토한과 우익은 건재했다. 아래의 기사는 서친한이 청조에 서신을 보낸 약 3년 후 1640(숭덕 5)년 10월 6일 태종이 할하 우익 자삭토한에게 보낸 서신이다. 이하의 서신에서 당시 청조와 우익의 관계가 상당한 긴장상태에 있었음이 확인된다.

널리 베푸는 자, 조화로이 화평을 이루는 성스러운 한汗[28]의 명령.

자삭토한에게 글을 보냈다." 모든 일은 천명天命의 힘으로 되는 것이라고 그대(자삭토한)의 글에 (적혀) 있다. 그대는 이 사실을 줄곧 알고 있었다. 몽골국의 권좌, 주군의 자리를 그대의 하늘이 (내게) 베푸셔서, 이미 나에게 주셨는데, 비천한 그대가 억지를 부리며, 모든 것을 통치하는 한처럼, 단지 근친들 사이의 군주일 뿐인 그대가 자만해서 명분 없는 글을 보내고는 스스로 불법승佛法僧 삼보三寶를 앞다투어 받든다는 말을 전했다. 그러나 (이것이) 그대에게 적합한가. 그대는 "정교政敎의 도리로 행하며, 적이 되는 것을 나(자삭토한)는 생각지 않으며, 선업善業을 희구할 뿐이다"라고 했다.

누군가 많은 중생과 반란을 일으킨 적들을 (모두) 다스려 화평하게 할 때, 정교를 받드는 것이 곧 선업이라고 했다. 세상의 이치를 알지 못하면서, 정교의 선업과 죄를 분별할 줄 안다고 하는 사람은 지나치게 오만한 것이다. 그대의 글에 "나(자삭토한)의 말을 심하다고 하는구나. 그러나 나는 노하지 않는다"라고 했다. 진실된 말은 귀에 거슬리나 정치에 이롭다. 성현들이 세상만사는 (각각) 스스로의 선업에 따라 가늠하여 행해야 한다고 했던 것처럼, 내가 할 수 없는 것을 거짓으로 말할 때, (그것이 곧) 심한 말이 되는 것이며, 진실된 말을 하는데 (그것이) 심한(거슬리는) 말이 되겠는가.

투버드(티베트)에 사신을 보냄에 즈음하여, 파견되는 승려들을 훅호트에 보냈다. 그대의 말이 분명하지 않기 때문에 몇 차례 변경에 가도록 했다.

겨울의 첫째 달 초엿새에.[29]

태종이 "몽골국의 권좌, 주군의 자리를 그대의 하늘이 (내게) 베푸셔서, 이미 나에게 주셨는데, 비천한 그대가 억지를 부리며, 모든 것을 통치하는 한처럼"이라고 한 데서 보이듯이, 당시 태종은 차하르, 투머드 등 남동부 막남 몽골에 대한 통치권을 확보하면서 몽골의 천명이 청조에 이양됐음을 강조하고 있다. 그도 그럴 것이 다얀한의 적통으로서 한의 권위를 계승하고 있던 차하르 몽골을 청조가 복속했고, 원 세조 쿠빌라이 시대에 팍바 라마가 조성해서 진상했다고 하는 호법신護法神 마하칼라 상을 차하르로부터 받아 성경(묵든) 실승사實勝寺에 모셔두었으니, 청조의 황제가 정교 양방면에서 몽골의 정통성을 계승했다고 할 만도 했다. 그러나 이것으로 모든 몽골의 동의를 구하기는 어려웠던 모양이다. 위에서 보이듯이, 소반대 Subandai 자삭토한은 청조의 몽골에 대한 권위를 인정하기는커녕 황제와 대등한 입장을 요구하고, 차하르와 투머드의 한이 권위를 상실한 마당에서 자신이 다얀한 6만 호의 계승자로서 군림하고자 했다. 물론 할하 좌익이나 서부 어루트 몽골도 예외가 아니었음은 부언할 필요가 없을 것이다.

또한 삼보三寶를 다투어 받드는 일이 자삭토한에 당치도 않다는 표현에서 보이듯이, 앞선 편지에서 불법을 받들고 수호하는 일에 자삭토한 스스로가 청조의 황제보다 적격자임을 강조했을 가능성이 크다. 이는 청조가 비록 동부의 새로운 실력자로 등장한 것은 사실이나, 티베트 교단과의 관계로 보나 불교 수용의 역사로 보나 할하 우익을 능가할 수는 없다는 뜻인데, 실상 이 또한 틀린 말은 아니니 누가 더 적격자인지 두고 보자고 설전을 벌일 만도 했다.

이상에서 살펴본 자삭토한과 태종 사이의 신경전에서도 보이듯이, 당시 내륙아시아에서 불법의 수호자이며 전륜성왕으로서의 지위를 티베트 교단으로부터 부여받느냐 못하느냐 하는 것은 곧 내륙아시아 각지의 정치 문제에 적극적으로 관여할 수 있는가 없는가의 문제와 직결될 수 있었다. 즉 교단과의 관계, 그에 따른 불교세계에서의 지위가 세속 군주의 활동 영역에 심대한 영향을 미치는 상황이 전개되고 있었던 것이다. 아마도 이런 점이 청조로 하여금 빠른 시일 안에 티베트 불교 교단의 고위 승려를 초빙하고 청조와 교단 간의 돈독한 관계를 형성할 필요를 느끼게 했을 것이다.

5세의 초빙과 관련하여 이 기사에서 유의해볼 점은 마지막 단락에 언급되어 있는 "그대의 말이 분명하지 않기 때문에 몇 차례 변경에 가도록 했다"는 부분이다. 당시 청조에서 파견된 사신들은 일단 훅호트(오늘날 내몽골 자치구 후허하오터시呼和浩特市)에 이른 후 변경의 상황을 살펴 더 전진할 것인지 여부를 판단했던 것 같다. 그러나 당시 사신들은 청조 세력 판도의 서단에 해당하는 훅호트까지만 여러 차례 이른 후 더이상 전진하지 못했다. 결국, 훅호트 이서以西의 알라샨(현 닝샤후이족자치구寧夏回族自治區 인촨銀川 서부 지역)에서 암도(현 칭하이성靑海省)로 연결되는 티베트로의 교통로가 상당 부분 할하 우익에 의해 장악된 상태이며, 우익이 청조와 티베트의 관계발전을 그리 탐탁하게 여기지 않아 청조가 이 교통로를 이용할 수 없었다는 뜻이었다. 그것이 아니라면 청조는 왜 티베트에 대한 사신의 파견과정에서 할하 우익의 동의를 구해야만 했을까. 당시 할하 우익도 분명 청조가 달라이 라마의 초청을 추진하고 있었다는 것을 알고 있었을 텐데 말이다.

여기에서 흥미로운 점은 앞에서 할하 좌익의 서친한이 말했던 것처럼, 할하의 3한과 7호쇼가 모두 달라이 라마의 초청에 찬성하며 청조와 함께 하겠다는 편지의 내용이 사실이 아닐 수 있다는 점이다. 즉 좌익과 우익이 이 문제를 두고 상반된 견해를 가지고 있었을 수 있으며, 이는 동시에 할하 내부의 갈등을 반영하고 있는 것이기

도 했다.³⁰

1691년 돌론노르 회맹을 통해 할하 좌익이 청조에 복속되기 이전까지 할하 좌익과 청조의 관계도 그리 순탄하지는 않았다. 할하 좌익은 막남 몽골에 대한 회유와 침입을 계속하여 청조와 할하 좌익 변강의 긴장 상태는 계속되고 있었다.³¹ 이런 좌익의 행보로 볼 때, 서친한의 서신 내용만으로 할하 좌익과 청조의 관계가 초기부터 줄곧 우호적이었다고 판단하는 것은 이르다. 따라서 서친한의 편지 내용에서 청조의 달라이 라마 초청을 지지한다는 것은 단순히 청조 단독의 행동을 지지한다기보다 할하 좌익과 공동으로 이 일을 진행한다면 할하 좌익이 적극적으로 참여하겠다는 뜻으로 받아들이는 것이 당시의 정황으로 보아 좀더 설득력 있는 설명이 될 것이다. 그리고 거기에는 할하 우익과 반대 노선을 걷고자 하는 할하 좌익의 의향이 강하게 작용했을 가능성이 크다.

청조의 막남 몽골 복속이 공식화된 1636년의 이듬해에 본격화되기 시작한 달라이 라마의 초청 논의과정에서 먼저 청조는 주변 몽골, 그중에서도 청조와 국경을 맞대고 있던 할하의 의견을 먼저 물었고, 이 과정에서 우익과 좌익의 상반된 반응을 경험했다. 근본적으로는 청조에 대한 양자의 입장이 크게 다를 것은 없었으나, 적어도 좌익의 경우 우익과는 달리 청조가 초청에 나선다면 자신들도 함께 일을 추진할 수 있다는 뜻을 비쳤다.

여기에서 우리가 확인할 수 있는 점은 티베트 교단의 고위 승려를 초청하는 일이 전적으로 종교적 행위에 그치지 않으며, 청조 단독으로 처리할 수도 없는 사안이었다는 점이다. 주변 몽골에 5세 초청에 대한 의향을 물은 것은 단지 사신의 파견을 위한 교통로의 확보만을 위한 것은 아니었다. 5세 초청은 교단과 교단을 둘러싼 티베트, 몽골 각 정파의 이해와 동의를 통해서만 성사될 수 있었기 때문이었다. 이는 곧 고위 승려의 방문이 가져다줄 수 있는 이점, 즉 고승의 초청을 통해 불교세계의 관계망에 적극적으로 참여할 수 있는 계기를 마련함으로써 해당 정권의 권위를 제고할 수 있다는 현실적인 필요에서 출발한 것이니, 적어도 불교세계의 관계망 속에서 뒤처져 있던 청조로서는 서둘러야 할 사안이 아닐 수 없었다. 그렇다면 청조와 할하, 그리고 오이라트는 왜 다른 권위 있는 승려들을 제쳐두고 달라이 라마의 초청을 계획했을까.

1617년에 출생하여 1622년에 달라이 라마로 정식 추대됐으니, 당시 달라이 라마는 갓 스무 살을 넘긴 젊은 승려였다.³² 당시 겔룩 교단 내부에는 제붕사원의 셴캉공 활불, 자시룬보사원의 판첸 라마 등 달라이 라마 외에도 많은 고승들이 교단을 대표하고 있었다.³³ 그럼에도 몽골에서 달라이 라마의 지명도가 높았던 것은 아마도 4세 달라이 라마 왼뎬갸쵸(1589~1616)가 투머드 몽골 알탄한의 증손이었기 때문일 것이다.

4세 달라이 라마의 전세轉世 문제는 3세의 동방 순행과 밀접하게 연결된다. 겔룩 교단이 암도는 물론 몽골에서 영향력을 확대하는 데 중요한 역할을 한 것으로 평가되는 3세 달라이 라마 소남갸쵸(1543~88)의 동방 순행은 1577년 말에 시작되어, 암도와 남부 캄(현 쓰촨성 四川省 서부) 지역, 몽골 등지에 대한 포교활동으로 이어졌고, 그는 결국 훅호트 동남부에 위치한 카라친 몽골에서 1588년 원적圓寂했다. 당시 그가 북경으로 가는 도중 사망했다는 의견도 제시되고 있는데, 5세 달라이 라마가 저술한 『3세 달라이 라마전三世達賴喇嘛傳』에 의하면 3세는 1588년 동부 몽골 카라친으로부터 초청을 받았고, 이윽고 명조가 사신을 파견해 그를 북경으로 초청했는데, 이 사실을 두고 3세가 매우 기뻐하며 북경행을 결심했으나, 원적으로 말미암아 이뤄지지 못했다고 서술하고 있다.³⁴ 그러나 그가 10여 년간 동부를 순행하면서 여러 차례 초청을 받았는데도 북경 방문이 성사되지 못한 것을 모두 그의 원적으로 돌려 설명하는 것은 무리일 것 같다.³⁵

3세의 순행은 분명 티베트의 동부에서 겔룩 교단이 성장하는 데 중요한 초석이 됐다. 그러나 그의 활동은 여기에 그치지 않고 몽골로 확대됐으니, 몽골 각 부족, 특히 훅호트를 중심으로 발전하여 당시 몽골 최대의 정치세력을 자랑하고 있던 투머드 알탄한과의 관계는 겔룩 교단이 몽골에서 유리한 위치를 차지하는 데 중요한 계기가 됐다. 알탄한으로부터 '달라이 라마'라는 칭호를 얻는 것과 동시에, 알탄한과 돈독한 유대관계를 맺고 있던 북부 할하, 알탄한의 통치 아래 놓여 있던 서부 오이라트 등에 대한 전교도 가능해졌기 때문이었다.

3세의 활동에 힘입어 겔룩 교단의 입지는 강화됐지만, 뜻하지 않게 3세가 원적하고, 4세가 투머드 몽골에서 전세함으로써 겔룩 교단은 자의반 타의반으로 몽골과 깊은 유대관계를 갖게 됐다. 4세가 라사로 떠나면서 많은 몽골 군대가 그를 뒤따랐으며, 이후에도 당시 암도를 장악하고 있던 투머드와 오르도스 용세부 몽골 등이 티베트에 대한 영향력 확대를 꾀했다. 1616년 4세의 원적 이후에도 할하 좌익의 투먼컨(1561~?) 등이 영탑靈塔의 건설 등을 빌미로 티베트를 드나들었고, 이것이 17세기로 접어들면서 어루트 몽골의 티베트 간섭으로 이어졌던 것이다.³⁶

1630년대 투머드의 세력이 약화되면서 암도를 둘러싼 몽골의 각축은 심화됐다. 이때 등장하는 할하 좌익의 촉토한(1581~1637)이나 차하르의 릭든한(1592~1634)이 겔룩 교단에 반대하며 카르마 교단, 짱바한 등과 교감을 가지고 있었음은 잘 알려진 사실이다. 그러나 이들은 곧 겔룩 교단의 요청으로 1636~37년 암도로 진군하는 서부 어루트의 한 부족인 호쇼트 몽골 구시한의 공격을 받아 실패하게 되고, 암도는 호쇼트 몽골의 손에 넘어가게 된다. 이러한 과정에서 겔룩 교단의 후원세력으로 등장하게 되는 것이 서부의 호쇼트 몽골이며, 여기에 투머드 알탄한과의 관계 속에서 성장했던 할하 좌익의 투셰투한 계열, 4세 원적을 전후한 시기 티베트에서 활동을 전개했던 할하 좌익의 투먼컨 계열 등이 참여하여 친겔룩 교단의 정파를 형성하게 된다. 몽골에서 달라이 라마의 지위는 결국 이상의 주요 정파와 깊이 연결되어 있었으며, 당시 이들과의 관계 개선을 염두에 두고 있던 청조로서도 달라이 라마의 영향력을 의식하지 않을 수 없었다.

3. 17세기 청조와 티베트 교단의 사자使者 서친 초르지[37]

1637년 할하 좌익으로부터 답신을 받은 얼마 후, 태종은 티베트로 사신을 파견했다. 아래의 서신은 당시 투버드(티베트)의 한, 즉 짱바한 카르마 덴종왕보에게 보낸 것이다. 호쇼트 몽골 구시한의 경우 암도에서 할하 몽골의 촉토한과 전쟁을 수행중이거나 겨우 마친 상태였으므로 아직 티베트 내부 문제에 관여할 상황은 아니었다. 따라서 1630년대 티베트 문제에서 정치적 영수로 활동할 수 있었던 사람은 야루장보 서남부 짱 지방을 중심으로 티베트를 통치하고 있던 짱바한 카르마 덴종왕보였다.

널리 베푸는 자, 조화로이 화평을 이루는 성스러운 한의 명령.

투버드 한(카르마 덴종왕보)에게 글을 보내는 사정(은 다음과 같다).

"옛 한들이 세운 정교(의 두 원칙)는 온전히 계승되어 파괴되지 않았으니, 위에 거하시는 큰 호톡토活佛(달라이 라마)와 투버드의 한(짱바한) 모두에게 사신을 보냅니다. 이곳의 사정은 서친 구시 초르지에게 들으십시오. 서친 초르지가 먼저 앞서 출발한 까닭으로 편지는 (지금) 보내지 않았습니까. 모든 자초지종은 내 사신을 통해 듣고 전하십시다. 서신에 예물로 길상 하닥을 보냅니다."

붉은 소 해 가운데 겨울 달 보름에.

연꽃이 만발한 성경에서.[38]

카르마 덴종왕보에게 보낸 서신에서 우리는 청조가 '서친 구시 초르지'라는 사신을 파견했음을 알 수 있다. 그의 칭호를 분석해보면 서친은 총명하다는 뜻의 몽골어 이름이며, 구시는 국사國師라는 칭호의 몽골어 번역이고, 초르지라는 칭호에서 그가 사원에서 의례를 담당했던 라마가 아니었을까 생각해볼 수 있다. 여기에서 구시라는 칭호가 혹 청조에서 하사한 것이 아닐까 추측해볼 수도 있겠으나, 이미 이 칭호는 몽골에서 사용된 지 오래됐으므로 반드시 청조가 하사한 것으로 보기는 어렵다. 예를 들어, 호쇼트 몽골 구시한의 '구시 Güüsi'도 국사國師에서 유래한 것인데, 이는 할하와 오이라트 분쟁의 중재 역할을 해낸 그의 공을 기려 할하의 여러 한들이 그에게 수여한 존칭이었다.

서신에서 태종은 옛 한들이 세운 정치와 종교의 두 원칙이 온전히 계승되어 오늘날 자신에게 이르렀으니, 이제 티베트에 사신을 보내 정교 두 원칙의 계승과 발전을 위해 자신이 노력할 때가 왔음을 밝히고 있다. 이는 티베트의 교단과 관계를 맺고자 하는 의례적인 서신으로 보이기도 하지만, 당시의 정황을 통해 행간의 의미를 살펴보면, 교단과 주변 정치세력의 관계를 역사적으로 소급해가면서 현재 청조의 입지에 근거를 제시하고, 이에 대한 상대방의 동의를 구하고자 하는 측면을 강하게 내포하고 있었다. 물론 여기에서 말하는 역사적 근거란 원 세조 쿠빌라이와 팍바의 관계를 의미하며, 이것이 1636년 차하르 한이 청조에 복속되면서 곧바로 청조에 계승됐음을 주장하는 것이었다. 쿠빌라이와 팍바의 관계는 투머드의 알탄한과 3세 달라이 라마와의 관계나 호쇼트 몽골의 구시한과 5세 달라이 라마 사이에서도 언급된 적이 있는 것으로, 14세기 이래 세속 군주와 교단의 관계는 늘 중국사에서 흔히 원조元朝라고 불리는 대몽골국의 그것을 원형으로 삼고 있었다. 이런 점에서 당시 파견된 구시 초르지의 임무는 실로 막중했을 것인데, 청조는 이런 임무를 수행하는 구시 초르지에게 실상은 구체적인 내용이 담긴 서신을 맡기지 않고, 구두로 모든 임무를 수행하게 했다. 조금은 의외의 일이 아닌가 한다. 왜 이런 일이 발생한 것일까.

　기타의 사신과 달리 필자가 서친 초르지에 대해 특별한 관심을 갖는 데는 몇 가지 이유가 있다. 첫째는 그가 숭덕에서 순치연간까지 청조와 티베트 사이를 드나들며 왕성한 활동을 했던 청조의 사신이라는 점이다. 둘째는 위의 서신에서와 같이 청조의 기록에는 그가 청조의 사신이라고 되어 있지만, 그의 활동을 잘 살펴보면 그의 소속을 알기 어려운 점들이 보인다.

　17세기 내륙아시아에는 이와 같이 외교활동에 참여했던 승려들이 다수 보이는데, 청조는 한결같이 그들이 청조의 사신이라고 적고 있지만, 실상 그러한지 의문을 갖게 하는 경우가 적지 않다. 당시 내륙아시아의 네트워크 형성과 관련하여 이러한 승려들은 매우 중요한 역할을 수행한 것이 사실이다. 그렇다면 이들은 누구이며, 어떤 역할을 수행했는가. 5세 달라이 라마의 초청과 관련하여 청조와 티베트 사이를 오갔던 서친 초르지를 통해 문제에 접근해보고자 한다.

앞의 서신에서 주의해볼 만한 점은 서친 초르지가 청조의 사신으로 티베트에 파견됐음을 명기했으나, 그 내용 중에 그가 태종의 서신을 지참하지 않고 미리 떠났으며, 이에 위의 서신은 후에 발송했다고 적고 있다는 것이다. 그것은 그가 태종이 머물고 있던 소위 "연꽃 만발한 성경"에서 출발한 것이 아니라 몽골이나 암도 등 기타의 지역에서 티베트로 떠났을 가능성을 시사한다. 필자가 이러한 추측을 해보는 데는 아래의 기사가 단서를 제공하고 있다.

널리 베푸는 자, 조화로이 화평을 이루는 성스러운 한의 명령.
서친 초르지에게 편지를 보냈다. 정교로 중생의 이익에 힘쓰며, 위[39]에 계신 고귀한 게겐[40](달라이 라마)을 배알하고, (그대가) 나(청 태종)에게 이르니 참으로 갸륵하다. 내가 (소식을) 듣고 매우 기뻤다.
그대가 다녀간 뒤에 위쪽(티베트)으로 승려들을 보내려고 (이들을) 훅호트에 보냈다.
갔던 승려들이 할하의 뜻을 알기 어려워 되돌아왔다.
지금 그대는 할하와 오이라트에 근거지를 둔 승려가 아닌가. 그대를 누가 방해하겠는가. 위에 계신 고귀한 분(달라이 라마)의 초청에 관한 의견을 그대로부터 듣기를 바라고 있다. 그대가 조심해서 훅호트에 이르기만 한다면 이곳에 오는 데는 그대를 방해할 것이 없지 않은가.
평범한 상인들과 함께 온 후에 이곳에 먼저 사신을 보내는 대로 내가 그대에게 사신을 보내 맞이하기를 바란다.

가을의 중간 달 초여드레에.[41]

1641년 태종이 서친 초르지에게 보낸 위의 서신에서 몇 가지 점이 매우 흥미로운데, 첫째는 서친 초르지가 청조에 승적을 둔 승려가 아니었다는 점이다. 현재로서는 그의 배후에 대해 구체적으로 알기는 어려우나 적어도 그는 할하, 오이라트 등 광범한 몽골 지역을 활동 범위로 하는 명망 있는 승려였고, 청조가 직접 참여하기에 역부족이었던 불교세계에 상당한 네트워크를 확보하고 있었던 것으로 보인다. 이에 청조는 그를 교단과의 대화 창구로 이용하고자 했고, 이러한 청조의 요구를 그가 수용함으로써 청조와 티베트 사이의 메신저 역할을 수행하게 된 것이었다. 따라서 "청조의 사신 서친 초르지"라는 표현을 국적이 분명한 오늘날의 외교관과 같은 개념으로 이해할 수 없음을 우선 지적해두고 싶다.

위의 기사가 흥미로운 두 번째 이유는 앞서 숭덕 5(1640)년 자삭토한에게 보낸 서신에서도 보이듯이, 당시 할하의 입장이 분명하지 않아 사신이 훅호트 이서로 더이상 나아가지 못했다는 점, 그리고 훅호트 이서 지역에서 청조 영내로 들어오는 길 또한 그다지 순탄하지는 못했다는 점이다. 태종은 서친 초르지가 안전을 위해 상인들 틈에 섞여 여행할 것을 제안하고 있는데, 당시 암도의 상황이 어느 정도 호쇼트 주도로 안정되어가고 있는 점을 고려할 때, 이는 역시 할하 내부에 분쟁이 빈번했거나, 또는 할하가 티베트에 대한 청조의 사신 파견을 반대하고 있었기 때문일 가능성이 높다.

서친 초르지에 대한 태종의 각별한 당부와 관심에서 보이듯이, 당시 청조는 서친 초르지와 같은 승려를 통하지 않고서는 내륙아시아의 네트워크에 참여하기 어려웠던 것으로 보인다. 따라서 이러한 상황을 타개하기 위해 청조는 서친 초르지와 같은 승려와의 관계를 확대하고, 이들을 통해 달라이 라마의 초청에 보다 더 적극적으로 나서고자 했던 것이다.

마지막으로 이 기사에서 주의해볼 만한 점은 이미 그가 달라이 라마를 배알하고 그의 입장을 들은 후에 청조에 이르고자 하고 있다는 점이다. 여기에서 태종은 서친 초르지를 매우 극진히 맞이할 것이라고 전하고 있는데, 적어도 자신이 파견한 신하를 대하는 글이 아님은 분명해 보인다. 이를 증명하듯, 5세 달라이 라마의 자전에서도 서친 초르지의 행적이 보이는데, 그가 달라이 라마의 뜻을 전하기 위해 청조에 파견되는 모습이 발견된다. 즉 1640년 초, 달라이 라마의 서신과 예물을 가지고 서친 초르지가 복다한, 즉 성한聖汗 태종을 만나기 위해 만주로 출발한다.

이전 1640(철룡년鐵龍年)년 판첸 라마가 서친 췌지(서친 초르지)에게 말하기를, "여진 한왕汗王의 세력이 강성하니, 네가 가서 우리의 시주가 될 수 있는지 한번 살펴보거라"라고 하여, 이에 서친 췌지를 파견하니, 서신과 예물을 복다한(태종)에게 전했다. 지금(1644), 그가 한왕의 거처로부터 순조롭게 돌아왔다. 그와 함께 차간 라마 등 대규모의 금자사자金字使者가 왔다. 복다한은 티베트의 여러 라마에게 서신과 옷감, 금은 등 예물을 보내왔다. 이 뒤를 따라 할하 좌익의 노민어전과 총제반디타 등 대규모의 손님들이 당도했다. 각계로부터 온 손님들이 모두 모여 20여 일에 걸친 보시를 행하면서 셀 수 없이 많은 예물을 봉헌했고, 나는 그들을 위해 대원만보리회향법사大圓滿菩提回向法事를 행하고, 그들의 요구에 따라 백여 명에게 출가 및 구

족계具足戒를 전수했다.⁴²

위의 기사에 의하면, 서친 초르지를 청조에 파견한 것은 판첸라마였다. 그도 그럴 것이 당시 달라이 라마는 아직 약관의 나이였으며, 그의 스승 역할을 하고 있던 판첸이 당시 주요한 정무를 담당하고 있었기 때문이다.

1644년 말, 4년여 만에 서친 초르지가 티베트로 돌아왔다. 이때 그는 청조의 사신을 대동하고 있었으며, 또한 이를 따라 할하 좌익의 사신도 함께 티베트에 도착했다. 앞에서 살펴보았던 할하 좌익 서친한의 서신에서 청조에 요구했듯이, 달라이 라마의 초청을 위해 사신을 파견하면서 청조는 할하 좌익과 함께 사신을 파견했다. 청조가 당시 할하 좌익의 요구를 수용했던 점이 분명하게 보인다.

1640년경에 파견됐던 서친 초르지가 성경을 방문하고 라사로 돌아오기까지 그의 행적을 구체적으로 추적해볼 만한 자료는 현재로서는 보이지 않는다. 다만 1642~43년 사이에 티베트에서 사신이 파견되어 성경에서 태종을 만나고 돌아간 사실이 『청실록』에서 확인된다.

투버드(티베트) 부락의 달라이 라마가 이락곡산 호톡토와 다이칭 초르지 등을 보내 성경에 이르렀다. 상上이 친히 제왕, 버일러, 대신 등을 이끌고 회원문懷遠門을 나서 그를 맞이했다. 마관馬館에 이르러, 상이 무리를 이끌고 하늘에 절하고, 삼궤구고두三跪九叩頭의 예를 행한 후, 마관에 들어갔다. 상이 자리에 앉자, 이락곡산 호톡토 등이 배알했고, 상이 일어나 이를 맞이했다. 이락곡산 호톡토 등이 달라이 라마의 서신을 진상하니, 상이 서서 받아 우대했다.⁴³

앞서 투버드 부락의 달라이 라마가 이락곡산 호톡토 및 어루트 부락의 다이칭 초르지 등을 보내 이르니, 숭정전崇政殿에서 대연회를 베풀고, 팔기八旗 제왕과 버일러에게 5일에 한 번 연회를 베풀게 하여, 대략 8개월이 됐다. 돌아갈 때가 되자, 이락곡산 호톡토 및 함께 왔던 라마에게 은기銀器와 단조의緞朝衣 등 물품을 차등 있게 주었다.⁴⁴

이상에 언급한 숭덕 7년과 8년 기사에 의하면, 이락곡산 호톡토와 다이칭 초르지 등이 달라이 라마의 서신을 가지고 1642년 성경에 도착했다. 태종은 도성 밖 사신들의 숙소까지 와서 그를 만나고 달라이 라마의 서신을 직접 받아들었다. 그들이 머무는 8개월 동안 극진히 우대했으며, 1643년 사신 일행이 라사를 향해 떠났음을 알 수 있다. 그런데 흥미로운 것은 달라이 라마의 서신을 태종에게 전달한 것이 서친 초르지가 아닌 이락곡산 호톡토라는 것이다.

서친 초르지와 이락곡산 호톡토의 연관성에 대해서는 천칭잉의 연구가 참고할 만한데,⁴⁵ 그는 『암도 정교사安多政教史』와 샹게갸쵸의 『구름으로 엮은 듯 투명한 비단 옷』 중 1689년의 기록을 이용하여 이락곡산 호톡토가 암도 지역의 고승 진바갸쵸sbyin pa rgya mtsho이며, 그가 곧 서친 초르지로, 4세 판첸과 5세 달라이 라마의 명령을 받들어 성경에 파견됐다가 태종의 후대를 받았고, 후에 청해성靑海省 쿰붐塔爾寺에서 전세하여 이락곡산호톡토 활불 계통을 형성했음을 밝혔다.⁴⁶ 그는 1651년 북해北海 백탑白塔, 북경의 황사黃寺 건설과 깊은 관련을 갖는 등 태종에서 순치제에 이르는 시기 티베트와 북경을 오가며 활발하게 활동했지만, 이 활불 계통과 서친 초르지의 관계나 그의 전세자들의 활동에 대해서는 알려진 것이 그리 많지 않다. 거기에는 아마도 다음의 두 가지 원인이 작용했을 것으로 보이는데, 무엇보다 중요한 점은 진바갸쵸의 전세자인 2세 이락곡산 호톡토가 17세기 말 준가르 갈단에 협력하다가 청조에 체포되어 처형됨으로써 그 후 청조에 의해 의도적으로 기록에서 삭제됐기 때문이다. 또 다른 문제는 이락곡산이라는 칭호를 가진 명망 있는 활불이 서친 초르지 외에도 여럿 존재해 이들의 행적이 기록에서 뒤섞였을 가능성이다.

17세기 몽골 지역에서 이락곡산이라는 칭호를 지닌 비교적 명망 있는 승려는 모두 세 명에 이른다. 17세기 할하 몽골을 대표하는 역사서 『아사락치라 불리는 역사Asaraγči neretü-yin teüke』(1677)에 의하면, 앞에서 지적한 4세 달라이 라마의 영탑 건설을 위해 티베트에 왔던 할하 좌익 투먼컨의 손자 중에 이락곡산 호톡토가 보인다.[47] 후에 그는 1685년 청조에 의해 귀화성 장인자사크 대라마歸化省掌印扎薩克大喇嘛로 임명되어, 당시 남부 몽골의 중심지 훅호트를 중심으로 활동했다. 그러나 출생연대가 17세기 중엽으로 추정되며, 이후 훅호트에서의 활동 시기로 볼 때 그는 서친 초르지보다 후대의 인물인 것으로 보인다.

또 다른 이락곡산 호톡토 자야반디타(1599~1662)의 경우, 천칭잉도 언급했듯이, 활동 연대나 할하와 서부 어루트 일대라는 활동 지역으로 볼 때 그의 활동과 서친 초르지의 그것이 기록에서 뒤섞여 나타났을 가능성이 크다. 그러나 자야반디타의 경우 진바갸쵸 서친 초르지와 같이 판첸과 달라이 라마에 의해 사신으로서 청조에 파견된 예는 보이지 않으므로 그가 서친 초르지일 가능성은 상대적으로 희박하다. 또한 1630년대 후반에서 1640년대에 걸쳐 자야반디타가 할하와 오이라트 사이에서 정치적 중재자로서, 번역가로서, 토트 문자의 창제자로서 매우 바쁘게 활동했음을 고려할 때, 그가 과연 여러 차례 청조와 겔룩 교단 사이를 오가며 사신의 역할을 수행할 수 있었는지는 의문이다.

이상의 논의를 통해 우리는 서친 초르지가 암도 출신의 승려로서 할하와 오이라트 정교계에 폭넓은 인맥을 형성하고 있었으며, 1637년 이래 여러 차례 성경과 라사를 드나들며, 청조와 티베트 불교세계의 여러 정치세력 간 사절로서 역할을 충실히 수행했고, 이를 계기로 이락곡산 호톡토 즉 '승리를 얻은 복된 자'라는 의미의 존칭을 얻게 됐음을 알게 됐다. 대략 건륭연간에 접어들면서 청조는 이와 같이 청조와 돈독한 관계를 맺었던 고위 승려, 그의 전세자를 북경에 주재시키거나, 승려의 전기문을 출판하여 공덕을 기렸다. 그러나 이락곡산의 경우 초기 사신으로서의 활동 외에는 별다른 기록이 남아 있지 않고, 청조가 출간한 전기문도 전하지 않는다. 그것은 역시 이락곡산이 준가르 갈단의 반청활동에 깊이 연루되어 청조로부터 처벌됐기 때문이었다.⁴⁸

청조의 입장에서 볼 때, 태종의 뜻을 전달하는 역할을 했으니 서친 초르지는 분명 청조의 사신이었다. 그러나 그가 청조에 승적을 두고 관료로서 활동했는가 하면, 그것은 분명 아니었다. 그는 자신과 교단의 관계망 속에서 실상은 자신이 속한 교단의 이익을 대변하고 있었는지도 모르겠다.

내륙아시아의 불교 전파 지역에는 서친 초르지와 같은 승려들이 다수 활동했다. 예를 들어, 17세기 말 활동했던 아치토 겔룽(또는 아치토 초이지)도 할하 좌익 투셰투한과 제브준단바 호톡토 휘하의 승려였지만, 할하 좌우익의 분쟁이 발생하자 청조와 티베트를 오가며 청조의 사신 역할을 했다. 이러한 오해는 물론 전근대 외교관의 신분을 현대적으로 이해할 수 없다는 점도 있지만, 기록의 주체로서 청조가 문제를 왜곡했다고 이해하는 것이 더욱 타당할 것이다.

당시 내륙아시아의 승려들은 우선 자신의 출신 지역과 그 지역의 세속 군주에게 강한 소속감을 느끼고 있었다. 세속 군주의 혈족에서 출현한 활불이라면 그의 소속감은 더 말할 나위 없었을 것이다. 그러나 때로는 자신의 출신 지역을 떠나 사원 내부에서 입지를 구축하고 명성을 얻는 경우도 있어 이런 경우에는 교단에 대한 소속감이 더 클 수 있었다. 이러한 다양한 배경 때문에 당시 승려들의 활동을 일관되게 불법佛法과 교단敎團의 발전을 목적으로 했다고 보기는 어렵다. 결국 당시 내륙아시아의 승려들은 각 정파의 이익을 불법의 이름으로 대변하고 있었으며, 이들에 의해 형성된 관계망은 내륙아시아의 구성원들이 상호 소통할 수 있는 장으로서 작용하고 있었다. 후에 청조가 주경라마제도駐京喇嘛制度를 만들어 암도와 몽골 등지의 승려들을 북경에 장기 체류하도록 한 것은 바로 이러한 연유에서 비롯됐다.

4. 5세 달라이 라마, 북경행에 오르다

1637년을 전후한 시기 청조가 5세 달라이 라마의 초청 의사를 표명한 이래, 1648년 말에서 1649년 초에 와서야 5세 달라이 라마가 공식적으로 청조의 초청을 수락했으니, 십수 년의 세월이 흘러서야 태종의 원대한 계획이 성사되게 됐다.[49] 겔룩 교단의 입장에서는 초청을 수락하기 전에 몇 가지 요소를 고려할 수밖에 없었을 텐데, 청조의 세력추이, 특히 입관 이후의 상황이 어떻게 전개되는지, 달라이 라마의 북경 방문을 주변 몽골 군주들이 어떻게 받아들이는지, 달라이 라마의 부재가 티베트에 미칠 영향 등 갖가지 요소를 고려한 이후 결정을 내려야 했다.

1648년 5월에 청조가 달라이 라마에 보낸 서신에 대한 답장이 1649년 2월에 도착했다. 이 답신의 말미에 달라이 라마는 자신의 출행 결정을 구체화한 내용을 다음과 같이 간단히 적고 있다.

> 내(달라이 라마)가 궁전에서 함께 만나는 일은 용해 여름으로 합시다. 이렇게 말한 까닭에 대해서는 사신이 아뢸 것입니다.[50]

위의 내용에서 우리는 적어도 회견 시점에 대해 달라이 라마가 먼저 청조에 "용해(1652) 여름"을 제시했음을 알 수 있다.[51] 이 점은 청조의 답신에 의해서도 확인되는데, 1649(순치 6)년 10월 7일 청조가 달라이 라마에게 보낸 답신에는 다음과 같은 내용이 실려 있다.

> 라마(달라이 라마)가 보낸 편지에서 용해 여름에 오실 수 있다고 말씀하신 것을 보고, 이곳의 우리들이 매우 기뻐했습니다.[52]

이상의 내용에서 달라이 라마와 순치제의 회견 시점은 달라이 라마 쪽에서 먼저 결정해 청조에 통보했고, 이것을 청조가 쾌히 수락한 것으로 보인다. 회견 장소에 대해서는 앞선 편지에서 "궁전에서 만나는 일"에 대해 달라이 라마가 "용해 여름"이라는 시점을 제시한 것으로 보아 청조가 '궁전'에서 만날 것을 앞에서 제시한 것이 아닌가 추측하게 한다.

이렇게 일단락되는가 싶던 장소와 시점에 대한 논의는 1651(순치

8)년 3월 서신에 다시 등장하게 된다. 여기에서 순치제는 조금 시일을 늦춰 같은 해 가을 첫째 달, 음력 7월에 초청하고 싶다는 뜻을 전하고 있다.⁵³ 달라이 라마의 출행이 1년도 남지 않은 상황에서 청조는 별도의 설명 없이 회담 시기를 조금 늦춘 것이다.

  1649년 청조의 답신 이래 회견 시점에 대한 논의가 다시 불거진 것은 무슨 이유에서였을까. 이 점은 결국 회담 장소에 대한 양쪽의 줄다리기가 계속되고 있었음을 의미하는 것으로, 전염병에 대해 극히 주의하고 있던 달라이 라마 쪽에서 처음부터 여름을 제시했던 것은 아마도 북경까지 가지 않고 순치제를 만날 의도를 가지고 있었던 것이 아닌지 의심하게 한다. 청조의 영향권 아래 있었던 남부 몽골 어느 지점을 회담 장소로 염두에 두었던 것 같은데, 결국 달라이 라마 쪽의 의도는 1652년 구시한이 청조에 보낸 서신에서 분명하게 보인다.⁵⁴

  달라이 라마가 라사를 떠나 암도의 구시한과 함께 머물던 시점, 1652년 8월에 구시한은 순치제에게 서신을 보내 회담 장소를 다이가代噶(현 내몽골자치구 량청涼城 동남부)로 하면 어떨지 의견을 물었고, 음력 9월의 서신에서 청조가 이를 수용했다. 그러나 약 한 달 뒤에 도착한 서신에서 순치제는 다시 회담 장소를 변경해줄 것을 요구해 결국 회담 장소는 북경으로 정해졌고, 그 시점은 여름이 아닌 겨울로 바뀠다.⁵⁵ 결국 청조는 달라이 라마를 북경까지 이르게 하는 데 성공한 셈인데, 달라이 라마를 위해 황사黃寺까지 조성했던 청조로서는 달라이 라마를 북경으로 초청하지 못할 경우 주변에 웃음거리가 될 수도 있었다. 달라이 라마 쪽에서도 당시 세력을 확장하고 있던 할하 좌익을 견제할 수 있는 동부의 새로운 시주를 확보하려는 시점에서 청조의 뜻을 모두 저버릴 수는 없었던 것이다. 이제 5세 달라이 라마는 자신과 교단의 명운을 걸고 세상의 모든 물줄기가 시작되는 설역雪域으로부터 원 세조 쿠빌라이가 건설했고 한때 세계의 중심임을 자처했던 오늘날의 베이징으로 결코 짧지 않은 여정을 시작하게 됐다. 먼저 그는 티베트 내부에 대한 순행으로 그 막을 열었다.

티베트력 1651년 9월, 5세 달라이 라마는 1652년 시작될 북경으로의 전교여행에 앞에서 티베트 내지에 대한 성지순례를 시작했다. 라사 축라캉gtsug lag khang(大昭寺)에서 시작된 여정은 야루장보를 따라 남동쪽으로 향하게 되는데, 과거 팍모추바 정권의 중심지 네우동(현 시장장족자치구西藏藏族自治區 나이둥현乃東縣), 총제에 위치한 쏭젠감보srong btsan sgam po(?~650)의 능원, 삼예사원bsam yas gtsug lag khang(桑耶寺) 등을 돌아보고, 12월 초에 제붕사원으로 귀환했다. 이 여정에는 청해 호쇼트의 영수 구시한이 대동했으며, 5세는 닝마 교단과 카르마 교단의 중심지를 차례로 방문하여 겔룩 교단의 교세 확장을 위한 각종 종교행사를 주재했다. 물론 자신의 동부 순행계획을 티베트 각계에 알려 겔룩 교단의 위상을 높이고, 또 한편 주변의 동의를 구하는 과정이기도 했다. 이 과정에서 흥미로운 점은 구시한의 군대에 패망한 짱바한의 근거지 짱 지방 시가체 일대가 아닌 최초 통일정권 토번吐蕃을 세운 쏭젠감보와 티베트 최초의 사원인 삼예사원, 그리고 원말·명초 최대 세력으로 티베트를 대표했던 팍모추바의 근거지를 방문했다는 사실이다.

남부 순례에 관한 기록에서 분명히 밝히고 있지는 않지만, 자전의 곳곳에서 자신과 팍바 라마의 관계를 논한 점에서 드러나듯이, 이후 자신과 겔룩 교단의 위상을 제고하는 데 이상에서 열거한 지역과 역사적 사건을 연결시키고자 했던 것은 아닐까. 달라이 라마는 청조의 초청을 수락하면서 자신의 이번 행보가 앞으로 가져올지도 모를 자신과 교단의 발전에 대해 상당히 고무되어 있었던 것이 사실이다. 혹 팍바가 원 세조 쿠빌라이와 맺었던 인연을 재현할 수 있지 않을까 내심 큰 기대도 걸고 있었던 것 같다.

　이전의 디시 짱바한 시기에 내게 아무런 희망도 없었을 때……『복장수기伏藏授記』중에 언급한 구업심전칠제자具業心傳七弟子 중에서 문수보살文殊菩薩의 화신化身이 위 지방(5세의 출생지)에 출현한다고 하면서, 특별한 장애를 만나지 않는다면 그가 한漢·장藏·몽蒙 세 지역을 교화할 것이라고 했다. 그들은 내가 문수보살의 화신이라고 여겼지만, 나는 '내가 어찌 감히 문수보살의 화신이겠는가' 생각했고, 아마도 단지 문수보살과 약간의 인연이 있을 뿐이라고 여겼다. 한·장·몽 세 지역의 영수 중에서 어떤 사람은 시주와 복전의 관계이고, 어떤 사람은 군주와 신하의 관계인데, 우리에게 반드시 이런 관계가 출현할 수 없다고 맹세코 말할 수도 없다. 그러나 당시 4명의 권위 있는 라마들의 자리 중 나는 제일 낮은 자리에조차 앉을 수 없는 위치였다.……『대신유교大臣遺教』중 말하기를, "감보 치송데젠이 신어의오공덕身語意五功德과 다섯 종류의 사업을 다섯 종류의 신통한 위력으로 전환함이 무궁하고 각종 변화가 무질서하지 않아 이 두 종류의 색신色身이 중생에 이익이 됐다. 교화호지教化護持하는 천지의 주인이 장차 사호르 지역에 출현할 것이다"라고 했다. 이 말은 이전에 반친왕보가 가는 곳마다 퍼뜨린 것이다. 한때 디시 짱바한이 그 전세轉世라고 했는데, 중론이 분분했고, 반친왕보는 이것이 사실상 나를 지칭한다고 했다.[56]

이상의 내용은 1648년 청조의 사신이 5세 달라이 라마를 정식으로 북경에 초청했을 때, 5세 달라이 라마가 그의 감상을 적은 부분이다. 이와 유사한 내용으로 다음의 기사도 주목된다.

『문수근본속文殊根本續』에 이르기를, 세계가 말겁에 이르렀을 때, 석가모니의 가르침이 쇠락하는데, 이때 반드시 한 명의 성승聖僧이 국왕의 모습으로 출현할 것이다.……이 성승 국왕의 이름은 '로(마음, 사상)' 자로 시작할 것이며,……이 예언은 의심의 여지없이 법왕 팍바의 이름 로줴걀찬을 뜻하는데, 그러나 사람마다 다른 견해를 가질 수 있으니, (어떤 사람은 이 성승 국왕을 나로 해석하기도 하면서) 이로써 자신들의 바람을 만족시키는 것이었다.[57]

위의 내용에서 주의할 부분은 자신의 역할을 팍바에 비유한 점인데, 이는 원대 이래 사캬 교단이 주변 지역으로 교세를 확장하는 데 팍바가 중요한 역할을 수행했기 때문이었다. 이에 5세도 유사한 역할을 수행하고자 하는 자신의 포부를 밝히고 있는 셈인데, 5세의 이름 '로상갸쵸'를 염두에 둔 발언이라든가, 세속 군주와 같은 통치력을 확보하겠다는 의지에서 이번 순행을 대하는 달라이 라마의 태도를 엿볼 수 있다.

티베트 남부에 대한 순행을 마치고 제붕사원으로 돌아온 5세는 1652년水龍年 신년기원대법회 묀람첸모를 개최하고 뒤이어 계속되는 티베트와 몽골 각지의 하례객을 맞이했다. 특히 이번에는 그의 북경행을 앞두고 많은 정교계 인사들이 그를 배웅하기 위해 라사를 방문하여 장사진을 이뤘는데, 한 해 앞에서 5세를 방문했던 할하의 활불 제브준단바도 5세의 동방 순행에 앞서 그를 배알하고자 자신의 첫 번째 라사여행을 1651년에 단행했다.

티베트력 1652년 3월 15일 드디어 5세의 동방순행을 겸한 북경행北京行이 시작됐다. 라사와 북경 지역을 연결하는 교통로에는 크게 두 노선이 있었다. 첫째는 티베트 동남부 참도를 거쳐 사천四川 성도成都를 통해 북경으로 통하는 방식이며, 둘째는 라사 북동부 낙취, 청해青海 북부, 몽골 서남부 닝샤寧夏, 몽골 남부, 북경으로 통하는 전통적인 초원 루트이다. 5세는 후자를 택했는데, 이는 당시 티베트의 실력자로 부상해 있던 청해 어루트와 몽골 각지 시주들의 요구를 충족시키기 위한 것이었으며, 가능한 전염병의 위험에 노출되지 않기 위한 선택이기도 했다.

여정중에 5세는 각지의 주요 정치·종교계 인사를 접견하고 주요 사원을 방문하는 등의 일을 수행함과 동시에 1646년에 썼던 3세 달라이 라마 소남갸쵸의 전기문을 수정하여 완성했고,[58] 곧이어 4세 달라이 라마 욘덴갸쵸의 전기 집필을 시작했다. 물론 앞선 3세와 4세에 대한 전기문을 작성하는 것이 그리 의외의 일은 아니지만, 문제는 3세와 4세의 치적 중 상당 부분을 차지하는 것이 몽골 등 주변 지역으로의 전교사업과 관련된다는 점이다. 특히, 3세의 경우 직접 청해와 몽골 등지로 전교여행을 했으며, 몽골에서 원적함으로써 몽골 출신의 영동靈童이 4세로 선정되는 데 결정적인 역할을 했다. 자신의 북경행을 앞두고 그들의 사적을 정리하고 주의를 환기시키는 것은 자신의 동방 순행을 합리화하는 가장 좋은 방편이 아니었을까.

그의 여정을 개략적으로 살펴보면 다음과 같은데, 1652년 4월 23일(양력, 이하 생략) 라사를 출발→1652년 9월 21일 암도 굼붐塔爾寺에 도착→1652년 12월 6일 다이가代噶에 도착→1653년 1월 4일 장자커우張家口에 도착→1653년 1월 15일 남원南苑[59]에 도착→

1653년 1월 16일 황사⁶⁰로 이동→1653년 3월 19일 황사를 떠나 청수하清水河에 도착→1653년 4월 9일 다이가에 도착→1653년 6월 25일 다이가를 출발→1653년 12월 4일 라사로 귀환했다.⁶¹

궁성 밖 남원에서 첫 만남을 가진 달라이 라마와 순치제는 궁성 안에서도 세 차례의 만남을 가졌다. 당시 보화전保和殿에서 베풀어진 연회의 모습이 오늘날까지 라사의 포탈라와 티베트 남부 삼예사원에 벽화로 남아 있어 당시의 정황을 이해하는 데 도움을 주고 있다.⁶² 1653년 1월 남원에서 진행된 첫 만남에 대해 달라이 라마는 아래와 같이 적고 있다.

> 화살 4개가 날아갈 정도의 거리까지 간 후, 나는 말에서 내려 걷기 시작했고, 황제도 자리에서 일어나 우리는 서로 십여 보씩을 걸은 후, 손을 맞잡고 서로의 안부를 물었다. 그 후 황제는 허리 높이의 의자에 앉았고, 나로 하여금 가까이에 앉도록 했는데, 나는 황제의 의자보다 조금 낮은 자리에 앉았다. 차를 마실 때, 나에게 먼저 마시라고 했지만, 나는 감당할 수 없는 일이라고 하여 우리는 동시에 함께 마셨다. 이처럼 나를 대하는 예의가 돈독했다.⁶³

달라이 라마는 대체적으로 청조의 예우에 대해 만족했던 것으로 보이는데, 당시 달라이 라마를 초청한 청조의 입장에서 가장 주의했던 일이 바로 이 예의 문제였다. 혹 예의 문제가 발생하여 주변 몽골이나 교단의 반발을 산다면 달라이 라마의 초청을 통해 불교세계의 일원으로 당당히 나설 수 있는 기회를 잃음은 물론 오히려 주변 몽골의 반청행위를 정당화하는 빌미를 제공할 수도 있었기 때문이다. 예를 들어, 준가르의 갈단이 할하 좌익과 청조를 향해 진격할 때 구실로 삼았던 것이 바로 달라이 라마가 파견한 사신에 대해 좌익의 제브준단바 호톡토가 불손한 행위를 했다는 것이었음을 상기할 필요가 있겠다.[64]

달라이 라마가 암도에 머무는 동안 구시한이 청조에 보낸 서한에서도 달라이 라마에 대한 예우 문제를 거론하면서 5세가 변경에 접근했을 시점과 경내 진입 이후 적절한 시점에 관료와 황족이 각각 달라이 라마를 영접할 것을 주문하고 있다.[65] 실로 당시 내륙아시아 정치와 종교계의 모든 눈과 귀가 달라이 라마의 행보에 집중되어 있었던 것이다. 이런 높은 관심을 반영하듯, 달라이 라마의 여정중 그를 배알하기 위한 행렬은 끊이지 않았고, 이는 그가 북경에 머물 때에도 계속됐다. 이는 5세나 교단이 원하던 것이기도 했겠지만, 티베트 불교의 새로운 거점으로서 정교 양 방면의 권위를 획득하고자 했던 청조의 바람이기도 했다.

당시 달라이 라마는 내몽골 각지와 북경에 머물며, 많은 승려와 세속 군주를 만났는데, 그중에는 내치 토인(1557~1653)도 있었다.[66] 그는 청조와 상당히 밀접한 관계를 맺고 있는 승려였으며, 당시 몽골 남부에서 상당한 신자를 확보하며 영향력을 행사하고 있었다. 이에 대해 그가 일반 신자들에게 부적절한 무상유가無上瑜伽와 같은 수행방식을 전수하고 있다는 비판의 목소리가 커지고 있었다.

이에 청조는 달라이 라마가 이 문제를 판단해줄 것을 청했고, 달라이 라마는 그의 배움이 적은 탓이라고 하여 비판자들의 손을 들어주었다.[67] 실은 내치 토인 또한 출가 후 여러 해 동안 티베트에서 정규과정을 수학한 승려였는데도 불구하고 오랜 기간 교단과의 관계를 끊고 홀로 남부 몽골에서 활동한 결과 교단으로부터 이단의 판결을 받은 셈이었다.

여기에서 흥미로운 것은 달라이 라마의 동방 순행과정에서 겔룩 교단의 위상을 내륙아시아 전역에 확립하려는 노력이 함께 진행되고 있었다는 점이다. 무엇이 정통이고 이단인가의 문제를 교단과 달라이 라마가 판단하겠다는 것인데, 이를 계기로 독립된 여러 교단의 난립보다는 달라이 라마를 통한 교단의 통합을 청조는 후원하겠다는 의지를 비췄던 것이다.[68] 이러한 청조의 입장은 변강 지배질서가 완성되는 건륭연간에 이르면 상당한 변화를 일으키는데, 달라이 라마의 권한을 라사를 중심으로 한 위 지방에, 판첸의 권한을 남부 짱 지방에, 제브준단바의 권한을 할하 등 몽골 일부 지역으로 축소하고, 친청親淸 성향의 주경라마駐京喇嘛가 각 지역의 중재 역할을 하도록 하여 주요 활불들의 권한을 분리 축소했다.

이상에서처럼 교권 확립을 위한 바쁜 일정을 뒤로 하고 달라이 라마는 다시 자신의 수행원들이 기다리고 있는 몽골 남부의 다이가로 발길을 옮겼다. 여기에서 유명한 달라이 라마에 대한 책봉이 이뤄지게 되는데, 그 내용은 「칙봉오세달뢰라마책문敕封五世達賴喇嘛冊文」 순치 10(1653)년 3월 초3일三月初三日의 표제가 붙어 있는 아래의 자료에서 확인할 수 있다.[69]

하늘의 보살핌으로 시간을(현재를) 다스리는, 황제의 명령, "내가 듣자 하니, 모두를 아울러 다스리는 자와 홀로 선한 자가 근원을 밝히는 도리는 같지 않다고 하며, 세상을 떠난 자와 세상에 존재하는 자가 가르침을 세우는 이치 또한 다르다고 한다. 만약 그렇다면, 마음을 맑게 하고, 천성에 따른 행위를 분명히 하며, 온 세상을 좋은 방향으로 이끄는, 만민의 영도자는 모두 한 가지 뜻이 된다. 롭상잠소 달라이 라마 당신은 빛나는 지성을 바르게 키우고, 지혜가 매우 깊은 까닭으로, 마음과 행동 모두를 다스려, 일체의 사물을 헛된 것이라고 하고, 그로써 불법을 널리 알려 우매한 중생을 가르쳐 이끌었으니, 불법이 서쪽에서 성하여, 그 선한 이름이 동쪽에 알려진 것을 아버지 태종문황제太宗文皇帝가 들어 찬양하고, 영접하러 사신을 보내 만났을 때, 그대(달라이 라마)가 미리 하늘의 뜻을 알고, "용해에 만나도록 합시다"라고 했다. 나는 하늘의 보살핌으로 시간을 다스리며, 천하를 평정한 후 진정으로 초청하기에 적당한 때가 왔다고 생각했다. 지금 보아하니, 사람됨이 자애롭고, 언사에 절도가 있으며, 총기와 현명함, 학식을 고루 갖춘 등 은혜를 베풀고, 이치를 궁구하는 문을 널리 열었으니, 이는 마치 밝은 길 위의 계단과 배 같으며, 또는 불법이 (높은) 산과 (하늘의) 별 같음이다. 이에 나는 극찬하는 금책金冊과 인장을 주어, "서쪽 지극히 선하고 자재自在한 부처西方大善自在佛, 세상의 모든 불교 교단을 이끄는, 모든 것을 아는 자一切智 와치르다라金剛持 달라이 라마"라고 추대했다. 적당한 때에 가서 불교를 융성하게 한 까닭으로 모두 기뻐하며 연회를 베풀도록 했다. 불법을 떨치게 하고, 수없이 많은 중생을 구제했으니, 이것으로 상중의 상上上乘이다. 이로 인해 금책과 인장을 주었다."[70]

이는 청조가 5세의 북경행을 마무리짓는 의미에서 내린 책문인데, 가능한 달라이 라마에 대한 존경을 표하고, 장래 돈독한 관계를 유지하며, 이 관계가 이미 오랜 동안 지속되어왔음을 강조하고자 하는 청조의 뜻을 담고 있다. "세상의 모든 불교 교단을 이끄는"에서도 보이듯이, 달라이 라마 중심의 교권질서를 인정하고 후원하겠다는 뜻이니, 달라이 라마가 북경행에서 얻은 가장 큰 수확이 아닐 수 없다.

물론 일부 겔룩 교단의 지지 아래 진행된 준가르 갈단의 동진이 실패하고, 뒤이어 6세와 7세 달라이 라마 지정 문제가 순조롭게 진행되지 못하여 청조가 티베트 문제에 개입하는 빌미를 제공함으로써 달라이 라마 교권에 큰 손상을 가져온 것은 사실이다. 그러나 18세기에 발생하는 청조의 티베트에 대한 영향력 확대과정을 5세의 책봉에서부터 비롯됐다고 보는 것은 지나친 면이 없지 않다.

5. 17세기 내륙아시아의 네트워크

청조는 동부 유라시아라는 대권역을 출현시키는 데 중요한 역할을 수행했다. 그러나 제국의 권역이 큰 만큼 청조의 영역 내부에는 다수의 중층적 하부 권역이 존재했으며 이들의 다양한 지역질서는 전체 제국질서와 큰 충돌을 일으키지 않는 한 그 존재를 인정받았다. 내륙아시아 또한 그 하부 권역 중의 하나이지만, 좀더 특별한 점이 있다면 내륙아시아 동부는 만주의 요람이며, 청조의 성장은 곧 주변 몽골과의 동맹과 복속 없이 불가능한 것이었다는 점이다. 이에 최근 청대사 연구자들은 몽골의 계승자이며 내륙아시아의 패자로서의 청조에 대해 각별한 관심을 모으고 있다.[71] 이는 곧 내륙아시아적 지역질서의 존재에 대한 관심으로도 이어져 당시 내륙아시아를 풍미하고 있던 티베트 불교의 역할에 대한 논의가 힘을 얻고 있다.

그러나 청조를 중심으로 내륙아시아의 지역질서를 논할 때 한 가지 주의할 점은, 몽골제국의 회복을 꿈꾸는 여러 몽골 정권의 존재이다. 특히 17세기의 경우 이들의 세력은 상당해서, 청조를 중심으로 내륙아시아의 17세기를 논한다는 것은 위험한 가설일 수 있다.

달라이 라마의 북경행에서도 보이듯이, 할하 우익은 청조의 티베트에 대한 사신 파견을 반대했고, 청조의 권위도 인정하지 않았다. 좌익의 경우도 크게 다르지 않은 것으로, 서친한이 사신을 파견해 달라이 라마의 초청을 찬성하고 할하 좌익과 함께 일을 추진할 것을 요청했으나, 이는 우익과의 반대 입장을 통해 자신의 우호세력을 확대시키려는 것에 다름 아니었다.

이러한 정황은 곧이어 전개되는 할하 좌익의 남부 몽골 공격에서 확인되는데, 1646년 수니트 몽골의 수령 텅기스Tenggis(騰機思)가 할하 좌익에 귀부했고, 이미 청조에 복속되어 있던 남부의 바린 Baγarin(巴林) 몽골을 할하 좌익이 공격하여 다수의 백성을 할하로 데려간 사건이 그것이었다. 곧 좌익의 입장도 우익과 크게 다르지 않았음이 확인되는 부분이다. 그러나 이러한 정황 속에서 진행된 청조의 불교수용에 대한 기존의 해석은 철저히 '통치수단으로서의 불교'라는 측면에 경도되어 있었다. 당시 내륙아시아의 정세 속에서 청조는 결코 절대적인 권력을 쥔 집권자가 아니었는데도 말이다.

과거의 전통적인 연구경향에서 드러나는 티베트 불교는 몽골을 비롯한 티베트 등 불교 전파 지역을 통치하기 위한 수단이었을 뿐, 청 황제를 비롯한 통치계층은 결코 티베트 불교를 종교로서 숭상하지 않았다는 것이다. 그 증거로서 열거되는 것 중 하나가 『태종문황제성훈太宗文皇帝聖訓』 중 티베트 불교 승려에 대한 비판이다. 이에 대해 파르쿠아르는 이것이 단지 티베트 불교 승려에 대한 비판만은 아니며, 태종이 선종禪宗 불교 승려에 대해서도 경제활동이나 군대에 봉사하지 않는 행위에 대해 비판했음을 지적했다. 또한 이러한 비판과 함께 청조 황제들은 불경의 간행과 사원의 건설 등 불사를 아끼지 않았으며, 스스로 보살왕菩薩王(문수보살의 화신)으로서의 지위를 획득하고자 동분서주했음을 강조했다.[72] 사실상 논증할 필요도 없는 자명한 사실이 학자들 사이에서 토론의 대상이 되어왔던 이유는 중화적 세계관에서 중화의 황제와 이적夷狄의 종교 티베트 불교는 어쩐지 내키지 않는 부조화 그 자체였기 때문이다.

그러나 이상에서 살펴본 대로 17세기 내륙아시아는 다양한 정파의 치열한 경쟁 속에서도 스스로를 티베트 불교 신자로 자리매김하고, 교단의 수호자로서의 역할을 얼마나 충실히 수행할 수 있는지를 세속 군주의 덕목으로 여겼다. 이것이 종교적이든 정치적이든 그 시대의 분위기나 성격에 얼마나 큰 변화를 불러올 수 있는지는 재론의 여지가 없다.

이러한 시대 분위기 속에서 티베트의 교단은 자연히 내륙아시아 각 정파의 종교적 숭배의 대상인 동시에 대화의 창구 역할을 수행하게 됐다. 예를 들어, 청조는 오삼계吳三桂의 반란을 진압하기 위해 암도에 주둔한 호쇼트 몽골에 원병을 요청했다. 이때 청조는 직접 사신을 호쇼트에 파견하지 않고, 먼저 달라이 라마에게 보내 청조를 대신하여 달라이 라마가 호쇼트에 청조의 뜻을 전달하고 설득해줄 것을 부탁하고 있다. 이는 오삼계의 경우에도 마찬가지여서 오삼계는 운남雲南을 통해 여러 차례 달라이 라마에게 사신을 파견했고, 호쇼트가 자신을 도와주도록 달라이 라마를 설득했다.[73] 이러한 예는 일일이 헤아릴 수가 없는데, 심지어 신강의 위구르계 여러 정권도 분쟁의 해결을 위해 달라이 라마가 나서줄 것을 요청하기도 했다.[74]

이를 통해볼 때, 적어도 5세 시기의 라사는 내륙아시아 구성원의 소통을 위한 중요한 장이었음에 틀림이 없다. 매년 정월에 거행되는 신년기원대법회 묀람첸모에 참석하여 시주하고자 하는 세속 군주의 행렬이 끊이지 않았고, 제붕과 세라 등 라사의 3대 사원과 자시룬보

17세기 내륙아시아.

에서 불법을 수학하고자 하는 승려의 발걸음도 줄을 이었다. 특히, 몽골 세속 군주의 자제 중 티베트에서 수학하고, 달라이 라마나 판첸과 사승師承관계를 맺음으로써 이후 내륙아시아 정계에서 중요한 역할을 수행했던 승려들이 다수 보이는데, 어루트의 자야반디타, 할하의 자야반디타 롭상친레, 할하의 어르든반디타 등이 그 대표적인 예라고 하겠다. 실상 준가르 몽골의 갈단도 엔사 호톡토의 전세자이며,[75] 달라이 라마의 제자로 오랜 기간 라사에서 불법을 수행한 승려였다. 그러나 이후 준가르 내부의 사정이 여의치 않자, 달라이 라마에 의해 환속을 허가받고 준가르 몽골로 돌아가게 됐던 것이다.

이렇게 17세기 내륙아시아의 세속 군주와 승려들은 북경을 향한 조공의 행렬과는 또 다른 이유에서 라사를 향했다. 매년 그 대열에는 물론 청조의 사신들도 포함되어 있었다. 반대로 달라이 라마나 교단도 필요한 경우 내륙아시아 각 지역에 사신을 파견하여 종교적 행사를 주재하고 정치적 분쟁을 중재했다. 청조가 북경이나 성경(묵든), 그리고 승덕承德에 적잖은 사원을 건설해 승려를 유치한 것은 이러한 내륙아시아의 네트워크에 적극 참여하고, 더 나아가 불교 중심의 전이轉移를 유도하고자 했기 때문이었다.

근세 후지신앙의 성립과 그 전개

이계황

　일본인들은 예로부터 후지산富士山을 일본을 대표하는 명산으로 기억하고 있다. 후지산은 일본미日本美의 상징으로, 일본 민족과 국가의 상징으로 그리고 신들이 살고 있는 영험하고 신성한 산으로 일본인의 마음속에 자리잡고 있는 것이다. 그러한 연유로 후지산은 산악山伏(야마부시)신앙이 생겨난 6세기 이후부터 신앙의 대상이 됐고, 많은 산악신앙 수행자들이 후지산을 등정했다. 그러나 서민들이 후지산을 본격적으로 신앙의 대상으로 삼기 시작한 것은 18세기 후반 후지코富士講가 결성된 이후의 일이다.

　후지산신앙에 관한 연구는 종교학, 민속학, 역사학 등 다양하게 전개되어왔다.[1] 이를 후지코와 관련하여보면, 가쿠교角行와 미로쿠身祿의 사상에 관한 연구,[2] 후지코와 후지즈카富士塚에 관한 연구,[3] 민중의 후지산 등정과 관련한 교통사 시각에서의 연구,[4] 후지코에 대한 막부幕府의 태도에 관한 연구[5]로 나누어볼 수 있다. 위의 연구들은 각 분야에서 훌륭한 연구성과를 보여주고 있으나, 후지산신앙의 전체상을 파악하기에 아직은 부족하다. 또한 후지신앙이 민중에게 미친 영향 등에 대해서도 충분한 연구가 이루어졌다고 할 수 없다. 그리고 한국에서 후지신앙에 대한 연구는 거의 전무하다시피 하다.[6]

이 글은 기존의 연구를 바탕으로 한국의 후지신앙 연구를 감안하며 후지신앙의 형성과 사상, 후지코의 결성과 그 전개, 후지신앙과 민중의 관계를 살펴보고자 한다. 후지신앙의 형성에서는 근세 후지신앙의 창시자 가쿠교와 후지신앙을 혁신한 미로쿠 사상의 특징을 다룬다. 후지코의 결성과 그 전개에서는 에도와 그 주변 지역의 후지코의 결성과 후지즈카의 축조, 그리고 후지코의 결성 연대와 분포를 통해 후지코의 발전과 그 특색 등에 대해 논하고자 한다. 그리고 후지코가 민중생활에 어떻게 관여하고 있는가, 또 민중은 후지신앙을 통해 무엇을 얻고자 했는가 등을 살펴보겠다.

1. 후지신앙의 창시자, 가쿠교

후지산을 처음 오른 사람은 6세기경 야마부시山伏의 창시자로 알려진 엔노즈네役小角라 한다. 후지산에 대한 구체적인 기록이 나타나는 시기는 헤이안平安 초기(8세기 중후반)로, 미야코노 요시카都良香가 저술한 『후지산키富士山記』에는 후지산 정상의 모습이 구체적으로 기술되어 있다.[7] 이러한 후지산 정상의 모습에 대한 구체적 기술은 산악을 찾아 수행하는 슈겐도修驗道가 발전하면서 후지산에 오르는 사람들이 생기고, 이들이 후지산 정상의 모습을 사람들에게 전했기 때문으로 보이며, 위의 『후지산키』의 기술도 그러한 내용을 바탕으로 했던 것 같다. 이후 산악 수행자들은 후지산을 영산靈山, 영험한 수행장修行場으로 생각했다.

무로마치室町 막부 시기에도 수많은 수행자들이 후지산을 찾고 있다.『묘호지키妙法寺記』1500년조 기사에는 "이해 6월 후지산에 오르는 자가 한이 없다"[8]라 하고 있다. 이 기사 외에도『묘호지키』에는 후지산에 오르는 사람들에 대한 기록이 많다.[9] 특히 1560년조에는 "수행인의 후지산 등정은 2월부터 8월까지이다"[10]라 기록하고 있다. 1560년은 오케하자마桶狹間 전투가 벌어진 해임에도 불구하고, 2월부터 8월까지 많은 사람들이 후지산을 찾았던 것이다. 이는 16세기를 통해 슈겐도가 크게 발전하고 있었던 것을 나타내고 있다고 하겠다.

그런데, 위의 1500년과 1560년은 모두 경신년庚申年이다. 이렇듯 경신년에 후지산을 찾는 사람들이 많은 것은 후지산에 관한 연기緣起와 관련되어 있다. 전설에 의하면, 고안孝安천황 92(庚申)년 구름에 싸여 있던 후지산이 홀연히 그 모습을 드러냈다고 한다. 이에 사람들은 후지산의 출현을 축하하고, 이후 경신년을 후지산 탄생의 해로 삼아 제사를 올렸다고 한다. 이러한 연유로, 근세 시기의 후지산 오시御師들은 에도를 포함한 후지산 주변 지역에 위의 연기를 적어 경신년의 후지산 등정을 선전했는데, 실제로 이러한 선전은 효과가 있었다. 이것은 후지산신앙이 근세에 접어들어 민중들에게 널리 전파되고 있었음을 나타낸다.

한편, 경신년인 1560년 근세 후지신앙의 원조인 후지와라 가쿠교藤原角行도 후지산을 찾는다. 가쿠교의 전기를 기록한『고다이교노마키御大行の卷』[11]에 의하면, 가쿠교는 1541년 나가사키長崎에서 출생했다고 한다. 그는 1559년 그의 나이 18살 되는 정월에 치국제민

治國濟民 기원 수행을 위해 영험하다는 산들을 도는 순례의 길을 떠난다. 그는 히타치노쿠니常陸國 등의 지역을 돌며 수행에 열중했다. 그러던 중 신이 나타나 후지에 가서 수행할 것을 명한다. 그리하여 가쿠교는 1560년 이후 후지산 서쪽 기슭에 있는 히토아나人穴에서 수행을 시작한다. 그는 4촌 5부(약 14센티미터)의 각목 위에 서서 1천 일간 수행하고, 이 수행이 끝나는 1563년 4월 초신일初申日에 센젠대보살仙元大菩薩에게서 가쿠교라는 이름을 받았다.

그 후 그는 1572년 6월 후지산 북쪽 입구로 후지산에 오르고, 1573년 비와호琵琶湖에서 100일의 수행水行을 했다. 그리고 그 후 각지의 호수를 찾아 수행水行을 한다. 1575년 고향인 나가사키로 돌아가 부친상을 치르고, 다시 후지산으로 갔다. 후지산으로 돌아가던 중, 에치젠越前 쓰루가敦賀에서 산적 사이토 다이사에몽 스케모리齋藤太左衛門助盛를 만나, 그를 제도하여 제자로 삼았다(다이호大法). 그리고 닛코日光의 산중에서 우쓰노미야宇都宮 사람 구로노 운베黑野運平의 병든 아들을 치료하여, 그 인연으로 운베를 제자로 받아들인다(엔강寅旺, 후의 닛강日旺).

그런데 1620(경신)년 7월 에도에 쓰키타오시라는 역병(콜레라?)이 돌아 많은 사람들이 고통을 당한다. 이에 가쿠교 일행은 에도 시내로 가서 후세기風先侾를 행하여 수많은 사람을 구해냈다. '후세기'란 재앙을 물리치거나 예방하는 부적의 일종이다. 이후 가쿠교의 행적에 대해『고다이교노마키』는 기술하고 있지 않다. 1883년 가쿠교에서 미쓰키요光淸, 미로쿠身祿까지의 전기를 모아 기록한『후소쿄소넨보扶桑敎祖年譜』[12]에도 1620년 이후의 행적에 대해, 1632년 2월에 30일간 수행했다는 것만 기록되어 있다. 그는 1643년 6월 3일 106세의 일기로 히토아나에서 선 채로 입정했다고 전해진다.

위의 『고다이교노마키』의 기록은 신뢰할 수 없는 부분이 많다. 예를 들면 도쿠가와 이에야스德川家康가 찾아와 가쿠교의 도움으로 목숨을 구한 것에 대해 감사를 했다든지, 1620년 역병 퇴치의 이야기가 막부에 전해져 조사를 받았으나 이에야스가 존경하는 수행자라서 방면했다든지 하는 이야기들이 그것이다. 그리고 『후소쿄소넨보』의 기사도 『고다이교노마키』의 기록을 바탕으로 신도神道적 요소를 가미한 것이라서 역시 신뢰할 수 없다. 가쿠교가 직접 썼던 것으로 보이는 문서에 이에야스와의 관계는 기록되어 있지 않기 때문이다. 또 천하태평, 국토안온, 중생제도를 위해서 수행했다는 내용도 없다. 이러한 상황을 감안할 때 위의 기록들은 '개조開祖에 대한 존경·경외감과 신비감을 표현한 것으로 볼 수 있을 것이다.

한편 1619년 가쿠교는 주로 달月과 관련되거나 수행水行 위주의 수행修行을 했던 것으로 보인다.[13] 또한 팔해八海에서도 수행한 것을 알 수 있다.[14] 즉 가쿠교는 용이 살고 있다는 호수에서 수행을 하고, 신의 계시로 영험한 능력을 얻어 대일여래大日如來를 친견했던 것이다.

그럼에도 불구하고 후지산은 그의 사상의 중심에 있다. 가쿠교가 직접 쓴 『히비노코코로에日日の心得』는 "이 산(후지산)은 천지간에 있어 천지에서 출생했다. 음양의 근본이다. 고쿠타이소쿠쿠(후지산신)는 일월日月이며, 묘오센겐妙王仙見(후지산신)이다. 소쿠타이는 일체의 근본이다. (이로부터) 사람이 되고, 만민도 이로부터 태어난다"[15]고 기록하고 있다. 즉 후지산을 우주의 근원으로 자리매김하고 있다.

한편 가쿠교는 자신의 법을 "이 법은 일월센겐의 은택이며, 일체의 근본이다. 인심을 평안하게 하고, 천하를 평온하게 할 것이다. 사람들의 (마음을) 물로 심화心火를 제거하고 몽쿠(주문)를 외워야 할 것이다. 일월센겐의 이치가 나타남은 의심할 바 없다. 천하는 태평하게 된다"¹⁶라 했다. 또 "없는 것을 있다 하여 사법邪法을 만들어 사람 마음을 혼란스럽게 하는 일은 없애야 할 것이다. 혹 센겐을 본 것처럼 하여 사람을 현혹하고, 기묘한 이야기를 하여 (사람을) 현혹하는 일, 이러한 법으로 사람을 현혹하는 까닭에 어리석은 사람이 되고 어리석은 법이 된다. 이러한 법에 말려드는 것은 세상에 반하는 말법末法이다"¹⁷라고도 했다. 즉 가쿠교는 당시 슈겐도 수행자들이 사람을 현혹하여 세상을 어지럽히는 것으로 인식하고 있으며, 자신이야말로 후지산신의 영험함을 체현하는 유일한 존재로 자리매김하고 있다.

이러한 전제 아래 가쿠교는 모든 생명체를 살생하지 말 것, 오곡(식료)을 귀중히 여길 것을 강조한다.¹⁸ 그리고 후지산을 신앙하는 사람들에게 다음과 같이 훈계한다.¹⁹

부모에 무효無孝, 주인에 무효無孝하지 말 것.
스승의 소문을 나쁘게 말하지 말 것.
타인이 잘 되는 것을 질시하지 말 것.
나쁜 마음, 나쁜 말, 나쁜 생각을 하지 말 것.
내 몸에 좋은 것을 쫓지 말 것.
도둑질은 가장 나쁜 것이다…….
노름과 과음을 하지 말 것.
유녀遊女를 가까이 하지 말 것.
다른 사람의 부인을 탐하는 것은 대악大惡…….
자신에게 부적(후세기)을 쓰지 말 것, 일월센겐의 벌을 받아 대죄가 된다.
후지산신을 매일 마음을 다해 정성껏 배례할 것.
신심信心과 관련된 일에는 종이 한 장, 반 푼이라도 받지 말 것.

후지산을 신앙하는 사람이 지켜야 할 사항들은, 위의 훈계 사항 중 뒤의 3개조를 제외하면 당시의 도덕률과 다를 바가 없었다. 이것은 가쿠교의 사상, 즉 후지신앙의 도덕률이 불교, 유교, 신도 등의 사상을 습합習合해서 형성됐음을 드러내고 있다.

2. 미로쿠와 그의 사상

지키교 미로쿠食行身祿[20]는 본명이 이토 이베에伊藤伊兵衛, 1671년 정월 17일 이세노쿠니伊勢國 이치시노코리一志郡 미스기무라美杉村 고바야시가小林家의 3남으로 태어났다. 그의 나이 8세(1678) 때 숙모 집의 양자로 갔다가 11세 때 본가로 돌아왔다. 13세가 된 미로쿠는 숙부를 따라 에도江戶로 간다. 에도에서의 그의 행적에 대해서는 여러 가지 설이 있으나, 일단 상가商家에 들어가 잡일을 하면서 상술을 익히고, 이후 혼초本町에 조그마한 옷가게를 내어 장사를 했던 것으로 보인다. 그가 상인으로서 성공했는지는 알 수 없으나, 가재家財를 버리고 수행의 길을 나선 것은 분명하다. 미로쿠가 후지신앙에 관심을 갖기 시작한 것은 그의 나이 17세 때라 한다. 한편 에도의 니혼바시日本橋에서 이세伊勢 마쓰사카松坂 출신으로 담뱃가게를 하던 게쓰교月行가 1688년 미로쿠를 데리고 후지산에 오른다. 게쓰교는 미로쿠를 제자로 받아들이고, 지키교食行라는 행명行名을 내린다. 이후 아침저녁 열심히 수행함은 물론, 후지산 등정 45회, 후지산 중턱을 도는 중도中道 수행을 세 차례 했다고 한다.

이렇듯 수행에만 전력을 다했기 때문에 미로쿠의 집안은 빈한하기 그지없었다. 1714년에 장녀 우메梅가 태어나고, 1717년 차녀 만

卍, 1724년 3녀 하나花가 태어난다. 그리고 그의 아내 오깅お吟은 수행에 열중하는 남편 대신 가정을 책임지기 위해 날품팔이와 행상을 했다고 한다. 당시 후지산 오시들은 그를 '가난뱅이 미로쿠'라고 불렀다. 더욱이 생활이 빈곤하여 한 곳에 정주하지 못하고 이곳저곳을 옮겨다녀야 했다. 지키교의 직업은 기름장수였던 것 같고, 따라서 거주지를 옮기면서도 지금의 도쿄東京 분쿄쿠文京區 중심부를 벗어나지 못하고 있다.

그러는 가운데도 지키교는, 위에서 언급했듯이 수행에 열심이었다. 마침내 1722년 정월 17일 밤 "앉아서 명상을 행하고 있으려니, 무심결에 '지키교 미로쿠님' 하는 소리가 들렸다. 무슨 일인가 하고 있으니 곧이어서 '지키교 미로쿠보살' 하는 소리가 들렸다. 고마워서 생각지도 못한 눈물이 났다"[21]고 한다. 이후로 이름을 지키교에 미로쿠를 붙혀서 '지키교 미로쿠'라 하게 된다. 수행 35년 만에 미로쿠 보살이 된 것이다.

가쿠교가 수행을 통해 여러 가지 권능을 신에게서 받은 데 비해서,[22] 지키교에게는 그러한 극적・초월적 요소가 적다. 그의 깨달음은 "미륵보살이라는 부처는 밖에 있는 것이 아니라, 오직 상하上下 만민萬民이 마음을 녹祿으로 삼아 알아서 가업家業을 잘 닦으면 미륵의 세상이 된다"[23]는 것이었다. 여기서 문제되는 것은 '녹'이다. 이에 대한 설명은 없으나, "인간은 마음만을 녹으로 삼아, 오쓰타에お 傳え(가르침)대로 자정에 잠자리에 들고 새벽 4시에 일어나 밤낮으로 가업에 힘써 만법의 중생과 더불어 구제되기를 바라면, 하늘과 우리는 한마음이 된다.……인간이 마음만 녹으로 삼으면, 인간 바깥에 있는 것은 없다"[24]라 하고 있다. 추측해보면, 마음을 하늘에서 받은 올바른 것으로 만들어 자신의 일을 열심히 하라는 의미로 파악된다.

이러한 삶에 대한 태도에 입각하여 어떻게 행동해야 할 것인가에 대해서, 미로쿠는 "어쨌든 사람으로서 아침저녁으로 마음을 써야 할 것은 자비, 정情(나사케), 도움助け, 욕망의 억제物毎不足"[25]라 했다. 한편 경계해야 할 사항으로서 "색욕, 명문名聞(세상의 평판), 사치, 분노"[26]를 들고 있다. 그리고 곳곳에서 충효忠孝를 강조하고 있다.

그러나 사람들이 하루하루 바른 마음을 가지고 자신의 일을 열심히 한다 해도 좀더 삶이 나아진다는 보장이 없다면 실행의 의욕을 상실하게 될 것이다. 이에 미로쿠는 우미마스生み増す(나아진다), 우마레마스生まれ増す(더 나은 운명으로 태어난다)의 사상을 전개한다. 『산주이치니치노마키三十一日の卷』의 한 구절을 보자.[27]

사민四民 중 사무라이를 들어 말한다면, 군주에 대한 충성을 게을리하지 않고 정성을 다하면 현재보다는 미래에 우마레마스의 이利를 얻을 것이 분명하다. 사농공상士農工商이 각자의 직업에 태만하지 않고 노력할 때 현재보다 미래에 더 귀하고 자유로운 몸으로 우마레마스할 것이 분명하다. 이렇듯 지금 목전에 있는 것을 깨닫지 못하고 까막눈으로 지내는 사람은 장래 사람으로 태어나도 천민非人이 될 것인즉, 내세에 우마레마스, 우마레오토스生まれ落とす(천한 신분으로 태어남)할 연유가 현저하다. 설령 현재 만보萬寶를 얻은 몸일지라도 소박한 생활을 버리고 사치에 빠지려 할 때에는 지금보다 우마레오토스할 수밖에 없다. 설령 빈한한 몸일지라도 지성至誠으로 정성을 다하면 신불神佛이 버리지 않을 터이니 (신불의) 은혜를 받는 것은 손바닥을 펴는 것과 같다.

위에서 알 수 있듯이 미로쿠는 당시의 막번체제幕藩體制를 기본적으로 인정한다. 사농공상의 신분으로 태어난 것은 전생前生의 행위 (업業)에 따른 것이고, 내세는 현재의 행위에 의해서 결정된다는 것이다. 즉 불교의 업감연기業感緣起에 기초해서 현실을 설명하고 있는 것이다. 그러나 내세를 결정하는 것은 자신의 주체적 행위에 근거한다는 점이 미로쿠 사상의 특징이다. 이것은 당시 부적이나 종교적 행위에 의해 현실의 액운을 물리치고 행운을 가져오려는 타력他力종교로부터 인간을 주체로 하는 자력自力종교로의 전환이며 인간에 대한 주체성을 인정하는 것이었다. 그러한 의미에서 미로쿠의 사상은 '혁명'적이라고 할 수 있다.

한편 정치에 대해서 미로쿠는 『이치지후세쓰노마키一字不說の卷』에서 "천자天子 장군將軍(쇼군)님의 정치는 하늘에서 나무치치하하(후지산신)님, 나무센겐대보살(후지산신)님, 나무나가닛케쓰코부쓰南無長日月光佛님이 직접 지배의 마음을 (장군에게) 맡기신 고마운 정치. 진실로 한 인간을 도와주면, 일본 전체(66주)에 7당堂 가람伽藍을 건립하여 천부만부千部萬部를 독경하는 것보다······한 인간을 도와주시면 나무센겐대보살, 나무나가닛케쓰코부쓰님이 기뻐하신다"²⁸라고 했다. 여기에서도 미로쿠가 막번체제를 인정하는 태도를 엿볼 수 있다. 즉 장군의 정치(막번체제)를 유교의 이理, 그리고 음양사상과 우주관(창조론)에 입각하여 하늘로부터 위임된 것으로 인식하고 있다. 그리고 정치의 근본은 사람을 돕는 것이라고 인식하고 있는 것이 주목된다. 그러나 이러한 정치위임설적 정치관은 정치에 대한 비판의 소지를 제공함과 동시에 정치위임의 변화에 따라 막번체제를 근본적으로 비판할 수 있는 여지가 잠재되어 있다.

미로쿠는 남녀차별관을 부정했다. 즉 불교에서 남자를 선, 여자를 악으로 보는 견해에 대해서 "여자로서 선을 행하면 선이고 남자로서

악을 행하면 악이다.……남자와 여자는 아무런 차이도 없는 동일한 인간이다. 원래 센겐대보살님은 여자의 몸으로 계시며, 더욱이 여인을 도와 구제할 것을 본원本願으로 한다"²⁹고 했다. 남녀차별의 부정은 사상상의 '혁명'성을 인정할 수도 있다. 그러나 "여자는 여러 가지를 안으로 감춰 마음속에 사악함이 있으니 오직 사악함을 살펴 속마음을 청정하게"³⁰ 해야 하며, "여자는 삼종三從에 힘써 몸 안의 악을 물리치고자 애쓰면……이것이 여자가 행해야 할 첫 번째 일이다"³¹라 하고 있다. 결국 당시의 남성 중심 사회를 전제로 여성의 사회적 불평등을 인정했다. 이는 그의 사상의 전제가 막번체제의 현실을 인정한 위에서 출발하고 있기 때문이며, 최선을 다해 자신에게 주어진 삶에 충실할 것을 강조하는 데에서 기인한다. 따라서 이러한 그의 사상은 오히려 막번체제 유지에 기여했다고 평가할 수 있다.

이처럼 근검·절약하는 생활과 이타행利他行을 강조하는 미로쿠는 장사를 통해 부자가 되어 가게를 여럿 소유하고 후지산 등정에는 열심이나 여색을 밝히는 스승 게쓰교月行와 의견이 맞을 리가 없었다. 그리하여 미로쿠는 게쓰교의 원심願心이 이루어지지 않을 것이며, 심안心眼도 열리기 힘들 것이라 하면서 그와의 결별을 선언했다. 그리고 당시 게쓰교 일파의 종교행위에 대해서도 가업으로 행하고 있기 때문에 심안을 얻은 사람이 없다고 했다. 종교행위를 가업으로 영위한다는 것은 대부분 후세기(부적)를 판다는 것을 의미한다. 미로쿠는 이처럼 후세기 등을 써주고 돈을 받는 행위를 금했다. 또한 에후다繪札, 목상木像, 불상 등의 예배, 가지기도加持祈禱 등도 배척했다. 이는 조종祖宗 가쿠교의 가지기도와 후세기를 부정하는 동시에 기성 종교집단들의 사회적 존재형태를 부정하는 것이었다.

한편 에도 막부는 겐로쿠元祿 시기 이후 물가가 오르자 물가 안정에 비상한 노력을 기울였다. 그런 와중에 미가米價가 하락하자 1723년부터 막부는 미가 상향 정책을 취한다. 1730년 미가 하락을 방지하기 위해 간조부교勘定奉行는 에도의 쌀 도매상米問屋 다카마덴베에高間傳兵衛 등 7명으로 하여금 간사이關西 지역에서 에도로 유입되는 쌀을 독점적으로 매입해 저장하게 했다. 즉 에도로의 쌀 공급을 제한함으로써 미가 상향을 꾀하려 했던 것이다. 그럼에도 불구하고 미가가 오르지 않자, 1731년 6월 도호쿠東北 지역으로부터 에도로의 쌀 공급을 중단시켰다. 이러한 조치로 에도 시내의 미가는 상승했다. 미가 상승으로 막부의 재정은 일단 호전됐으나, 에도 서민의 삶은 궁핍해져서 에도의 민심이 흉흉해졌다.

이러한 민심의 변화 속에서, 미로쿠는 1731년 6월 15일 후지산 등정을 하게 된다. 이 후지 등정은 미로쿠에게 매우 각별한 것이었다. 1731년 6월 15일의 기록, 소위 『오켓테이노마키お決定の卷』의 일부를 살펴보자.[32]

1731년 6월 15일 우리가 후지산 일체의 결정에 오를 때……우리들 후지산 8만 유순의 세에 금번 3일부터 단식하여 미로쿠(미륵)님 세상의 결정에 가니, 이제부터 미륵님의 세상, (후지)산의 이름도 참명등개산參明藤開山으로 개명하고……인간은 물론 초목과 강의 온갖 물고기까지 살아 있는 모든 것들은, 내가 말한 바와 같이 각자의 몸에 갖춰져 있는 가직家職과 마음을 녹祿으로 삼아 센겐대보살의 세상을 넓히는 데 매진하도록 하시오.……나는 이곳에서 만법萬法의 중생을 위해서라면 미진微塵이 될 것이니…….

이상에서 알 수 있듯이 미로쿠의 1731년 6월 후지산 등정은 새로운 세상, 즉 미륵(미로쿠)세상의 도래와 자신의 중생을 위한 희생(죽음)을 예고하고 있다. 또한 가쿠교가 명등개산明藤開山이라고 불렸던 후지산을 참명등개산參明藤開山이라 개칭한 데에서 알 수 있듯이, 개조 가쿠교와 결별을 선언하고, 새로운 미륵세상의 도래를 선언했던 것이다.

그런데 1732년 간사이 지역에 극심한 흉작이 들어 대량의 아사자가 발생했다. 이로 말미암아 에도에 대한 쌀 공급이 부족해져서 9월부터 미가가 폭등했다. 이에 막부는 간토·도호쿠 지역으로부터 쌀의 이입을 금지했던 조치를 해제하고 에도의 빈민층에게 구제미를 방출한다. 그런 와중에 매점買占에 불만을 품은 서민들이 쌀 도매상 다카마덴베에를 공격했다. 소위 '다카마소동'이 일어난 것이다. 이는 장군이 거주하는 에도에서 일어난 최초의 파괴행위打壞し로서 막부정치에 커다란 충격을 주었다.

한편 스가모나카쵸巢鴨中町에 있던 미로쿠의 집이 1732년 3월 28일 화재로 불타, 고마코메駒込에서 살고 있는 제자 고이즈미 후미로쿠로小泉文六郎의 나가야長屋에 붙어살게 된다. 에도 빈민의 삶과 자신의 삶이 겹치는 장면이다. 자신의 일에 충실하면 삶이 나아진다는 자신의 주장이 공허하게 느껴졌을지도 모른다. 이에 1733년 봄 자신의 희생으로 미륵세상의 실현을 앞당기려 결심한다. 『오소에가키노마키お添書の卷』에는 당시의 막부정치를 비판한 후 "나는 68세까지 살 운명이지만 63세인 1733년 6월 17일을 명일命日로 하여 도솔천에……"[33]라 하고 있다.

한편 미로쿠는 1732년 2월 17일 이세의 형제에게 편지를 보낸다. 이 편지에는 1731년의 후지산 등정, 1732년 3월 28일의 화재, 5월의 간토 지역에의 제도濟度와 후지산 등정 등을 적은 후, "1733년 6월

13일에, 6월 17일을 명일로 하여······후지산 봉우리에 있는 샤카노와리이시釋迦之割石라는 곳에서 도솔천에 오르려 한다"[34]라 적고 있다. 또한 "올해 안에 일본은 물론 나아가 삼국에 (자신의 가르침을) 알리려 한다. 두 형은 물론 친척과 그밖의 사람들에게 밤이나 낮이나 일하면서 오직 진실한 길만을 기원하도록 말씀하시고······마음을 녹으로 삼아 진실한 길만 기원해야 할 것입니다"[35]라 부탁하고 있다. 또한 1733년 4월 28일 제자인 다나베 주로우에몬田邊十郎右衛門에게 편지를 보내, 6월 10일 에도 출발, 13일 후지산 도착, 14일 후지산 정상에 있는 샤카노와리이시에서의 입정入定 계획을 알린다.[36]

이상에서 알 수 있듯이, 미로쿠는 자신의 입정을 많은 사람들에게 알렸다. 이는 자신의 죽음에 의해 미륵세상이 도래하여 중생이 편안히 살 수 있다는 확신을 나타내고 있는 것이다. 이렇듯 미로쿠가 죽음을 택하면서까지 자신의 의지를 관철하고자 했던 배경에는 정치에 대한 통렬한 비판과 서민들의 궁핍한 삶에 대한 연민·동정이 깔려 있다. 정치에 대한 그의 비판을 『오소에가키노마키』를 통해서 보자.[37]

천자(쇼군)는 자신의 역할을 모른 채 아무 일이나 무작정 벌이고, 여러 사람에게서 금은을 받고 관록을 주고, 관록자는 일을 벌여 중생의 것을 속여 빼앗고, 백성의 눈물을 쥐어짜 금은을 내놓게 한다. 이러한 착취의 방법을 써서 금은을 만일의 사태에 대비한 밑천으로 창고에 감춰둔 채, 상인·직인들에게 지불하지 않아서 백성을 괴롭힌다. 장군을 필두로 하여 겉모양만 그럴듯하게 보이도록 하고, 마음속으로는 알면서도 나쁜 일에만 금은을 써버린다. 윗사람만 좋게 해놓고 아랫사람은 사소한 일까지 조사해서 처벌한다. 아무런 도움도 안

되는 법령을 엄하게 내리고, 쌀값을 올려 금은을 세상에 통용하지 못하게 한다.……쌀을 싸게 파는 것을 범법행위로 금지하고, 간토에도(에도로) 쌀을 보내지 말게 하여 백성을 힘들게 한다.

앞에서 보았듯이 미로쿠는 정치의 근본이 사람을 돕는 것이라 했다. 그러나 현실은 위정자들의 탐욕과 잘못된 정책으로 말미암아 서민의 고통이 더욱 심해졌다는 것이다. 미로쿠는 신자들에게 자기 일을 열심히 하라고 설교해왔지만, 서민이 아무리 자기 일을 열심히 해도 밝은 미래를 담보할 만한 희망이 보이지 않는 상황이다. 특히 위의 '다카마소동'은 절망감을 심화시켰을 것이 분명하다. 이런 상황에서 혁명을 인정하지 않는 자신의 가르침이 현실과 얼마나 모순되는가를 절감했을 것이다. 미로쿠에게 남은 유일한 길은 죽음으로 항변하는 것이 아니었을까. 자신의 죽음을 통해서, 현실의 질서를 인정하고 성실하게 살아가라는 자기 가르침의 무력함을, 새로운 세상의 도래를 앞당길 수 있다는 희망으로 전환시키는 것만이 그가 선택할 수 있는 유일한 길이었던 것으로 보인다.

그리하여 미로쿠는 6월 10일 에도를 출발해, 13일에는 고슈甲斐 오시 다나베 주로우에몽田邊十郎右衛門의 숙소에 도착하고, 14일 아사마진샤淺間神社에 참배하고 후지 산정을 향해 출발한 뒤, 팔부 능선에 위치한 다이교아이大行合의 오두막집에 도착한다. 15일 오전 2시 마지막 곡기를 들고, 오전 5시 출발하여 6시에 산정에 도착해서 순배한 후, 정오에 샤카노와리이시에 도착한다. 이후 단식하려 했으나, 다나베田邊 등 기타쿠치北口의 사람들이 산정이 부정타는 것을 꺼려 반대하자, 16일 에보시이와烏帽子岩로 입정 장소를 옮긴다. 이후 한 달간의 단식 끝에 7월 13일 미로쿠는 숨을 거둔다.

3. 후지코와 후지즈카

앞에서 언급했듯이, 후지산은 고대 이래 영험한 수행의 장으로 인식되어 슈겐샤들이 많이 찾았다. 가쿠교도 그런 수행자 가운데 한 사람이었다. 그러나 후지코가 성립되기 전에는 민중에게 슈겐도에 입각한 후지신앙은 있어도 서민 신앙으로서의 후지신앙은 존재하지 않았으며, 서민이 후지산에 오르는 일도 거의 없었다고 할 수 있다. 서민이 후지산에 오르게 되는 것은 후지코가 성립된 이후이며, 에도에 후지코가 성립되는 시기는 미로쿠가 입정한 뒤의 일이다.

미로쿠의 제자 다카다 후지시로高田藤四郎는 미로쿠 입정 3년 후인 1736년 미로쿠도교身禄同行라는 조직을 결성한다. 이 고講는 미로쿠 33주기를 기념하여 후지즈카를 축조하기로 발원發願, 1779년 마침내 자신이 살고 있는 도쓰카戶塚의 미즈이나리샤水稻荷社에 최초로 후지즈카를 완성한다. 후지시로가 죽은 뒤에 이 고는 마루후지코丸藤講라 개명하여 오늘날에 이르고 있다.

시부야澁谷의 요시다 헤이사에몽吉田平左衛門은 후지산정의 금명수金明水를 관리하는 '오미즈코お水講'를 결성한다. 이 금명수는 신도들에게 가지수加持水라 하여 병 치료에 사용했다고 한다. 미로쿠 입정 10년 후에 이 고는 이미 '야마키치오미즈코山吉お水講'로 널리 알려졌으며, 덴메이天明 연간인 1780년대에 24개의 에다코枝講를 거느리는 거대한 집단으로 성장한다. 또한 제자 고이즈미 로쿠로小泉六郎는 야마이치코山一講, 나가타 나가아키라永田長昭는 나가타코永田講, 미로쿠의 둘째 딸 만의 제자인 도토미야 한시치遠江屋半七는 마루한코丸半講, 미로쿠의 셋째 딸 하나의 제자인 오미야 가우에몽近江屋嘉右衛門은 마루카코丸嘉講를 세운다.[38]

[표 1] 후지코의 성립연대

연도	고명講名	계
1751	야마키치山吉코	1
1781	마루후지丸藤코, 야마산山三코, 야마우치山內코, 마루호丸寶코, 이치야마一山코	5
1789	마루카丸嘉코, 마루타키丸瀧코, 야마키요山淸코	3
1801	야마만山萬코	1
1804	마루하토丸鳩코, 겟산月三코, 마루덴丸傳코, 야마이치山市코, 야마이치山一코, 야마모토山本코, 야마모토山元코	7
1818	마루산丸參코, 모토이치本一코, 마루타마丸玉코, 야마미즈山水코, 마루한丸半코, 야마테이山第코, 마루니시丸西코, 마루오丸生코, 마루이와丸岩코, 야마히로山弘코	10

위에서 보았듯이, 다카다 후지시로가 미로쿠 입정 3년 후인 1736년 미로쿠도교라는 조직을 결성했다는 것은 미로쿠 입정 직후부터 후지코와 유사한 조직이 결성되기 시작했음을 시사한다. 한편 후지신앙의 움직임에 대한 기록은 1742년의 시정市政 명령서(町觸. 마치부리)에 있다.[39] 따라서 1742년 이전부터 후지신앙 집단이 존재했다고 볼 수 있다. 그리고 후지코란 명칭이 사료상 처음 나타나는 것은 1795년의 시정 명령서(町觸)이며,[40] 이 명령서의 내용은 1775년에 내린 명령의 이행을 촉구한 것이다. 따라서 후지코가 종교집단으로서 문제되기 시작한 것은 1775년 이전이라고 판단된다.

한편 후지산 서쪽에 있는 히토아나人穴, 가쿠교의 묘지 부근에는 센다쓰先達들의 묘지(157기)가 있다. 이 묘비의 명문들을 조사한 결과, 1751년 이전에 후지코가 존재했음을 확인할 수 있다. 이들 명문을 바탕으로 고를 살펴보면 [표 1][41]과 같다.

주지하듯이 묘비는 센다쓰가 사망한 후에 세워지는 것이기 때문

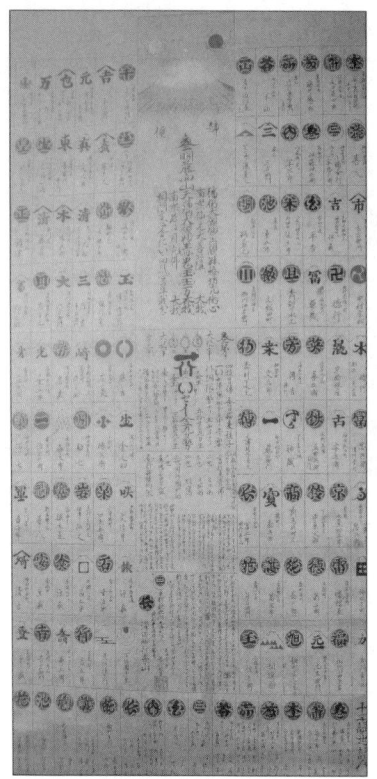 

〔사진 1〕 햐쿠하치코 만다라(百八講紋曼茶羅), 도쿄 기타쿠(北區) 다바타(田端) 후지산보코(富士三峰講) 소장.

〔사진 2〕 후지 만다라(富士曼茶羅), 후지산혼구(富士山本宮) 아사마다이샤(淺間大社) 소장.

에, 〔표 1〕의 야마키치코는 1751년 이전에 결성됐을 것이다. 1781년 마루후지코는 다카다 후지시로가 결성한 고로서 다카다 후지시로가 1781년 사망한 것을 나타낸다. 따라서 위의 연도에 10~30년 정도를 뺀 연도가 고를 결성한 연대일 것이다. 이상을 종합해보면, 후지코의 결성은 미로쿠가 사망하고 나서 얼마 지나지 않아 결성되기 시작하여 19세기 초·중기에 절정에 이르렀던 것으로 보인다.

후지코는 센다쓰가 결성한 모토코元講와 이러한 모토코에서 제자들이 분가하여 결성한 에다코枝講가 있다. 그리하여 에도에 방대한 수의 고가 존재해, 죠町마다 고가 존재한다는 의미의 소위 '에도 808고'라 칭해졌다. 그러나 죠마다 고가 존재했다고는 보이지 않으며, 1842년의 『햐쿠하치코인만다라百八講印曼茶羅』에 의하면 에도에 93고, 에도 이외의 15고를 확인할 수 있다([사진 1], [사진 2]).

한편 지역별로 고의 분포를 보면 [표 2]⁴²와 같다.

[표 2]에서 알 수 있듯이, 후지코는 현재의 도쿄 지요다쿠, 주오쿠, 다이토쿠 등을 중심으로 주변 지역에 퍼져 있음을 알 수 있다. 즉 에도성을 중심으로 간다神田, 아사쿠사淺草, 교바시京橋, 니혼바시日本橋, 후카가와深川, 혼고本鄕 등 조카마치城下町에 조밀하게 조직·결성됐음을 알 수 있다. 그리고 후지코는 에도를 중심으로 북쪽으로 군마켄·사이타마켄, 서쪽으로 지바켄, 남서쪽으로 가나가와켄에 등심원적 구조를 유지하면서 존재했다고 볼 수 있다.

한편 지요다쿠에 결성되어 있던 20고 중 15고가 간다, 다이토쿠의 17고 중 12고가 아사쿠사, 주오쿠의 21고 중 18고가 교바시와 니혼바시 등의 좁은 지역에 촘촘히 결성되어 있다⁴³는 것은 고의 조직이 생활의 장이자 행정조직인 죠町의 지연적 결합과는 이질의 인적人的 결합이었다는 점을 나타낸다. 또한 복수의 고가 한 지역에 중층적으로 존재하고 있음을 나타낸다.⁴⁴ 이처럼 일정 지역 안에 고가 인적으로, 중층적으로 결합하여 조직을 유지하고 있다는 것은 막번체제의 지연적 결합으로서의 조공동체, 직업적 결합조직으로서의 가부나카마株仲間조직과는 다른 새로운 사회적 결합조직이 고의 결성과 더불어 형성되기 시작했다는 점에서 대단히 중요한 의미를 갖는다.

한편 다카다 후지시로가 1779년 자신이 살고 있는 도쓰카의 미

〔표 2〕 후지코의 지역별 분포

지역	고명講名	계
군마켄 群馬縣	마루타카丸高코	1
사이타마켄 埼玉縣	마루이와丸岩코, 마루만丸卍코, 마루키치丸吉코, 마루하토 丸鳩코	4
가나카와켄 神奈川縣	○○코, ○○코, 마루후쿠丸福코, 마루카와丸川코, 야마후 쿠山福코, 모토이치元一코	6
지바켄千葉縣	마루쓰키丸月코, 야마미즈山水코, 마루타마丸玉코	3
도쿄 가쓰니시葛西	마루카丸加코	1
도쿄 고토쿠江東區	야마다이山大코, 야마오山生코, 야마타카山高코, 야마타마 山玉코, 마루제丸勢코, 야마○山○코, 마루히로丸弘코, 마 루후쿠丸福코	8
도쿄 미나토쿠港區	산료山菱코, 마루○丸○코, 야마키요山淸코, 야마이치山市 코, 이치야마一山코, 마루가丸嘉코, 마루쇼쿠丸食코, 야마 산山三코, 야마마사히로山正廣코, 야마신山眞코	10
도쿄 시부야쿠澁谷區	야마키치山吉코	1
도쿄 신주쿠쿠新宿區	세키모터關本코, 마루우치丸內코	2
도쿄 지요다쿠 千代田區	마루코메丸米코, 마루하丸巴코, 야마산山三코(2), 야마우치 山內코, 마루아시히丸旭코, 모토나가元長코, 마루타니丸谷 코, 마루이시丸石코, 마루쓰키丸月코, 야마○山○코, 기요 미즈淸水코, 야마다山田코, 야마후루山古코, 야마키치山吉 코, 야마모토山元코, 겟산月三코, 야마이치山一코, 야마신 山身코, 마루한丸飯코	20
도쿄 다이토쿠台東區	히가시○東○코, 마루오丸生코, 마루스즈丸鈴코, 마루세이 丸正코, 마루스메라丸皇코, 마루○丸○코, 마루히데丸英코, 마루○丸○코, 야마만山萬코(2), 마루신山身코, 나가킨長金 코, 마루한丸半코, 마루유키丸行코, 마루라이丸雷코, 마루 카丸芳코, 간위官位코	17

지역	고명講名	계
도쿄 주오쿠中央區	마루쿄丸京코, 시라타키白瀧코, 산묘參明코, 마루야스丸安코, 야마자키山崎코(2), 야마노보리山登코, 마루토쿠丸德코, 야마쓰미山包코(2), 마루타丸田코, 야마테이山第코, 야마쿠와山桑코, 마루이치丸一코, 야마호山寶코, 마루이즈미丸泉코, 야마○山○코, 마루덴丸傳코, 마루이키丸明코, 모토이치本一코, 우치야마內山코	21
도쿄 이타바시쿠 板橋區	나가타永田코	1
도쿄 시나가와쿠 品川區	야마모토山本코, 야마키요山淸코(2), 야마후지山富士코	4
도쿄 분쿄쿠文京區	마루이와丸岩코, 마루코메丸米코, 마루이케丸池코, 마루시로丸白코, ○○코, 야마사키山○코, 야마키치山吉코, 마루하나丸花코	8
도쿄 도시마쿠豊島區	야마미즈山水코, 마루타키丸瀧코, 마루고丸護코, 마루후지丸藤코, 겟산月三코	5
도쿄 기타쿠北區	마루산丸參코, 마루나가丸長코	2
도쿄 스미다쿠墨田區	마루후지丸不二코(2), 야마타마山玉코, 마루단丸旦코, 마루유키丸行코, 마루테쓰丸鐵코, ○○코, 야마미쓰山光코	8

* ○는 명확하지 않은 것을 나타낸다.

즈이나리샤에 최초로 후지즈카를 완성한 후 각 지역에 후지즈카가 축조됐다. 그것을 보면 [표 3]⁴⁵, [표 4]⁴⁶와 같다.

[표 3]에서 알 수 있듯이 후지즈카는 18세기 후반부터 막부 말기까지 축조되고 있으나, 주로 19세기 전반기에 축조됐다는 것을 알 수 있다. 또한 후지즈카 축조 장소는 에도 전역에 걸쳐 있으나, 후지코가 농밀하게 조직되어 있었던 간다, 아사쿠사, 교바시, 니혼바시 등에는 축조되지 않았음을 알 수 있다.⁴⁷ 한편 [표 2]에 1842년의 모

[표 3] 도쿄의 후지즈카

지역	축조 고講	축조 연대	참조
도쿄 신주쿠쿠	마루후지丸藤코 마루타니丸谷코	1779 1842	파각
도쿄 시부야쿠	에보시이와烏帽子岩코	1789	
도쿄 주오쿠	마루후지丸藤코	1790	개조
도쿄 메구로쿠	마루단丸旦코 야마마사히로山正廣코	1812 1819	파각 파각
도쿄 기타쿠	마루산丸參코	1814	
도쿄 분쿄쿠	야마고山護코 야마미즈山水코	1817 1826	파각
도쿄 고토쿠	야마타마山玉코 야마키치山吉코	1820 1833	파각 개조
도쿄 아다치쿠足立區	마루후지丸藤코 마루타키丸瀧코	1824 1865	개조
도쿄 기요세시淸瀨市	마루가丸嘉코	1825	
도쿄 오타쿠大田區	기하나모토木花本코	1834	개조
도쿄 네리마쿠練馬區	마루하라丸祓코	1839	
도쿄 나카노쿠中野區	겟산月三코	1842	파각
도쿄 스기나미쿠杉並區	마루산丸參코	1845	파각
도쿄 이타바시쿠	나가타永田코	1855	
도쿄 도시마쿠	겟산月三코	1862	

토코元講를 현재의 구區 단위로 표시하고 있으나, [표 3]의 후지즈카 축조 고와 모토코의 소재지가 일치하는 경우는 고토쿠의 야마타마 코, 기타쿠의 마루산코를 제외하고는 찾아볼 수가 없다.

1779년 도쓰카에 후지즈카를 축조한 다카다 후지시로를 잇는 마루후지코마저도 1842년에는 신주쿠에 고를 유지하지 못하고 있다.

〔표 4〕 도쿄 주변 지역의 후지즈카

지역	축조 고講	축조 연대	참조
가나가와켄 요코하마시橫浜市 아사히쿠旭區	○○○	1786	
가나가와켄 요코하마시 미도리쿠綠區	야마후지山藤코 야마신山眞코 마루아오丸靑코	1796 1842 1854	파각
가나가와켄 요코하마시 쓰루미쿠鶴見區	잇산一山코 잇산一山코	1800 1830	재축
가나가와켄 요코하마시 가나가와쿠神奈川區	마루킨丸金코 마루킨丸金코 마루킨丸金코 마루킨丸金코	1802 1808 1841 1866	
가나가와켄 가와사키시川崎市 다마쿠多摩區	마루야마丸山코	1806	
가나가와켄 요코하마시 도즈카쿠戶塚區	야마신山眞코 다테카와코 야마신山眞코 후지모토이치富士元一코 후지모토이치富士元一코	1810 1840 1847 1847 1860	파각
가나가와켄 요코하마시 고호쿠쿠港北區	○○○ 마루아오丸靑코	1821 1861	
가나가와켄 가와사키시 사이와이쿠幸區	다테카와코	1822	
가나가와켄 요코하마시 고난쿠港南區	○○○ ○○○	1836 1852	파각
가나가와켄 가마쿠라시鎌倉市	야마신山眞코 야마신山眞코 야마신山眞코	1849 1849 1849	
가나가와켄 후지사와시藤澤市	○○○	1866	
사이타마켄 가와구치시川口市 히가시우치노東內野	마루산丸參코	1800	

지역	축조 고講	축조 연대	참조
사이타마켄 신자시新座市 미치바道場	마루키치丸吉코	1831	
사이타마켄 다이리군大里郡 하나조노무라花園村	마루세이쓰리카네 丸正釣鐘코	1857	
사이타마켄 사이타마군 미사토무라美里村	마루세이쓰리카네 丸正釣鐘코	1860	
사이타마켄 가와구치시	겟산月三코	1827	
	겟산月三코	1860	
사이타마켄 가쓰시키군葛飾郡 쇼와초庄和町	마루호丸寶코	1860	
사이타마켄 오노군大野郡 요세이초寄居町	마루세이쓰리카네 丸正釣鐘코	1865	

* ○는 고의 이름이 명확하지 않은 것이다.

물론 후지즈카를 축조하지 않고서도 고를 운영할 수 있다. 그러나 [표 3]과 [표 2]를 합하여 보면, 마루후지코처럼 모토코의 소재지를 옮긴 경우, 1842년 이전에 후지즈카를 축조했던 고 자체가 1842년 에는 이미 해체된 경우마저 발견된다(물론 고명을 변경하여 고를 유지 했을 가능성이 크다). 이것은 고가 지역을 바탕으로 한 지속적·항구 적 조직이 아니라, 센다쓰와 서민(신도)과의 인격적 결합에 따른 대 단히 유동적·일시적인 사회 결합조직임을 나타낸다.

[표 4]에서 알 수 있는 것은 우선, 현재의 도쿄 주변 지역에서의 후지코 축조는 19세기 극초반(1810년까지)과 19세기 중후반(1840년 대 이후)에 집중되어 있다는 점이다. 사이타마켄의 경우, 1800년, 1827년, 1831년 각 1건이나, 1857년 이후 1865년까지 5기의 후지즈 카가 축조된다. 가나가와켄의 경우는 비교적 빠른 시기부터 후지즈 카가 축조하기 시작하여 1810년까지 전체의 28퍼센트를 축조하고,

1840년대 이후 특히 1836년 이후 1854년까지 집중적으로 축조하고 있다(44퍼센트). 이러한 지역 차는 각 지역의 후지코 발전 양상을 보여주는 것이다. 즉 가나카와켄의 후지코는 비교적 순조로운 발전을 하고 있으나, 사이타마켄의 경우는 거의 같은 시기에 후지코가 전해졌으나 19세기 전·중반기에 정체됐음을 보여준다. 〔표 3〕와 〔표 4〕을 비교해보면, 1810년까지 현재의 도쿄보다 가나가와켄이 후지즈카의 축조가 월등히 많다는 점을 알 수 있다.[48]

〔표 1〕〔표 4〕를 동시에 비교해보면, 현재 도쿄 소재의 고가 가나가와나 사이타마에 진출한 경우도 있지만, 거의 대부분의 고 명칭이 다른 데서도 알 수 있듯이 각 지역의 고는 '자생적·독립적·분산적' 성격을 가지고 있었다. 이것은 모토코와 에다코의 관계도 규정하고 있는 것으로 보인다. 즉 에다코가 모토코의 이름을 함께 사용하고 있다고는 하나, 고를 운영하고 관리함에 있어서 기본적으로 '자생적·독립적·분산적' 성격을 유지하고 있었던 것이다.

〔표 4〕를 보면, 한 고가 한 지역에 집중적으로 후지즈카를 축조하는 경향이 두드러진다. 즉 가나가와켄의 요코하마시 가나가와쿠, 가마쿠라시, 쓰루미쿠, 그리고 사이타마켄 가와구치시 등은 각각 마루카네코, 야마신코, 잇산코, 겟산코 등이 같은 지역에 집중적으로 후지즈카를 축조하고 있다. 가마쿠라시의 경우를 제외하면, 장시간에 걸쳐 후지즈카를 축조했다고 말할 수 있다. 이것은 위의 고들이 이 지역들에 각각 장시간에 걸쳐 존속했다는 것, 그리고 다른 고들의 영향력이 현저히 약했다는 것을 말해준다. 이러한 사실로 미루어볼 때 농어촌 지역의 고는 지역적 집중성을 유지하고 있으며, 이러한 경향은 농어촌의 생산구조와 관련되어 있었을 것이다.

가마쿠라시의 겟산코는 3개의 후지즈카를 1849년에 동일 지역 안에 축조하고 있다. 이것은 겟산코가 이전부터 이 지역에서 활동하다가 1849년에 가마쿠라시 각지에 후지즈카를 축조했다는 것을 의미한다. 따라서 후지즈카의 축조는 특정 고가 특정 지역에 진출했음을 뜻하는 것이 아니라, 특정 고가 특정 지역에 집중되어 있음을 나타낸다고 보아야 할 것이다. 그런데 [표 4]의 가나가와켄 요코하마시의 미도리쿠와 도즈가쿠를 보면, 후지코 축조의 주체가 시간의 경과에 따라 변화했음을 알 수 있다. 이것은 특정 고가 선점하고 있던 지역에 다른 고가 진출했음을 여실히 드러내고 있다. 가나가와켄 요코하마시 미도리쿠와 도즈가쿠는 그러한 경향을 잘 나타낸다. 이런 현상을 어떻게 설명할 수 있을지에 대한 답변은 아직 갖고 있지 않다. 다만 18세기 후반 이래 상품경제의 발전과 더불어 도시화가 진행된 것과 관련이 있으리라 추측된다. 즉 생산구조의 변화와 더불어 한 지역에 하나의 고가 존재하는 농어촌형 고에서 한 지역에 복수의 고가 존재하는 도시형 고로 변화했다는 추측이 가능하다.[49]

위에서 언급했듯이, 1779년 처음 후지즈카가 축조된 후 에도와 그 주변 지역에서 많은 후지즈카가 축조됐다. 후지즈카의 축조가 미로쿠의 의지에 따른 것이라고는 하지만, 당시 후지산 등정이 불가능한 노인, 어린이, 여인네들에게 후지즈카 등정 예배를 가능하게 한 것은 후지신앙의 발전에 큰 도움이 됐을 것이다. 또한 지역을 기반으로 하는 후지코 조직에도 큰 도움이 됐을 것이다.

현재 도쿄 지역의 후지즈카는 21기가 확인된다. 후지즈카는 18세기 후반부터 막말에 이르기까지 축조되고 있으나 대개는 19세기 전반기에 축조된다. 에도 주변 지역에서도 에도보다는 조금 늦어지는 경향은 있으나 대개 19세기 중반기를 통해서 복수의 후지즈카가 축조된다. 즉 막번체제 동요기에 수많은 후지즈카가 생긴 것이다. 후지신앙과 후지즈카 축조의 상관관계를 정확히 확인할 수는 없으나, 후지즈카의 축조에는 상당한 경제력이 요구된다는 점을 감안하면, 이 시기를 통해 후지신앙이 서민에 침투하고 널리 확산됐다고 볼 수 있다. 또한 이것은 서민들이 동요기의 불안정한 삶을 후지신앙에 의지해 살아가고자 하는 현상을 나타내고 있다 하겠다. 따라서 6월 1일의 후지즈카 등정 예배는 성황을 이루었다(『도도사이지키東都歲事記』)고 한다.

고는 센다쓰, 고모토講元, 세와닌世話人의 고 3역三役과 고원講員으로 구성된다. 고모토는 고 조직의 관리와 재무를 담당하고, 세와닌은 고인講人의 모집과 고인 상호간의 연락, 고 기금講金의 징수 등을 담당했다. 센다쓰는 종교적 행사와 후지 등산의 안내 및 지도 등을 담당하는 종교 지도자이다. 센다쓰는 오시가 인정하는 허가장이 필요한데, 그 자격은 일곱 차례 이상의 후지 등정 수행과 고로부터의 신청이 있어야 획득할 수 있었다. 대大센다쓰는 33번의 후지 등정 수행三十三度大願成就이 필요하고, 대센다쓰만이 모토코를 운영할 수 있다. 즉 센다쓰는 엄격한 종교적 수행과 인망이 있어야만 했다.

바로 이 점이 에도 시대의 다른 종교와 후지코가 다른 점이다. 에도 시대의 오시는 교단에 속한 신분이고, 센다쓰는 오시의 지배를 받는 신분이다. 물론 후지코의 센다쓰도 오시의 허가장이 필요했으나, 그것은 사회적 관습에 따른 것일 뿐 오시의 지배를 받는 신분은 아니었다. 특히 종교적 수행의 조건을 갖추었다 하더라도 고의 신청이 없으면 센다쓰가 될 수 없었다. 그런 의미에서 센다쓰는 막번체제의 신분제의 틀 밖에 존재하고 있으며, 아래로부터의 인정에 의해 종교적 기능과 그에 부수하는 사회적 기능을 담당하는 존재였던 것이다. 따라서 위에서 언급했듯이 후지코는 유동적이고 일시적인 성격을 가지고, 또한 '자생적·독립적·분산적' 성격을 유지하고 있었던 것이다.

후지코는 단순히 후지산 등정만을 위한 인적 결합집단이 아니다. 후지코는 종교집단으로서 일상적인 종교의례를 행하고, 후지산 등정은 종교 순례·수행으로서 자리잡는다. 후지코의 일상적 종교행사로서는 법회法會가 존재한다. 법회는 3일, 13일, 17일, 26일 중 하루를 택해 저녁에 행해진다. 3일은 원조 가쿠교, 13일은 3세 오신旺心, 17일은 미로쿠의 선조, 26일은 미로쿠의 스승 게쓰교의 명일이다. 이후에 13일과 17일이 각각 미로쿠의 명일로 전해지면서 법회는 주로 13일과 17일에 행해졌다. 한 달 한 번의 법회는 고원 전부가 참석하는 것이 원칙이었다. 이 법회는 센다쓰의 집에서 행해지기도 하고, 고원의 집을 돌아가면서 행해지기도 했다.

이 법회에서 다키아게焚き上げ가 행해졌다. '다키아게'란 밀교의 고마교護摩行에서 유래한 것으로서, 고마목乳木 대신 선향線香을 피우는 행위를 말한다. 선향을 쌓아올리는 모양은 고마다 다르지만 대개 후지산을 상징하고 있다. 고원 등이 선향을 피우고 종을 울리면서 큰소리로 "산게산게록곤세이죠サンゲサンゲ六根清淨"라 주문을 외운다. 그러는 사이에 선향의 불길이 커지고, 그 연기는 집안에 가득 퍼진다. 이 연기가 집안을 정화하고 참석자들의 심신을 정화한다고 한다. 혹 점을 칠 일이 있으면 그 내용을 종이에 적어 그것을 천천히 불길 속에 넣고 태워서 그 모양을 관찰하여 길흉을 점쳤다고 한다. 이 법회의 형식도 특별하다. 즉 센다쓰의 설법이 있는 것도 아니고, 특별히 기도·기원하는 것도 없다. 단지 고원들이 법회에 참석하여 함께 주문을 외고 동행자의 안전을 점치거나, 후지산에 처음 오르는 자의 행의行衣나 일상생활에 관계되는 것들을 정화하는 것이다.

한편 매년 음력 6월 1일에 고를 중심으로 오야마비라키お山開き 축제가 열린다. 후지코는 후지산 신앙을 바탕으로 하고 있기 때문에, 후지산 등정은 중요한 종교적 의미를 갖는다. 따라서 6월 1일 7개소의 아사마샤淺間社(지역에 따라 후지즈카를 포함한 경우는 8개소)를 순배巡拜하는 나나후지마이리七富士參り(혹은 나나아사마마이리七淺間參り)를 행한다. 계절은 농한기에 접어들고 장마가 한참인 여름이다. 무료함을 달래는 행락을 겸해 오야마비라키의 날에 후지산에 오르는 대신 7개소의 아사마(후지)를 순례하는 것이다.

나나후지마이리가 불가능한 경우, 후지즈카만을 참배하는 경우도 있었을 것이다. 후지즈카란 말은 이미 가마쿠라 시대부터 작은 산에 아사마 대신大神을 권청하여 사용하고 있었다. 그러나 에도 시대의 후지즈카는 후지산의 형태를 축소, 모방한 인공 축조물이다. 앞에서 후지시로가 처음으로 후지즈카를 축조한 것에 대해서 언급했다. 그는 원래 정원사로서 후지산과 똑같은 모양의 후지즈카를 만들고자 했다. 그리고 후지산 기슭에서 용암석을 가져와 후지즈카의 표면을 장식하고, 후지즈카 정상 부분에는 후지산 정상의 흙을 가져와 묻었다. 그리하여 신자들은 후지즈카에 오르는 것은 후지산에 오르는 것과 같다고 인식했다.

한편 후지코는 민중의 삶과 밀착되면서 미로쿠가 주장한 내용과는 다른 요소를 포함하게 된다. 즉 후지코를 확장하는 과정에서 지역 사정에 맞추어 신비적 요소를 가미했던 것으로 보인다. 위에서 본 다키아게는 미로쿠가 언급한 적이 없다. 다키아게는 고의 성립과 더불어 명복을 비는 것에서 심신이나 사물을 정화하는 것으로 변질됐으리라 추측된다. 후지코 센다쓰들이 행하는 주술呪い, 후세기(부적) 등도 그러하다. 후세기의 발행을 통해 민중의 애환을 해결해주

는 기능을 발휘한다. 후세기의 종류는 150여 종이며, 대부분이 일상생활과 질병, 제액除厄에 관련된 것들이다. 결국 서민들이 후지코에 거는 기대는 안정된 삶이 이 세상에서 실현됐으면 하는 것이다. 서민들은 재앙과 질병, 후환이 없는 안정된 삶을 가져다줄 수 있는 메시아 미륵彌勒(미로쿠)을 원하고 있었던 것이다.

후지산은 산악신앙山伏이 생겨난 6세기 이래 신앙의 대상이었다. 그러나 후지신앙이 민중에게 일반화된 것은 18세기 후반 후지코가 결성된 이후의 일이다. 민간인의 후지산 등정이 많아지는 것은 16세기 이후이다.

이런 상황 속에서 근세적 후지신앙의 창시자 가쿠교도 1560년 후지산에 오른다. 이후 가쿠교는 후지산과 각지를 돌며 수행을 계속하여 종교적 능력을 얻는다. 그는 후지산을 우주의 중심이자 만물의 근원으로 자리매김하고, 생명체를 살생하지 말 것과 오곡을 소중히 여길 것을 강조하며, 당시의 도덕에 입각하여 살아갈 것을 훈계했다. 그리고 그는 당시의 슈겐도가 서민들을 현혹하여 세상을 어지럽힌다고 비판하면서, 자신만이 후지산신의 영험함을 체현하는 유일한 존재로 자리매김한다. 이리하여 막번체제의 틀 밖에서 민간신앙으로서의 후지신앙이 성립된다.

미로쿠는 1688년 후지산 등정 이후, 후지산 등정 45회, 3회에 걸쳐 후지산 중턱을 도는 중도中道수행을 했다. 이러한 수행을 통해 그는 1722년 수행 35년 만에 종교적 능력을 얻는다. 그는 밖에서 깨달음을 찾지 말고 자기 마음을 소중히 할 것, 가업과 중생구제에 힘쓸 것을 강조했다. 그는 자비, 정情, 도움, 욕망의 억제를 삶의 덕목으로 제시하고, 이러한 삶을 살아가면 내세에 복을 받는다고 했다. 그리고 그는 당시의 남녀차별관을 부정했다.

근검・절약과 이타행을 실천하면서 살았던 미로쿠는 18세기 초기의 막부정치를 비판하면서, 스스로 새로운 세상을 열고자 1733년 죽음을 택한다. 이는 현실의 질서를 인정하고 성실하게 살아가라는 자기 가르침의 무력함을 자신의 죽음으로 새로운 세상의 도래를 앞당길 수 있다는 희망으로 전환하고자 한 것이라 볼 수 있다.

후지코는 미로쿠가 죽은 뒤 얼마 지나지 않은 시기에 결성되기 시작하여 19세기 전반기에 절정을 이룬다. 후지즈카도 18세기 후반부터 축조되기 시작하여 19세기 전반을 통해 에도와 그 주변 지역에 다수 축조된다. 이렇듯 18세기 후반 이후 민간의 후지신앙은 크게 유행했다. 에도에는 일정 지역에 복수의 후지코가 중층적으로 결성되어 있었으며, 에도의 주변 지역은 일정 지역에 하나의 후지코가 결성되어 있는 것이 일반적이었다. 이러한 후지코는 조공동체나 나카마조직과는 달리, 개인의 필요에 따라 아래로부터 결성되는 인적 결합조직이라는 점에서 주목된다.

한편 후지코는 후지산 등정만을 목적으로 하는 인적 결합조직이 아닌 종교조직이기 때문에 일상생활과 밀접하게 관련되어 있었다. 후지코의 종교의례인 법회에서는 길흉을 점치기도 하고 심신을 정화했다. 또 센다쓰들은 주술을 외우고 부적을 발행하여 민중의 애환을 해결해주었다. 결국 민중은 후지코를 통해 재앙과 질병, 후환이 없는 안정된 삶을 희구했던 것이다.

민국 시기 상하이 우성여행단과 '레저여행'

박경석

여행은 일종의 만남이다. 타자의 눈과 여행지의 생소한 현실이 만난다. 자연스럽게 자기의 문제를 통해 타자를 보게 되고 자기가 속한 역사와 현실을 반추하게 된다. 19세기 중반 이후 중국은 서구제국주의 세력의 침입 앞에서 '존재 자체가 없어질 위협'을 느꼈고 내셔널리즘이 크게 고양됐다. 내셔널리즘은 근대성을 쟁취해 '강한 중국'으로 복귀하기 위한 몸부림으로 나타났고, 결국 서구 부강의 요체로 보이는 '국민국가'의 건설을 위한 움직임으로 구체화됐다. 이런 상황에서 근대 중국의 지식인이 여행에서 '구국'을 위해 무엇인가 배우고 얻는 것이 있어야 한다고 생각했음은 당연한 일이었다. 이는 구미와 일본을 여행했던 리구이李圭, 룽훙容閎, 왕타오王韜, 황쭌셴黃遵憲, 장더이張德彝, 량치차오梁啓超, 캉여우웨이康有爲 등의 사례에서 잘 나타난다.[1]

중국여행사中國旅行社가 펴낸 『여행잡지旅行雜誌』의 편집인 자오쥔하오趙君豪가 상하이上海의 명사 19명을 대상으로 여행에 대해 인터

뷰하고 이를 시리즈로 낸 「여행강좌」에서도, 여행을 통해 견문을 넓히고, 무엇인가를 배우고, 애국심을 키워야 한다는 점을 강조하고 있다. 예컨대, "(여행지를) 투시透視해야지 겉모습만 보아서는 안 된다"[2]거나 "여행의 목적은 풍경을 즐기는 것에 있기보다는 마땅히 다른 각 방면에 주의를 기울여야 한다"[3]는 것이다. '구국구망救國救亡' 또는 국가건설의 과제가 여행까지 압박해, 여행조차 당시 중국을 압도했던 내셔널리즘으로부터 자유롭지 못했다. 이런 강한 내셔널리즘의 반영은 중국의 근대 여행을 규정하는 특징 중에 하나라고 할 수 있다. 기존 연구도 대개 이런 관점 위에 서 있다. 그래서 근대 지식인의 서구 여행이나 근대적 여행인프라의 수용과 구축(근대 여행건설)에 관심이 집중됐다.[4]

하지만 근대 이후 여행은 여가를 즐기기 위한 활동 중 하나일 뿐이기도 하다. 근대적 의미의 '여행객'은 일반적으로 '여행 자체를 즐기기 위해 일상적인 주거지를 떠나 다른 지역을 여행하는 자'로 정의될 수 있다. 예컨대, 1968년 IUOTOInternational Union of Official Travel Organization는 "방문지에서 월급을 받는 것과 같은 직업적인 이유가 아닌 다른 이유로, 일상적으로 거주하지 않는 곳을 방문하는 사람"이라고 정의했다. 이에 관해서는 에릭 코헨Erik Cohen이 이해를 돕고 있는데, "근대적 함의의 여행객은 유목민처럼 영원히 이동하는 것이 아니라 일시적으로 여행하고, 망명자나 난민처럼 강제로 이동하는 것이 아니라 자발적으로 여행하고, 이민자와 같은 편도여행이 아니라 귀환을 전제로 한 왕복여행이고, 유람처럼 당일치기가 아니라 상대적으로 긴 여행이고, 출근이나 통학과 달리 반복되지 않는 여행이며, 무엇보다도 다른 특정 목적(경제, 정치, 종교 등)에 종속된 수단으로서 여행하는 것이라 아니라 **여행 자체가 목적인 여행을 한다**(강조는

필자)"고 했다.[5]

　여행의 근대적 변화와 관련해서는 여러 차원의 논의가 가능하지만, '레저로서의 여행'이 하나의 사회현상이 됐다는 점을 가장 두드러진 특징으로 꼽을 수 있다. 근대 이전에도 많은 사람들이 여러 가지 이유로 곳곳을 돌아다녔고, 그 가운데에서도 '여가의 즐거움'을 위한—예컨대 전통 시기 중국에서 '만유漫遊'라 불렀던[6]—여행을 찾아볼 수 있으나, 근대 이전과 이후의 여행에는 뚜렷한 차이가 보인다. '즐기기 위한 여행'이었다 할지라도, 근대 이전에는 그것이 단지 특별했던 개인적 행동이었다면 근대 이후에는 사회적·문화적으로 하나의 생활양식이 됐다.

　이런 변화의 배경에는 새로운 교통수단과 '여행산업체계'의 등장이 있었다. 산업혁명과 함께 철도와 윤선輪船을 중심으로 한 '근대적' 교통수단이 급속도로 확산되면서, 여행의 비용과 위험이 대폭 줄어들고 여행을 즐기는 것으로 만들었다. 여행은 이동함으로써 시작되고, 그래서 어떻게 이동하느냐의 문제가 여행의 양상에 크게 영향을 끼치게 마련이었다. 여행의 근대적 전환에 크게 기여한 또 하나의 계기는 여행사를 비롯한 각종 여행 서비스의 출현이었다. 철도의 잠재력을 간파한 토마스 쿡Thomas Cook이 1841년 7월 단체여행을 기획한 이후 최초의 근대적인 여행사인 토마스 쿡 앤 선스Thomas Cook & Sons를 설립했다. 이후 여행가이드, 안내서, 보험, 수표, 관광호텔 등의 등장으로 비로소 값싸고 편리한 '관광여행'이 시작됐고 중산층이 여가를 즐기기 위한 한 방편으로 여행을 선택하기 시작했다.[7]

　이처럼 근대 여행에는 사람들의 여행욕구를 인식하고 자극하며 만족시키고자 한 뚜렷한 산업이 존재했다.[8] '집 나가면 고생'이라는 말이 있듯이, 사실 여행은 여간 번거로운 일이 아니다. 서양에서 'travel(여행)'의 어원은 '수고travail'라는 것이 통설이다. 일본의 민속학자 야나기타 구니오柳田國男는 '수고·고통'과 동의어였던 '다비旅'로부터 즐거운 '료코旅行'로의 전환이 근대 '신문화의 음덕'이라 칭송한 바 있는데, 여기서 '다비'가 'travel', '료코'가 'trip'에 상응한다.[9] 반면, 미국의 역사학자 부어스틴D. J. Boorstin은 자발적이고 능동적이었던 '여행travel'이 근대 이후 타율적이고 수동적인 '관광tour'으로 변모했다고 하여 산업화의 부작용을 비판한 바 있다.[10] 아무튼, '여가를 즐기기' 위한 여행이 나오기 위해서는 여행을 어렵게 하는 장애들이 해소되어야 했고, 여행의 근대적 전환은 바로 이런 장애를 점차로 제거해나가는 과정이었다. 그래서 오늘날 '레저로서의 여행'이 삶의 한 부분으로 폭넓게 수용되고 있다.

이런 이론적 논의를 고려할 때, 서두에서 언급한 기존 연구는 정치적·이념적·거시적 관점에 치우쳐 있다고 볼 수 있다. 여행 자체에 대한 미시사적인 접근은 소홀히 다루어지고 있는 것이다. 물론, 내셔널리즘의 압도에서 완전히 벗어난 여가활동으로서의 여행이 여행의 주류가 되기는 어려웠을 것으로 추측된다. 그럼에도 순수한 여가활동으로서의 여행이 일부 계층에서 나타났을 개연성은 충분하다. 1920~30년대에 이르면 일부 '자본주의적' 산업자본이 축적되고, 서구의 '근대적' 여행 풍조가 유입되어 1927년에는 최초의 여행사가 설립됐다. 1930년대에 이르러 기행문학에 서정성이 강화되고[11] 『여행잡지』 등에 실리는 다양한 여행기에 드러나는 여행자들의 시선이 역사, 정치, 제도, 정신, 관념 등에서 일부 일상생활이나 자연풍광으로 옮겨지고, 인명사전에서 찾아볼 수 없는 중·상류층 인사들의 여행기가 크게 증가하기도 했다. 이 글에서는 '구국구망'의 압박에서 벗어나 있는, '순수하게 여행을 위해 여행하는' 행태나 양상에 주목하고자 한다.

　민국民國 시기 여행 자체의 일반적 양태를 찾는 과정에서, "1930년대 중반에 이르러 상하이에 이미 적잖은 여행 전문단체(團 또는 社)가 있었고, 그중에서도 특히 우성여행단友聲旅行團이 시민들의 많은 주목을 받았다"[12]는 서술이 눈에 띄었다. 우성여행단에 대해서는 거의 알려진 바가 없는데, 역사사전이나 연구서 등에 민간의 자생적인 '여행단체'로서 가장 왕성하게 활동했음이 간략히 언급되어 있을 뿐이다.[13] 본격적으로 다룬 연구논문이나 연구서는 어디에도 없다는 점에서 그 실체를 드러내는 것만으로도 의미가 있다. 뿐만 아니라, 우성여행단은 중·상류층 시민들이 내셔널리즘에 압도되지 않고 '여행을 즐기기 위해' 자발적으로 만들고 운영한 '자유로운 공간'이었다. 여행에서 드러나는 일상성을 미시사적으로 규명하는 데에 효과적인 소재라는 생각이다. 또한 우성여행단과 같은 '여행클럽'이 서구의 여행사를 '이식'해 만든 영리 목적의 '중국여행사'[14]와 경쟁하면서 일정 정도 대안 구실을 했다는 점에서, 중국 근대 여행에 대한 이해의 폭과 깊이를 다소나마 확대·심화시킬 수 있으리라 생각한다.

　이런 문제의식 아래 구체적으로는 상하이를 중심으로 1920~30년대에 나타났던 여행의 양태를 포괄적으로 살펴보고, 우성여행단의 창립 경위, 참여자들의 출신 배경과 여행단을 창립한 이유 및 여행에 대한 인식, 구체적인 활동과 성장과정, 단체여행의 구체적인 진행 사례, 여행단의 성격 등에 대해 고찰할 것이다.

1. 20세기 초반 여행의 일반적 양태

'만유漫遊'라고 해서 근대 이전에도 특정한 목적 없이 '즐기기 위한 여행'이 있었으나, 이는 일부 특권 계층에 한정된 극히 이례적인 일이었다. 대개는 먼 길을 떠나는 것을 어쩔 수 없어서 하는 고되고 위험하고 두려운 일畏途로 여겼다. "집에서는 천 일이라도 좋고, 문밖으로 나가면 한시라도 힘들다在家千日好, 出門一時難"거나, "일생에 문밖으로 나갈 일이 없으면 크게 복된 사람이다一生不出門, 是个大福人"라거나, "부모 살아 계실 때는 멀리 여행가지 않는다父母在, 不遠遊"는 전통적인 관념이 이를 잘 말해준다.[15]

그래서 전통적으로 '여유旅遊'를 즐긴다고 함은 청명清明 절기를 맞이하여 가까운 곳에 놀러가 화창한 봄날을 즐기는 것이었다. 이를 중국인들은 '시령유時令遊'라고 했다. 시령時令 즉 절기를 맞이하여 집단적으로 놀러 다니는 것인데, '전통절경유傳統節慶游'와 '종교절령유宗敎節令游'를 포괄한다.[16] 이러한 양태는 1920년대에도 나타난다. 1926년 4월 5일은 청명절이고 날씨도 매우 좋아 새벽부터 근교로 유람 가는 상하이 시민들이 끊이지 않았다. 사람들은 대개 룽화龍華, 반쑹위안半淞園, 난스南市(仰神賽會) 등으로 몰려들어 큰 혼잡을 빚었다. 항저우杭州, 쑤저우蘇州 등도 명승지마다 인파로 크게 붐볐다고 한다.[17]

그러나『신보申報』가 전하는 춘유春遊의 양태는 전통적인 것 그대로만은 아니었다. 절기時令와 종교적인 취향을 쫓아 하루 코스로 나들이 가는 '여유'에 그치지 않는다. 며칠에 걸쳐 항저우, 쑤저우, 난징南京 등을 본격적으로 여행하는 여러 사례들이 소개되고 있다.

여러 날에 걸쳐 기차를 타고 가야 하는 여행은 대개 단체(집단)로 이루어졌다. 우선 '중국여행사'의 전신인 상하이상업저축은행(이하 상하이은행) 여행부가 상하이에서 항저우를 왕복하는 전세 열차를 준비해 여행단을 조직했다. 모두 11량의 열차에 여행객이 589명에 이르는 대규모였다. 여행은 1926년 4월 1일 새벽에 상하이를 출발해 시후西湖를 중심으로 항저우 일대를 관광하고 5일 밤늦게 상하이에 도착하는 4박 5일 코스였다. 새벽 5시 55분에 출발한 열차는 10시 10분 항저우역에 도착했다. 각종 여행안내 팸플릿이 제공됐고, 항저우에 도착해서는 9대의 차량이 배치되어 여행객을 날랐다. '대중화백합영편공사大中華百合影片公司'가 웨타이月臺에서 영화를 촬영하면서 전세 열차 곳곳에 큰 컬러 깃발이 꽂혀 있는 모습을 촬영해 흥미를 돋우기도 했다. 상하이은행 여행부 직원들의 주도면밀한 준비와 열성적인 서비스, 철로국과 항주 경찰 당국의 적극적인 협조 등으로 매우 만족스런 여행이 됐다고 한다.[18] 4시간여 만에 항저우에 도착한 열차, 새로운 여행안내서, 상하이은행 여행부의 서비스 등등은 새로운 형태와 내용의 '근대 여행'을 가능케 한 '근대적' 여행인프라였다.

또한 학생들의 수학여행이 단체여행의 한 축을 이루었다. 1926년 봄 상하이에 한정해 보더라도, 군치대학群治大學 학생 37명이 '시후춘유단西湖春遊團'을 구성해 항저우를 여행하고 있고,[19] 초상국공학招商局公學 4학년 학생들로 구성된 수학여행단이 4월 3일부터 12일까지 난징, 전장鎭江, 양저우揚州 등을 여행했다.[20] 이런 학생들의 단체여행은 대도시를 중심으로 적잖이 볼 수 있는 일이었는데, 1931년에는 금릉여자문리학원金陵女子文理學院의 여학생이 타이산泰山을 여행하기도 했고, 호강대학滬江大學 학생 18명은 1936년에 멀리 서북 지역을 여행하기도 했다.[21] 이밖에 항주의 소학교 학생들이 모든 것을 스스로 계획하고 준비하여 상하이를 여행한 일이 있어, 사회적으로 큰 주목을 받은 적도 있었다.[22] 학생들로 구성된 여행단과 그 여행활동에 대해 호의적이었던 사회 분위기는 유명한 '신안여행단新安旅行團'[23]의 사례에서 보듯이 '항일구국' 선전활동에 여행(단)까지 활용하게 된 배경이기도 했다. 그러나 학생들의 수학여행이 일반화됐던 것은 아니었다.

이밖에 일반 사회단체에서 여행단을 조직해 장거리 여행에 나서는 일도 있었다. 예컨대 1926년 상하이의 검덕저축회儉德儲蓄會 회원 200여 명이 단체여행을 조직하여 4월 1일부터 5일까지 4박 5일 일정으로 항저우를 다녀왔다.[24] 검덕저축회는 1931년 4월 우성여행단, 정무체육회精武體育會, YMCA青年會와 함께 쑤저우까지 다녀오는 장거리 도보여행 경기대회를 개최하기도 했다. 유명한 무술인 귀위안자郭元甲(1869~1910)가 창설한 정무체육회[25]는 1929년 우성여행단, 세전동학회稅專同學會, 해관구락부海關俱樂部 등과 함께 충밍崇明을 여행하기도 했다.[26] 이밖에도 1926년 봄 진군교우회振群校友會가 '여행을 통해 견문을 늘리고자' 특별히 여행단을 조직하기도 했다.[27]

이런 사회단체를 통한 여행활동의 흥기는 각종 '사단社團'이 상하이 시민의 생활을 얼마나 깊이 파고들었는지를 보여주는 것이기도 하다. 상하이는 가히 '사회단체의 도시'였다고 할 수 있다. 이런 사회단체들 중에는 여행을 목적으로 결성된 단체도 있어 특별히 주목을 끈다. 그중에 대표적인 것이 우성여행단이다. 두드러진 활약상을 보였을 뿐만 아니라 관련 사료[28]도 상대적으로 많다. 우성여행단 이외에도 다른 '여행 사단'이 있었을 것으로 추측되지만, 아직 그 존재를 확인해줄 자료는 찾지 못했다. 다만, 『사해辭海』를 편찬한 출판가이자 교육가인 슈신청舒新城(1893~1960)이 쑤저우를 여행하고 쓴 여행기에서[29] 언급했던 '경제여행사經濟旅行社'도 명칭과 달리 '여행단체'였던 것으로 보인다. 이름대로 영리 목적의 여행사였다면 '회원 모집' 따위는 하지 않았을 터인데, 우성여행단의 경우와 마찬가지로 1948년 6월에 회원모집 상황을 정리해놓은 『경제여행사징구특간經濟旅行社徵求特刊』을 발행했던 것에서 '여행단체'였음을 미루어 짐작할 수 있다. 아쉽게도 경제여행사의 성격을 말해주는 다른 사료는 찾지 못했다.

이상에서 살펴보았듯이, 1920~30년대 중국의 대체적인 여행 양태와 관련 시령에 맞추어 근교로 '놀러 나가는' 전통적인 '여유'가 지속되는 가운데, 새로운 형식과 내용의 여행도 생겨났음을 알 수 있다. 새로운 여행은 개인적 차원이 아니라 여행서비스를 제공하는 주체가 생겨나고 이를 바탕으로 단체여행을 떠나는 방식으로 흥기했다. 단체여행의 흥기에서 여행문화의 근대적 변모를 살펴볼 수 있다. 다시 말해서 근대 여행이 단체여행을 통해 시작됐고 그 단체들의 성격 가운데에서 근대 중국 여행문화의 특징적 면모를 간취할 수 있는 것이다. 이하에서는 그 대표적인 사례로 우성여행단에 대해 상세히 살펴본다.

2. 우성여행단의 창립

우선 궁금한 것이 창립의 경위이다. 기존에는 대개 1915년에 쑨쭝위안孫宗源, 야오위안간姚元幹 등 5명이 발기하여 조직된 것으로 알려져 있다.[30] 그러나 우성여행단이 직접 기록한 『우성여행단간사友聲旅行團簡史』를 확인해본 결과, 1915년에 성립의 발단은 이루었으

우성여행단의 임원진(1947).

나 정식 창립에 걸맞은 틀을 갖추게 된 것은 몇 년 뒤였던 것으로 보인다. 1915년에는 쑨쭝위안, 야오위안간, 천지강陳繼綱, 위짜이경兪載賡, 마젠성馬劍笙 5명이 발기하여 룽화, 우쑹吳淞 등 상하이 인근으로 한 차례 단거리 여행을 다녀왔을 뿐이었다.

이듬해에는 여행을 가기 위해 단체로 적금을 붓기도 했으나 발기인 5명 중 3명의 사망, 출국, 탈퇴 등으로 지지부진했다. 이것마저 1917년 제1차 세계대전의 영향으로 중지되고 말았다. '1915년의 풍조를 이어' 자생적인 단체여행이 재개된 것은 1921년이었다. 쑨쭝위안, 야오위안간에 주변 인물 30여 명이 가세해 난징, 첸탕錢塘 등을 여행하기 시작했다. 다만 이때에는 매월 각자 1원씩을 내어 '여행통고旅行通告' 등을 인쇄하는 데에 사용하는 등 초보적인 단체의 모양새를 갖추기 시작했다.[31]

이윽고 1922년 봄에 여행단 성립에 중대한 계기가 마련됐다. 단체로 여행을 간다는 소문이 널리 퍼지고 여기에 동참하는 사람이 늘어남에 따라, 1월에 시먼西門의 '공공체육장公共體育場'을 빌려 제1차 단합대회聯歡를 개최했다. 여기에서 장정章程을 의정하고 임시 연락사무소도 정하고, 쑨쭝위안을 단장으로 추대했다. 2월에는 정식으

우성여행단 사옥의 외관.

로 성립 기념대회를 열기도 했다. 이어 지속적인 발전이 이루어지는데, 1923년에는 「선언」을 공표하고 휘장과 단원증도 만들었으며 간사도 선출하여 책임을 나누어 맡았다. 또한 월간으로 『우성友聲』이라는 소식지도 발간하여 연락 및 홍보에 활용했다. 1924년에는 사무실도 내고 37명의 '유지維持단원'을 뽑아 여행단의 인적 기틀을 마련했다.[32] 1925년에 이르러 제1차 단원모집대회徵求會를 개최했고, 10주년 기념회, 신입단원 환영회, 정기총회 등 각종 모임을 활발하게 열었다.[33] 이로써 대내외적으로 여행단이 체제를 완전히 갖추었는데, 1915년 쑨쭝위안, 야오위안간 등의 최초 여행이 있은 지 10년이 되던 해였다.

우성여행단 창립을 주도하거나 활동에 참여했던 사람들은 중상류층 시민들이었으나 명망가는 아니어서 인명사전으로는 인적 사항을 파악할 수 없다. 다만, 『우성여행단간사』와 『여행월간 : 화북여행지호旅行月刊 : 華北旅行志號』를 통해, 이사와 감사, 그리고 '화북여행華北旅行'에 참가했던 단원의 근무처를 알 수 있다.[34] 최초 발기인으로서 단장, 집행위원 등을 역임해 중추적인 역할을 수행했던 쑨쭝위안

256 • 제3부 네트워크

상하이의 사회계층 등급별 월평균소득 및 인구비율(1933)

등급	1등급 (상上)	2등급 (중상中上)	3등급 (중하中下)	4등급 (하下)	5등급 (하하下下)
구성인자	특권관료, 상층상공업자	일반상공업자, 일반정부직원, 중고급 전문직	사무원, 하급직원	노동자	도시빈민
월평균소득	5,703원	167원	33원	16원	8원
인구비율	0.48%	12.34%	17.64%	37.08%	32.47%

은 해관통계처海關統計處 직원이었고, 역시 발기인으로서 회계와 집행위원을 역임했던 야오위안간은 광화보험공사光華保險公司에서 일했다. 일찍이 서기를 맡았던 황치류黃綺流는 행총선후구제총서行總善後救濟總署 공로운수총대公路運輸總隊에 몸담았던 인물이었다. 이밖에 대부분이 각종 신식 기업, 금융기관, 정부기관 및 공공기관, 대규모 상점 등에 소속되어 있었다. 이들은 근대의 세례를 듬뿍 받은 대도시 상하이의 중산층에 속했던 사람들이었다. 요컨대, 상점이나 음식점 등 비교적 소규모 상업을 경영했던 자영업자를 중심으로 하는 '구중산층'과 대기업의 관리직이나 전문직, 각급 정부 및 공공기관의 행정관 등 화이트칼라를 중심으로 하는 '신중산층'을 포함하고 있다.[35]

이와 관련해 두쉰청杜恂誠은 위의 표[36]와 같이 상하이의 사회계층을 5등급으로 분류하고 있다.

그런데 '기본단원'이 되려면 100원 이상을 평생회비로 납부해야 했고 '화북여행'에 참가하려면 교통비와 숙식비로만 160원을 내야 했던 것으로 보아,[37] 적어도 2등급(중상층) 이상은 되어야 우성여행단에 참여할 수 있었던 것으로 보인다. 이렇게 보면, 대략 상하이 전체 인구 중에 적어도 상위 10퍼센트 안에는 들어야 근대 여행을 한 번쯤 생각해보았음 직하다.

그렇다면, 이들이 이러한 자발적인 '여행클럽'을 만들게 된 이유는 무엇이고, 이와 관련해 여행에 대해서는 어떤 인식을 가지고 있었을까.

우성여행단의 발단이 됐던 1915년 여행에 대해, 『우성여행단간사』는 "상하이가 매우 번잡하고 사치스러워 건전正當하게 소일할 만한 일이 없던 차에 때마침 휴가를 이용하여 여행을 발기했다"[38]고 적고 있다. 말하자면 그들은 휴가를 즐겁게 보내기 위해 여행을 떠났고, 여행을 '건전하게 여가를 즐길 수 있는 방편'으로 인식했던 것이다. 우선 우성여행단은 자신이 '업여業餘여행', 즉 '레저(여가)여행'을 위해 창단됐음을 분명히 밝히고 있다. 예컨대, 우성여행단은 '순수하게 여가業餘 성질로서 여행을 제창했고'[39], '본단이 레저여행業餘旅行을 위해 창단되자, 외지의 동지들 역시 풍문을 듣고 호응하여 지부를 조직하게'[40] 됐다고 했다. 푸퉈普陀여행을 안내하는 팸플릿에서는 '바다여행을 만끽해' 보기를 권하면서 해수욕을 할 수 있다는 점을 소개하는 등,[41] 여행의 재미와 즐거움을 강조하고 있다. 1931년 '화북여행'을 기획하게 된 연유도, "여행의 편의를 제공함으로써 직장에 얽매여 시간이 많지 않은 단원들의 열화와 같은 요구(여행욕구)에 부응하기 위함"[42]이었다.

이들은 자연스럽게 여행이 건전한 오락이자 여가문화임을 강조하고 있다. 우성여행단의 중심인물이었던 선싱추沈杏初는 '푸퉈여행'에 동참할 것을 권유하는 글에서, "극장이나 유희장遊戱場에 가거나 심하게는 기방妓房에 들락거리는 것은 합당하지 않다. 우리 여행단에 와서 책을 읽거나, 풍경을 이야기하거나, 혹은 대오를 지어 나들이를 가거나 명승을 찾아 수학修學을 가는 것이 낫다"⁴³고 했다. 도시의 퇴폐적인 오락문화를 경계하면서 여행이 건전한 취미생활, 오락이라는 점을 역설하고 있다. 또한 우성여행단「제13차 징구회선언」에서는 "여행의 의의와 우리 여행단의 종지宗旨가 제창되자, 사회 인사들이 거의 모두 깊이 이해하고 열렬한 지지를 보냈는데, 이는 건전한 오락을 도모함이 불건전하게 노는 것에 비해 득실에 천양지차가 있기 때문"⁴⁴이라고 언명했다. 이러한 점은 여행단 밖에서도 인정하여, 『대만보大晚報』는 우성여행단을 "여행을 제창하여 불건전한 오락을 대체한 레저단체業餘團體"⁴⁵로 소개하고 있다.

우성여행단이 건전한 여가문화를 창달하려 했던 의지는 그들이 여행과 직접적 관계가 없는 체육 및 문화활동에 열심이었던 데에서도 알 수 있다. 후술하겠지만, 여행단은 1930년 체육반體育股를 설치하고 축구, 테니스, 육상, 수영 등 체육활동을 조직적으로 전개했고, '국악 동아리國樂組' 등을 설립하여 국기國技, 국극國劇, 국악, 화극話劇 등 많은 볼거리를 제공하기도 했다. 이리하여 '단우團友들로 하여금 여행 이외에도 각자의 기호에 따라 유익한 오락을 즐길 수 있게'⁴⁶ 했던 것이다.

그러나 이들에게 여행은 여가를 즐겁고 건전하게 보내기 위한 레저활동에 그치지 않는다. 당시는 '구국구망'의 내셔널리즘이 중국을 압도하고 있던 시대였다. 여행도 그 영향권에서 벗어날 수는 없었다. 무엇인가 보탬이 되지 않으면 안 됐고, 그것은 부강한 나라를 건설하는 일로 이어져야 했다. 이런 인식은 여러 곳에서 발견할 수 있다. 우선, 공식적인 우성여행단의「선언」에 잘 나타나 있다.

보는 것에 얽매인 자는 눈이 트이지 못하고, 듣는 것에 얽매인 자

우성여행단의 홍보 이미지.

는 귀가 통하지 못하고聾, 아는 것에 얽매인 자는 총기가 막히니, 그러므로 사람은 마땅히 스스로 그 얽매임을 풀어 우물 안 개구리에서 벗어나야 하는데, 이렇게 하지 못하면 틀림없이 처세에 부족함이 있을 것이다.……우리 우성여행단은 우리의 봄視을 밝히고, 우리의 들음聽을 열고, 우리의 총기를 깨우쳐, 앎知을 구하고자 하는 것이다.……우리는 하나를 알게 되면 하나의 앎을 베풀게 되고, 많이 알게 되면 많이 베풀게 된다. 그것을 사회에 베풀고, 전국에 베풀면 민족을 위해 앎을 베풀게 되는 것이다. 작은 물이 모여 큰 못을 이룰 수 있듯이, 우리 여행단은 그 효시일 뿐이다.……[47]

한마디로 여행단을 만들어 여행을 하는 것은 각자의 식견을 넓히고자 하는 것이고, 이것으로 결국 사회와 나라와 민족을 위하고자 하는 것이다. 조금 풀어 말하면, 여행단은 '상하이 상학商學 각계의 정당한 인사들이 조직한 것으로 그 목적이 쉬는 날을 이용해 여행을 하는 데에 있는데, 여행은 체력과 정신을 단련하고, 견문을 넓힐 수 있을 뿐만 아니라, 풍토와 인정人情에 대해 실지에서 잘 살필 수 있게 하여 학문과 심신에 보탬이 되기에 충분하고, 사회교육을 보조하는 효과도 거둘 수 있다'[48]는 것이다. 그래서 1932년 가을에 떠난 '화북여행'에서는 '여행으로 학문을 편달함을 종지로'[49] 한다고 언명하고 있다.

또한 여행의 실질적인 효용성에도 주목했는데, 직·간접으로 국가경제와 사회의 발전에도 보탬이 적지 않다는 것이다. "(참가자가) 적으면 수십 명, 많으면 천수백 명에 이르고, 멀리는 변방에 이르고 가깝게는 인근 읍에 이르렀고, 매주 거행으로 따져 적월누년積月累年에 이르니, 국영·민영의 교통기구에 지급한 돈이 얼마겠는가. 숙박에 자비까지 거액을 지출하니 지방경제에 또 얼마나 큰 도움이 됐겠는가. 가는 곳마다 문화를 소통시키고 민속을 알리는 책임을 다했으니 그 공헌이 얼마인가"라는 언급이 잘 말해준다. 이런 실질적인 가치에 대한 인식은 여러 차례의 구호활동 및 성금모금과 같은 사회봉사활동으로 이어지기도 했다.

이상에서 살펴보았듯이, 우성여행단에게 여행은 즐거운 여가생활이자 건전한 오락이었고, 동시에 자신과 나라에 보탬이 되는 '애국적' 활동이었다. 「장정」에 천명되어 있는 여행단 설립의 종지가 이런 두 가지 측면의 인식을 잘 보여주고 있다. "벗의 소리를 찾아求友之聲, 무리지어 (여행에) 나서자는 부름要望을 이루어내고, 분투정신을 양성하고, 소년과 같은 심지心志를 개발·확대하고, 실지 고찰의 공부를 통해 서적 이외의 앎知을 구한다"[50]는 뜻을 밝히고 있다. 특히 '우성友聲'이라는 이름이 '구우지성求友之聲'에서 나왔음은 불을 보듯 명확하다. 이것이 바로 여행에 대한 그들의 인식이었고, 그들이 여행을 떠났던 이유였다. 여행 자체의 즐거움과 내셔널리즘에 입각한 여행의 의의가 모두 포함되어 있다.

3. 우성여행단의 활동
— 여행, 공연, 체육, 봉사

그렇다면, 우성여행단은 구체적으로 어떤 활동을 했는가. 1915년에 단초를 보였다가 소강 상태를 보였던 우성여행단은 1922년부터 활동을 재개하고 1925년 체제를 완전히 갖춘 이래 본격적으로 활동하기 시작하여 1935~37년에 이르면 그 활동이 절정에 이른다. 1937년 8월 중일전쟁이 터지면서 여행이 불가능하게 되고 여행단은 부상자를 돌보는 구호활동에 전념하게 된다. 전쟁이 끝나고 난 뒤 1945~46년에 걸쳐서는 조직의 재건을 위해 노력했고 항저우와 타이완臺灣을 여행하는 등 성과가 없지 않았으나, 1949년 이후 그 종적을 찾아볼 수 없게 된다. 이것이 우성여행단 활동의 대략적인 전말이다.

우성여행단의 활동은 크게 단체여행 및 여행 관련 서비스, 여행 이외의 여가활동, 사회봉사활동 등 세 가지로 나눌 수 있다.

첫째, 여행은 우성여행단이 설립된 본래의 목적으로서 가장 기본적인 활동이었다. 중일전쟁 이전까지 거의 매주 단거리 여행을 조직했고, 1년에 수차례 열차와 윤선을 전세내어 장거리 여행을 다녀왔다. 1936년 10월 이전까지 22년간 모두 1,122차례나 단체여행을 조직했고,[51] 중일전쟁으로 인한 8년간의 공백을 깨고 1946년 초여름 항저우를 여행했는데 이것이 1,229차 여행이었다고 하니,[52] 대략 1년이면 평균 51회이고 1개월이면 4.3회 꼴이며 매주 한 차례 꼴이다. 하지만 1922년에야 본격적으로 여행이 시작됐다는 점을 고려하면 1개월에 평균 6회 정도 여행 행사를 가졌던 것으로 보인다.

특히 1929년 가을 저장浙江 성정부가 시후박람회西湖博覽會를 열

우성여행단 자전거 여행 대회.

자 이에 호응하여 단체여행을 조직했고, 정무체육회, 세전동학회, 해관구락부와 연합하여 충밍崇明을 여행했다. 이들 단체들 입장에서는 유일한 여행사였던 '중국여행사'를 제쳐두고 우성여행단을 활용했던 것인데, 사회단체 또는 친목단체가 자체적으로 직접 여행을 조직했다는 특징적 면모를 간취할 수 있다. 1930년 봄에는 오늘날의 등산대회와 유사한 '쿤산도보경기대회崑山徒步競起大會'를 개최했고, 난통南通과 푸퉈를 여행하기도 했다. 1931년 4월에는 정무체육회, 검덕저축회, 청년회YMCA와 함께 쑤저우를 다녀오는 장거리 '도보경기대회'를 개최했다.

그러나 1931년 여름 장강 유역에 전대미문의 대수재가 발생하고, 9·18에는 일본이 만주를 침략하고, 이듬해 1·28에는 일본군이 상하이를 폭격하는 등 국난이 이어져서, 여행은 엄두도 내지 못했다. 1932년 6월에야 여행이 재개됐고, 가을에는 처음으로 '화북여행'을 조직했는데 단원 60여 명이 참가, 베이핑北平(베이징의 당시 이름), 지난濟南, 취푸曲阜, 타이산 등의 명승고적을 구경했다. 이처럼 변방까지 먼 거리를 여행한 것은 단체여행으로는 처음 시도한 일이었다고 한다. 1933년에는 두 번째로 '화북여행'을 다녀왔고, 이듬해(1934) 10월에는 제3차 '화북여행'을 다녀온 직후 장거리 장기여행 노선을 화남으로까지 확대하여 광저우廣州 일대를 여행했다. 이때 초상국과 협의해 처녀 출항하는 '하이위안룬海元輪'을 타고 광저우로 직방直放함에 따라 큰 호응을 얻었다고 한다.

1935에 이르면 여행활동이 절정에 달해 중일전쟁 직전까지 이어진다. 세 차례의 '화북여행'을 포함해 쓰촨四川, 루산廬山, 칭다오靑島 등으로 대규모 장거리 단체여행을 실행했고, 경기대회 형식의 기마여행을 조직하기도 했다. 서비스반服務股를 만들어 외부인에게도 여행 관련 서비스를 무료로 제공하기 시작했다. 기왕에『여행월간』이나 각종 여행안내 소책자를 발간했으나 특별히『시사신보時事新報』와 협약을 맺고『시사신보』의 한 코너로「여행주간旅行週刊」을 편찬하여 유명 여행지를 소개하고 여행코스를 안내하여 독자의 편리를 도모했다. 이는 모두 여행 풍조를 확산시키는 작용을 했을 것이다. 게다가 독자적으로 유람용 버스를 구입하여 배치하기도 했다. 전세 열차 10여 차량, 배 30척이 동원되고, 어른과 아이를 합쳐 1천 명 이상이 참여한 '우시無錫아동여행'은 '세상을 한 차례 들썩이게 뒤흔들어 놓았다'고 한다.

1937년 3월의 '춘계대여행春季大旅行'은 무려 17개 팀으로 나누어 출발했고, 4월에는 장시성江西省, 후난성湖南省, 광시성廣西省, 광둥성, 푸젠성福建省으로 장거리 여행을 떠났으며, 5월에는 제7~8차 '화북여행'을 실행했다. 심지어 세계여행을 기획하기도 했는데, 곧 이어 중일전쟁이 터지면서 실현되지는 못했다. 아무튼 중일전쟁 이전까지 여행활동이 매우 활발하게 전개됐음을 알 수 있다.

둘째, 여행 이외의 건전한 여가생활을 돕기 위한 활동 또한 일찍부터 활발하게 전개했다. 이런 여가활동은 예술문화와 체육 분야로 나누어볼 수 있다. 우성여행단이 체제를 갖추고 본격적으로 활동하기 시작할 무렵인 1926년 8월에 저우쥔칭周俊卿, 선자쿠이沈嘉奎, 왕사오창王紹昌이 제안하고 주도하여 국악 동아리를 만들었고, 이어 1927년에는 몇몇 단원들이 발기하여 연극 동아리平劇組, 국술 동아리國術組, 화극 동아리話劇組를 조직했다. 이는 일종의 서클모임 같은 것이었는데, "단우들로 하여금 여행 이외에 각자의 기호에 따라 유익한 오락을 즐길 수 있게"[53] 하기 위함이었다. 이들은 연회年會나 단합대회에서 공연을 통해 흥을 돋우었을 뿐만 아니라 1928년 8월에는 국민당 상하이당훈동학회上海黨訓同學會가 주최한 의약시진소醫藥施診所 및 의무소학교 기금 마련 '유원회游園會'에 참가하기도 했다. 1930년 4월 난퉁으로 여행을 갔을 때에는 좌경속극장座更俗劇場을 빌려 연극平劇과 국악을 공연하고 그 수익금을 난퉁의 각 자선단체에 기부하기도 했다. 10월에는 '국악 동아리'가 레코드 음반을 취입하기까지 했다. 이후에도 자연재해나 전란으로 어려움을 겪을 때마다 공연으로 얻은 수익금을 기부하곤 했다.[54]

이밖에 1926년 7월에 조직된 사진 동아리攝影組는 여행 때마다 명승고적의 사진을 찍어 1931년과 1935년 두 차례 사진전을 열기도 했는데 8천 명이 넘는 많은 관람객이 내방하여 성황을 이루었다고 한다.[55] 1927년 7월에는 위안쭝바오袁忠寶, 선싱추 등의 주도로 도서관을 열고, 앞에서 언급했던 '기방에 들락거리는 것은 합당하지 않으니, 우리 여행단에 와서 책을 읽는 것이 낫다'[56]는 인식을 실천했다.

체육활동은 조금 늦은 1930년 5월 여행단 안에 체육반을 설치하면서 본격적으로 시작됐다. 체육반은 우선 축구와 테니스 동아리를 조직했고, 이듬해 5월에는 육상 동아리와 수영 동아리를 꾸리기도

우성여행단의 테니스 동아리.

했다. 이런 체육활동이 발전을 거듭해 1934년 9월에는 자베이閘北 천위안루塵園路에 독자적으로 '우성운동장'을 신축하기에 이른다. 이곳에서 단원들의 체육활동이 더욱 활발하게 이루어졌을 뿐만 아니라 이듬해 3월에는 봄철 꽃 심기 모임春季蒔花會이 열리기도 했다.

앞에서도 언급했듯이 우성여행단은 건전한 여가생활을 위해 여행을 시작했고, 그 연장선에서 문화·체육활동을 전개했다.

셋째, 우성여행단은 각종 사회봉사활동에도 열심이었는데, 크게 보아 사회교육활동과 구호활동으로 나누어볼 수 있다. 우성여행단은 1926년 10월 대학교수인 윈쭤청雲作丞의 주도로 국어야학교國語夜學校를 열었고, 12월에는 중국 보이스카우트 총회中國童子軍總會의 승인을 얻어 '제765단 우성 보이스카우트'를 설립했다. 보이스카우트 활동에는 워낙에 다양한 야외 활동이 포함되어 있어, 여행단의 여행 및 체육활동과 시너지 효과를 낼 수 있었다. 1932년 1·28 상하이사변上海事變 때에는 보이스카우트가 주축이 되어 구호사업에 나섰고, 1937년 8월 중일전쟁 때에는 보이스카우트 안에 '전시복무대戰時服務隊'를 구성하여 부상병 치료에 전 대원이 참여했다고 한다.

공연활동을 통한 성금 모금이나 보이스카우트의 구호활동에서 볼 수 있듯이, 우성여행단은 나라가 어려움에 처할 때마다 적극적으로

우성여행단 부설 제팔구호의원 직원 일동.

대응했다. 1931년과 1935년에 장강 유역을 중심으로 대수재가 발생하자 '주진운동대회籌賑運動大會'를 개최하는 등 적극적으로 수재성금을 모금했다. 중일전쟁 시기에는 부상병 및 민간인 치료를 위해 병원을 설립·운영했는데, 이 병원은 중국 적십자회紅十字會로부터 '제팔구호의원第八救護醫院'으로 지정되기도 했다.

4. 단원의 모집과 성장

　우성여행단이 이상과 같이 활발히 다양한 활동을 전개할 수 있었던 것은 꾸준히 단원이 증가했기 때문에 가능한 일이었다. 여행단은 '단원모집대회徵求大會'와 각종 행사를 통해 조직적으로 단원을 모집했다. 처음으로 단원모집대회를 개최한 것은 1925년 10월이었다. 이때 370여 명이 새로 가입했다. 제2차 모집대회는 1927년 3월에 열려 750여 명이 가입했고, 이듬해 3월에 제3차 대회가 열려 1,940명의 단원이 증가한다. 이후 중일전쟁이 발발하기 전까지 매년 한 차례씩 모집대회를 열었고, 이를 통해 5천여 명의 단원을 모집했다. 이렇게 보면, 1936년 말을 기준으로 최소한 8천 명이 넘는 단원이 활동했음을 알 수 있다.

단원모집과 관련해서는 매년 신입단원 환영회를 겸한 '사교 파티' 성격의 이른바 '유원회游園會'를 열어 여행단의 성가를 높였다. 일례로, 1927년 제2차 징구대회가 끝나고 신입단원 환영회를 겸해 상하이 난스의 반쑹위안半淞園에서 '유원대회'를 열었는데 1천 명의 단원에 일반 손님까지 대거 몰려, "차마車馬의 왕래가 지극히 혼잡하고 일시적 성황이 극에 달했다"고 한다. 저녁 때에는 푸저우루福州路에 있는 중앙서찬사中央西餐社를 빌려 성대한 회식을 거행하기도 했다.[57] 또한 대규모 연회를 열어 "여행단의 국기 동아리, 음악 동아리音樂組 및 경극 동아리京劇組 등이 공연한 것 이외에 성가를 높이고 있던 신극新劇을 공연하여" 여행단에 대한 관심을 고조시켰다고 한다.

'징구대회'는 한나절 열리는 반짝 이벤트가 아니었다. 대규모 징구위원회와 다수의 '징구대徵求隊'를 조직하여,[58] 대략 1개월 동안 집중적으로, 기존 단원이 새로운 단원을 모집해오는 방식으로 진행됐다. '징구대회' 때마다 목표치가 설정됐고, 각 대隊에는 명예대장, 대장, 부대장, 참모, 간사 및 대원 등을 두었다. 매우 조직적이었다. 성과가 우수한 단원과 '징구대'를 뽑아 포상을 하기도 했다.[59]

또한 '징구대회'는 단원뿐만 아니라 재원을 모으기 위해 개최됐다. 예컨대, 1947년 3월 1일부터 31일까지 열린 제13차 '징구대회'의 경우, '찬조贊助단원'이 되려면 평생회비 명목으로 30만 원을 납부해야 했고, '기본단원'은 10만 원, '영구永久단원'은 5만 원을 납부해야 했다. 나머지 '보통普通단원'은 매년 1만 원의 회비를 내야 했다.[60] 당시 전후戰後의 살인적인 인플레이션을 고려해야겠지만, 우성여행단은 1946년 제12차 '징구대회'를 통해 약 1억 1,872만 원에 이르는 거액의 재원을 확보할 수 있었고, 1947년 제13차 때에는 2억 원을 목표로 했다.[61] 이렇게 모인 재원은 여행단이 독자적인 사무소와 직원을 두고 왕성하게 활동하는 데에 크게 기여했을 것이다.

'징구대회'는 말하자면 기존의 핵심 단원(찬조贊助, 기금基本, 연구단원永久團員)이 '주변의 대중'을 '보통단원'으로 끌어들이고 필요한 재원을 마련하는 방식으로서, 조직적으로 여행활동의 저변을 넓히는 구실을 했다. 이와 같은 조직적인 움직임은 여행에 대한 관심을 고취하기 위한 왕성한 활동과 더불어, 새로운 내용과 형식을 가진 '근대 여행'의 대중화에 실질적으로 기여했다고 볼 수 있겠다.

이처럼 우성여행단이 큰 호응을 얻을 수 있었던 것은 말할 것도 없이 여행단이 적극적으로 여행의 편의를 제공했기 때문이다. 그중에서도 편리한 교통수단을 제공한 것이 크게 작용했다. 이는 슈신청이 1937년 4월 쑤저우를 여행하고 남긴 기록에도 잘 나타나 있다. 그는 '경제여행사(여행단체)에 미리 이름을 올려놓아 경제여행사가 준비해둔 열차를 타고 쑤저우로 갈 수 있었는데 그때 우성여행단도 마찬가지로 5량의 열차를 준비했다'고 하면서, "개별적으로는 표를 구하기가 매우 어렵고, 여행단과 동행하면 매우 편리하다"[62]고 적고 있다. 우성여행단은 실제로 거의 모든 여행에 전세 기차와 윤선을 동원했다. 게다가 1933년 1월에는 철도부에 전세 열차의 가격 할인을 건의하는 공문을 보내 그대로 시행하게 됐다고 한다.[63] 뿐만 아니라, 1923년에 세운 후저우湖州 지부를 필두로 한커우漢口, 항저우, 전장, 우시 등에 연이어 지부를 설립했는데, 이들이 교통편 알선, 숙소 예약 등 온갖 편의를 제공함으로써 더욱 편안하게 여행이 이루어질 수 있었다.

5. 단체여행의 진행

푸퉈 여행안내서의 표지.

그렇다면 우성여행단이 조직한 단체여행은 구체적으로 어떻게 진행됐을까. '화북여행'[64]과 '푸퉈普陀여행'[65]을 사례로 살펴본다.

'화북여행'은 1932년 가을에 처음 실행된[66] 이래 1937년 5월까지 총 여덟 차례나 이어졌던 우성여행단의 간판 이벤트였다. 1932년의 경우 단원과 그 식구들은 참가비 160원을 내면 참가할 수 있었다. 교통비와 숙식비는 참가비에서 충당하고 나머지는 각자 부담했다. 비용은 결산한 후에 남으면 돌려주고 모자라면 더 걷었다. 영리가 개입되어 있지 않는 순수한 '여행클럽'임을 단적으로 보여준다. 단원이 아니더라도 단원이 소개하면 참가할 수 있었는데 이 경우 소정의 단비團費를 추가로 내야 했다.

다음의 표에서 보듯이, '화북여행'은 15박 16일에 이르는 긴 여정이었다. 아침 9시 30분에 특별 열차 편으로 상하이를 출발한 여행팀은 쑤저우, 우시, 전장을 거쳐 난징에 도착, 페리를 타고 장강을 건넌 후 푸커우浦口에서 열차를 타고 쉬저우徐州, 취푸, 타이안泰安을 거쳐, 다음날 저녁 6시가 넘어서야 지난에 도착한다. 무려 32시간이 넘게 걸렸다. 하루 동안 지난을 관광한 후 다시 기차를 타고 톈진天津에 도착해, 잠시 머물다가 다시 북상하여 목적지인 베이핑北平에 도착한다. 출발한 지 4일째 되는 날 오후 7시가 넘어서였다. 꼬박 3

'화북여행'의 왕복일정

날짜	시간	일정
제1일	09:30	북상하이역上海北站에서 특별고속열차(침대칸)로 출발.
제2일	18:10	지난濟南에 도착하여 숙박.
제3일	18:40	지난에서 하루 놀고, 기차 타고 북상.
제4일	07:30 16:00 19:15	톈진天津 도착, 다시 북상, 베이핑北平(현 베이징) 도착.
제5일		중산中山공원, 역사박물관, 잔신뎬傳心殿, 원화뎬文華殿, 싼다뎬三大殿, 우잉뎬武英殿, 구궁둥루故宮東路, 징산景山.
제6일		스차하이十刹海, 중러우鐘樓, 구러우鼓樓, 베이하이北海, 구궁보우관중루故宮博物院中路, 타이먀오太廟, 중하이中海, 난하이南海.
제7일		톈탄天壇, 청난궁위안城南公園, 타오란팅陶然亭, 샹중香塚, 우잉중鸚鵡塚, 구궁보우관시루故宮博物院西路.
제8일		다중쓰大鐘寺, 스팡푸줴쓰十方普覺寺, 워푸쓰臥佛寺, 비윈쓰碧雲寺, 솽칭볘수雙清別墅, 다후이쓰大慧寺, 샹산香山, 징이위안靜宜園, 시산바다추西山八大處.
제9일		칭화위안清華園, 이허위안頤和園, 위취안산玉泉山, 위안밍위안圓明園, 천연박물원, 우타쓰五塔寺.
제10일		칭룽차오青龍橋, 바다링八達嶺, 난커우南口, 쥐융관居庸關, 탄친사彈琴峽, 난커우南口에서 숙박.
제11일		명십삼릉明十三陵, 탕산湯山.
제12일	17:10	관샹대觀象臺, 둥웨먀오東嶽廟, 황쓰黃寺, 시민공원, 원먀오文廟, 국자감國子監, 융허궁雍和宮. 베이핑 출발.
제13일	13:10	타이안泰安에 도착. 타이산泰山 등산. 정상에서 밤을 지냄.
제14일	04:00 13:30 16:01	기상, 해돋이를 보고, 하산. 열차 승차, 취푸曲阜 도착. 시내로 들어가 투숙.

날짜	시간	일정
제15일	16:03	취푸 하루 유람, 열차 탑승, 남하.
제16일	09:40 16:30	푸커우浦口 도착, 장강을 건너 남경에서 반나절 유람, 열차 탑승, 상하이로 귀환.

일 하고도 10시간이나 소요된 긴 여정이었다.

베이핑에서는 8일 동안이나 머물면서 중산中山공원, 구궁故宮, 톈탄天壇, 샹산香山, 이허위안頤和園, 위안밍위안圓明園, 바다링八達嶺(만리장성), 명십삼릉明十三陵, 국자감國子監 등 일대를 샅샅이 구경한다. 귀로에는 타이안에 들려 타이산을 등산하고, 취푸로 가서 공묘孔廟를 관람한 후, 남하하여 푸커우에 도착, 장강을 건너 반나절 정도 난징을 유람한 후 오후 4시 30분 기차를 타고 출발해 밤 10시 42분에 상하이에 도착한다.[67] '화북여행'의 안내서 구실을 하기도 했던 『화북여행지호華北旅行志號』는 다음 표의 일정뿐만 아니라 구궁 평면도를 포함해가는 곳의 볼거리를 비교적 소상히 설명해주고 있다.

푸퉈는 저장성 딩하이定海현에 속해 있던(현 저우산舟山市) 저우산군도舟山群島 동남부의 섬이다. 해안과 산세, 불교 유적이 어우러져 있는 곳이다. 상하이에서 배를 타고 용이하게 접근할 수 있어 우성여행단이 애용했던 여행 코스였다. 1박 2일 코스였는데, 교통편은 윤선을 전세내어 이용했다. 총 23명의 직원이 동행하여 '사무처辦事處'까지 꾸린 것으로 보아, 대개 대규모로 움직였던 것으로 보인다. 잘 걷지 못하는 사람은 4원에 가마를 탈 수 있었는데, 오늘날 중국 관광지과 똑같은 풍경이라 흥미를 끈다.[68]

우싱여행단은 사회교육이나 구호활동과 같은 공익성 기능을 수행하는 일반적 사회단체의 면모를 가짐과 동시에 기본적으로는 '레저로서의 여행'을 즐기기 위한 '오락성 클럽俱樂部'[69]이었다. 여기서 결론적으로 두 가지 특징에 주목할 만하다.

하나는 사회단체를 매개로 한 근대 여행의 흥기가 중국 근대 여행의 특징적 면모 중에 하나라는 점이다. 우싱여행단은 물론이고 정무체육회, 검덕저축회, 청년회YMCA 등의 사례에서도 알 수 있다. '사회단체의 도시답게' 상하이에서는 여행단체가 여행의 발전에서 큰 비중을 차지했다. 그렇다면 여행사가 있었음에도 왜 여행에서조차 '사회단체'를 통하려고 했을까.

근대 상하이에는 각종 사회단체가 크게 융성했는데, 이는 일종의 특수한 사회현상이었다. 한 통계에 따르면, 1930년대 문화예술 및 과학 분야의 사회단체가 215개, 종교단체가 200개 이상, 공회工會(노동조합)가 120여 개, 자선단체가 175개, 기타 공익단체가 115개에 이르렀다고 한다.[70] 이밖에 총상회總商會, 각마로상계연합회各馬路商界聯合會를 비롯해 상인단체가 수십 개에 이르렀고, 의학, 체육 등 전문직업단체도 많았으며, 수십 개의 동향회와 외국인단체 등도 있었다. 모두 합치면 1천 개가 넘었다고 하니,[71] 가히 '사회단체社團의 도시'라고 할 만하다.

우싱여행단의 설립은 바로 이런 상하이의 특수한 사회현상과 맥락을 같이 했을 터이다. 사회구조의 분화로 사회단체의 주역을 담당할 새로운 사회계층紳商(신식 자본가 등)이 생겨났다. 이들이 근대적 사회의식과 강렬한 시대적 사명감을 행동으로 옮기면서 각양각색의 사회단체가 만들어지게 됐다. 또한 정치사회적 혼란과 사회구조의 급격한 분화가 '권력 공백'을 조성함으로써 근대 사회단체가 생겨나는 데에 필요한 조직상의 공간이 제공됐다. 국가권력의 취약성으로 인한 공백을 누군가 메워야 했고, 이를 새로운 사회세력이 채우면서 사회단체가 크게 성행하게 됐던 것이다.[72] 이런 맥락에서, 문제가 발생하면 사회단체를 조직해 이를 해결하려는 경향이 강해졌는데, 우성여행단의 단원들도 원활한 여행 및 여가활동이라는 과제에 직면해 '중국여행사'를 찾지 않고 '여행단체'에 가입하여 장거리 여행에 따르는 번거로움을 해결하려 했던 것이다.

또 하나 주목할 만한 것은 우성여행단의 여행이 기본적으로 '여가를 즐기기 위한' 여행이었다는 점이다. 이로써 '여행도 구국에 봉사해야 한다는' 행태 이외에 여행 자체를 즐기려는 경향이 함께 존재했음을 밝혔다. 이런 점은 중국 근대 여행의 또 다른 '근대성'을 보여주는 것으로 보인다. 말하자면, '레저로서의 여행'은 여행조차 국가적 문제와 연결시키지 않을 수 없었던 '중국적' 근대와 동전의 양면을 이루었던 또 하나의 '근대적' 체험이었던 것이다. 변화되고 확대된 여행자들의 성격 또한 근대적 변모를 보여준다. 그런데 중일전쟁에 이은 1949년 '신중국' 수립 이후, 이런 민간(사회단체)의 자율성이 소멸되면서 이러한 흐름 또한 눈에 보이지 않게 됐다.

제 4 부
정체성

사마천의 남방여행과 천하인식

김유철

1. 사마천의 여행 경과와 그 성격

『사기史記』를 편찬하여 중국의 전통적 역사서술 체제인 기전체紀傳體 정사正史의 전범을 제시했던 사마천司馬遷을 동아시아 문명권의 위대한 역사가라고 칭하는 데에는 의문의 여지가 없다. 특히 역사가로서 인간 사마천에게 더욱 관심을 가지게 되는 것은 그가 다른 사람의 행위에 대한 소신 있는 평가 때문에 인간으로서 최대의 수치에 해당하는 궁형宮刑을 당하는 모욕을 겪으면서 『사기』의 저술에 집착했다는 점, 그리고 역사서 저술 이전에 생애의 상당 부분을 한漢 왕조 시대정신의 근간이 되는 주요 지역과 대부분의 변방을 여행했다는 사실 때문이다.

그가 역사서를 편찬할 수 있었던 것은 가문 대대로 태사太史의 직장職掌을 계승했기 때문에, 새로운 사서를 편찬해야 한다는 부친 사마담司馬談의 의지에 따라 특별히 교육됐던 것이 기본적 배경이 됐다. 그렇지만 궁형을 당했다는 행적은 자신의 시대와 그 바탕이 되는 역사의 본질에 대한 치열한 통찰을 가능하게 했을 것이라는 점에서, 역사가로서뿐만 아니라 시대를 치열하게 살아가는 지식인의 표상으로서도 많은 관심을 받게 되는 요인이 됐다. 실제 사마천 자신도 『사기』에 「태사공자서太史公自序」를 설정하여 자신의 인생 역정과 역사서를 저술하는 과정에 대해, 국가와 사회의 이념적 차원과 이에 임하는 인간 개인으로서의 소회를 설득력 있게 표현했다. 또 『한서』 「사마천전」에 남아 있는 '보임안서報任安書'에서는 자신이 믿고 있었던 역사의 이념과 도덕성에 대한 강한 회의를 표출하는 등, 현실을 살아가는 한 인간과 역사가로서의 고뇌와 갈등을 감동적인 문장으로 서술했다.

    이와 함께 주목되는 사마천의 행적은, 20대 대부분의 시간을 할애하여 7차에 걸쳐 이루어진 여행이었다. 그 여정은 한漢 제국의 전역을 아우르는 지역을 포괄했다. 물론 당시 이러한 여행과 비견될 수 있는 다른 사람들의 여행이 없지는 않았다. 지배자들의 특수한 관념에서 국가적 역량을 총동원하여 진행되는 진 시황秦始皇과 한 무제漢武帝의 순행도 그렇거니와, 한초 타클라마칸사막과 파미르고원을 넘어서 중앙아시아 지역에 도달한 장건張騫의 서역 사행이나 이광리李廣利 등에 의해 수차 진행된 흉노 정벌과정에서의 여행, 그리고 사마상여司馬相如에 의한 서남방 원정 등은 기간과 규모 면에서 사마천의 그것에 뒤지지 않는 여행들이었다. 특히 장건은 초원과 사막으로 이루어진 서역의 물산과 교역의 실상, 황하의 원류 등 새로운 지리정보의 실상 등을 보고했다. 이러한 정보를 기초로 복희伏羲 · 여와女媧의 신화가 새로이 정착되기도 하고, 전滇을 통한 인도 지역과 새로운 교역루트 확보를 위한 서남 원정이 추진되기도 했다. 또 사마상

여에 의해 파투무巴渝舞가 궁중에 채택되는 등 문화적 교류의 요인이 되기도 했다. 뿐만 아니라 이처럼 국가권력에 의해서 장악되고 파악된 여행 외에 파촉巴蜀의 상인을 비롯한 각지의 원거리 상인들은 한 왕조의 내부와 역외域外로의 여행을 통하여 물적·문화적 교류를 유지하기도 했다.

그러나 별도의 목적을 위해 추진하는 과정에서 이루어진 여행들과는 달리, 사마천의 여행에는 관료로서 활동과정에서 이루어진 여행과 함께, 여행 그 자체가 목적인 여행이 포함되어 있었다. 또 『사기』 찬술을 통해 자신의 여행 여정뿐 아니라 여행으로 이루어진 의식과 감정을 보다 직접적으로 서술했다는 점에서 특별한 가치를 갖는다. 그래서 사마천의 여행은 전한前漢 시기 여행이 갖는 다양한 의미를 가장 종합적으로 갖춘 대표적인 실례라고 할 수 있다. 전한과 후한에 걸쳐 사마천처럼 광범위하게 여행하고, 부분적으로나마 그 과정과 내용에 대한 기록을 직접 남긴 사례는 확인되지 않는다.

사마천의 여행은 특히 역사서로서 『사기』의 편찬과정에서 요구되는 방대한 정보의 취재와 지식의 획득에 주요한 역할을 했으리라고 상정하는 것은 어렵지 않다. 그리고 역사적 사실의 분류와 의미 부여, 그리고 서술체계를 확립하는 과정에서도 여행을 통하여 얻어진 시간과 공간적인 인식, 인간의 삶이 갖는 다양성과 동질성에 대한 이해 등이 크게 반영됐을 것임은 당연시됐다. 이에 따라 사마천의 여행은 그 추진 배경과 목적, 그리고 그 성과와 의의를 『사기』 찬술 과정이나 그 내용과 연관시켜 파악하는 것이 당연했다.

실체 『사기』는 고대 중국에서 새로운 역사서의 전범으로 평가받고 있듯이, 사료비판이라는 새로운 방법론이 도입되어 서술됐다. 원칙적으로 '고문古文'에 대한 신뢰를 전제로 하지만, 고문들 간에 신뢰성을 확인하기도 하면서 현지답사에서 얻은 정보와 기록 그리고 전문傳聞과의 부합 여부로 그 신빙성의 여부를 다시 평가하는 원칙이 『사기』의 저술에서는 적용되고 있었다.¹ 『사기』에서 제로齊魯 지역과 회수 하류에서 전국戰國 시기의 역사적 사실과 한초 공신들의 행적을 추적하여 기록을 보충한 것도 그렇거니와, 심지어 『춘추春秋』와 『국어國語』의 내용이 확대 부연된 점이 많다고 하여, 현지 민간에서 전하는 오제五帝에 대한 구전과 내용이 대체로 일치하는 『오제덕五帝德』, 『제계성帝繫姓』을 신용하기도 했다. 뿐만 아니라 곤륜산崑崙山을 황하의 발원지로 서술한 「우본기禹本紀」조차도 장건의 여행 결과 얻어진 정보를 통하여 부정하기도 했다.² 특히 서술과정에서 개인의 성격이나 일생의 성패와 관련된 일화는 심지어 허구적인 측면이 있더라도 많이 채택했고, 역사적 상황과 인간 심리의 미묘한 부분을 표현하기 위해 수사적인 문장기법을 동원하기도 했다. 『사기』가 단순한 '고문'이 아니라 현재까지도 매력적인 역사서로 읽혀질 수 있는 것은 이처럼 현장성을 중시하는 사마천의 역사인식 때문이라고 할 수 있는데, 이는 그의 여행에서 형성된 바가 적지 않았을 것이다.

그러나 『사기』는 기본적으로 『춘추』라는 고전을 계승하여 태사령太史令이라는 관인에 의해 찬술됐으며, 그 체제조차도 12본기本紀 8서書 20세가世家 70열전列傳이라는 극히 관념적인 이념에 입각하여 설정됐다. 따라서 문자에 의한 기록이나 찬술이라는 것이 그 자체로 국가적 정당성을 부여하는 권위를 갖던 당시에³ 여행이나 일상에서 획득된 지식이나 정보가 이미 문자로 정착된 '고문'의 권위를 넘어서서 큰 의미를 갖기란 쉽지 않았다. 『사기』 역시 "천인天人 사이를 탐구하고 고금의 변화를 추적하여 '일가지언一家之言'을 이루려고 했다"⁴는 사마천 자신의 표현에서 보듯이, 그 자체로 또 하나의 고문을 지향하고 있었음이 분명하다. 여행에 대한 그의 기록이 『사기』본문에는 거의 나타나지 않고 '논찬論贊' 부분에서 본문의 내용을 보다 긍정적으로 강조하기 위하여 약간 언급하는 데 그쳤던 것도 '고문'을 지향하는 의지와 무관하지 않은 것으로 보인다.

『사기』에 나타나는 이러한 이중성은 사마천의 현실인식의 중요한 특징이라고 할 수 있는데, 이는 그의 여행에서도 반영됐다. 여행은 역사인식에 현재성과 실제성을 확대해주기도 하지만, 여행 그 자체가 이미 이념과 목적을 위해 기획되기도 했다. 특히 사마천은 일정 기간에 집중적으로 여행했지만, 그 동기와 과정에 편차가 선명히 드러난다.

사마천은 대체로 20세일 것이라 생각되는 무제 원정元鼎 원년(기원전 116)에서 원봉元封 5(기원전 106)년까지 10여 년간 적어도 일곱 차례 이상 원거리 지역을 여행했다. 그 출생과 사망년이 불확실하지만, 그의 20대는 여행의 연속이었다고 해도 과언이 아니다. 『사기』「오제본기」와「하거서河渠書」'논찬'에서 사마천은 자신의 여행을 종합적으로 정리하면서 그 소회를 밝히고 있다.

1) 나는 일찍이 서쪽으로 공동산空桐山에 이르고, 북쪽으로는 탁록涿鹿을 지났으며, 동쪽으로는 바다에 임했으며, 남쪽으로는 배를 타고 강회江淮 지방까지 여행했다. (그 지방의) 장로들이 왕왕 황제黃帝, 요堯, 순舜이 머물렀던 장소라고 칭하는 곳에 이르면 풍속과 교화가 남달리 뛰어났다. 전체적으로 고문古文에서 크게 벗어나지 않는 것은 사실과 가까운 것이다(『사기』「오제본기」).

2) 나는 여산廬山에 올라가 우禹가 소통시킨 9개의 강을 보았으며, 이어서 회계會稽의 태황太湟에 가서 고소산姑蘇山에 올라 오호五湖를 바라보았다. 또 동으로는 낙예洛汭, 대비大邳를 살피고 황하에 이르렀으며, 회수淮水, 사수泗水, 제수濟水, 탑수漯水, 낙수洛水 및 그것과 연결된 수로를 따라 여행했으며, 서쪽으로는 촉蜀의 민산岷山과 이대離碓를 가보았고, 북으로는 용문龍門에서 삭방朔方까지 여행한 일도 있다. 아아! 물이란 얼마나 큰 이익을 주기도 하는가? 또 얼마나 큰 재앙을 가져올 수도 있는가?(『사기』「하거서」 논찬)

이들 문장은 사마천이 일생을 거쳐 여행한 지역을 모두 포괄하여 설명하고 있는 것이 분명한데, 북으로는 용문, 삭방, 탁록 등 오르도스 지방에서 대동大同 일대까지, 서쪽으로는 섬서陝西의 공동산에서 사천四川 서남부와 운남雲南 지역까지, 남쪽으로는 호남성 동정호洞庭湖와 장사長沙, 강서성 파양호鄱陽湖, 절강성 소흥紹興까지, 동쪽으로는 산동반도 끝 바다까지 여행한 것이 된다. 이들 여행 범위는 진시황의 순행과 한 무제의 봉선의례 지역들과 그 포괄 범위 및 경로가 유사하다. 이는 현실적으로 당시 한 왕조의 직접적인 지배가 비교적 철저하게 관철되고 있는 지역의 변방을 표현하고 있다.

실제 사마천은 전한 초기 제후 왕들의 위치를 설명하면서, 안문雁門, 태원太原에서 동쪽으로 요양遼陽에 연燕과 대대국이 있고, 상산常山 이남으로 태행산太行山에서 황하와 제수濟水를 건너 동쪽으로 바다에 이르는 지역에 제齊와 조趙국이 있고, 진陳에서 서쪽으로 남부의 구의九疑에 이르고 동쪽으로 장강과 회수, 곡수穀水, 사수泗水를 끼면서 회계까지에 양梁, 초楚, 회남淮南, 장사長沙국이 있다고 설명하면서, 모두 밖으로 호胡나 월越과 접하고 있음을 강조하고 있다.[5]

이들 제후국의 포괄 범위 역시 사마천의 여행 범주와 유사하다는 사실이 주목된다.

진 시황과 한 무제의 순행이 자신의 통치 범위를 직접 확인함으로써 조정과 천자의 권위와 위대성, 그리고 그 지배의 정당성을 과시하려는 것이 목적이었음은 주지의 사실이다. 또 사마천이 한 왕조 제후왕의 분포 범위를 자세히 설명하고 이것이 호·월과 접하여 있음을 강조하는 것은, 이 범위를 황제 지배의 현실적인 범주로 파악하고 있었음을 보여준다. 이와 함께 주목되는 점은 사마천이 『사기』의 첫 시작 부분인 「오제본기」에서 황제黃帝와 요, 순 등 고전에서 확인할 수 있는 성인천자가 널리 찬양되고 있음을 강조하고, 천하의 치수를 기술하는 「하거서」에서 고래 천자들의 위대함을 설파하면서, 동시에 자신의 천하를 아우르는 여행을 기술하고 있다는 점이다.

실제 이 여행의 범위는 전설적인 시조인 황제黃帝가 정벌활동을 벌였던 지역의 범위와도 유사하다. 즉 동쪽으로 바다에 이르러 환산丸山과 대종岱宗에 오르고, 서쪽으로는 공동空桐에 이르러 계두雞頭에 오르고, 남쪽으로는 양자강에 이르러 웅熊과 상湘에 오르고, 북으로는 훈육葷粥을 쫓아내고 탁록의 언덕에 읍을 건설했다고 한다.[6] 이는 자신의 여행이 이러한 성인의 위대함을 확인하는 의미가 있음을 강조하는 것으로 보이는데, 원래의 목적과 경과야 어떻든, 적어도 『사기』를 집필하는 순간에는 여행을 통해 성인군주가 통치하는 천하를 역사의 주체적 공간으로 파악하는 이념이 강조되고 있었던 것이다.

그렇지만 그의 여행 여정과 시기가 구체적으로 기술된 것은 「자서」에 기록된 20세에 양자강과 회수 지역으로 남하하여 회계에 이르렀다가, 다시 서주를 거쳐 제로 지방에 들르고, 황하를 거슬러 귀

[표 1] 사마천의 여행 일정과 경로

차수	시기	근거	추정 경유지	주요 활동
1	20세 원정元鼎 원년 (기원전 116) 혹은 원삭元朔 3년 (기원전 126)	『사기』「오제본기」, 「하거서」,「제태공세가」,「위세가」,「공자세가」,「맹상군열전」,「위공자열전」,「신춘군열전」,「굴원가생열전」,「회음후열전」,「번역등관열전」,「태사공자서」	장안長安—양양襄陽—강릉江陵—상산湘山—멱라汨羅—장사국長沙國—여산廬山—전당錢塘—회계會稽—광릉廣陵—회음淮陰—낭야琅邪—지부之罘—액掖—임치臨淄—역성歷城—태산泰山—노魯—역산嶧山—설薛—팽성彭城—패沛—대량大梁—숭산嵩山—낙양洛陽—함곡관函谷關—화산華山—장안	고례古禮 학습. 한漢 창업과정 확인. 우릉禹陵 참배.
2	원정 5년 (기원전 112)	『사기』「오제본기」,「백이열전」 『한서』「무제기」	장안—무릉茂陵—옹雍—조려하祖厲河	황제의 제사 수행.
3	원정 6년 (기원전 111)	『사기』「하거서」 『사기』「태사공자서」	장안—무릉—옹—남정南鄭—문산汶山—촉군蜀郡—임공臨邛—심려沈黎—작군筰郡—공군邛郡—전滇	서남이西南夷에 사자使者로 파견. 서남이 평정의 보급활동.
4	원봉元封 원년 (기원전 110)	『사기』「봉선서」,「몽염열전」,「태사공자서」,『한서』「무제기」	구씨緱氏—영양滎陽—양부梁父—낭야—성산成山—역성—태산—갈석碣石—계薊—탁록涿鹿—평성平城—안문雁門—정양定襄—운중雲中—오원五原—구원九原—감천궁甘泉宮—장안	태산泰山 봉선封禪에 참가. 북변北邊 순행에 동행.
5	원봉 2년 (기원전 109)	『사기』「하거서」 『한서』「무제기」	낙양—복양濮陽—임치—만리사萬里沙	하신河神 제사 순행에 참가.

차수	시기	근거	추정 경유지	주요 활동
6	원봉 4년 (기원전 107)	『사기』「봉선서」, 「백이열전」, 「몽염열전」 『한서』「무제기」	무릉—옹—직도直道—구원—운중—정양—탁록—안문—진양晉陽—중도中都—분음汾陰	무제의 북변 순행에 참가. 태사령 자격.
7	원봉 5년 (기원전 106)	『사기』「오제본기」, 「봉선서」, 「하거서」, 『한서』「무제기」 (『사기』「제태공세가」, 「위세가」, 「공자세가」, 「맹상군열전」, 「위공자열전」, 「신춘군열전」, 「굴원가생열전」, 「회음후열전」, 「번역등관열전」, 「태사공자서」)	무관武關—남양南陽—강릉—여산—(수로, 해로)—임치—역성—태산—노—낙양	무제 순행에 동행. 태사령 자격.

1. 추정 경유지는 후지타 가쓰히사(藤田勝久), 주혜란 옮김, 『사마천의 여행』(이른아침, 2004)에 근거하여 나열한 것으로, 순서는 확실한 것이 아니다.
2. 밑줄 부분은 새로운 검토가 필요한 부분으로 이 글의 결론에 따르면 해당되지 않는다.

경했다는 것과 이후 낭중郞中의 자격으로 파촉 지방을 지나 곤명昆明에 이르는 서남이西南夷 지역에 대한 원정에 참여했다는 기록뿐이다. 그외의 여행은 『사기』에서 사마천이 여행한 경험이 있었다고 언급한 지역에 대해 주로 『한서』에 기록된 한 무제의 활동을 기준으로 낭중이나 태사의 자격으로 참여했음직한 행사를 추출하여, 이때 사마천이 무제를 수행하여 여행에 참여했을 것이라고 추정할 수 있을 뿐이다. 그렇기 때문에 사마천의 여행 경로와 시기에 대해 여러 가지 이설이 제기될 수 있는데, 현재 기왕의 학자들에 의해 확인된 사마천의 여행 시기와 경로를 망라해서 정리해보면 〔표 1〕과 같다.

여기서 보면 「자서」에서 여행의 기록이 분명하게 드러났던 것은 1차와 3차인데, 1차를 제외한 여섯 차례의 여행이 모두 공무수행의 성격을 띠고 있다. 이 가운데 3차 서남이 지역에 사자로서 파견된 것을 제외하면 모두 한 무제의 순행과 봉선을 수행하는 방식을 취하고 있었다. 2차 여행(원정 5년, 기원전 112)부터 낭중의 자격으로 황제를 시종했고, 6차의 원봉 4(기원전 107)년부터는 태사령으로서 황제의 제례에 참여했던 것으로 추정하고 있다.

실제로「오제본기」에서 공동산空桐山을 여행한 적이 있다고 한 사실에서 2차의 여행에 동행했을 가능성을 확인할 수 있고,「봉선서」에 무제 최초의 봉선에 참여한 기록과「몽염열전」에 북변에서 장성을 확인하고 직도直道를 통하여 귀경했다는 기록에서 4차와 6차 한 무제의 봉선에 수행하여 참여했음도 추정할 수 있다. 또「하거서」에 황하의 결양決壤를 직접 확인한 것으로 보아 5차 무제의 하신河神 제사 순행에도 동참할 수 있었던 것으로 보인다. 다만 원봉 5년 7차 여행의 경우 사마천이 태사령으로 재직한 것이 분명하지만, 여행 경유지가 1차 여행과 매우 비슷하게 겹쳐 있어서, 사마천이 분명히 여기에 참여했는지를 확정하기는 어렵다.[7]

『사기』 전체를 통하여 여행과 관련된 기록은 전체 17건을 확인할 수 있다.[8] 이중에서 2차 여행을 확인할 수 있는 것은 〔표 1〕에서 보듯이 2건, 3차는 2건, 4차는 3건, 5차는 1건, 6차는 3건에 불과하다. 그에 비해 1차와 7차 여행지를 포괄하는 기록은 모두 12건이나 된다. 그런데 문제는 사마천의 여행을 기록한 이 12건의 내용이 원봉 5(기원전 106)년 한 무제의 봉선 순행의 활동과 부합되느냐 하는 문제이다.

『한서』「무제기」에 따르면 한 무제는 원봉 5년에 남쪽으로 순행하여 동정호에서 양자강을 타고 내려가서 바다를 거쳐 낭야琅邪에 이르러 산동반도를 돌아보고 황하를 거슬러 귀환하는 여정으로 순행했다. 이 과정에서 무제의 주요 활동은 구의산九疑山에 있는 우순虞舜에 대한 망사望祀, 천주산天柱山 등정, 양자강에서 사교射蛟, 성당종양지가盛唐樅陽之歌의 작사, 명산대천에 예사禮祀, 명당에서 고조를 상제上帝에 배사配祠, 태산에서 봉선封禪, 감천甘泉에서 태치泰畤 교사郊祀를 한 것 등이었다.

그러나 사마천의 1차 혹은 7차 여행과 관련되는 12건의 기록 중에는 원봉 5년 한 무제의 공식적인 행사와 관련된 사마천의 활동은 나타나지 않는다. 모두 1차의 개인적인 여행에 적합한 내용뿐이다. 왕궈웨이王國維가 7차 여행을 상정하지 않았던 것도 이런 이유 때문일 것으로 보이는데, 그렇다고 7차 여행을 완전히 부정하기는 어렵다. 공무의 성격으로 여행한 2차에서 6차까지의 여행에 대한 기록에서도 사마천이 참가했다고 추정할 수 있을 뿐 구체적인 활동을 설명하는 기록은 찾기 어렵다. 거의 유일하게『사기』「봉선서」의 논찬에 봉선과정에서 자신의 활동을 기록한 내용이 있을 뿐이다.

3) 나는 천자의 순행을 따라 천지天地 제신諸神 및 명산대천의 제사뿐 아니라 봉선의식에도 참가했으며, 수궁壽宮에 들어가 신어神語를 들으며 제사를 도운 일이 있기 때문에 방사方士 및 사관祀官의 뜻을 관찰할 기회가 있었다. 그래서 조용히 물러나 상고 이래 귀신에 대한 제사를 순서대로 정리하여 그 안팎의 사정을 밝힘으로써 후세의 군자들이 볼 수 있도록 한 것이다(『사기』「봉선서」논찬).

여기서 황제의 여러 가지 제사의례 과정에서 수궁壽宮에 들어가 신어神語를 들었다는 사실과 그 내용을 본문에 정리했다는 말만 남기고 있다. 그러나 본문 어디에서도 자신의 직접적인 활동에 대한 구체적인 언급은 보이지 않는다. 이것은 2차에서 6차까지의 여행에서도 마찬가지여서, 황제의 순행 지역이나 임지에 간 적이 있다는 기록 외에 그곳에서 자신의 구체적인 활동을 기록한 것은 아니다.

그렇다면 낭중, 사자, 태사령이라는 관리로서 진행된 2차에서 7차까지의 여행 전체에서 자신의 구체적인 활동을 언급하지 않은 것은 어쩌면 당연한 것으로서, 사마천이 『사기』 집필에 있어서 관료로서의 활동을 기록할 때 하나의 원칙이었을 것으로 이해해볼 수 있다. 특히 『사기』에서 확인할 수 있는 17건의 여행 관련 기록 중 3건은 「태사공자서」에 포함되어 있기 때문에 전체 15종의 기록인데, 여기서 12건이 1차 여행과 관련된 이유는 사마천이 개인 자격으로서의 여행과 관료로서의 공무활동을 명확히 구분했기 때문이라고 이해할 수 있다. 뿐만 아니라 개인적인 여행의 경우도 「자서」 이외에는 모두 '논찬'에 기록된 것으로서, 본문에 자신의 여행 이야기가 드러난 경우가 없는 것도 『사기』 집필에 있어서 저자의 주관적인 서술이나 개인적인 관점을 배제하려는 원칙 때문인 것으로 보인다.

그렇다면 과연 7차 여행은 실제로 이루어진 것인가 하는 문제가 여전히 남는데, 이는 여행의 여정이 유사하다고 하는 1차 여행의 내용을 어떻게 판단하느냐에 따라서 결과가 달라질 것이다.

2. 1차 여행의 경위와 목적

사마천의 1차 여행은 『사기』 집필과정에서 '논찬'에 자주 언급된 것도 그렇거니와 「자서」에서 기술한 자신의 일생에 대한 이야기에서도 비중 있게 다루어지고 있는 것에서 보듯, 사마천은 그 여행을 자신의 인생에 있어서 매우 의미 있는 사건으로 파악하고 있음이 분명하다. 「자서」에서도 강조되어 다른 여행과는 달리 그 여정과 활동이 비교적 자세히 기록되어 있다.

4) 20세에는 남으로 양자강과 회수 지방을 여행하면서 (우가 매장됐다고 하는) 회계산會稽山에 올라가 우혈禹穴을 찾기도 하고 (순이 매장됐다는) 구의산을 찾아보기도 했으며, 원수沅水와 상수湘水를 타고 내려가기도 했다. 북으로 문수汶水와 사수泗水를 건너 옛 제齊·노魯의 고도에서 그 학문을 배웠으며, 공자의 유풍을 살피고 추산鄒山과 역산嶧山에서 향사鄕射에 참여했다. 파鄱·설薛·팽성彭城에서는 곤경에 빠지기도 했으나, 양梁과 초楚를 거쳐 귀환했다(『사기』「태사공자서」).

1차 여행의 시점은 20세로만 알려져 있는데, 사마천의 출생년을 어떻게 보느냐에 따라 정확한 시점이 확인될 수 있다. 그의 출생시점에 대해서는 『사기』 원문에서는 확인되지 않고, 주석서인 장수절張守節의 『사기정의史記正義』와 사마정司馬貞의 『사기색은史記索隱』에서 달리 설명된 것에 근거하여 논란이 제기됐다.
『사기』「자서」에서 태사령이 되고 5년이 지나니 태초太初 원년(104)이 됐다는 기사에 대해, 장수절이 『정의』에서 사마천의 나이 42세가 됐다고 주석했던 것에 근거하여, 사마천이 경제景帝 중원中元 5(기원전 145)년에 출생했다는 주장이 나타났다.[9] 이에 비해 「자서」에 원봉 원년(기원전 110) 아버지가 돌아가시고 3년 뒤에 태사령이 됐다는 구절이 있는데, 사마정의 『색은』에 인용된 『박물지博物志』 일문佚文에 사마천이 원봉 3(기원전 108)년에 28세의 나이로 태사령이 됐다고 기록된 것에 근거하여, 무제 건원建元 6(기원전 135)년에 사마천이 출생했다고 보기도 한다.¹⁰ 이들은 각각 「색은」에 인용된 『박물지』의 기록에서 28세는 38세의 오류라고 보거나, 「정의」에 나와 있는 42세가 32세의 오류라고 하면서 각각 별도의 정황 증거를 내세우고 있다. 그러나 그 정황 증거라고 하는 것은 『한서』 「사마천전」에 실려 있는 '보임안서報任安書'에 "일찍이 두 부모를 잃고早失二親"라는 구절에서 36세라면 '일찍이'라는 것이 어울리지 않고 26세가 더 타당하다는 정도에 불과하다. 따라서 새로운 증거가 확인되지 않는다면, 기원전 146년설과 136년설의 당부를 가리려고 하는 것은 현실적으로 무의미한 것으로 보인다.¹¹

이에 따라 그 출생년이 경제 중원 5년이라고 한다면, 사마천의 1차 여행은 원삭元朔 3(기원전 126)년이고, 무제 건원 6년이라고 한다면 여행은 원정 원년(기원전 116)에 해당한다. 그런데 2차 여행은 원정 5(기원전 112)년이고 이후 거의 매년 여행이 진행되는데, 원삭 3년에 1차 여행이 진행됐다고 한다면 2차 여행까지 14년간 그의 행적이 묘연하게 된다. 천하를 주유한 경험을 가진 20대의 사마천이 14년간 그 흔적을 확인할 수 없다는 것은 오히려 이상한 것이 된다. 결국 사마천의 출생년은 무제 건원 6(기원전 136)년이 더 설득력이 있다고 할 수 있다.

어떻든 그는 출사하기 이전에 대규모의 장거리 여행을 한 셈이 되는데, 사마천이 이 여행에 대해서는 비교적 자세한 설명을 남기고 있다는 점, 강회江淮와 절강浙江, 그리고 산동 일대를 아우르는 광범위한 지역에 걸쳐 있다는 점, 여행 경로가 진 시황의 3차와 5차 순행지를 합한 것과 대체로 일치하고 한 무제 원봉 5(기원전 106)년의 순행지와도 유사하다는 점 등 때문에, 여행의 목적과 배경, 그리고 그 방법에 관해 여러 가지 의문이 들면서도, 관료가 아니고 개인적인 의지와 목적이 투영됐을 것이라는 측면에서 관심이 가는 여행이었다.

1차 여행의 목적이나 배경, 그리고 방법과 관련해서는 대체로 부친인 사마담의 의지가 크게 작용했을 것으로 볼 수 있다. 즉 사마천이 장래 관료로 활동하기 위한 준비과정으로서 여행을 주선했을 것으로 추정하는 것은 어렵지 않다. 이에 대해 태사령을 세습케 하기 위한 여행으로서 명산 제사의 확인, 예禮의 학습, 사적의 조사가 목적이었다고 설명하기도 하고,[12] 자료수집이 목적이 아니라 사관仕官을 위한 학습이 목적이라고 주장되기도 했다.[13] 그러나 실제로 사마천이 여행중에 제齊와 노魯에서 사적지를 조사하고 공자의 유풍을 보았으며 추鄒의 역산嶧山에서 향사례를 배우기도 했던 사실에서 보면,[14] 두 가지 목적을 굳이 분리하여 생각할 필요는 없을 것이다.

다만 600석의 관직인 태사령 사마담의 정치적 능력이나 지위로 볼 때, 재정과 법률적 문제를 완전히 사적으로 해결하면서 사마천 개인의 여행을 추진하는 것은 전한대의 상황에서는 거의 불가능하다. 한대 20세의 남정男丁은 징병의 대상으로 관소關所나 나루를 지나거나 숙박을 위해서는 특별한 부절符節이나 과소過所 등의 신분증명서가 필요했을 터인데, 사마천의 여행에서 이 문제와 관련한 구체적인 기록은 보이지 않는다.

따라서 사마천이 비록 관료는 아니었지만 이 여행이 진행되는 과정에서 어떻게든 국가권력이 전혀 개입되지 않을 수는 없었을 것이라는 추정이 가능하다. 특히 사마천이 이 여행에서 수행했던 활동이 주로 예의 학습, 한 조정 창업 공신들의 사적지 조사, 전설적인 천자와 성인들의 유적지 방문이었다는 점을 주목하면, 국가권력이 개입하여 진행된 여행일 것이라는 가능성은 더욱 높아진다. 이런 전제에

〔표 2〕 사마천 1차 여행 전후의 주요 사건

시기	의례·학술과 관련된 주요 사항	사마담·사마천의 활동
건원 5(기원전 136)년	오경박사 설치.	
원광 원년(기원전 134)	군국에서 효렴孝廉 천거.	
원광 2(기원전 133)년	무제 옹雍에 행차.	
원삭 5(기원전 124)년	박사들에게 제자 설치.	사마담 황실 도서 수집 시작.
원수 원년(기원전 122)	백린白麟 획득.	
원수 6(기원전 117)년	박사 저대褚大 등 천하 순행循行.	
원정 원년(기원전 116)	분수汾水에서 획정獲鼎.	사마천 20세 여행.
원정 4(기원전 113)년	무제 순행. 분음汾陰에서 보정寶鼎 발견. 후토后土 제사.	
원정 5(기원전 112)년	무제 옹雍에서 공동산空桐山으로 행차. 감천甘泉에 태치泰畤 세움.	사마천 낭중으로 무제 수행.
원정 6(기원전 111)년	서강西羌 정벌. 남월南越 서남이西南夷 땅을 군현으로 삼음.	사마천 사자使者로 서남이 지역에 파견.

서 당시 정치적 상황과 국가권력의 정책적 활동을 검토해볼 필요가 있다. 당시 이와 관련이 있음직한 역사적 사건을 정리해보면 〔표 2〕와 같다.

여기서 주목되는 사건은 원삭 5(기원전 124)년 사마담의 도서 수집과 원수 6(기원전 117)년 박사博士들을 천하에 순행循行케 한 일이다. 사마천의 여행이 도서와 정보를 수집하는 것이 목적이었으면, 사마담이 도서를 수집하기 시작한 이후에 여행이 이루어졌을 것이다. 또 사마천의 여행이 사실상 국가권력과의 관련에서 이루어졌다고 한다면, 원수 6년 박사들의 천하 순행이 사마천과 관련되어 있을 가능성을 상정해볼 수 있다.

무제는 원수 6년 저대褚大 등 박사 6명을 지역별로 나누어 지방에 파견하는데, 『사기』에서는 불법적으로 남의 재산을 침탈하는 자 및 영리를 추구하는 지방 장관을 적발하도록 조치했다고 설명하고 있다.[15] 『한서』에서는 좀더 자세히 설명되어 있는데, 순행의 목적이 약간 달리 나타난다.[16] 무제가 박사 6명을 천하에 순행하도록 하여 홀아비, 과부, 폐질자 등 스스로 생업을 이어갈 수 없는 사람들을 보살피며 진대振貸해주도록 하고, 삼노三老, 효제孝悌들이 민民의 사표가 되도록 하고, 독행의 군자를 추천하여 데리고 오라고 지시한다. 이어서 자신은 현명한 자를 가상히 여기고 그런 사람을 아는 것을 즐기니, 그 뜻을 널리 선전할 것이며, 선비를 특별히 초빙하는 것도 사자使者의 임무라고 강조했다. 박사나 대부들로 하여금 천하를 순행하면서 어려운 자를 보살피고 유능한 자를 추천케 하며 지방을 살펴보게 하는 정책은 그 이후 한대 내내 계속된 관리 충원의 주요한 수단이었다.

그런데 그 이전 원삭 5(기원전 124)년에 무제는 예악禮樂이 붕괴됐다고 개탄하면서 이를 다시 진흥할 것을 지시하자, 승상 공손홍公孫弘은 박사들에게 제자弟子를 두도록 하자고 하여 학자들이 크게 늘어났다.[17] 사마천은 「자서」에서 20세 여행을 떠나기 전 무릉茂陵에 살고 있을 때 고문古文을 습득했다는 것을 밝혀, 그것이 여행의 기반이 된 것처럼 설명하고 있다. 그렇다고 한다면 그 고문 실력을 기반으로 원수 6년에 박사 6인의 천하 순행에 제자로서 동참했을 가능성을 상정해볼 수 있다. 이 여행 직후인 원정 5(기원전 112)년에 공동산까지 무제를 시종했던 것은 사마천이 낭중으로 임용됐음을 의미한다. 그렇다면 그 이전에 이미 임관의 자격을 갖추었음이 분명한 것으로, 여행 시기에 박사 제자의 신분이었을 가능성이 매우 높다고 할 수 있다.

이는 20세 때의 1차 여행과 관련하여 살펴보면 좀더 확실해진다. 1차 여행지와 관련됐을 것으로 판단되는 『사기』에서의 기록은 전체 12건이 확인되는데, 그 내용을 지역별로 정리해보면 다음과 같다.

가) 장사長沙
- 구의산九疑山을 멀리서 살핌(「자서」).
- 굴원屈原이 스스로 빠졌다는 강을 보고 눈물을 흘리며 그 사람됨을 생각함(「굴원가생열전」).

나) 여산廬山
- 우禹가 소통시킨 9개의 강을 바라봄(「하거서」 논찬).

다) 회계군會稽郡의 태황太湟
- 고소산姑蘇山에 올라 오호五湖를 바라봄(「하거서」 논찬).
- 회계산會稽山에 올라가 우혈禹穴을 찾음(「자서」).

라) 오吳의 도읍 : 소주蘇州, 수춘壽春
- 춘신군春申君 고성을 보고 궁정이 웅성하다고 평가함(「신춘군열전」).

마) 회음淮陰
- 한신韓信이 어렸을 적에 가난했으나 뜻이 남달랐다는 것을 들었는데, 어머니의 묘에서 사실을 확인(「회음후열전」).

바) 파鄱, 설薛, 팽성彭城
- 곤경에 빠짐(「자서」).
- 설薛 : 시골마을에 폭걸들이 많은 것이 노나라나 추나라와

다름. 맹상군이 천하의 폭걸을 불러들인 영향이라는 것을 들음(「맹상군열전」 논찬).

사) 풍豊, 패沛
- 소하蕭何, 조참曹參, 번쾌樊噲, 등공鄧公 등의 자취를 더듬어 봄. 들었던 바와 달랐음(「번역등관열전」).

아) 제(齊), 노(魯)의 고도
- 학문을 배웠으며, 공자의 유풍을 살핌(「자서」).
- 노나라에 가서 중니의 묘당과 예기禮器를 살핌. 학생들이 정성껏 예를 배우니 그곳을 떠나지 못함(「공자세가」 논찬).
- 기름진 땅이고 백성들이 활달하고 지혜를 자랑하지 않음. 태공과 환공의 업적에 이유가 있음을 확인함(「제태공세가」 논찬).
- 추산鄒山과 역산嶧山 : 향사례鄕射禮를 배움(「자서」).

자) 대량大梁
- 진나라의 다리를 부수고 하구를 끌어들여 대량에 물을 대니 3월에 성이 무너지고 왕이 항복을 청하여 위나라를 쓰러뜨렸다고 하는 이야기를 들음(「위세가」 논찬).
- 이문夷門에 가서 신릉군信陵君 고사를 살핌. 한 고조에 의해 시작된 제사가 계속되는 것을 확인함(「위공자열전」).

이렇게 정리해보았을 때, 1차 여행지에서의 활동기록에서 몇 가지 특징과 함께 의문점이 발견된다. 첫째 (가)~(라)의 장사, 여산, 회계, 소주 혹은 수춘 등 강남 지역에 대해서는 이곳에 들렀다는 것과 기껏 강과 성곽을 보고 느낀 감상 정도를 기록하고 있을 뿐이다. 이에 비해 (마)~(자)의 회음, 파, 설, 팽성, 풍, 패, 제와 노, 그리고 대량 등 제로 지방과 회수 하류 서주 지역에 가서는 이곳에 있었던 역사적 사실과 이곳 출신들의 인물에 대한 자취를 직접 추적했다는 사실과 여기서 얻어지는 정보를 상당히 구체적으로 기술하고 있다. 실제『사기』본문에서도 이 지역과 관련된 사실들이 단순히 중앙에서 보존되어 있는 기록된 정보로서는 확인하기 어려운 구체적인 정황에 관한 이야기들을 많이 담고 있다.

물론 제와 노 지방은 공자의 출신지로서 예의 전통을 간직하고 있으며, 풍, 패, 팽성, 회음 등이 한 고조의 향리로서 함께 건국활동에 참여했던 소하, 조참, 번쾌, 등공, 한신韓信 등이 이 지역 출신이기 때문에 많은 관심을 갖는 것은 당연하다고 할 수 있다. 그러나 이러한 활동은 비교적 자유로운 시간이 많이 요구되는 것으로, 예의 유풍을 배우는 데 시간을 할애하고 개국 공신들의 행적을 조사하고 그 후손들의 활동을 확인하는 것 등은 예비관료로서 학습단계에 있는 박사 제자들에 대한 교육적 활동과 매우 어울리는 일이다. 따라서 사마천은 원수 6년 박사들의 천하 순행에 제자로 동행하여 이러한 여유 있는 활동을 할 수 있었고, 그의 여행에 대한 기억에서 가장 중요한 내용들을『사기』의 논찬에 기록했다고 보는 것이 가장 타당할 것이다.

이러한 상황은 사마천의 7차 여행으로 파악되는 원봉 5(기원전 106)년 무제의 순행에 대한『사기』,『한서』의 다른 기록과 비교해보면 차이가 분명해진다.

5) 남쪽으로 순행하여 성당盛唐에 이르다. 멀리 구억九嶷에 있는 우와 순에 망사望祀하고 심潯의 천주산天柱山을 오르고, 심양尋陽에서 양자강으로 들어가, 강안의 교룡蛟龍을 화살로 쏘아 잡았다. 배가

꼬리를 물고 천리나 이어졌는데, 종양樅陽에서 나와 「성당종양지가盛唐樅陽之歌」를 지었다. 마침내 북으로 낭야에 이르러 바다에 임했는데, 지나가는 곳마다 명산대천에 예로서 제사를 지냈다. 봄 3월에 태산으로 돌아와 봉선을 올리고, 갑자일에 명당에서 고조를 상제上帝와 배사配祀했다.……감천甘泉으로 돌아와 태치泰畤에서 교사를 지냈다(『한서』「무제기」).

6) 다음해(기원전 106) 겨울 천자는 남군을 순행한 후, 강릉을 거쳐 동으로 여행하여 심潯의 천주산에 올라 제를 올리고 남악南嶽으로 지정했다. 이어서 양자강을 타고 (뱃길로) 심양에서 종양으로 갔고 팽려彭蠡(파양호)를 가면서 그 일대 명산대천에 제사했으며, 낭야에 도착하여 해안선을 따라 북상하여 4월중에 봉고奉高에 도착해 봉제를 올렸다(『사기』「봉선서」).

여기서 보면 무제의 순행에서는 제로 지방과 회수 하류 서주 지역에 대한 기록은 많지 않고, 주로 양자강 일대에서의 활동이 많이 기록되어 있다. 양자강 일대의 활동에 대해서는 굴원에 대한 감상을 제외하고는 무제의 순행에 대한 기록이 사마천의 여행기록보다 오히려 더 자세하다. 뿐만 아니라 이 지역에 대해서는 사마천의 기록이라고 하더라도 무제 순행을 수행하는 것과 무관하게 이루어질 수 있는 상황은 나타나지 않는다. 그에 비해 앞에서 제로 지방과 회수 하류 서주 지역에 대한 사마천의 여행기록은 무제의 순행에서는 이루어지기 어려운 활동뿐이다. 20세 때 강남 지방을 여행한 것이 틀림없다면, 왜 강남 지방에서의 개인적인 활동은 이처럼 전혀 기록되지 않은 것일까.

이 문제와 관련하여 두 번째로 의문이 되는 것은 사마천의 1차 여행에 대한 기록에서 함양咸陽(현 시안西安)에서 남군南郡(현 장릉江陵)에 이르기까지 여정에 관한 기록이 전혀 없다는 점이다. 이 점은 무제의 원봉 5년 순행에 관한 기록에서도 마찬가지이기는 하다. 그러나 함양에서 남군에 이르는 길목에는 사마천이 산동반도와 회수 하류 유역에서 관심을 가졌던 사건 정도의 의미를 갖는 역사적 사실이 적지 않다. 오히려 그보다 더 관심을 가질 만한 지역이다.

함양에서 남군으로 가는 여로는 두 가지 가능성을 상정해볼 수 있다. 하나는 함양에서 위수渭水와 황하를 따라 하류로 내려오다가, 하남河南(현 뤄양洛陽)에서 남하하여 남양南陽, 양번襄樊을 거쳐 내려오는 길이다. 다른 길은 함양에서 파수灞水를 따라 남전藍田을 지나 상현商縣, 단봉丹鳳, 무관武關을 거쳐 남양에 이르러 남군으로 남하하는 길이다. 낙양을 거치는 길을 선택했다고 한다면, 4차 여행에서의 길과 일부 겹치는 부분도 있다.

어떤 길이든 이 여정은 『사기』를 집필하는 과정에서 상기될 수밖에 없다. 하남 길에서는 동관童關·함곡관函谷關 등이 고대 중국사에서 더이상 언급할 필요가 없을 정도로 중요한 곳이지만, 남전 길 역시 사마천이 그냥 지나치기 어려운 곳이 많다. 우선 남전 길은 한 고조 유방이 이 길을 타고 거슬러 올라가 한왕漢王이 되고, 이어 함양을 정복한 것이 주목된다. 사마천이 이 길을 여행했다고 한다면 당연히 한 고조의 흔적에 주목했을 것이다. 또 『사기』에서 역사적으로 중시하여 자세히 서술했던 진 말기의 상앙鞅商이 이곳 단봉丹鳳에서 봉읍을 받아 상군商君으로 불리기도 했다. 최근 단봉현 단강丹江 북쪽에서 상앙의 봉읍 유적지가 발굴되기도 했다. 또한 전국 시기 위魏나라 장의張儀가 진 혜문왕惠文王에 임용되어 상商과 어於의 600리를 약속받고 초의 사신으로 활약하면서 관소關所를 폐쇄하고 제齊와 국교를 단절시켜, 초楚와 진秦의 전쟁이 일어난 곳이기도 했다. 또한 진 소왕昭王 때 양후穰侯에 의해 천거된 백기白起가 기원전 278년 한수漢水 남쪽에 있는 초나라 수도 영郢을 쳐부수고 남군南郡을 설치했는데, 이에 따라 초나라는 진陳(河南省 淮陽縣)으로 천도하는 사건도 이 지역을 두고 벌어졌다. 『사기』에서는 이러한 역사적 사실을 자세히 기록하고 있지만, 자신이 이곳을 여행하면서 겪었던 경험이나 얻어진 정보에 대한 언급은 없다.

특히 「자서」에서 사마천은 자신의 조상으로 사마착司馬錯과 사마기司馬蘄의 활동을 자세히 기록하고 있다. 사마착은 진혜왕秦惠王 한韓을 정벌해야 한다고 주장하는 장의張儀와는 달리 촉蜀 정벌을 주장하여 관철시키고 실제 정벌을 담당하기도 했다. 사마기는 백기白起의 부하로서 활동했는데, 소왕昭王으로부터 충성을 의심받아 처형될 때 함께 처벌을 받기도 했다. 이들 사마천의 조상들의 활동도 함양에서 남군에 이르는 루트와 밀접한 관련이 있는데, 이들 조상의 행적에 대해서는 자세히 서술했으면서도 역시 여행과 관련해서는 아무런 기록도 남기지 않고 있다.

[표 1]에서 정리된 대로라고 한다면 이 지역은 1차와 7차 두 번에 걸쳐 통과한 곳이다. 한 고조의 건국과 관련하여 결정적으로 중요한 활동과 관련되는 곳이고, 사마천 조상들의 활동이 이루어진 장소라고 한다면, 사마천에게 특별한 소회가 없을 수 없는 곳이다. 산동반도와 회수 하류에 대한 기록과 같은 조건이라고 한다면, 당연히 사마천의 여행중 특별히 자세하게 조사한다거나 관심을 둘 만한 곳임이 분명하다. 그럼에도 일체의 언급이 없는 것은 어떤 이유 때문일까. 『사기』 서술과정에서의 우연으로만 보기에는 석연치가 않다.

이 문제와 관련하여 다시 상기해볼 문제는 함양에서 남군에 이르는 길, 그리고 양자강을 따라 내려가는 사마천의 여행에 대해 기록된 내용이 원봉 5(기원전 106)년 한 무제의 순행활동에 대한 기록의 범위를 거의 벗어나지 않는다는 점이다. 단지 장사에 갔을 때 굴원이 빠졌다는 물을 보고 상념에 젖었다는 「굴원가생열전」의 기록과 구의산을 찾아 원수沅水, 상수湘水에 배를 띄웠다는 「자서」의 기록만이 원봉 5년 한 무제의 순행 기록과 차이가 나는 내용이다. 이 때문에 20세 여행 때에 상수를 거슬러 올라가 멱라수汨羅水까지 여행한 것으로 파악되기도 한다.

그러나 당시 행정구역상 남군에서 양자강을 타고 동정호에 들어오면 이 지역은 이미 장사군長沙郡에 속하고, 이곳에서 원수와 상수가 합류한다. 멱라수는 상수가 동정호에 거의 도착하는 지점에서 합류하는 지류이다. 무제가 원정 5년 구의산에 대해 '망사望祀'한 것도 동정호 안이었을 것으로 보이는데, 사마천이 동정호에서 굴원을 상기했다고 추정해도 크게 어긋나는 일은 아닐 것이다. 또한 「자서」에서 20세에 여러 곳을 여행했다는 것을 강조하면서 "구의산을 찾아보고 원수와 상수를 떠돌아다녔다窺九疑, 浮於沅湘"라고 표현하고 있는 것은 원봉 5년 무제 순행에 수행했던 경험이 투영된 것으로 추정하는 것도 불가능한 일이 아닐 것이다.

산동반도와 회수 하류에 여행한 경험을 『사기』 곳곳에서 드러내는 것과는 달리, 남군과 양자강 유역을 여행하면서의 경험은 거의 드러나지 않는 것은 박사 제자로서 지방을 살피는 비교적 자유스러운 여정으로 진행된 20세 때의 1차 여행과 태사령으로서 황제를 수행하던 7차 여행에서의 경험이 분명히 달랐기 때문이다. 7차 여행에서는 황제를 수행하여 "천지제신 및 명산대천의 제사뿐 아니라 봉선의식에도 참가하며, 수궁壽宮에 들어가 신어神語를 들으며 제사를 도와야 하는 것"이라서 황제의 활동에만 부속될 뿐, 강을 바라보고 굴원을 상기하는 정도가 사마천이 할 수 있는 가장 개인적인 활동의 전부였을 것이다.

실제 2차와 4~6차의 여행 역시 모두 낭중 혹은 태사령으로 황제를 수행했다. 이때는 동서와 북쪽 지방으로의 여행이 진행됐는데, 이때 구원九原, 운중雲中, 정양, 탁록, 안문雁門, 진양晉陽, 중도中都, 분음汾陰, 그리고 임치臨淄, 복양僕陽 등 하북 지방의 주요 지점이 모두 포괄되고, 상당수는 두 차례 이상 거치고 있다. 그런데 하북 지방에 대한 여행의 흔적이 확인되는 것은 몽염蒙恬이 축성했다는 장성長城에 대한 부정적 인상뿐이다. 「진세가晉世家」, 「조세가趙世家」 등에서 화북 지방의 역사에 대한 풍부한 내용이 기록되어 있지만, 여행과 관련되어 기술된 것은 찾을 수 없다. 또한 파촉巴蜀과 공邛, 작筰, 전滇 등을 포함되는 3차 서남이 지역에 대한 여행은 황제를 수행한 것이 아니고 사자로서 활동한 것이지만, 역시 여행과 관련하여 기술된 부분은 찾을 수 없다.

물론 인용문 1)에서 보듯, 사마천은 각 지역에서 여러 정보를 수집했지만 문헌에 나와 있는 내용과 크게 다르지 않다고 하여 문헌기록에 대한 강한 신뢰를 보여준다. 따라서 여행중에 얻어진 정보를 문헌기록으로 정리한 것이 없지 않겠지만, 제로 지방과 회수 하류 서주 지역에서는 현장에서 개인적인 활동으로 얻어지는 정보와 감정을 생생하게 기록하고 있다는 점과 비교할 때 차이가 많다. 역시 일정한 임무가 주어진 관료로서의 활동과 박사 제자로서 학습과정에서 행해진 여행과의 차이임이 분명하다.

그렇다면 남군으로의 여정과 양자강 유역으로의 여행은 박사 제자로서 진행된 1차의 여행에서는 포함이 안 됐고, 그 기록은 7차의 여행에 대한 기록이라고 보는 것이 가능하다. 즉 1차 여행은 제로 지방과 회수 하류 서주를 주요 여행지로 하고, 가장 남쪽인 회음 지역에서 남으로 회계와 오의 도읍지인 현재의 소주蘇州 혹은 수춘壽春을 방문했다고 보는 것이 타당할 것이다.

회계는 원래 월왕越王 구천句踐이 우禹의 후예로 봉해진 곳이었다.[18] 우 임금이 동으로 순수하여 회계에 이르러 붕어했다고 기술하면서, 별도로 「논찬」에서 "태사공이 이르기를 '사람들이 우禹는 제후를 강남으로 불러 모으고, 공을 헤아리다 붕어했다'고 한다. 그래서 언焉에 장사지내고, 회계會稽라 명했다"[19]고 기록되어 있다. 여행했다는 것을 밝히고 있지는 않지만, 별도로 보충설명을 하고 있다. 이는 사마천이 기왕에 정리된 기록 외에 별도의 정보를 갖고 있었음을 의미하는 것으로, 산동과 회수 하류 유역에 대한 여행의 기록과 동일한 형식을 띠고 있다. 이에 비해 장사의 구의산에 대해 『사기』에서는 "순舜이 제위를 이어받은 지 39년이 되는 해 남쪽으로 순수하다가 창오蒼梧의 들판에서 붕어하여 강남의 구의九疑에 장사지냈다"[20]라고만 기록하고 아무런 덧붙임이 없다.

구의산의 순묘舜墓와 관련해서는 1972년에 발굴된 장사 마왕퇴馬王堆 3호 한묘漢墓에서 발굴된 백서帛書 「장사국남부지도長沙國南部地圖」가 주목된다. 이 3호묘의 묘주는 목독木牘의 기록에서 문제文帝 12(기원전 168)년 장사국 승상의 아들로 확인됐다. 장사국 왕은 고조에 의해 봉해진 오예吳芮의 후예로서 당시 유일한 이성제후異姓諸侯였다. 백서의 지도는 남쪽을 위로 하고 북쪽을 아래로 하여 장사국의 영역에서 지금의 광동성에 이르는 지역의 지형을 묘사하고 있었다. 그 중심부의 왼쪽에 커다란 산이 있고, 그 정상에 9개의 기둥이

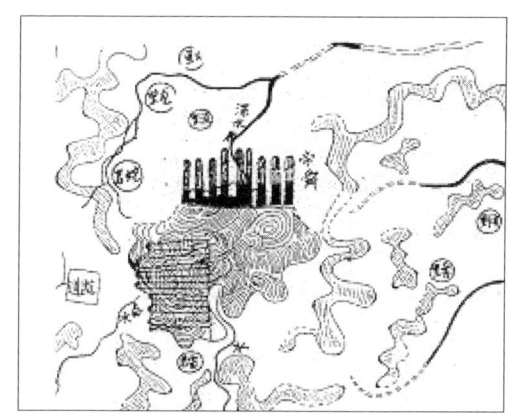

장사 마왕퇴 3호 한묘 출토
「장사국 남부 지도」.

그려져 있으며, 그 옆에 '제순帝舜'이라는 문자가 씌어 있다. 이것은 순舜의 묘를 가리키는 것이 분명한 것으로, 당시 이미 이 지역 사람들에게는 이와 관련된 인식과 정보가 상당했음을 보여준다. 만약 사마천이 황제의 수행이 아니라 정보의 수집과 예의 학습을 목표로 하는 1차 여행 때 이곳에 왔더라면 이러한 지도와 관련된 정보를 확인했을 가능성이 없지 않았을 것이다.

3. 『사기』에 나타난 남방민족에 대한 기록의 허실

사마천의 여행에서 자주 주목되는 것은 3차 여행으로, 낭중이 되어 파촉 이남의 정벌에 참여하여, 공邛, 착筰을 거쳐 전滇에까지 다녀온 사실이다. 『사기』에 「서남이전」이 편제되어, 현재 사천 남부, 귀주 일부와 운남 일대 지역의 남방 종족의 실상이 서술된 것은 이때의 원정에 참여한 것이 크게 기여했으리라는 전제에서 보면 주목받는 것이 당연하다. 이 원정은 대체로 남월왕국의 재상 여가呂嘉가 반란을 일으키자 이를 토벌하기 위해 서남이 지역에서 남월 지역으로 협공하려고 파촉에서 군대를 징발했던 무제 원정 6(기원전 111)년의 사건으로 추정할 수 있다.

당시 사정에 대해서는 『사기』「서남이열전」과 「남월열전」에 자세히 서술되어 있다. 여가는 남월왕국에서 3대에 걸쳐 재상을 지내면서 민심을 얻고 권력을 장악했기 때문에 남월 왕이나 왕후 등도 그를 통제하지 못했다. 당시 남월 왕이 한 조정에 상서하여 귀속하려고 했지만 여가가 이를 반대했기 때문에, 한 조정 사신의 힘을 빌려 그를 제거하려고 했는데 역부족이었다. 이에 한 조정에서는 한천추韓千秋를 파견하여 여가를 제거하려 했다가 오히려 크게 패했고, 여가는 남월 왕과 태후 그리고 한의 사신을 죽인 다음에, 새로운 왕을 옹립하고 창오 왕과 합세하여 한 조정의 패권에 저항했다.

이에 원정 5(기원전 112)년 한 조정에서는 계양桂陽에서 위위衛尉 노박덕路博德이 복파장군伏波將軍이 되어 출동하도록 하고, 예장豫章에서는 주작도위主爵都尉 양복楊僕이 누선장군樓船將軍으로, 영릉零陵에서는 이전에 월나라 사람으로 귀의한 귀의후歸義侯 두 사람이 과선장군戈船將軍과 하려장군下厲將軍으로서 각각 이수離水와 창오蒼梧로 진격하도록 했다.[21]

이때 파촉 지역에서도 군대를 징집하여 남월 공격에 가담하도록 했는데, 처음에는 월나라 출신으로 이름이 견遣인 치의후馳義侯로 하여금 파촉의 죄수들과 야랑국夜郎國의 군사를 징발하여 장가강牂柯江으로 남하하여 모두 번우番禺에 집결하도록 했다. 그러나 차란국군且蘭國君이 이에 저항하자, 조정에서는 팔교위八校尉로 하여금 파촉의 죄인을 징발하여 두란頭蘭을 주멸하고 전滇 일대를 평정하여 장가군牂柯郡을 설치했다. 남월이 평정된 후 차란且蘭, 공邛, 작筰 등의 부족을 제압하고, 공도邛都에 월수군越嶲郡, 작도筰都에 침려군沈犁郡을, 그리고 사천 서부 문수汶水 일대의 염冄·방駹에 문산군汶山郡을 설치하고, 광한군廣漢郡 서쪽의 백마白馬는 무도군武都郡으로 편입했다. 이때가 원정 6(기원전 111)년의 일이었다.²²

사마천이 파촉에 파견되어 현재 곤명昆明 지역인 전滇까지 간 것은 이 사건과 관련되어 있음이 분명한데, 파촉의 죄인을 징발하여 두란을 주멸한 조정의 팔교위 속료로서 파견됐을 가능성을 상정해 볼 수 있다. 그런데 『한서』 「서남이전」에서는 이때 정벌에 참여한 인물로 중랑장 곽창郭昌과 위광衛廣이 구체적으로 거명되고 있고,²³ 곽창은 『한서』 열전에 입전되기도 했다. 사마천과 이들의 관계나, 『사기』에서 이들의 이름이 특별히 제외된 이유는 분명히 드러나지 않는다. 다만 이때의 원정은 비교적 성공적이었고, 특히 서남이 지역이 군현으로 재편되는 전환점이었다는 사실을 염두에 두면, 이 원정에 대해 사마천은 상당한 의미를 부여할 수 있음직하다. 그러나 『사기』 어디에서도 이 원정에서 자신의 활동과 감상에 대해서는 한마디도 언급이 없다. 또한 이 원정에 참여한 자만이 가능할 수 있는 서술 같은 것은 발견되지 않는다.

다만 서남이 종족에 대해 『사기』는 현재의 운남雲南 전지滇池 일대와 사천 서남 지역의 종족을 '서남이西南夷'로 일체화하여 인식하고 있는 데 비해, 『한서』에서는 주로 운남 전지 일대에 한정하여 인식하고 있다는 차이를 보이고 있을 뿐이다. 특히 『화양국지華陽國志』에 나타나는 당시 사천 서남이 사회의 실정과 그 문화에 대해서, 『사기』와 『한서』에서는 전혀 파악을 하지 못한 채 주로 한 조정과의 관계를 한 조정의 관점에서 정리하고 있을 뿐이었다. 제로와 회수 하류 지역을 여행하면서 향촌 사회 내부의 인식과 상황을 파악하여

『사기』 기술에 반영했던 것과는 큰 차이를 보이고 있는 것이다.

　『사기』에 나타난 사마천의 남방종족에 대한 인식의 특징으로서 또 하나 크게 주목되는 점은 당시 호남성 동정호 주위를 중심으로 형상荊湘 지역에 분포된 '만蠻'에 대해서 전혀 독자적인 종족으로 파악하고 있지 않다는 사실이다. 이것은 이미 『사기』에서「서남이열전」과「동월열전」,「남월열전」만 편제하고 있는 데에서도 드러나는데, 『한서』에서도 그대로 계승되고 있다. 뿐만 아니라 본기나 다른 열전에서도 형상 지역의 만족에 대한 언급은 없다. 다만 『한서』「지리지」 안사고顔師古 주에 왕망王莽이 장사長沙는 만蠻으로 가득 찼다고 말했다는 것만 기록되어 있을 뿐이다. 그에 비해 남조 유송劉宋 때 씌어진 『후한서』에서는 '남만南蠻'이 '서남이'와 함께 편제되어 선진 시기 이래의 실상을 전하고 있다.

　『후한서』에서는 남만의 조상을 고신씨高辛氏 시기 반호槃瓠라는 전설적인 인물에 기원을 두고 서술하고 있다. 당우唐虞 시기 요복要服에 편입됐는데, 『시경』「소아」 '채이采芑'에 나와 있는 주周 선왕宣王 때의 '만형蠻荊'으로 이어진다는 것이다. 춘추 시기 진문후晉文侯 보정 때에 채문후蔡共侯의 토벌을 받기도 했지만, 만은 라자羅子[24]와 함께 초무왕楚武王의 군사를 패퇴시키고 장수 굴하屈瑕를 살해하기도 했다. 그러나 초장왕楚莊王 때에 마침내 초국楚國에 복속됐고, 언릉鄢陵의 전투에서 만은 공왕恭王과 군사를 연합하여 진晉을 공격하기도 했다. 오기吳起가 도왕悼王의 재상이 되고 나서 남으로 만월蠻越을 겸병하여 마침내 동정洞庭과 창오蒼梧(현 광시성廣西省 동부 우저우시梧州市 창우현蒼梧縣)를 차지하게 됐다. 진소왕秦昭王은 백기白起로 하여금 초를 정벌하게 하여, 만이 지역을 탈취하고 비로소 검중군黔中郡을 설치했다.[25]

전한 시기에 들어서 만이의 지역에 무릉군武陵郡을 설치했는데, 곧바로 다시 '의릉군義陵郡'으로 개명했다가 왕망王莽 때 건평建平으로 고쳤고 후한 시기에 무릉武陵으로 복원한 뒤 계속 사용됐다. 당시 한 조정에서는 매년 대인에게 포 1필을, 소구小口에게는 2장丈을 징수했다. 이를 종포賨布(남만에 대한 부세賦稅)라고 했는데, 비록 때때로 노략질을 하기도 했지만, 군국의 걱정거리는 되지 못했다고 한다.

『후한서』「남만전」은 이들 무릉만과 함께 파군巴郡 남군만南君蠻과 판순만板楯蠻에 대해서도 소개하고 있다. 파군 남군만은 늠군만凜君蠻이라고도 하는데, 이들은 원래 무락武落 종리산鍾離山(현 후베이성湖北省 장양현長陽縣 싼샤三峽계곡 소재)을 근거로 5개의 성씨로 구성됐다가 진혜왕 때에 파중巴中 지방을 장악했다.[26] 파씨의 군장은 진의 공주와 결혼하도록 하여, 그 백성들은 불갱不更의 작을 받아 죄가 있더라도 이를 면제받을 수 있는 권한이 있었다. 다만 군장은 매년 부賦로 2,016전錢을, 3년마다 한 차례씩 의부義賦 1,800전을 내고, 그 민들은 호마다 가포豭布 8장丈 2척尺과 닭 깃털로 만든 화살 30후鍭를 내도록 했다. 전한 초기 남군 태수는 개국 공신으로 실력자인 근강靳彊으로 진 시기와 똑같이 대하도록 했다.

한편 판순만은 그 기원이 진秦 소양왕昭襄王까지 소급되는데, 한 고조가 파巴, 촉蜀, 한중漢中 지역을 다스리는 한왕漢王에 봉해졌을 때, 이곳 삼진三秦 지역의 정벌에 투입하기 위해 징발한 이인夷人들이다. 삼진이 평정되자 다시 파중 지역으로 귀환시키고, 그들의 거수渠帥 7성姓에게는 세역을 면제하고, 나머지 호에게는 매년 구口마다 40전의 종전賨錢만 내도록 했다. 이들의 거주지는 투수渝水, 즉 가릉강嘉陵江 유역의 낭중閬中 지방으로, 이들의 습속이 노래와 춤을 좋아했다. 고조가 이를 보고 무왕武王이 주왕紂王을 정벌하는 노래라고 하여, 악인樂人들에게 이를 습득하도록 명했다. 한 조정에서 공식으로 채택된 파투무가 바로 이들 판순만의 전통문화였다.27

이들 세 종류의 만은 전한 시기까지 사천의 동남부, 동정호 서부와 남부 일대에 분포되어 있었는데, 전한 시기에는 조정에 순종적이었다. 하지만 광무제 이후 후한 시기에는 이들 만족과 한 조정과의 갈등이 크게 확대된다. 광무제 건무建武 23(47)년 무릉만의 저항이 있어 무위장군武威將軍 유상劉尙을 파견했으나 오히려 전멸당하고 건무 25년 마원馬援에 의해 겨우 평정된다. 이후에도 건초建初 원년(76)에는 무릉만의 일종인 예중만澧中蠻, 건초 3년 루중만漊中蠻과 영원永元 4(92)년, 원초元初 2(114)년과 3년, 영화永和 원년과 2년, 영수永壽 3(157)년, 연희延熹 3년, 중평中平 3년에 무릉장사만武陵長沙蠻이 끊임없이 군현을 침탈하고 있었다. 늠군만 역시 화제和帝 영원永元 13년 반항하자 토벌하여 부락민을 모두 강하江夏로 이주시켰다. 그러나 영제靈帝 건녕建寧 2년 강하에서 다시 군사를 일으켜 여강廬江에서 기병한 황양만黃穰蠻과 연결하여 4군을 점령하고 반항하다가 격퇴된다. 남군南郡의 도산만涂山蠻 역시 건무建武 23(47)년 반항하자, 무위장군 유상이 이를 격파하고 7천여 명을 강하로 사민徙民하여 '면중만沔中蠻'이라고 불리게 된다.28

아무리 조정에 순종적이었다고는 하지만, 『사기』와 『한서』에 이들 남만에 대해 전혀 언급이 없는 것은 쉽게 이해가 되지 않는다. 특히 후한 시기에는 조정과 심각한 갈등이 발생하여 조정의 주요한 관심사였는데, 후한 시기의 반고班固가 이들의 존재를 몰랐을 리 없다. 다만 『한서』에서는 「서남이양월조선전西南夷兩越朝鮮傳」으로 편제되어 있는데, 서남이와 양월에 관한 내용은 『사기』를 거의 그대로 싣고 있다는 점에서 보면, 반고는 『한서』 편찬에 있어서 남방민족에 대한 부분에 별도의 정보 수집과 정리는 하지 않은 채 『사기』의 내용을 거의 전재했다고 볼 수 있다.

그러나 사마천은 3차 여행 때 파촉 지방을 지난 적이 있었고 이때 판순만板楯蠻의 거주지인 투수渝水를 건넜을 것이다. 한 고조가 삼진三秦을 토벌하기 위해 파투巴渝의 이인夷人을 징발하고, 파투무를 도입하여 조정의 악관樂官들이 연주한 것을 파악하고 있었다면, 판순만의 실체에 대한 정보를 얻기 어렵지 않았을 것이다. 또한 7차 여행에서 남군을 거쳐 동정호에서 원수沅水와 상수湘水를 대면했다고 한다면, 파군巴郡에서 남군南郡에 이르는 지역에 분포한 늠군만, 원수沅水 유역에 집단적으로 거주하고 있는 무릉만武陵蠻, 상수湘水 유역에 산재한 장사만長沙蠻을 인식하지 못했다는 것은 이해하기 힘들다.

이 점은 당시 한 조정의 남만에 대한 지배 및 통제의 특징과 관련해서 이해해볼 수 있다. 즉 월이나 서남이와 비교하여 남만 내부의 사회구조의 차이, 그리고 한 제국의 이들에 대한 통치방식의 차이에서 그 요인을 추정해볼 수 있는 것이다. 우선 남월왕南越王이나 야랑왕夜郎王, 전왕滇王 등은 그 사회조직과 군주의 권위를 인정하여 한 조정에서도 왕으로 인정하고 있는 데 비해, 이들 남만은 독립된 군왕이 없이 여러 군장君長을 통해서 소규모 단위로 존재하여 한 조정에서는 독자적 집단이나 민족으로서가 아니라 군현에서 오지奧地로서 통제하는 차이가 있었다. 이는 월이 남해군南海郡의 통치조직을 이어받아 대규모로 통합되어 있는 데 비해 남만은 장사군長沙郡이나 무릉군武陵郡의 통치조직과는 무관할 뿐만 아니라 내부적으로는 오히려 반목하고 있어 통일적인 조직을 발전시키지 못하고 있었기 때문이었다.[29] 당시 무릉만의 경우처럼 만어蠻語로 수장은 '정부精夫', 상호 칭호로 '앙도姎徒'라 불리는 거수渠帥를 중심으로 한 부部로 분리되어 소규모로 독자적인 정치·사회조직을 갖춘 것이 일반적이었다. 군장이 세습되지도 않아 종족으로서 연속성도 약했을 뿐만 아니라, 남만 상호간에 연합이 이루어지기도 하지만 대체로 분산적으로 활동했다. 한 조정에서는 "군장에 읍을 봉하고 모두 인수를 사여하는邑君長 皆賜印綬" 방식으로 부 단위로 분산적으로 통어하고 있을 뿐이었다.

그렇다면 한 조정에서는 이들을 어떤 방식으로 파악하고 있었을까. 무릉만에 "매년 대인은 포 1필, 소인은 2장을 바치고", 남군만에 "민간의 호戶마다 포 8장 2척, 닭의 깃털 30후", 판순만에 "호戶는 해마다 종전賨錢을 바치도록 하는데, 구口마다 40씩"을 납부하도록 규정하여 구 혹은 호 단위로 파악되고 있었던 것으로 보이기도 한다. 그러나 이와 동시에 군장君長은 매년 부賦 2,016전, 또 3년마다 의부義賦 1,800전을 납입하도록 하여 군장에게 별도의 대규모의 부를 부과하고 있다. 이는 그 규모나 성격으로 보아 군장 개인이라기보다 부部 전체에 대한 부과라고 보는 것이 타당하다.

그런데 이렇게 이중적으로 규정된 이유는 무엇일까. 개인에게 부과되는 '종포', '종전'은 이들에 대해 농사를 짓거나 장사를 하거나 관소와 교량의 통행허가증이나 조세의 부과가 없었다고 했던 점[30]에서 일반 주군민의 조세와는 성격이 다르다는 점을 분명히 하고 있다. 또 이들은 개인적 활동이나 인적 사항이 확인되는 경우는 드물고, '모모 부部 몇 호戶' 등으로 부족적 집단으로만 파악되고 있었다. 따라서 종포·종전 역시 부족 단위로 처리됐을 것이 분명하다. 그렇다면 결국 군현에서 이들에게 부과하는 것은 부족 단위로 일정 부과되는 부분과 부족민의 수에 따른 부분으로 구성됐다고 추정할 수 있다. 특히 만은 요역이 없었다고 하는 데[31]에서 보듯, 남만은 호에 따라 부賦를 납부할 뿐 개인에 대한 역役은 부과되지 않았다. 따라서 구나 호에 대한 부세 규정은 하나의 원칙일 뿐, 만인蠻人 개개인에 대해 한 조정에서 구체적으로 파악하고 있었음을 의미하지는 않는다. 물론 광한廣漢 태수 문제文齊처럼 저수지를 조성하고 수리를 개통하여 2천여 경을 개간한 다음 여러 이인夷人들을 항복시켜 모았던 것은[32] 이들 만인蠻人들을 주군민으로 흡수하는 방식이었다. 그러나 일반적으로 만인 사회의 치안이나 징세 역시 조정에서 직접 간여하는 것이 아니라 부部를 통해 간접적으로 기미羈縻하여 통제할 뿐이었다.

후한 초기부터 본격화되는 남만의 저항은 대부분 부세에 대한 불만이 주요인이었는데, 이는 남만 사회의 내부 변화와 함께 남만에 대한 조정의 간섭이 근본적으로 변화되고 있었음을 보여준다. 이러한 변화는 순제順帝 영화永和 원년(136) 규정된 원칙에서 본격화됐다. 당시 무릉태수가 "만이를 복속시켜 한인漢人들과 똑같이 대하여 조부租賦를 확대할 것을 주장하여 이를 관철시킨다. 이때 상서령 우후虞詡만이 "옛 성왕은 이민족에 대해 기미羈縻하여 어루만져서, 복속하면 받아들이지 이를 막지 않았고, 반역하면 포기하지 이를 끝까지 추격하지는 않았습니다. 선제先帝의 옛 법에서 공물과 세금에 많고 적음은 그 연유가 오래된 것입니다. 지금 함부로 증액하면 반드시 원한을 품어 반역이 있을 것입니다. 세금의 증액으로 얻어지는 것을 헤아려보면 군사토벌의 비용을 당하지 못하여 반드시 후회하게 될 것입니다"라고 하여 반대하지만 소용이 없었다. 여기서 공물과 세금을 증가시키는 것으로 묘사되어 있지만, 실제 남만을 일반 주군민과 동일하게 파악하는 정책이었다.

후한 조정의 군현 지배를 남만 지역에까지 확대하려는 정책은 부분적으로 상당한 성과가 있었던 것이 분명하다. 후한 영화永和 5(140)년의 호구통계에는 전한 말 원시元始 2(2)년의 통계에 비해 영릉零陵, 계양桂陽, 무릉武陵, 장사長沙 등 남만이 주로 거주하던 군이 다른 지역에 비해 급격하게 호구가 증가한 것을 보여준다. 여기에는 화북 유민들의 강남 지역 유입도 중요한 요인이지만, 이미 조정의 군현 지배가 잘 관철되고 있었던 양주揚州 지역에 비해 남만이 거주하던 지역에 그 증가폭이 훨씬 큰 것[33]은 바로 영화 원년 남만을 한인과 동일하게 통제하려는 조치가 결정적인 요인이었다고 할 수 있다.

결국 남만이 사회조직의 통일적 기반이 약하여 한 조정에서 독립된 국왕으로 인정받지 못하고 군현에 의해 분산적으로 통제되고 있었기 때문에, 『사기』, 『한서』에서 남만에 대한 편제나 기록이 없었다고 판단할 수 있다. 그럼에도 주군에 의한 직접 지배가 더 강화된 『후한서後漢書』에 독립된 편제로 나타난 것을 보면, 단순히 사회조직의 문제만은 아닌 것으로 보인다. 특히 이 지역을 관찰할 수 있는 기회가 없지 않았던 사마천이 굳이 남만에 대한 별도의 편제는 물론 그 종족의 실상에 대한 언급조차 하지 않았다는 것은 남만의 실상 그 자체만으로는 설명되지 않는다.

이 문제는 결국 전한 시기 이들 종족에 대한 사마천의 인식과 관련하여 설명할 수 있을 것이다. 이와 관련해서는 사마천이 제후 연표를 작성하면서 천하의 범주를 설정한 서문에서 그 단서를 찾아볼 수 있다. 여기서 사마천은 사방의 제후왕국의 영역을 열거하면서, 밖으로 호胡나 월越과 접하고 있음을 지적하고 있다. 특히 장사국의 경우 비록 이성제후이기는 하지만 남쪽으로 구의九疑까지를 영역으로 삼고 있다고 설명하고 있다.[34] 이는 장사왕이 남월왕, 일남왕日南王, 야랑왕夜郎王, 전왕滇王 등 독자적인 세력을 확보하여 조정에 귀부했던 외신外臣들과는 달리 조정에서 파견된 내신內臣이라는 기준으로 구분했던 것이 분명하다. 그런데 이때 제시된 내신인 제후왕 영역의 범위는 북쪽으로는 안문雁門에서 요양遼陽, 남쪽으로는 구의에서 회계會稽까지로 설정하고 있다. 이 범주는 지리상으로 보면 진시황과 한 무제의 순행 범위와 일치하고 있다. 호·월과 접하고 있다는 점이 강조됐는데, 북방은 현실적으로 흉노와의 접경 지역임이 분명하지만, 남쪽은 특히 구의산에 순묘舜墓가 있고, 회계는 요혈堯穴이 있는 곳이라는 사실과 무관하지 않은 것으로 보인다.

특히 구의산은 영남 지방과의 경계인 오령五嶺산맥에 위치하고 있는데, 진 시황 때도 그렇거니와 무제의 원봉 5년 순행에서도 사실상 육안으로 확인할 수 있는 거리를 훨씬 벗어나 남군南郡에서 '망사望祀'하는 것으로 대신하고 있다. 현실적으로 남군에서 구의산으로 가는 길은 황제가 직접 순행할 수 있는 지역의 범위를 벗어나기 때문일 것이다. 남군에서 구의산으로 가는 길은 장사를 거쳐 남으로 상수湘水를 거슬러 올라가야 하는데, 구의산 동쪽에는 진 시황이 월을 정벌하면서 식량보급로를 확보하기 위해 개착한 운하인 영거靈渠가 있다. 이는 지리적으로 상수와 광동의 주강珠江을 연결하는 수로였지만, 무제 건원 6(기원전 135)년에는 장사와 예장豫章에서 남월로 이르는 수로가 단절됐다. 원정 5년에 영릉零陵에서 이강漓江과 창오蒼梧 두 방면을 통하여 남월을 공격하고 이듬해 영릉군零陵郡을 설치하기도 했다.[35] 그러나 이 기사가 『사기』와 『한서』에서 영릉군에서 조정의 활동에 관한 유일한 기사였음을 보면, 현실적으로 한 조정에서 이 지역에 대한 통제는 불가능했다.

실제 내제후로 책봉됐다고는 하지만 장사왕은 좀 특수했다. 우선 이성제후인 것도 그렇거니와, 무제 때에 내지 대부분의 왕국이 군현으로 개편됐지만 장사국은 원정 5년까지 그대로 유지됐다. 특히 고후高后 시기 남월왕 조타趙佗는 장사국 왕 오우吳右가 남월을 공격하여 장사국에 합병하려 한다는 이유를 들어 황제를 칭하고 남월을 공격했던 적이 있었는데 이런 사실에서 보듯이, 장사국은 지정학적으로 오히려 남월국과 비슷한 위치에 있을 뿐 아니라 남월국과 경쟁하는 상황이었다.

그럼에도 불구하고 무제가 구의산을 억지로 순행의 범주에 포함시키고, 멀리서 망사하는 구차한 상황을 연출한 것이나, 현실적으로 직접적인 통제가 불가능한 장사국을 내제후로 유지시킨 것은 순묘舜墓의 소재지에 대한 이념적인 압박 때문이었음이 분명할 것이다. 이는 사마천의 『사기』 저술에서도 분명히 드러난다. "장로들이 왕왕 황제와 요, 순이 머물렀던 곳이라고 칭하는 곳에 이르면 풍속과 교화는 남달리 뛰어났다. 전체적으로 고문古文에서 크게 벗어나지 않는 것은 사실과 가까운 것이다"라고 하여 구의산의 순묘에 갔던 것으로 설명하고 있다. 이는 황제, 요, 순의 정통성을 이어받아야 하는 무제나 천자의 성명聖明과 성덕聖德을 기록하고 칭송하는 것이 부친의 유업으로 이어받은 태사령의 직분이라고 여기는 사마천에게 있어서는 천자의 통치 범위가 실제의 사실 여부와는 무관하게 당위로서 설정된 이념이었음을 보여준다.

결국 전한 시기 양자강에서 구의산에 이르는 장사국은 내부의 실상과는 무관하게 황제의 내신內臣 범위에 포함되어야 하는 지역으로서, 이곳에 서남이나 남월 혹은 동월과 유사하게 천자의 교화를 받지 못한 이족夷族이 존재할 수는 없었다. 비록 부세와 요역 등에서 한인漢人과는 다른 원칙이 적용되고 있었다고 하더라도, 이곳은 천자의 내지內地여야 했다. 그렇기 때문에 한 조정에서나 그 정통성을 증명해야 하는 『사기』와 『한서』에서 형상荊湘 지역에 남만의 이종족異種族은 당위적으로 존재할 수가 없었다. 그것은 사마천이 현지를 여행하여 종족을 확인했느냐의 여부와는 무관한 문제였다.

4. 사마천에게 여행의 의미

사마천은 「자서」에서 부친으로부터 조상 대대로 태사였다는 사명감에 따라 천자의 성명과 성덕을 나타내는 천자의 봉선에 참여하고, 공자가 『춘추』를 저술했듯이 천하를 통일하고 통치를 이룬 천자의 성덕과 이를 이루기 위해 목숨을 바친 신하들의 충성을 기록하며, 이를 통하여 『역易』을 바로잡고 『춘추』의 정신을 계승하여 『시詩』, 『서書』와 예악禮樂의 정신을 찾는 사람이 되라는 위촉을 받았음을 밝히고 있다. 이어서 사마천은 이러한 사명이 주어지는 이유로 한 무제 시대의 역사적 의미를 길게 설명하고 있다.

한이 흥기한 이래 영명한 천자(무제)에 이르러 부서符瑞를 획득하여 봉선의 의식을 올리고 정삭正朔을 개정했으며, 의복의 색깔을 바꾸고 장엄하고도 청아한 속에서 천명을 받았으니, 그 은덕은 무한히 퍼져나갔다. 그리하여 해외의 풍속이 다른 여러 민족들이 여러 단계의 통역을 거치면서 변경으로 찾아와 진상품을 바치기를 원하는 일도 이루 헤아릴 수 없을 정도로 많아졌다. 모든 신하들이 그 성덕을 칭송하는 데 애쓰고 있으나 아직 그 뜻을 다하지 못하고 있는 실정이다. 현사賢士가 등용되지 못하는 것은 군주의 수치이나 군주가 영명하고 성스러운데도 그 덕이 널리 선전되지 않으면, 그것은 신하의 불찰이다(『사기』「태사공자서」).

　사마천은 이러한 무제의 시대가 500년 만에 한번 오는 전환기라고 설명하여 이를 기록해야 하는 당위성을 강조하고 있는데, 곳곳에서 그것이 자신의 사명이고 이를 위해 자신은 준비되어 있다는 것을 내비치고 있다. 그것은 어렸을 때 옛 문헌을 읽을 수 있도록 교육받았다는 것, 20세 때 제齊와 노魯에서 학문을 배우고, 공자의 유풍을 살피고, 향사鄕射의 의례에 참여했으며,『춘추』를 찬술한 공자孔子와 마찬가지로 설薛땅에서 곤경을 당하는 경험까지 마쳤다는 것, 그리고 이후 서남이 정벌에도 참여하여 전滇까지 간 적이 있고, 그리고 천자의 봉선과 순행을 수행했음을 강조하고 있다.

　결국 사마천이『사기』를 편찬한 것은 한 무제 시대의 시간적·공간적 정당성과 위대성을 증명하는 것으로, 자신의 일생은 이를 위한 과정으로 설명하고 있다. 이러한 사마천의 일생에서 주목되는 점은 원정 원년(기원전 116)쯤일 것으로 판단되는 20세에 시작하여 원봉 5(기원전 106)년까지 10여 년간 무려 7차에 걸친 원거리 여행을 경험했다는 점이다. 더욱이 당시로는 드물게 학습을 위한 여행, 이민족 정벌을 위한 원정, 천자의 봉선과 순행의 수행 등 다양한 형태로 진행됐으며, 그 범위는 서쪽의 공동산에서 옹雍, 감천, 화산華山, 함곡관, 제로 지방, 태산과 동쪽 바다에 이르는 중국의 정신적 문화의 중심지뿐만 아니라, 정양定襄에서 탁록·대代에 이르는 북변 지역과 파촉에서 전滇에 이르는 서남 지역, 그리고 남군南郡, 장사長沙에서 회계에 이르는 남쪽 변경을 포괄하고 있다. 이는 진 시황과 한 무제의 순행지와 상당 부분 겹치면서 그 범위를 훨씬 넘어서고 있다. 이는 당시 천자의 직접적인 지배의 범주를 포괄하는 범위로서, 5차에 걸친 무제 순행을 수행했기 때문에 가능한 일이었다.

　이러한 여행은 당시 어느 누구에게서도 확인되지 않는 특수한 경험으로서, 사마천의 사유세계는 물론 『사기』의 저술에 커다란 영향을 미쳤을 것임이 당연하다. 특히 여행에서 얻어진 방대한 정보와 지식이 『사기』 저술에 반영됐을 것이고, 그 이유 때문에 사마천은 여행을 기획하고 진행했을 것이다. 실제 『사기』의 기술과정에서 여행에서의 경험이 직접적으로 표현되기도 하고, 분명히 여행과정에서 획득됐을 것으로 볼 수 있는 내용들이 『사기』에서 확인되기도 한다.

　그러나 『사기』의 내용을 통해보면 여행 자체를 표현하고 있거나 그 과정에서 얻어지는 정보와 지식이라고 판단되는 내용들은 대체로 제로 지방과 회수 하류에 있는 한 고조의 근거지 지역으로 한정되어 있다. 이들은 학습을 목적으로 진행됐던 20세 전후의 1차 여행에 관련된 곳으로 국한되어 있는 것이 특징이다. 서남 지방 원정과 관련해서는 여행의 흔적을 확인하기가 매우 어렵고, 황제의 순행을 수행했던 것으로 판단되는 2차와 4~7차의 여행과정이 확인되거나 이 과정에서 획득된 정보나 지식이라고 판단되는 내용은 극히 드문 것이 확인된다. 따라서 『사기』 편찬을 위해 자료수집을 위해서 여행했을 것이라는 추정은 실제의 상황과는 맞지 않는 것이 분명하다. 또 의례의 습득이 목적이었다고 하는 주장은 1차 여행에 한정되어 타당성을 가질 뿐이다.

　그렇다면 1차 여행 이외에 2차 이후 7차까지의 여행은 어느 면에서 여행의 의미는 거의 없었다고 할 수 있는데, 사실 낭중이나 태사령으로서 황제의 순행을 수행하는 여행은 사마천 개인에게 무엇인가 새로운 공간을 경험한다는 본래적 의미의 여행으로 보기는 어려울 것이다. 특히 곳곳에서 진행되는 봉선이나 제례에서 태사령은 황제의 지근거리에서 의례를 집행해야 하는 직책이기 때문에, 의례 그 자체 이외에 지리적 위치는 별 의미가 없었을 것이다. 아울러 외지의 자연과 풍광, 혹은 현지 사람들과의 만남 등 여행의 기본적인 조건을 충족하기도 어려웠을 것이다. 더욱이 황제의 순행 자체가 극히 의례적·이념적 목적으로 진행되는 행사이기 때문에 여기서 얻어지는 감동에는 지역적 차이가 무의미했을 것임에 틀림없을 것이다.

이러한 전제에서 보면 사마천이 밝힌 20세의 1차 여행의 여정에 포함되어 있는 남군南郡에서 장사를 거쳐 양자강을 타고 내려가는 루트가 타당한 것인가 하는 문제가 제기될 수 있다. 1차 여행에 포함됐던 게 분명한 산동반도와 회수 하류 지역에 대한 기록들이 비교적 풍부한 데 비해서 양자강 유역에 대한 기록은 거의 없기 때문이다. 그렇다면 양자강 지역은 태사령으로서 무제의 순행을 수행했던 7차 여행의 대상 지역에 포함되어 있으므로, 사마천이 「자서」의 서술과정에서 이를 통합하여 1차의 여정으로 서술했을 것으로 보는 것이 타당할 것이다.

사마천에게 1차 여행은 2~7차의 여행에 비해 분명히 그 성격이 달랐다. 실제로 거의 유일하게 현지에서의 경험과 정보를 획득하는 여행이었지만, 『사기』의 집필과정에서는 다른 여행과 마찬가지로 천자의 성명聖明과 조정의 위대성을 확인할 수 있는 증거일 뿐이었다. 그때의 경험과 정보는 한 왕조 건국 공신들의 열전 '논찬'에 남아서 사마천의 현실적인 역사인식의 한 측면을 보여주고 있다. 그러나 남만 지역은 이곳으로의 여행 자체가 이미 태사령으로서 황제를 수행하는 방식으로 진행됐기 때문에, 현지에서 사마천 개인으로서의 경험과 정보도 없어서 천자 중심의 이념적인 인식의 범위를 벗어나지 못했다.

따라서 남방 민족에 대한 사마천의 여행은 결과적으로 변방 민족에 대한 타자인식을 위한 인식과정이었다. 성인 군주인 순舜의 묘가 소재한다는 구의산은 실제 거기에 도달할 수 없는 곳이라고 하더라도, 위대한 조정의 일원으로서 당연히 가야 하는 곳이기 때문에 그래서 당위적으로 갔다. 그곳 역시 천자가 통치하는 한민漢民이 거주하는 곳이라는 것도 당위인 것이다. 그래서 실상의 여부를 떠나서 남만南蠻은 존재하지 않았던 종족이었다. 그 종족은 주요한 정치군사적 과제였다고 하더라도 『한서』가 찬술된 후한까지에도 그 존재를 확인할 수 없었다. 그 종족이 다시 역사의 실체로 돌아오는 것은 통일제국이 무너져 역사가 인간들의 투쟁의 현장으로 파악되기 시작한 위·진·남북조 시대에 와서야 가능했다.

결국 사마천에게 변방여행은 지식과 정보의 확보와 축적보다는 이념적 인식에 대한 자기확신의 과정으로, '(변방을) 알기 위한 여행'이라기보다는 '(자기를) 확신하기 위한 여행'이었다. 여행이 갖는 자기세계의 확대라는 의미보다 기왕의 자기세계를 확인하기 위해 진행된 것이어서, 결과적으로 자기세계는 오히려 축소되어버린다. 그가 만년에 역사의 가치지향성에 대해 회의를 강하게 표현했던 것은 그의 강한 이념추향의 성향이 현실에 대한 인식을 통하여 괴멸해 버린 모습이었다. 즉 사마천은 전한의 시점에서 보면 고대지향적 가치관의 소유자이면서, 『사기』 찬술을 통해 당대의 이념을 체계화해 주는 역할을 했다는 의미를 가졌지만, 그의 개인적 심리 상황은 한 인간으로서의 한계와 역사현실 속에서 갈등하는 존재로 남았던 것이다. 7차에 걸친 여행 그 자체도 그렇지만 그 기록의 차이가 이를 설명하고 있다.

명조明朝에서 본 류큐왕국의 정체성

만력연간(1573~1620) 명조의 류큐정책을 중심으로

차혜원

류큐琉球왕조는 15세기에서 19세기 말에 이르기까지 중국 명청明淸왕조와 조공관계를 유지하고 있었다. 1609년 일본의 사쓰마번薩摩藩이 류큐왕국을 침공하여 도쿠가와德川 막부의 간섭을 받게 된 이후, 류큐는 주로 '일지양속一支兩屬'체제, 혹은 이를 더욱 구체화시킨 '이중지배구조' 아래에 있다고 규정되어왔다. 근세 류큐국은 일본 막부 치하에 종속됨과 동시에 중국의 조공국이라는 이중예속 상태에 있었다는 것이다.[1] 일본과 근세 류큐왕국과의 관계는 연구업적이 풍부하게 축적되어 있어서 막부 및 사쓰마번에 의한 '예속'의 성격과 정도가 다양한 각도에서 검토되어왔다. 초기에는 주로 류큐왕국을 막부의 괴뢰정권으로 간주하여 종속성을 강조했지만, 근래에는 자립성을 확보하려는 류큐 쪽의 노력을 중시하는 연구들이 속출했다.[2] 다만 자율성을 인정한다고 하더라도 '이중지배구조'가 류큐를 규정한다는 전제는 여전히 연구의 저변을 흐르고 있다.[3]

근세 류큐왕국의 성격을 밝히는 데 있어 무엇보다 중요한 요소는

류큐인들 스스로 자신의 국가를 어떻게 규정해왔는가 하는 자기인식이라고 본다. 그러나 남아 있는 자료의 한계로 인해 류큐인들이 중국, 일본과의 관계를 실제로 어떻게 인식, 수용했는지 공식적 외교 언사를 벗어난 목소리는 찾아보기 어렵다. 류큐왕국은 중국, 조선, 동남아시아 등과 왕래한 한문 공문서를 모은 『역대보안歷代寶案』이라는 방대한 기록을 남겼다. 이 글도 역시 류큐의 동향을 이해하기 위해 주로 이 기록을 이용했으나, 외교문서의 특성상 류큐 쪽의 진의를 파악하는 데에는 한계가 있었다. 근세 류큐왕국에 관한 많은 연구들이 류큐의 대외관계, 곧 '양속'의 정도와 특징을 구명하는 데 비중을 두었던 것은 이런 자료상의 한계와 무관하지 않을 것이다. 명조의 류큐정책을 통해 류큐의 정체성을 확인하는 작업 역시 외부자인 중국의 시선에서 역사를 구성한다는 제약을 안고 있다. 그러나 조공관계라는 틀이 아니라 구체적 사실을 통해 중국의 류큐정책과 지배의 성격을 재조명하는 작업은 류큐왕국의 정체성을 밝히는 데 있어 필수 불가결한 요소라고 본다.

특히 16세기 후반 이래 일본의 압박으로 류큐의 위기가 심화되는 시기에 명조가 택한 정책들은 조공책봉 관계, 나아가 '속국' 류큐에 대한 기존의 통념을 재검토할 단서를 제시해준다. 이 시기 명조에서는 류큐왕에 대한 책봉방식을 놓고 갈등이 빚어지고 있었다. 몇 번에 걸친 명조의 입장 번복과 관료들 사이의 논쟁과 공방과정은 연구자들의 주목을 끌어왔다. 기존 연구에서는 명조 내부의 갈등을 '반봉론頒封論'과 '영봉론領封論'이라는 책봉방식의 대립으로 규정했다. '반봉'은 회전會典에 규정된 대로 황제가 칙사를 파견하여 조공국의 왕을 책봉하는 방식이며, 이에 반해 '영봉'은 중국 영토 안에서 조공국 사자가 조칙과 사여품 등을 대리 수령하는 방식이다.[4] 두 방식은 각각 건국 이래 지켜왔던 성법을 지켜야 한다는 원칙론과 중국 책봉사의 '류큐행'이 해로의 위험과 막대한 비용 등으로 인해 개선되어야 마땅하다는 현실론 사이의 대립으로 이해됐다.

그러나 위와 같은 양분법으로는 류큐왕 책봉이 명조의 커다란 정치 현안으로 부상된 사실을 충분히 설명해주기 어려우며 오히려 '논리'의 이면에 움직이는 현실의 역관계를 배제할 우려가 있다. 당시 용례로 볼 때, 두 용어는 그 자체로서는 뚜렷이 대조되는 뜻을 갖지 않으며 때로는 완전히 반대 의미로 혼용되기도 했다. 더욱이 책봉 문제를 명조 내부의 안건으로 국한시킬 경우, 류큐 쪽의 입장과 움직임은 사상될 수 있다. 이 문제는 비단 명조 정부뿐 아니라 류큐와 직접 접촉하는 복건福建 지역, 일본 정부와 사쓰마번 등 여러 세력들의 이해관계가 얽힌 민감한 사안으로 원칙론 대 현실론만으로는 그 역동적인 움직임을 담아내기 어렵다. 뒤에 서술하는 바와 같이 명조 내부의 책봉방식 논의와는 별도로 류큐 역시 이와 관련해서 몇 차례의 태도 변화를 보였다. 이것은 조공책봉 관계의 내적 요인만으로는 이해되지 않는 현실의 갈등요소와 역관계를 반영하고 있다고 본다.

이 글에서는 이런 문제의식을 바탕으로 일본의 도발로 인해 동아시아 각국이 위기에 처했던 1590년대에서 1609년 사쓰마 침입 직전까지 명조와 류큐가 어떻게 상호관계를 유지, 변화시켜나갔는지 검토한다. 이 시기, 양국 간에는 정례의 사절단이 왕래했고 사쓰마 침입 직전인 1606년에도 책봉사가 류큐에 파견되는 등 일상적 관계를 유지하고 있었다. 그러나 이런 평온함의 이면에는 명조와 류큐 정부, 복건·절강 등 연해 지역의 방어 문제와 지역이해 관계, 명조 내부의 주전파와 화의파의 움직임 등이 복잡하게 얽혀 있었던 것으로 보인다. 이 과정을 검토함으로써 명조와 류큐 양국관계의 실체를 조명하고 나아가 양국의 조공책봉 관계가 현실적 갈등과 사회 변동기에 어느 정도의 내구성과 영향력을 지니고 있었는지를 보여줄 단서를 찾고자 한다.

1. 류큐의 '왜경倭警' 전달과 명조의 대응

14세기 후반 명조와의 조공무역으로 시작된 류큐왕국의 번영은 1570년대 명조의 해금海禁정책이 이완되면서 중계무역지로서의 독점적 위치를 잃고 빛을 바래갔다. 때를 같이하여 류큐열도 전역은 전국 시대를 통일한 일본의 압력과 인접한 규슈九州 사쓰마번의 노골적인 간섭으로 이중고에 시달리게 됐다.[5] 1588년 5월 일본의 요구에 응한 류큐 사절단의 파견은 복속으로 간주됐고 1591년 1월 류큐 왕부는 명조 침략을 위한 군역을 담당하라는 일본의 압박에 굴복하여 군대 7천 명 분의 병량미 10개월분을 부담하게 됐다.[6] 류큐왕부는 여러 차례 조공 루트인 복건성 복주福州를 통해, 명조에 자신들의 위기 사실과 '왜경倭警' 곧 일본의 중국침략 움직임과 관련된 경보를 전달했다.

현재 이와 관련하여 류큐가 명조에 전달한 가장 빠른 소식은 임진왜란 1년 전인 1591(만력萬曆 19)년 4월, 조공사절단 편에 복건순무巡撫에게 보낸 「국가 대란에 관한 보고爲報國家大難事」라는 서한으로 확인된다. 편지의 발신인은 당시 류큐의 장사長史직에 있던 중국계 고관 정동鄭迵으로 일본에 대한 강경론을 주장하던 친중국세력의 핵심 인물이었다.[7] 정동의 편지는 명말 당시에 편찬된 『전절병제고全浙兵制考』에 실려 있는데,[8] 함께 수록된 여타 자료에 비해 일차 정보로서의 가치는 그다지 인정받지 못했다.[9] 왜냐하면 편지에 기재된 만력 19년 4월이라는 날짜가 조공선이 이미 복건 지방에 도착한 이후인 까닭에 조공선에 동승한 복건성 동안현同安縣 출신의 중국 상인 진신陳申이 날조했을 가능성이 높은 것으로 간주됐다.[10] 또한 내용 면에서도 진신의 보고서 쪽이 한층 구체적으로 '왜경'의 내용을 제시하고 있어 활용도가 높다.

실제로 류큐 고위관료의 기명 서한임에도 불구하고 류큐 공문서에서는 편지 발신 여부를 확인할 수 없었다.[11] 그러나 편지 본문에서, "통사 정적鄭迪을 명에 보내서 이 건을 통보하니 왜인들을 소멸할 기회로 하시길 바랍니다"와 같이 사절단 중 통사를 지목하여 자문하라는 요청이 실려 있는 것으로 볼 때, 적어도 사절단 일부가 편지의 존재를 알고 있었음은 분명하다. 즉 중국 도착 이후에 날짜나 일부 내용이 개찬됐더라도 류큐 쪽이 합의한 범위였을 것으로 간주된다. 내용 면에서도 진신이 별도로 복건 당국에 올린 보고서에는 조선을 복속시킨 도요토미 히데요시豊臣秀吉가 조선 경유로 중국을 침략할 것이라는 정보 즉 왜경 전달에 치중한 반면, 정동의 편지는 이런 위기 상황에 대한 류큐의 입장을 전달하는 데 중점을 두었다.

편지는 크게 세 부분으로 구성됐다. 첫째는 류큐에 대한 일본의 계속되는 침략 위협에 대한 정보였다. 왜왕 관백關白(도요토미 히데요시)은 일본 66주를 겸병한 뒤, 류큐와 명조를 정복하려는 야심을 품고 1589년 3월에 사자를 보내 복속과 물자 제공, 토지 헌상 등을 요구했다. 또한 정동에게 금품을 보내 명과의 강화를 주선하도록 했다는 것이다. 정동은 당시 막 즉위한 세자 상녕尚寧과 논의한 끝에 굴복하지 않기로 결의했다고 밝혔다. 둘째는 1590년에 다시 사자가 와서 일본의 중국 침략기도를 전했는데 여기서, "관백은 이미 조선에 군대를 보내 승리했고, '만도萬島(사쓰마를 의미)'라는 대국도 굴복시켰다. 또 2만 척의 배와 2백만의 병력을 동원, 각 왕들을 인솔하여 3월에 명나라에 침범한다"고 했다는 것이다. 류큐는 명조 군대의 강력함을 알려서 이를 저지하려고 했으며 일본도 침략을 연기해 다시 올해 9월로 침략 날짜를 잡았다고 했다.

마지막 부분은 편지를 보낸 경위 및 류큐의 내부 사정을 알리는 것에 가장 역점을 두어 서술됐다. 이 편지는 당시 류큐에 체류중이었던 진신의 권고로 작성되어 역시 그에게 전달을 위탁했다. 진신은 1589(만력 17)년 12월 중국 쪽 보증서를 가지고 상업을 위해 류큐에 입국한 이래 선박 사고와 질환으로 계속 머물러 있던 중[12] 일본의 동향을 알게 되자 명조에 통보하기를 간청했다고 한다. 류큐세자와 정동은 왜인에게 발각되지 않기 위해 진신에게 편지를 위탁해 가장 안전한 수단인 조공선을 이용하기로 결정했다. 이 부분은 편지가 왜사신 형태를 띠고 있는지, 중국에 이르러 날짜가 첨기됐는지에 대한 설명으로 볼 수 있다. 만약의 경우 일본 쪽에 편지가 발각되더라도 공문서가 아니라 진신이 휴대한 쪽이 안전하다는 급박한 사정을 함께 전달한 것이다. 정동은 이런 식으로 편지를 보내는 것은, '왜인의 침입은 중대사이며 류큐와 중국은 실로 입술과 치아처럼 밀접한 관계에 있기 때문' 임을 강조했고, 편지 형식으로 보내게 됐지만 어디까지나 류큐세자 상녕의 책임 아래에 작성된 것임을 분명히 했다.

정동의 편지에서는 일본의 위협에 굴하지 않고 중국과의 우호관계를 최우선한다고 역설했으나 바로 이 때문에 자신들에게 불리한 부분은 의도적인 왜곡도 서슴지 않았다. 본문에서 류큐가 부득이 일본에 사자를 보낸 것은 복속하지 않겠다고 알리기 위해서였다는 설명, 그리고 류큐가 불교국임을 알고 관백이 출병을 지연시켰다는 기술은 사실과 부합되지 않는다. 더욱이 조선이 이미 항복했다는 풍문을 전하면서도 자신들의 굴복 사실을 숨겼다. 이런 점에서 편지는 이미 상당 부분이 일본에 굴복한 류큐의 입장을 변명하는 데 목적을 둔 정보 공작의 성격도 띤다. 무엇보다도 류큐는 일본의 노골적인 위협을 강조했지만 파병을 요청하거나 일본을 제재해주기를 청하지는 않았다. 이 점이 바로 류큐에게 종주국 명조는 위기를 덜어줄 후원자나 원조세력이 아니라 조심스럽게 균형을 취해야 할 존재였음을 시사해준다.

일본의 침략위협과 류큐의 위기에 대한 중국의 공식 반응은 약 두 달 뒤 동남 지방 방어책을 필두로 한 일련의 국방 경계태세를 통해 확인된다. 정동이 알린 내용 가운데 명조는 주로 왜경에 대해 심각하게 반응했다. 먼저 7월 20일, 대학사 허국許國은 당시 국제 정세의 위기를 열거해 조정에 경종을 울리고자 했다. 그가 입수한 정보에 의하면, 변경의 오랑캐들이 각각 불온한 움직임을 보이는 가운데 섬의 도적 즉 일본의 도발이 심각해지고 있었다. 내외 관료들 모두 책임감을 갖고 내정을 단속하여 위험에 대처해야 한다는 이 주장에 대해 황제 역시 적극적인 지지를 표명했다. 여기서 주목할 점은 류큐에 대해, "얼마 전 절강과 복건 순무들의 보고에 의하면 일본 왜노가 류큐를 회유하여 중국에 침범하려 한다"고 기술한 점이다.[13]

즉 명조는 류큐가 일본에 회유되어 중국 침략에 앞장선 것으로 간주하고 있는데 이것은 충성을 다짐한 류큐 쪽의 메시지가 효력이 없었음을 말해준다. 정동의 편지가 복건·절강 관료들을 거쳐 중앙에까지 정확히 전달됐음은 분명하다. 그 증거는 명조의 요동도사遼東都使가 조선에 보낸 만력 19년 8월 23일자의「왜의 정황을 탐문하는 안건爲哨探倭情事」이라는 공문서를 통해 확인된다.[14] 8월 8일, 병부의 지시로 작성·전달된 이 문서에는 복건순무 조참로趙參魯의 상주문을 인용하여, "류큐세자가 사신을 보내 조공했는데 그 나라 장리長吏 정주鄭週가 날인한 공문을 덧붙였다. 거기에는 왜왕 관백이 일본 66주를 겸병한 뒤 조선에 전승했고 사신을 보내 류큐를 위협했다"는 내용이 기재되어 있다.[15] 여기서 장리 정주는 장사長史 정동鄭迵의 오기이며, 함께 부친 공문은 전술한 정동의 편지로 간주된다. 명조는 정동과 진신 등의 보고를 접하자 조선 쪽에 이 사실을 전달하여 '조선이 이미 항복했다'는 정보에 대한 해명을 요구했던 것이다.[16] 곧 왜노가 류큐를 회유하여 침범하려 한다는 대학사 허국의 보고는 정동의 편지를 비롯한 정보들을 여러 루트를 통해 입수한 뒤에 내린 판단이었다.

　허국이 왜의 위험 상황을 전한 며칠 뒤, 명조에서는 본격적으로 대일본 방어책이 논의되기 시작했다. 먼저 복건순무 조참로가 절강·복건 지방에 대한 방비책을 건의했다. 그는 '류큐 사절이 왜경을 예보'한 데 대한 대비책으로 해상에서 방어하여 결코 상륙시키지 말 것, (중국 쪽) 간사한 무리들이 왜를 끌어들일 경우에 대비해, 내륙에서도 방어태세를 갖출 것 등의 대응태세를 밝혔다(『신종실록神宗實錄』 권 239, 만력 19년 8월 갑오甲午). 정부에서는 그가 요청한 무기와 군사 정비방안 및 여기 소요되는 군비의 증강을 모두 승인했다.[17] 이어서 9월에도 급사중 호여녕胡汝寧이 "왜적은 절강, 복건, 광동과 마주하여 바람을 타고 항해하면 며칠 만에 바로 도착한다. 마땅히 명장을 구하고 배를 늘이며 수병훈련 및 무기 정비에 힘써야 한다"고 건의해 역시 시행에 옮기도록 했다(『신종실록』 권 240, 만력 19년 9월 계해癸亥). 당시 명조에서는 왜경, 즉 일본의 침략 기도를 주로 일찍부터 왜구의 침입이 있었던 동남 연해의 위기로 간주했다. 특히 연해 지방 관료들은 이 정보를 심각하게 받아들여 주로 해안 방어태세를 정비·강화했던 것이다. 그러나 명 조정은 함께 전해진 조공국 류큐의 위기에 대해서는 어떤 반응도 보이지 않았다. 뿐만 아니라 류큐에 대해 일본과의 결탁에 대한 의구심을 간접적으로 전달해 오히려 압박을 가했던 것으로 드러난다.

진신을 대동하고 왔던 조공사절단이 같은 해(1591) 11월, 북경에 도착하자 일단 관례에 따라 사절단에게는 상이 내려졌고 예부상서 이장춘李長春이 이들을 접대했다. 그러나 동시에 이들에게 "류큐세자는 마땅히 책봉을 청하여 나라를 진압하도록 하며 결코 '지방다사 地方多事'를 핑계로 삼지 말라(『신종실록』 권 242, 만력 19년 11월 신묘辛卯)"는 명령을 내렸다. 여기서 '지방다사'는 류큐가 전달했던 일본의 위협과 압력으로 이해된다. 1589년에 선왕의 뒤를 이은 류큐세자 상녕은 당시 아직 명조에 책봉을 청하지 않은 상태였다. 류큐왕조는 전통적으로 책봉사신이 의례를 거행하기 전에는 계승자에게 여전히 세자라는 명칭을 사용했다. 명조가 류큐세자에게 책봉을 늦추거나 소홀히 해서는 안 된다는 명령을 내린 것은 단순히 전통적인 예제 수호라는 명분의 문제가 아니라 명백한 현실적 압박으로 볼 수 있다.[18] 명조는 정동 등이 전한 류큐의 위기 상황과 류큐 정부의 곤란한 입장을 고려해주지 않았던 것이다.

책봉 지연에 대한 명조의 힐책에 대해 류큐 쪽은 공식적으로 반응하지 않았다. 다만 일본의 동향을 정탐하라는 명조의 또 하나의 요구는 충실히 이행했다. 1592(만력 20)년 9월 23일 류큐세자는 복건 포정사布政司에 문서를 발송해 일본의 동정을 보고했다.[19] 이에 따르면 "6월 26일 명조에서 돌아온 조공사절로부터 9월까지 일본의 정세를 보고하라는 예부와 복건순무 아문의 요청을 받았다. 도착과 동시에 영외의 북산北山 지방에 가서 탐방한 결과, 관백은 스스로 왕이 되어 배 1만 척을 건조해, 왜국 66주에 배에 실을 식량을 준비시켰고 이해 초겨울을 기한으로 조선을 거쳐 대명에 침범한다"는 정보를 입수했다고 명조에 보고하며 충성심을 과시했다.

각종 허위정보와 소문이 난무했던 국제정세 속에서 위기상황을 전달한 류큐 정부의 노력이 어느 정도의 효력을 거두었는지는 단정하기 어렵다. 표면적인 우호관계 속에서도 명조는 위기를 알린 류큐를 결코 종순, 충실한 조공국으로 인식하지 않았다. 류큐는 일본의 회유에 의해 언제든 명조 침입의 앞잡이가 될 수 있는 잠재적 위협체였다. 이런 인식 아래에서 명조 역시 전통적인 조공책봉 관계를 외교적 명분이나 수사의 차원에서 그리고 때에 따라서는 압력의 수단으로 이용했다. 대국 명조는 당시 일본 침략에 대한 위기의식 속에서 자국의 안위를 보장하기 위한 실용적인 노선을 폈던 것이다. 이 사실은 조공체제의 내구성, 한계를 가늠할 수 있는 하나의 시금석이 될 것이다.

2. 책봉 논의의 전개와 그 성격

류큐가 명조의 명령을 받아들여 정식으로 책봉을 청한 것은 도요토미가 사망하고 일본군이 조선에서 완전히 철수한 1599(만력 27)년이었다. 명조의 청봉請封 독촉이 있은 지 8년 만의 일이었다. 그동안 명 조정에서는 1595(만력 23)년 류큐 책봉 문제가 공론화되면서 책봉방식을 간소화시키는 방안이 결의된 바 있다. 이것은 명조가 지금까지의 류큐정책과는 정반대 방향으로 선회한 것을 의미한다. 이런 변화를 주도한 것은 류큐세자를 대신해서 책봉을 요청한 복건순무 허부원許孚遠[20]이었다. 그는 류큐세자를 신속히 책봉해야 할 필요성을 제시하면서 종래 책봉방식의 불합리성을 지적해 조야의 공감을 얻었다.

무엇보다도 류큐에 대한 명조의 책봉사절 파견은 막대한 비용과 인력 소모라는 현실적인 어려움을 안고 있었다. 책봉사로 인선된 문인 관료들은 조난 위험이 상존하는 사행길을 꺼려 했고,[21] 류큐 쪽 역시 왜구의 출현과 독점무역권의 퇴조로 경제적 어려움을 겪던 16세기 후반부터는 책봉사절의 입국에 부담을 느끼고 있었다.[22] 특히 책봉사를 위한 배를 건조하고 항해 인력을 구해야 했던 복건 지방은 가장 직접적인 피해를 입고 있었다. 명조에서 이 논의가 구체화된 1595(만력 23)년 5월에는 새로운 책봉방식에 대한 체계적인 논의가 제기됐다. 실록 기사에 따르면 이 과정은 류큐 사절단을 대신해서 허부원이 올린 상주문에서부터 시작됐다.

류큐국 사자 우파于瀾 등이 세자 상녕을 위해 책봉을 요청했다. 류큐는 원래 역대 천자의 달력과 연호를 받들어왔다. 관백에게 피해를 입으며 신하로 복속하라는 요구를 받으면서도 세자는 굴하지 않았고 우파 등을 보내어 책봉을 청하기에 복건순무 허부원이 대신해서 요청을 올렸다. 예과禮科 설삼재薛三才는 여기에 대해, "고사에 류큐의 책봉은 반드시 세자의 표문表文으로 청해야 한다. 만약 사신을 믿고 급히 책봉하면 크게 체모를 손상할 수 있다"고 했다. 예신(범겸范謙)은 복건성에 관료를 파견해 우파에게 '반봉班封(의미로 볼 때 당연히 '영봉領封'일 터이지만, 서론에서 밝혔듯이 용어 자체는 이렇게 혼용되는 경우가 많았다)'하기를 제의했다. 다만 세자의 표문이 도착하기를 기다려서 사신이 대리로 책봉 조서를 수령하도록 했다. 조정에서는 이를 따르기로 했다(『신종실록』 285, 만력 23년 5월 병신丙申).

이 기사로 볼 때 허부원은 상녕세자의 표문 즉 류큐국의 공식 문서가 없는 상태에서 사절단을 대신해서 책봉을 청했다. 이것은 성례를 무시한 돌출행동이었고, 외교 관련 업무를 관장하는 예과급사중 설삼재가 이를 문제시 삼은 것은 당연한 일이었다. 그러나 이런 원칙상의 결함에도 불구하고 허부원의 제의 자체는 조건부로 수용되어 주목이 된다. 예부상서 범겸은 표문만 있으면 복건성 현지에서 대리책봉을 허락한다는 관대한 타협책을 제시하여 승인을 얻었다. 불과 4년 전, 명조에서 류큐세자의 책봉 요청이 지연된다고 질책하며 관행대로 책봉사절을 요청하라고 했던 것과는 태도가 돌변한 것이다. 복건순무가 왜 류큐를 대신해서 책봉을 청했으며, 왜 전에 없던 온정론이 조정에서 급격히 지지를 받게 된 것일까.

여기서 허부원의 책봉요청은 당시 국제관계의 구도 속에서 류큐의 위상에 주목한 정치적 판단으로 보아야 한다. 허부원은 1592(만력 20)년 복건 지방에 부임한 이래, 일본의 위협에 맞서기 위해 정보수집 및 대응방침 마련에 깊이 관여하고 있었다. 국제 정세에 민감한 복건 출신 지식인들은 허부원의 자문역으로 당시의 상황 타개를 위한 방안들을 제시해주고 있었다.[23] 임진왜란이 발발하자 허부원은 복건 지방과 명조를 수호하기 위한 행동에 나섰으며 책봉요청은 그 일환으로 제기됐다.[24] 1593(만력 21)년 7월 허부원은 병부상서 석성石星과의 협의 아래에 금의위지휘錦衣衛指揮 사세용史世用을 밀항선의 상인으로 변장시켜 사쓰마에 파견했다. 허부원이 사세용을 통해 사쓰마번과 복건 당국 간에 도요토미 히데요시의 전쟁에 반대하는

동맹을 맺어 일본 본토를 공략하려는 비밀교섭을 벌였던 것은 선행 연구들을 통해 알려진 바 있다.[25]

국경을 오고가는 국제 첩보원의 존재 자체도 흥미롭지만 여기서는 첩보원으로 파견된 사세용이 바로 우파가 이끄는 류큐의 조공선을 타고 귀국한 사실에 주목하고자 한다. 지금까지 이 시기의 책봉요청은 류큐 사절의 공식 요청에 의한 것으로 이해되어왔고[26] 허부원 역시 1594년 12월에 우파가 자신에게 문서를 제출해 책봉요청을 부탁했다고 기술했다. 그러나 류큐가 보낸 10월 11일자 자문咨文에 의하면 우파 일행은 중국 관원 곧 사세용을 귀국시키기 위한 임시 사절이었고 다음해의 정기 조공을 위해 약간의 물품을 함께 실은 데 불과했다.[27] 첩보원 사세용을 귀국시키기 위한 여정이었기 때문에 책봉을 청하는 세자의 표문을 갖추기에는 애초부터 불가능했다. 실제로 이 배는 복건성에 도착했을 때 해로에서 조난을 당해 적재된 조공품들이 거의 손상됐을 만큼 작은 규모였다. 우파가 허부원에게 책봉요청 문서를 제출했는지조차 의심스러운 상태였고 시종 책봉요청을 주도한 것은 허부원이었다.

여기서 복건에서 출항한 사세용 일행이 류큐 조공선을 타고 귀국한 사실 역시 의미심장하다. 류큐 쪽은 조공선을 보낸 데 대해, "조사결과 본 관원은 중국이 (일본에 보낸) 사신인데 조난으로 인해 여기에 도착했으니, 마땅히 예로서 전송해야 하기 때문"이라고 밝혔다.[28] 류큐와 중국 쪽 기록에서 사세용은 사쓰마에서 출항했지만 태풍을 만나 우연히 류큐 선박에 구조됐고 류큐를 경유해 귀국했다고 되어 있다. 그러나 사세용의 류큐행이 순전히 우연인 것으로 보기는 어렵다. 그의 주요 임무는 일본에서의 첩보활동 및 동조 세력과의 연대를 모색하는 데 있었지만, 류큐 문제에서도 상당한 역할을 했음에 분명하다.²⁹ 허부원은 류큐세자를 대신해 책봉을 요청하는 주요 근거로 바로 사세용의 류큐 정보를 예로 들었다.

허부원은 사세용의 말을 인용하여, "류큐는 충성스러운 조공국으로, 근래 관백의 간섭은 뱃길로 불과 사나흘 거리밖에 안 되는 지리적 근접성 때문"이라고 설명했다. 사세용은 이 때문에 왜가 류큐를 얕보고 북산에 군대 주둔을 요구했는데 만약 북산이 점거되면 류큐는 일본 영토가 되며 복건, 광동 역시 왜인이 출몰하는 지역이 될 것이라고 경고했다. 결국 류큐의 위기는 곧 중국의 위기로 이어진다는 것이다. 허부원은 사세용의 이러한 견문담을 근거로 류큐를 적극적으로 위무, 회유하기 위해 보다 관대한 조처를 베풀어야 한다고 다음과 같이 주장했다.

현재 중산왕中山王 세자 상녕은 삼십세, 용모가 빼어나며 상당한 역량이 있습니다. 관백에게 신하로 굴복하지 않고 오로지 천조의 덕화를 입고자 합니다. 나이 들어 세자로 있으면서도 책봉을 청하지 못한 것은 이전의 책봉에서 정·부사 두 사람과 수행인원 오백여 명이 류큐에 체제하기를 반년, 이들에 대한 식량과 공급물자가 막대했기 때문입니다. 더욱이 근자 관백에게 늘 괴롭힘을 당하여 나라도, 백성도 빈곤해진 까닭에 아무리 애써도 책봉을 청하기가 어려워졌습니다. 신이 헤아리건대 세자를 국왕으로 책봉하고 관복冠服을 사여한다면 그 충정심이 더욱 두터워질 것입니다(허부원, 「류큐에 책봉의 은혜를 베풀도록 청하는 글題爲琉球乞思冊封事」 『경화당집敬和堂集』 소권疏卷).

허부원의 책봉요청은 일단 류큐가 일본에게 회유됐다는 의심을 첩보원을 통해 불식할 수 있었고, 류큐의 위기가 곧 중국의 위기로 이어질 수 있다는 우려 때문이었다. 여기서 알 수 있듯이 책봉은 일본에 대한 견제책의 일환으로 구상됐고, 이 목적을 달성하기 위해 류큐의 부담을 대폭 줄인 책봉방식을 도입해야 한다고 주장한 것이었다. 허부원이 건의한 새로운 형태의 책봉은 첫째, 황제가 조서를 발포한 뒤 류큐 사자가 직접 이를 수령하는 것, 조정에서 복건성에 사자를 파견하여 류큐 사자에게 전달하는 것, 끝으로 항해에 익숙한 무신을 (류큐 배로) 류큐 사신과 함께 류큐로 가게 하는 방법 등으로 류큐와 명조의 현실적 부담을 획기적으로 줄이는 방향의 개선안이었다.30

당시 허부원은 일본에게 조공을 허락하여 전쟁을 종식시키려고 하는 조정 안의 이른바 화의론에 맞서서 일본 안의 도요토미 반대세력과 연대하여 전쟁을 감행해야 한다는 적극적인 주전론을 펴고 있었다.31 그는 일찍이 첩보원 사세용을 파견한 데 대해, "살피건대 현재 취해야 할 계략으로 용간用間 즉 간첩을 써서 공작하는 것보다 뛰어난 것이 없고, 방어태세를 갖추는 것보다 시급한 일이 없으며 일본 정벌만큼 중요한 일은 없습니다"라고 설명했다. 곧 사세용을 시켜 반反도요토미 세력과 연계하고 나아가 류큐의 입장을 살펴 포섭하려고 한 것은 일본과의 전쟁을 위한 주요한 포석이었다. 앞에서 살펴보았듯이 이런 주장은 조정에서 상당한 호응을 불러일으켰다. 당시 예부에서 류큐에 보낸 문서에는 "중산中山 왕세자 상녕, 굳게 신하의 절개를 지켜 감히 왕을 칭하지 않으니 그 귀순함은 크게 칭찬할 만하며 왕호를 내림에 전혀 손색이 없다. 다만 중산왕의 책봉은 이전부터 세자가 표문을 올려 청하도록 되어 있다. 지금 우파는 편지를 지참하지 않았고 더욱이 중산의 국군國君은 아직 그 존망이 분명하지 않다. 또한 류큐의 조정에서도 역시 논의가 이루어졌을

터, 사신 우파의 말로서만 제청하기는 어렵다"³²와 같이 종래에 비해 류큐의 입장을 배려하는 언사가 실려 있다.

사실 명 조정 일각에서는 류큐에 과연 책봉을 받을 정통적인 군주가 있는지조차 의심할 만큼 류큐의 자립성 여부에 회의적인 시각을 갖고 있었다(만력 29년 11월 22일 자문). 류큐세자를 대신한 허부원의 책봉요청은 류큐의 건재를 알리는 희소식이었지만 최소한 세자의 표문 정도는 받아야 한다는 것이 명조가 내놓은 최종 타결안이었다.³³ 명조는 일본 침입에 당면해 조선과 류큐에 군사협력을 요청할 만큼 주변 세계의 동향에 전례 없이 주의를 기울여야 하는 형편이었다.³⁴ 더욱이 전쟁 부담이 가중되면서 류큐에 대해 한층 광범위한 협조나 우호관계를 원했던 것으로 보인다.

그러나 류큐에서는 그 뒤 4년간 책봉을 청하지 않았다. 그 사이 1597(만력 25)년 10월 김사력金仕歷 등이 조공사절로 도착해 일본의 동향을 전하고 명조에 대한 변함없는 충성을 표명했지만 책봉요청에 대한 언급은 없었다. 1598년 4월 류큐는 또 한 차례 사절을 보내 관백이 하카다博多 지방에서 군대를 소집하고 전국의 선박을 동원하고 양식을 운반하는 등 중국에 재침입하려고 한다는 소식을 전했다.³⁵ 도요토미의 사망 소식 역시 류큐를 통해 전달됐는데 류큐는 특히 이 소식을 비밀 첩보활동으로 얻었다고 강조했다.³⁶ 허부원의 책봉요청이 결국 무위로 끝난 것은 류큐 쪽의 국내 사정일 뿐 책봉의례의 준수를 둘러싼 명조 내부의 갈등 때문은 아니었다. 책봉의례 자체가 갖는 이념적 가치에 대해서는 어느 쪽도 집착을 보이지 않았다.

3. 책봉사 하자양夏子陽이 본 류큐

사절단 파견과정의 갈등

1599(만력 27)년 12월 마침내 류큐의 책봉요청 사절단이 도착했다.37 앞에서 문제시됐던 세자의 표문을 갖춘 정식 사절단이었다. 류큐 쪽은 지금까지 책봉요청이 지연된 것은 관백의 압박으로 인한 피해 때문이었는데 이제 그 위험이 사라졌으므로 곧바로 사절을 파견한다고 설명했다. 예부에서는 환영의 뜻을 밝히고 책봉을 허락하면서, 예전에 허부원이 제기한 대로 간소한 책봉방식을 채택하자고 제의했다.38 황제 역시 문신 대신에 무신을 사절로 파견하면 선박 제조에 소요되는 막대한 비용을 줄일 수 있다고 여기에 동의했다. 또한 이 방법은 많은 인원이 류큐땅에 체재하면서 부담을 주던 관행을 막고 조공국을 후대하는 곡진한 뜻을 보전할 수 있다는 명분론도 함께 공표됐다. 한편 명조에서는 류큐 쪽이 책봉요청에 필요한 문서 즉 왕구王舅·법사法司 등 류큐 관료 쪽의 날인 보증서가 미비됐다고 지적하면서 이 사절단을 돌려보냈다.39 이때 명조는 임진왜란이 진행 중이었던 1595(만력 23)년과는 달리 류큐 국내 사정을 숙지한 뒤에 책봉을 진행하겠다는 신중한 입장을 보였다.

류큐 쪽은 명조가 요구한 문서를 준비한 뒤 다시 정사 채규蔡奎를 필두로 한 사절단을 파견했는데 뜻밖에도 무신 파견에 강하게 반대하면서 회전會典에 규정된 대로 문신을 파견하여 책봉해달라고 요구했다. 세자는 서한에서, "신이 듣기로는 길사에는 문을 받들며 흉사에는 무를 택한다고 합니다. 신의 집단에서는 이를 곧 신에게 죄가 있어 (명조의) 토벌을 받았다고 볼 것입니다. 이로 인해 무리들이 제

말을 거스르고 복종하지 않으면 위로는 조상 전래의 법도를 퇴락시키고 아래로는 자손을 위한 규범을 파괴하여 중산은 이제 더이상 평화를 유지할 수 없습니다"라고 문신을 보내줄 것을 강력하게 요청했다. 채규 역시 세자가 무신파견 소식에 놀라움과 비통을 이길 수 없어 빈손으로 돌아온 사신 정도鄭道 등을 모두 중죄에 처했다면서 명조의 선처를 호소했다.

종래 책봉사 파견에 유보적이었던 류큐가 강하게 정식 파견을 요청한 것은 류큐를 둘러싼 환경이 한층 급박해진 데 대한 자구책으로 해석된다. 임진왜란이 끝난 뒤에도 류큐에 대한 사쓰마번과 도쿠가와 막부의 압박은 더 강화되고 있었다.[40] 명조에서 정식 사절을 파견하여 성대한 책봉의례를 치르는 것은 중국과의 무역재개를 희망했던 일본 쪽에 대해 충분한 시위 효과가 있었을 것으로 보인다. 실제로 1609년 사쓰마 침공으로 일본에 끌려간 상녕왕은 명조에 조공사절을 보내야 한다는 명분으로 귀국을 호소했고 일본 역시 이 요청을 받아들이지 않을 수 없었다. 또한 위의 서한으로 볼 때 명조사절의 책봉이 류큐 국내 사정의 불안정을 막는 데에도 효과를 발휘했을 것으로 추정된다. 류큐가 엄청난 비용과 희생을 무릅쓰고 중국 책봉사를 '정례대로' 요청했던 사실은 이들의 고심과 자구 노력을 보여주는 증거로 보아야 할 것이다.

1601(만력 29)년 7월 21일 명조는 류큐의 호소를 받아들여 무신파견 결정을 번복하고 병과급사중 홍첨조洪瞻祖, 행인行人 왕사정王士禎 등으로 사절단을 구성했다.[41] 그러나 이때를 전후하여 절강 지방에서 뜻밖의 사실이 전해지며 다시 사태는 급변했다. 절강순무 류원림劉元霖이 수상한 오랑캐 선박을 포획했는데 일행 중에는 일본인 즉 '진왜眞倭'와 중국인들이 끼어 있었고 의관, 무기 등이 모두 일본

물건이었다는 것이다. 특기할 사실은 이들이 순무의 취조를 받으면서, "앞에서 류큐에서 책봉요청을 위해 파견한 사절의 소식을 탐문하기 위해 파견한 배"라고 주장한 점이다. 명조는 회동관會同館에 머물던 채규에게 이 사실을 확인시킨 결과, 일행중 웅보달熊普達이 이전에도 사절단 일원으로 명조에 온 일이 있으며 이 배 역시 류큐에서 파견한 것이 틀림없다고 증언했다.[42]

이 사건은 명조의 공문서에 취조 경위가 남아 있고 근자의 연구에서는 절강순무 류원림의 『무절주의撫浙奏疏』를 통해 보다 구체적인 심문과정이 밝혀졌지만[43] 여전히 많은 의문들이 남아 있다. 곧 국적 불명의 선박에서 류큐 책봉요청 사절단의 향방을 자세히 알고 있었음은 분명하나 탑승자 중 다수는 일본인과 중국인이었다. 또한 류큐 쪽은 전례가 있다고 주장했지만 사절단의 행방을 탐문하기 위해 따로 배를 보냈다는 진술도 의심스러웠던 것이다. 다만 정황으로 볼 때, 특별히 일본 쪽이 정탐 목적을 위해 이들을 보냈다고 단정하기는 어렵다. 당시 류큐에는 다수의 중국인과 일본인들이 혼거하면서 밀무역을 포함한 해상교역에 종사했고 앞서 명조에 첩보를 전했던 중국 상인 진신과 마찬가지로 이들 역시 류큐왕 책봉 관련 정보를 알고 있었을 가능성은 충분하다.[44] 당시 중국 동남 해안을 비롯해서 인도양을 왕래하던 많은 선박들은 거의 다국적 집단으로 구성됐고 특히 류큐의 교역선에는 중국인, 일본인들이 함께 탑승하는 일이 많았던 것이다.

명조에서는 해상 정보는 진위를 판별하기 어려우므로 류큐 쪽의 해명을 기다린 연후에 책봉사를 원래대로 파견하기로 결정했다.[45] 책봉사절은 국체와 관련된 지극히 중요한 사안인데 이 상태에서는 사절단의 안전이 보장되지 않는다는 것이었다. 이 사건 이후, 류큐에 대한 중국 쪽의 의구심은 한층 강해졌다. 특히 류큐와 접촉이 잦은 복건 지방의 관료와 지식인들 사이에서 책봉사 파견에 반대하고 책봉절차를 간소화해야 한다는 움직임, 곧 영봉론領封論이 두드러졌다. 그러나 이때의 개선방안은 이전 허부원의 제안과 방법 면에서는 동일하지만 목적은 완전히 상반된다. 이 시기 '영봉론'의 주요 내용은 조공국으로서의 류큐의 위치를 격하시키고 중국과 거리를 유지해야 한다는 것이었다. 책봉사절이 아직 복건에 체류중이었던 1605(만력 33)년 3월, 복건순안어사 원언회元彦會와 순무 서학취徐學聚가 해상의 조짐이 불안하므로 안전을 위해 무신을 파견해야 한다고 보고했다.[46] 전쟁은 끝났으나 여전히 왜노들이 바다를 장악하여 수시로 출몰하는 상태였고 류큐는 일본의 영향권 안에 있으므로 사절단 파견을 신중히 해야 한다는 것이었다.[47] 복건 지역에서는 이미 여러 차례의 사절단 파견을 통해 류큐 선단에 일본인들이 섞여 있을 뿐 아니라 류큐땅에도 일본인들이 빈번히 왕래하면서 세력을 떨치고 있음을 숙지하고 있었다.[48]

당시 예부시랑으로 있던 복건 출신인 이정기李廷機는 역시 다음 이유를 들어 책봉사절 파견에 반대했다.[49] 첫째, 류큐가 일본과의 실제 거리가 가까운 것은 물론 류큐 왕성에서 중국사절이 묵는 천사관天使館이 왜사관倭使館과 불과 2리 거리밖에 되지 않기 때문에 물리적 마찰이 우려된다는 것이었다. 둘째, 당시 동남해양 정세에 따른 위험성을 제시했다. 즉 "근래 국적을 알 수 없는 해외 오랑캐들이 해양에서 출몰, 약탈과 살육을 일삼고 있어" 사절단의 안전도 보장할 수 없다고 강조했는데 이것은 1601년 7월에 포획된 수상한 선박의 예를 지목하고 있음에 분명하다. 셋째, 문신 파견과 책봉이 결코 정례가 아니라는 점이다. 여기서 일찍이 가정연간嘉靖年間, 정효鄭曉가

『오학편吾學編』에서 "책봉사가 주변의 오랑캐들四夷에게 가서 직접 책봉하는 것은 전통적인 예법이 아니다"라고 주장한 것을 근거로 삼았는데, 이 예는 이전에 허부원 역시 인용한 바 있다.

원래 인선된 정사 홍첨조가 병과우급사중 하자양夏子陽으로 교체되는 등 책봉사 파견은 원래 일정보다 지연되고 있었다.[50] 그러나 중앙의 언관들 사이에서 이미 책봉사가 복건으로 파견된 시점에서 번복하는 것은 국체를 해친다는 반대가 일어났고[51] 이미 1603(만력 31)년 10월부터 복건에 체류중이었던 정사 하자양이 출발을 결정한 데 힘입어 결국 1606년 5월 4일 복주를 출발했다. 하자양은 조정의 결정 번복이야말로 국체를 손상시킨다며 스스로 위험한 사행길을 자처하는 결단을 보였지만 그 역시 "중국 내지에서 몰래 오랑캐와 내통하여 병사를 일으킬 것에 대비해 사신의 왕래에 우환이 없도록 하라"는 대비책을 요구했다.[52] 책봉사 파견을 지지하는 쪽도 반대하는 쪽도 모두 류큐와 왜, 중국인이 결합된 연해세력이 존재하고 이들이 실질적으로 우해를 끼칠 가능성을 우려하고 있었다.[53]

류큐의 정체성

하자양이 책봉의례를 마치고 돌아온 뒤 그의 행보를 볼 때, 위험과 무리를 무릅쓴 1606년의 류큐 책봉사행은 '국체'의 손상을 막기 위한 명분론의 차원은 아니었던 것으로 보인다. 하자양은 책봉사 임무를 무사히 마치고 돌아온 뒤 류큐에서 본 왜의 정체를 다음과 같이 서술했다.

신이 류큐에 있을 무렵, 왜의 망령된 모략으로 인해 분위기가 흉흉

했지만 다행히도 이들이 (우리를) 두려워하고 삼가는 바가 있어 잠잠해졌습니다. 9월에 이르러 수 척의 선박이 이르러 무역을 청했는데, 저는 류큐 쪽에 명령하여 미리 군사를 배치하여 방어하게 했고 또 이들과 우리 일행들이 교류하지 못하게 했습니다. 왜는 우리가 대비함을 알고 잠잠해졌고 감히 방자한 행위를 하지 못했습니다. 류큐사람들에게 들으니 그들의 우두머리는 이전과 달리 조용히 저자세로 행동하고 있습니다(하자양, 「바다 건너 책봉의 사명을 마친 것을 보고하는 글爲渡海冊封竣役復命事」, 『사유구록使琉球錄』, 권상지일卷上之一, 제주題奏).

여기서 하자양은 이미 출발 이전부터 괘념하여 마지않던 '왜'의 실태를 재확인하여 이를 알렸다. 천자의 덕을 찬양하는 상투적인 어투 가운데서도 왜인들이 (수백 명) 류큐에 상주해 무역선이 왕래하고 있다는 사실과 이들의 존재가 위협적이었다는 점을 분명히 전달했다. 한편 하자양은 위의 절제된 언사보다도 왜와 류큐의 유착관계에 대해 훨씬 더 강한 의심과 분노를 표명했다는 사실이 연구를 통해 밝혀진 바 있다.[54] 하자양은 사행이 굴욕적이었을 뿐 아니라 천조의 권위만으로는 류큐를 지킬 수 없고 앞으로 류큐는 결국 일본의 지배를 받을 것이라고 토로했다. 그러나 여기서 하자양이 직접 견문한 바 류큐에 대한 의구심이 단순히 사적인 비분강개의 차원에 머물지 않고 보다 깊숙이 향후 류큐의 운명에 영향을 미쳤음에 주목해야 한다.

1606(만력 35)년 류큐는 어려운 사정을 호소하며 자국에 오는 상인들에게 증명서를 발급해 매년 한두 척의 배가 왕래하며 자유로이 무역을 하도록 청했다. 여기에 대해 이례적으로 하자양이 직접 자신

의 견문을 바탕으로 류큐의 요구를 거절하는 공문서를 보냈다. 귀국 후 정사 하자양은 태상시소경大常寺少卿, 부사 왕사정王士禎은 광록시시승光祿寺寺丞으로 승진했는데,[55] 이들이 중산왕 상녕의 통상 요청에 대해 곧바로 공문서로 응답한 것은 대단히 이례적인 일이었다.

귀국은 사실 비밀리에 왜의 오랑캐와 무역을 하고 있으니 이는 비단 금령을 어기고 간교함을 조장할 뿐 아니라 장래 중국에 우환을 끼치는 일이다. 다투어 이익을 쟁탈하고 분쟁의 단서를 열면 결국 살육과 약탈이 뒤따르게 되니 이것은 진실로 우려해야 마땅하다. 도적을 집안으로 들여오는 일은 귀국에서 보장 가능한 사안이 아닐 터, 이익을 잃을 뿐 아니라 이보다 더 큰 폐해가 없다.……본 관이 이전 귀국에 있을 때 마침 왜의 선박이 와서 무역했다. 본관이 엄하게 금지하여 한 사람도 왜인과 교역을 허락하지 않았던 것은 바로 이런 연유에서였다. 귀국은 어찌 이익만 알고 해가 있음을 모르며 눈앞의 일에 급급할 뿐 후환을 염려하지 않는가. 통상의 논의는 결코 허용되어서는 안 된다. 곧 귀국은 이전부터 진공선의 사절단 편에 왕왕 간사한 무리를 데리고 왔고 몰래 일본과 무역하면서도 태풍 때문에 표류한 것이라고 핑계를 대곤 했다. 이것 역시 조사해서 엄격하게 대처하지 않을 수 없다(『역대보안』 1집, 권4, 자문咨文 265~266쪽, 만력 35년 12월 19일).

이 자문에서는 하자양이 사적으로 밝혔던, "류큐가 천조를 섬기는 모습도 지극히 형식적일 뿐이다. 류큐국 신하와 중국 쪽 통사들이 표리일체가 되어 교활한 짓을 일삼으며 이리저리 조종하면서 임시로 변통시킬 따름이다(『만력萬曆복주부지福州府志』, 일본내각문고日本內

閣文庫 소장본, 권25 병오丙午)"라는 의견이 밑바탕에 깔려 있음을 분명히 알 수 있다. 한편 도쿠가와 막부 쪽에서는 1606년 하자양 일행이 류큐에 도착하자 이를 기회로 사쓰마를 통해 명과의 관계 회복을 위해 교섭할 용의가 있음을 책봉사에 전달했다고 한다.[56] 이후 중국의 류큐정책은 류큐가 이미 오랜 기간 일본의 간섭 아래에 놓여 있다는 사실 인식을 바탕으로 진행됐다. 이런 점에서 사쓰마 침공 3년 전 책봉사 하자양의 류큐체험은 향후의 류큐정책에서 중요한 위치를 차지한다고 본다.[57]

1609년 사쓰마의 류큐침입은 명조의 책봉조공 관계를 뿌리부터 흔들 수 있는 대사건이었지만 가시적인 반응은 찾기 어렵다. 이와 관련된 명조의 구체적인 대응은 선행 연구들을 통해 밝혀졌다. 당시 명조 쪽은 류큐를 군사적으로 지원하려는 노력도 하지 않았음은 물론, 류큐 쪽에 대해 사쓰마의 침략건에 대한 직접 언급은 일절 하지 않았다. 명 조정은 기실 복건 지방에서 전한 정보를 통해 침략사태를 거의 동시에 파악하고 있었지만 류큐에 대해서 조공 기한 연장이라는 일종의 제재조처를 내리는 데 그쳤다.[58] 명조는 침략 사실을 기정사실로 받아들일 경우, 이를 정면 대처해야 하는 부담을 피해 류큐의 조공국으로서의 위치를 격하시키고 중국무역을 제한하는 우회조치를 폈던 것이다. 조공무역을 국가경제의 커다란 축으로 삼았던 류큐에게 종래 2년 1회에서 10년 1회로 조공기한을 연장한 것은 심각한 타격을 주었고 이후 류큐는 이를 되돌리기 위해 부단한 노력을 기울여야 했다. 임진왜란 이후, 도쿠가와 막부 역시 명조와의 직접 통교가 아니더라도 감합勘合무역을 유지할 정도의 최소한의 관계 수복을 희망하고 있었다. 결과적으로 명조의 조처는 중국과의 교역을 간절히 원하고 있던 류큐와 일본, 양쪽에 대한 견제책이기도 했다.

사쓰마 침공 이후, 중국에 대한 류큐의 조공관계는 사쓰마번과 도쿠가와 막부의 허락과 지원에 의해 가능했다는 사실은 이미 밝혀진 바와 같다. 그러나 일본 쪽의 승인을 받는 이런 제한된 범위에서라도 관계를 유지하는 쪽이 류큐왕국이 최소한의 독립성과 정체성을 유지하는 데 필수불가결한 요소였던 것으로 보인다.[59] 류큐는 여전히 명조의 충실한 조공국임을 자처하며, 이전 임진왜란에 앞서 도요토미 히데요시의 동향을 전했던 것처럼 간교한 왜의 동향을 끊임없이 명조에 보고했다. 즉 도쿠가와 막부에서 소류큐小琉球, 즉 대만에 배를 보내 정복하려 한다는 정보, 향후 다시 명조를 침략하려 엿본다는 소식들이 계속 류큐를 통해 명조에 전달됐다.[60] 복건 지방의 담당 관료들은 이런 정보전달이 교활한 이중 첩보행위, 혹은 일본의 사주를 받은 교란작전이라고 의심하면서도 조정에 이를 신속히 전달하여 대응하도록 했다. 명조의 조야에서는 일본의 류큐침입과 중국 연안에 대한 끊임없는 도발이 결국 중국의 물자와 교역에 대한 갈망에서 비롯된 것으로 파악했다. 사쓰마 침공 이후, 복건순무로 부임한 황승현黃承玄은 류큐와 일본, 명조의 관계에 대해 다음과 같이 말했다.

왜적 우두머리의 교활한 계략은 비단 하루이틀에 걸친 것이 아닙니다. 중산(류큐)을 복역시키고, 중국의 백성을 이익으로 꾀어 부리며, 중국 배를 교역 수단으로 이용하여 화를 일으킬 마음을 품어왔습니다.……류큐의 정보전달은 우리를 협박하기 위한 행위라고 보는 사람도 있고 혹은 이를 빌려 조공관계를 확보하려는 의도라고 보기도 합니다. 또는 류큐가 스스로 전달한 것이 아니라 교활한 왜가 일부러 류큐를 통해서 우리의 허실을 엿보려고 한다고도 주장합니다. 신 역시 이를 분별할 수는 없지만 또한 억지로 캐내어 밝힐 필요도 없다고 봅니다. 왜냐하면 왜가 하루도 우리를 잊은 적이 없음은 속이 屬夷(류큐)가 알리건 알리지 않건 물을 필요도 없는 일입니다. 우리가 단 하루도 대비를 잊어서는 안 된다는 사실은 왜적이 침입 여부와는 상관없이 자명한 일이기 때문입니다(황승현, 「류큐가 왜의 정황을 보고한 글題琉球咨報倭情疏」(『명경세문편明經世文編』 권 479, 『황중승주소黃中丞奏疏』)).

중국 특히 복건 지방에서 볼 때 류큐를 복속시키고 연해의 중국인들과 제휴하여 그 야욕을 대만에까지 뻗치는 등 왜경은 계속되고 있었다. 류큐정책의 방향은 이에 대비하는 대책의 일환으로 결정하여 진행되어갔다. 명조에서는 류큐 사절의 충성심을 칭찬하며 왜의 '관백에 대한 정보를 알린 사례'에 준해서 상을 내리는 등 표면적인 외교적 수사를 동원해 우호적인 태도를 보였다. 이후 명조 멸망까지 이어진 책봉조공 관계는 조공국 류큐를 실질적으로 지배하고 있다는 관념 때문이 아니라 동남연해의 방어차원의 필요성이 더 크게 작용했던 것으로 보인다. 이미 류큐의 일본 예속화는 공공연하게 알려진 사실이었지만 명조는 자국의 피해가 없는 한 조공국의 지위를 그대로 인정했던 것이다.

책봉조공 관계는 원래 양자 간의 문화적 소통과 합의를 전제로 한 것으로, 일방적인 상명하달이나 힘의 우위로만 영위되는 관계는 아니었다. 이 관계는 흔히 '번문욕례繁文縟禮'로 표현되는 복잡한 의례, 난해한 한문 공문서 등을 매개로 유지됐다. 이것은 문화와 언어가 다른 피조공국의 주체적인 노력 없이는 획득될 수 없는 성질의 것이었다. 특히 초기부터 류큐 쪽의 노력으로 시작해 유지된 명조와의 조공관계에 있어 지배와 예속의 성격은 더욱 애매해진다. 굳이 '예속'관계로 표현해야 한다면 류큐의 경우 적극적·자발적 예속이라고밖에 할 수 없을 터이다.

명조와 류큐는 관념적인 '예'의 언사로 미화된 책봉조공 관계를 270여 년간 유지했다. 경제적 이해관계, 방어전략상의 연대, 정치적·문화적 후광 등이 관계를 유지시킨 주요 동력이 되어왔음은 분명하다. 그러나 시대와 국면에 따라 각 요소의 영향력과 비중은 가변적일 수밖에 없었다. 책봉조공 관계 위에 형성된 '중화세계질서'는 고정값을 지닌 지배논리가 아니라 때로는 교역 네트워크의 바탕그림으로, 때로는 생생한 현실적 갈등과 역관계들을 완충시키는 상징적 질서로, 때로는 최소한도의 현상 유지의 장으로 모습을 바꾸고 있었다.

메이지 관료의 '문명'인식

이와쿠라사절단의 재조명

방광석

1854년의 개국 이후 격렬한 정치적 변동과정을 거쳐 수립된 메이지明治 신정권은 서구 열강과 대등한 부국강병 국가를 건설하기 위해 체제변혁을 추진했다. 왕정복고王政復古를 통해 막번체제幕藩體制를 붕괴시키고 천황을 중심으로 한 고대의 정치제도를 부활시키는 한편, 서양의 정치·경제제도와 문화의 수용을 탐색하기 시작했다. 그러나 메이지 정부 지도자 가운데 직접 서양체험을 한 사람은 드물었고, 막말幕末의 해외사절단 참가자나 유학경험자 등을 통해 제한적이고 간접적으로 서양에 대한 정보를 얻는 상태에 머물러 있었다.

따라서 새로운 국가체제의 수립이라는 현실적인 요청 속에서, 불평등조약 개정의 예비교섭을 일차적인 목표로 한 이와쿠라사절단岩倉使節團(1871~73)에 참가하는 것은 그들에게 있어 직접적으로 서양을 체험할 수 있는 절호의 기회였다. 서양체험이 새로운 정보의 획득과 함께 관료로서의 입지를 넓혀줄 것이라는 기대 속에, 정부의 유력자들이 속속 참가를 희망하면서 대규모 사절단이 구성되기에 이르렀다. 이와쿠라사절단은 태평양을 건너 첫 방문지인 미국에서 조약개정 교섭을 추진하다 포기한 뒤, 서양문명에 대한 시찰을 주목적으로 삼아 영국과 프랑스 등 유럽의 11개국을 순방하고 수에즈운하와 동남아시아를 거쳐 약 1년 10개월 만에 귀국한다. 결과적으로 이와쿠라사절단의 경험은 메이지 정부 주요 관료의 상당수가 미국을 시작으로 지구일주여행을 하면서 각국을 견문하고 그를 통해 자신들의 문명인식과 세계관을 확립해간 일대 사건이었다.

이러한 이와쿠라사절단에 대해서는 지금까지 방대한 연구축적이 있으나[1], 사절단에 참가한 정부지도자의 서양문명 인식에 대해서는 충분히 연구가 이루어지지 않았다.

이와쿠라사절단의 서양문명 인식에 대한 선행 연구로서 대표적인 것은 다나카 아키라田中彰의 일련의 연구이다.[2] 다나카는 이와쿠라사절단에 참여한 정부지도자는 구미의 12개국을 순방하면서 구미의 정치제도에서 풍속에 이르기까지 서양문명이 아시아에 비해 대단히 우수하므로 기본적으로 받아들여야 할 것으로 보았다고 전제한 뒤, 나카에 조민中江兆民 등 자유민권파가 벨기에, 네덜란드, 덴마크, 스웨덴, 스위스 등 소국을 모델로 한 '소국주의'를 주장한 데 반해, 메이지 정부지도자들은 프러시아 등을 모델로 한 '대국주의'를 취하여 대외팽창적인 근대 국가를 건설했다고 주장한다. 한편 모리 도시히코毛利敏彦는 이와쿠라사절단이 소국을 문명도가 더 뛰어난 우등국優等國이라고 긍정적으로 평가하고 프러시아, 프랑스, 영국 등 대국은 문명의 중등국中等國으로 평가했다는 사실 등을 근거로 메이지 정부의 '문명론'이 결코 반동적 성향이 아니었으며 서구문명을 현실적으로 받아들이려 했다고 보았다.[3] 그러나 이들의 연구는 그 주장의 가부를 떠나 사절단에 참가한 주요 지도자의 직접적인 관련 자료보다는 주로 구메 구니다케久米邦武가 저술한 『미구회람실기米歐回覽實記』의 내용을 곧바로 사절단 참가자의 인식으로 간주해 평가한 것으로, 메이지 관료의 '문명'인식을 실증적으로 파악하는 데 한계가 있다고 할 수 있다.

메이지유신을 전후해 관료들의 해외체험은 주로 정책조사를 위한 파견이나 외교사절로서의 주재, 유학 등을 들 수 있는데, 이와 달리 이와쿠라사절단에 참가한 메이지 관료들은 포괄적인 문명체험을 하게 되는데 장기간 폭넓게 구미 각국의 다양한 제도와 시설, 행사 등을 시찰하고 견문하면서 각자 나름대로 서양문명에 대한 인식을 구체화해갔다고 할 수 있다. 그러므로 메이지 관료의 '문명' 인식을 해명하기 위해서는 구메 개인의 의견이 주로 반영된 견문기 또는 여행기의 성격이 짙은 『미구회람실기』 이외에도 사절단의 공적 사료와 사절단에 참가한 주요 인물의 일기와 편지, 의견서 등 개인 사료를 아울러 검토할 필요가 있다.

이 글에서는 이와쿠라사절단의 여행을 메이지 관료들의 집단적인 공간체험으로 보고, 이 여행에서의 시찰과 견문을 통해 정사正使인 이와쿠라 도모미岩倉具視와 부사副使인 오쿠보 도시미치大久保利通, 기도 다카요시木戶孝允, 이토 히로부미伊藤博文 등 사절단에 참가한 주요 인물들이 서양 '문명'을 어떻게 인식하고 자신들의 체제구상을 가다듬어갔는지 개인 사료를 중심으로 분석, 검토하고자 한다.

1. 이와쿠라사절단과 '문명화'

1871년 폐번치현廢藩置縣 이후 메이지 정부의 정치 목표는 중앙집

이와쿠라사절단의 출발 모습. 보트에 탄 사람은 왼쪽부터 오쿠보 도시미치, 이와쿠라 도모미, 기도 다카요시로 추정된다. 멀리 사절단이 타고 갈 아메리카호와 간린마루(咸臨丸)가 보인다.

권국가의 수립에서 '부국강병', 즉 구미열강과 같은 부강한 국가의 건설로 전환됐다. 그를 위한 최우선 과제로서 제기된 것이 조약개정이다. 막말幕末에 서양 국가들과 맺은 조약은 편무적인 최혜국조항과 영사재판권, 그리고 관세 자주권이 없는 불평등한 내용이어서 메이지 정부는 이들 조약의 개정을 급무로 인식하고 있었다. 외무성은 미국, 네덜란드와 맺은 통상조약의 개정이 1872년 7월 4일 이후 가능하며 1년 전에 개정의사를 통고하게 되어 있다는 점에 주목해 그 준비에 착수했다. 그러한 과정에서 조약개정의 준비교섭을 일차적인 목적으로 구상된 것이 이와쿠라사절단이다. 사절단 파견의 취지는 사유서事由書에 잘 나타나 있다.

　　이전의 조약을 개정하려 한다면 만국공법萬國公法에 의거하지 않으면 안 된다. 만국공법에 의거하여 그와 배치되는 일본의 국법, 민법, 무역법, 형법, 세법 등을 변혁 개정해야 한다. 이를 변혁 개정하기 위해서는 그 방법과 조치를 생각해야 한다.……유럽과 아시아의 각국 중 가장 개화된 국체國體와 여러 법률, 규칙을 실무에 사용하여 지장이 없는지를 실제로 확인하고 공법의 마땅한 방법을 찾는 것이 긴요하다.……우리나라는 국체와 정속政俗이 상이하기 때문에 만국공법에 기초해 다른 나라와 접하고 보통의 공권公權과 공의公義를 갖고 외국인을 대할 수 없다. 이러한 불평등이 생기기 때문에 부당하다고 인정되면 평등하게 할 방략을 연구하여 국체와 정속을 바꾸어야만 한다.[4]

막말 이래의 불평등조약을 개정하기 위해서는 '만국공법'을 따라야 하고 이를 위해서는 일본의 국체와 정속을 바꾸어야 한다는 주장이다. '만국공법' 즉 구미의 국제법을 준거기준으로 삼아 일본을 '개화'시켜야 한다고 강조하기도 했는데 이러한 시점은 미국으로 향하는 '아메리카호號' 선상에서 이토가 사절단의 정사와 부사에게 제시한 의견서에 더욱 구체적이고 자극적으로 표현되어 있다.

　　사절단 파견의 큰 목적은 현재의 조약을 실행하는 데 있어, 지금까지 경험한 이해를 따져 이를 각국 정부와 토론하여 장래 일본 국민을 위해 권리를 증진시킬 방도를 꾀하는 데 있다. 또한 신조약에 들어갈 조항을 협의하고 일본의 사정을 알려 각국 정부의 생각을 구하여 최종적으로 우리 제국을 개명국의 일원이 되게 함으로써 만국공법을 준수하는 자와 동등하게 교제할 수 있게 하고 독립불기獨立不羈의 공권을 갖추게 하는 데 있다.……동양 각국에서 행해지고 있는 정치풍속으로는 천황 폐하가 우리나라를 바람직하게 이끄는 데 충분하지 않다고 생각한다. 왜냐하면 구미 각국의 정치, 제도, 풍속, 교육, 산업 등은 모두 동양을 뛰어넘기 때문이다. 그러므로 개명의 풍風을 우리나라에 이식하고 우리 국민을 빨리 구미와 동등하게 진보시키기 위해 힘써야 한다.[5]

이토는 일본을 구미와 동등한 개명국가로 만들어내기 위한 궁극적인 목적을 달성하기 위해서는 '전면적인 서양화'가 필요하다고 주장했다. 사절단 파견의 당면 목적은 조약개정 교섭이지만 구미는 모든 면에서 동양보다 우위에 있으므로 구미의 개명된 제도와 풍속을 신속히 도입해야 한다는 것이다. '전면적인 서양화'를 통해 머지않아 일본도 구미와 같은 부강한 국가를 건설할 수 있다는 낙관적인 견해이다. 메이지 정부의 '개명파' 관료들 중에는 이와 같이 '전면적 서양화'에 의해 구미와 같은 부강한 국가를 건설할 수 있다고 생각하는 사람이 많았다고 할 수 있다. 그러나 미국 서해안에 도착한 후 직접 미국과 유럽을 견문하면서 사절단에 참가한 관료들의 서양에 대한 인식은 조금씩 바뀌어갔다.

사절단 일행이 1871년 11월 12일(음력)[6] 요코하마를 출발해, 샌프란시스코에 도착한 것은 1871년 12월 6일이다. 일행은 성대한 환영을 받고 호화로운 그랜드호텔에 투숙했다. 도착한 다음날인 7일 각국 영사 관원과 샌프란시스코 시장, 육해군 장교가 마중을 나오는 등 환영행사가 이어졌다. 14일 그랜드호텔에서 열린 환영회에서 이토는 유명한 '히노마루 연설'을 통해 일본에 대한 강한 인상을 심어주려고 했다.

이토는 연설에서, 일본 국민은 읽고 듣고 외국을 시찰하면서 대체로 여러 외국에 현존하는 정체, 풍속, 습관에 대해 일반적 지식을 획득했으며, 지금 외국의 풍습은 일본 전국에서 이해되고 있다. 오늘날 일본 정부와 국민의 가장 열렬한 희망은 선진 각국이 향유하는 문명의 최고점에 도달하는 데에 있다. 이것을 목적으로 삼아 우리들은 육해군, 학술교육의 여러 제도를 채용했는데 외국무역의 발전에 따라 자연스럽게 지식이 유입됐다. 일본에서의 개량은 물질적 문명에 있어서도 신속하지만 국민의 정신적 개량이 훨씬 크다고 주장하고, 일본의 중앙집권적 개혁에 대해 다음과 같이 강조했다.

우리나라의 제후는 자발적으로 그 영토와 국민을 봉환했다. 그 임의적 행위를 신정부가 받아들여 수백 년간 공고하게 성립됐던 봉건제도는 한 발의 탄환도 쏘지 않고 한 방울의 피도 흘리지 않고 일년 이내에 철폐됐다.……중세에 어느 나라가 전쟁 없이 봉건제도를 타파했던가.……우리나라 국기의 중앙에 있는 붉은 원형은 더이상 제국을 봉하는 봉랍封蠟으로 보이는 것이 아니라, 사실상 그 본래의 의미인 떠오르는 아침 해의 존귀한 휘장으로써 세계의 문명국들과 함께 앞으로 위로 나아가려는 것으로 보일 것이다.[7]

이토는 메이지 정부가 5개월 전에 단행한 폐번치현을 염두에 두고 일본이 내란 없이 봉건제도를 타파한 예외적인 나라라는 것을 강

샌프란시스코에 도착한 사절단의 정사(正使)인 이와쿠라 도모미와 부사(副使)인 오쿠보 도시미치 등의 사진. 왼쪽부터 기도 다카요시, 야마구치 나오요시, 이와쿠라 도모미, 이토 히로부미, 오쿠보 도시미치.

조하며, 평화적으로 국내를 통일해 진보를 향해 전진하는 신생 일본의 모습을 과시하려 한 것이다.

사절단은 약 반 달 동안 샌프란시스코에 체재했는데 그 사이에 방적공장을 비롯해 다양한 공장과 학교 등을 시찰했다. 그리고 22일에는 캘리포니아의 주도인 새클라멘토에 도착해 의회와 지방 정부 청사, 신문사 등을 방문했다. 이어서 26일에는 솔트레이크에 도착해 재판소와 극장을 견학했다. 해가 바뀐 1월 14일 일행은 솔트레이크를 출발해 워싱턴으로 향했다.[8]

시카고를 거쳐 1872년 1월 21일 워싱턴에 도착한 사절단은 25일 백악관을 방문해 그랜트Ulysses Simpson Grant(1822~85) 대통령에게 국서를 봉정했다. 다음날에는 국회의 초청을 받아 이와쿠라 대사가 국회의사당에서 연설을 통해 방문의 취지를 밝혔다.

이후 사절단은 조약개정 교섭에 나서 피쉬Hamilton Fish 국무장관과 개정교섭을 시작하려고 했다. 일본 쪽으로서는 먼저 미국과의 교섭을 마친 뒤 유럽 국가들과도 교섭하려 했으나 미국과의 교섭은 처음부터 난항이었다. 미국은 사절단의 방미를 성대하게 환영했으나 조약개정은 어디까지나 국가 간의 권익 문제로 다루었으며, 교섭에 앞서 전권위임장의 제출을 요구했다. 이에 당황한 사절단은 부사인 오쿠보와 이토를 급거 일본으로 귀국시켰다.

오쿠보와 이토는 1872년 2월 12일 워싱턴을 출발해 3월 20일에 도쿄에 도착하자마자 즉시 외무성에 전권위임장의 발급을 요청했으나 외무성은 이를 선뜻 처리해주지 않았다. 사절단이 외무성을 제쳐두고 본격적인 조약개정 교섭을 하는 것을 못마땅하게 생각했기 때문이다. 결국 오토보와 이토는 외무대보外務大輔인 데라시마 무네노리寺島宗則을 대동하기로 하고 어렵사리 전권위임장을 발급받은 뒤 5월 17일 요코하마를 출발해 6월 17일에야 워싱턴에 도착했다.

오쿠보와 이토가 일시 귀국한 사이에 이와쿠라와 기도 등 사절단 수뇌는 미국 쪽과 조약개정 교섭을 시도했으나 교섭은 난항을 겪었다. 미국 주재 변무사辯務使인 모리 아리노리森有禮가 개항장 수의 증가, 거류지의 폐지 및 내지잡거內地雜居의 승인, 수출세의 폐지 등 미국이 희망하는 방향으로 개정해야 할 것이라고 주장했으나, 기도는 미국 쪽에 지나치게 양보하는 것이라며 개정교섭에 신중했다. 당시 상대역인 피쉬 국무장관는 영국과 '알라바마 사건'[9]의 사후 처리를 위해 자주 워싱턴을 비워 제대로 교섭을 진행할 수 없었으며, 미국 외무고문인 스미스도 타결은 무리라는 전망을 내놓았다. 5월 21일 일본으로 귀임하던 주일 독일공사 폰 브란트Max von Brandt가 워싱턴에 들러 최혜국조항의 취지를 설명하며 구미 각국과 개별적으로 담판하는 것은 불리하다고 권고하기도 했다. 또 6월 11일에는 오자키 사부로尾崎三良 등 영국 유학생들이 사절단을 찾아와 미국에 치우치지 말고 서구 국가들을 배려하라고 진언했다. 결국 오쿠보와 이토가 워싱턴에 도착한 직후 사절단은 미국과의 조약개정 교섭을 단

넘하기로 결정했다.

이렇듯 미국과의 조약개정 교섭이 시간만 허비하고 좌절된 데 대해 기도는, "조약에 관해 원래 모리, 이토 등의 의견을 채용해 오늘날까지 자주 그 피해를 보았다. 재주만 앞세운 자들이 공명심에서 하는 말을 간파하지 못할 때는 국가도 위태롭다. 내가 이곳의 사정에 어두워서 그런 말에 흔들린 것이 후회스럽다"[10]며, 모리나 이토 등에 대한 불만을 토로하고 그에 따른 자신의 행동을 후회했다. 기도는 이미 워싱턴에 도착한 직후 모리를 만나보고 그가 별로 뛰어나지 않으며 오히려 미국인이 일본의 사정과 풍속을 잘 알고 있다고 지적했다. 또 당시 유학생 무리가 일본에 대해 깊이 생각하지 않고 쉽게 미국의 풍속을 흠모하고 함부로 '자주'나 '공화'를 주장하는 것은 너무나도 경박하다고 말하고 있듯이,[11] 애초부터 급진적인 서양화주의자에게 비판적이었다.

오쿠보의 입장에서도 일본까지 돌아가 어렵게 얻어온 전권위임장이 결국 쓸모없게 되어 미국 방문은 유쾌하지 못했다. 어쨌든 조약개정 교섭이 중단됨에 따라 이와쿠라사절단 참가자들은 자신들의 서양식 외교나 만국공법에 어두웠다는 것을 다시 한 번 깨닫는 계기가 됐다. 조약개정 교섭이 좌절됨으로써 이와쿠라사절단은 시찰단으로서의 성격에 무게를 두게 된다.

시찰단으로서 이와쿠라사절단은 그 임무에 충실했다. 미국에 도착한 이후 호텔의 엘리베이터, 수도 등 근대적 시설에 감탄하며 시내의 상점가, 마차수리소, 견직공장, 동물원, 포대, 해군시설, 군사퍼레이드를 견학했다. 목장, 학교, 교회, 박물관 등도 찾아갔다. 사절단이 워싱턴에 체류할 때는 각 이사관을 주요 도시에 파견해 분야별 제도 조사에 착수했다. 사절단은 미국의 발달된 '문명'에 놀랐으며 '개화'

에 있어 일본과의 격차를 인식했다. 일행은 워싱턴, 필라델피아, 뉴욕, 보스턴 등을 돌아본 뒤 두 번째 방문국인 영국으로 향했다.

1872년 7월 3일 사절단은 보스턴을 출발해 대서양을 건너 영국으로 향했다. 리버풀을 거쳐 7월 15일에는 런던에 도착한다. 이 이후 유럽 각국을 순방하게 되는데 영국에는 11월 16일까지 체재했다. 때마침 빅토리아Victoria 여왕이 피서를 떠나 런던에 없었기 때문에 사절단 일행은 그 사이에 영국 각지를 시찰하기로 했다. 주일공사인 파크스Sir Harry Parkes와 영사 아스턴William George Aston의 안내로 프란트홀트에서 군사훈련을 견학하고 포츠머스에 있는 해군학교와 조선소를 견학했다. 8월 말부터는 40여 일에 걸쳐 영국 중부와 스코틀랜드의 각지를 순방했다. 리버풀 조선소의 거대한 도크와 수문 등을 견학하고, 맨체스터의 목면공장, 글래스고의 제철소 등 각 도시의 시설을 돌아보며 영국의 부강함을 알게 됐다. 또 에딘버러, 벨로크, 레스터 등을 찾아 역사적 건축물과 자연풍광, 등대, 여학교, 신문사, 직물공장, 도자기공장을 견학했다.

오쿠보는 본국의 동료에게 보낸 편지에서 "도로와 교량이 잘 닦여 있고 마차는 물론 기차로 이어지지 않는 곳이 없다"고 감탄하며 영국의 번영에 충격을 받았음을 내비쳤다.[12] 오쿠보는 영국 발전의 기초가 각지에 설치된 공장과 무역의 번성에 있다고 보고 그 기저에는 기차수송의 견인력이 있다는 것을 깨달았다.

한편 기도는 각지를 견학하며 영국의 역사와 문화에 관심을 갖고 그 중후한 정치, 사회에 감명을 받았다. 런던탑과 원저성을 둘러보며 영국왕실의 전통과 번영을 목도했고 영국의 독실한 국민성에 친근감을 느꼈다. 선박을 "오대양에 보내, 각지의 천연 산물을 매입하여 자국으로 수송하고 철과 석탄의 힘을 빌려 이것을 공산품으로 만들어 다시 각국에 수출"하는 영국의 공업, 무역의 힘을 지켜보았다. 당시 유학생은 사절단에게는 유용한 안내자가 됐다. 시찰에 나선 각 지마다 사절단은 영국에 와 있던 일본인 유학생으로부터 유익한 많은 현지의 정보를 입수했다.[13]

사절단은 11월 4일 그랜빌Lord Granville 외상, 파크스, 아스턴과 함께 윈저성을 방문해 빅토리아 여왕을 알현하고 국서를 봉정한 다음, 영국에서의 일정을 마무리하고 유럽대륙으로 건너간다.

11월 16일 도버해협을 건너 프랑스의 칼레항에 상륙한 사절단은 곧바로 기차를 타고 파리로 향했다. 프랑스에서 사절단은 26일 대통령 티에르President Thiers를 알현하여, 파리코뮌을 적도賊徒로 간주하고 그것을 진압한 티에르를 '노련하고 숙달된 정치가'로 높이 평가했다.[14] 오쿠보도 내정을 확실히 장악하고 의회 운영을 교묘히 하는 티에르를 '호걸'이라고 높이 평가했다.[15]

1873년 2월 17일 사절단은 파리를 출발한 이후 벨기에와 네덜란드를 경유해, 3월 9일에 베를린 도착했다. 11일 독일 황제 빌헬름 Wilhelm 1세를 알현하고 비스마르크Otto von Bismarck, 몰트케General Helmuth von Moltke와 회견했다. 12일에는 코닝스궁전에서 보불전쟁에서 독일의 승리를 기념하는 물품들을 보았다. 프로이센이 독일을 건국한 역사를 알게 됐다. 15일 비스마르크의 초대연에 초청을 받았다. '철혈재상' 비스마르크는 힘의 외교정책을 추진하고 있었다. 그 자리에서 비스마르크는 '만국공법'을 표면상의 명분이라고 단언하고 국제사회는 국력의 강약에 의해 좌우되며 그 국력은 군사력에 좌우된다고 말했다. 연설의 주요 내용은 다음과 같다.

현재 세계 각국은 표면상 신의로 통교하고 있지만 사실은 약육강

식의 논리이다. 대국은 자기에게 유리하면 만국공법을 고집하고 만약 불리하다면 반대로 군사력에 호소하는 것이 일반적이다. 나 자신도 소국의 비운을 체험하여 분개하지 않을 수 없다. 언젠가는 국력을 키우겠다고 마음먹고 십수 년간 각고의 노력 끝에 마침내 숙원을 이룰 수 있었다. 우리나라가 사방에 전쟁을 일으킨 것을 보고 함부로 이야기하는 사람이 있지만 이것은 단지 자주의 국권을 요구하고 대등한 외교를 하려고 한 결과에 지나지 않는다.[16]

비스마르크의 연설은 만국공법에 의거한 국제관계의 기만성을 갈파한 것으로 사절단 일행은 이 연설에 큰 충격을 받고, 서양 국제정치의 험난한 현실을 인식하게 됐다. 물론 사절단 참가자도 서양열강이 내거는 '만국공법'이 가진 의미를 어느 정도는 이해하고 있었다. 미국의 페리Mattew C. Perry에 의한 개국 이래 군사력을 배경으로 한 열강의 외교를 직간접적으로 체험했기 때문에, 군사력을 갖지 못한다면 '만국공법'도 신뢰할 수 없고 강국은 '만국공법'의 이름으로 자신들의 이익을 약소국에게 강요한다는 비스마르크의 이야기를 쉽게 납득할 수 있었던 것이다. 실제로 독일은 군사력으로 덴마크, 오스트리아, 프랑스를 물리친 바 있어 그의 발언에는 더욱 무게감이 있었다.

사절단은 독일로 급속히 기울었다. 기도는 비스마르크와의 대화를 통해 "일본의 국민은 원래 독일 국민과 조금도 다른 점이 없다"고 강조하고 단지 일본은 수백 년 동안 쇄국을 해왔기 때문에 세계의 형세에 어둡고, 또 해외 학문을 연구할 여유가 없었기 때문이라고 대답했다.[17] 그리고 독일을 본받아 서둘러 열강의 지위에 오르고 싶다는 의욕을 나타냈다. 또한 일본인의 유학후보지로 독일을 추천하고, "마침내 오늘날의 문명에 이르고 부강해진 것은 독일의 개화"[18]라고 높이 평가했다. 오쿠보도 "독일은 다른 유럽 국가와는 달리 순박한 풍이 있고 특히 비스마르크나 몰트케 등 대선생을 배출해 주목하고 있다. 이전에 독일에 대해 여러 가지 소문이 많았지만 실제로 와서 보니 다른 점이 많다. 특히 비스마르크에 대한 신임이 두터워 무엇이든 이 사람에게서 나오지 않는 것이 없다"고 볼 정도이다. 또한 오쿠보는 독일의 의회 운영과 육군 조련을 견학하고 이 모든 점에 감탄했다고 전하고 있다.[19]

사절단은 독일에서도 여러 시설을 시찰했다. 먼저 에센에서 세계 최대의 크루프 군수공장을 보고 감명을 받았다. 기도는 하루에 일하는 직공이 2만 명이며, 제철소 안의 철로가 10마일에 이르는 거대한 규모를 보고 그 인상을 자세히 기록했다.[20]

그런데 3월 19일 일본 정부로부터 오쿠보와 기도의 신속한 귀환을 요청하는 연락이 도착했다. 당시 일본에서는 대장성大藏省과 다른 성 사이의 균열이 생기고 '내각'과 대장성이 충돌할지도 모르는 상황이었다. 여기에 사할린, 타이완, 정한론 등의 외교 사안이 표면화되어 잔류정부는 유력자인 기도와 오쿠보가 서둘러 귀국하기를 요구한 것이다. 기도는 다른 나라를 시찰한 뒤에 귀국하겠다는 생각을 밝혔지만 오쿠보는 일본의 형세를 듣고 곧바로 귀국을 결심했다.

오쿠보는 사절단과 작별을 고하고 통역인 프랑스 유학생 가와시마 준河島醇을 동행하고 남독일의 프랑크부르크를 방문해, 지폐제조공장을 시찰했다. 이어서 독일의 고성古城을 견학하고 다시 파리를 돌아간 다음,[21] 마르세유항을 통해 귀국길에 올라 5월 26일 요코하마에 도착했다.

3월 28일 베를린을 출발한 사절단은 러시아로 향해 4월 3일 상트

페테르부르크에서 알렉산드로 2세를 알현하고 시내를 견학했다. 이어서 역대 황제의 묘소와 고아원을 견학했다. 기도는 러시아에서 사절단 본진과 헤어져 다시 프러시아를 거쳐 오스트리아 빈의 만국박람회 개회식에 참가했다. 이어서 이탈리아의 베니스로 향해 16세기 말 일본에서 로마교황에게 파견된 덴쇼天正사절단[22]의 기록이 남아 있는 도서관을 견학하고, 로마에서는 콜로세움, 폼페이에서는 고대유적을 견학했다. 그리고 스위스를 경유해 파리로 돌아와 리옹의 직물산업을 둘러보고, 6월 8일 마르세유항을 통해 일본으로 귀국했다.

기도는 이 사이 보불전쟁에서 패배한 프랑스의 혼란, 전승국 프러시아의 기세를 목도했다. 또한 각국의 주요한 공장을 견학하고 각각의 국토와 국력에 따른 산업의 동향을 견문했다. 벨기에와 네덜란드 등 소국이 나름대로 자립하고 있음을 정치·외교뿐만 아니라 경제·문화 면에서도 인식했다. 기도는 역사유적에도 관심을 보여 특히 폼페이의 고대유적에 관한 기록을 일기에 자세히 기록했다.

사절단 본진은 함부르크, 킬을 경유해 코펜하겐, 스톡홀름을 방문해 덴마크와 스웨덴을 시찰하고 다시 독일로 들어가 함부르크, 하노버, 프랑크푸르트, 뮌헨 등을 방문한 다음 이탈리아로 넘어갔다. 피렌체를 거쳐 5월 11일에 로마에 도착한 사절단은 엠마뉴엘 2세를 알현하고 5월 20일부터 23일까지는 나폴리를 여행했다. 그 뒤 피렌체, 볼로냐, 베네치아를 거쳐 6월 3일에는 오스트리아의 빈에 도착해 만국박람회를 견학했다. 이 박람회에는 일본도 참가해 도자기 등 여러 물품을 출품했다. 사절단은 6월 19일 스위스의 취리히를 방문한 뒤 에스파냐, 포르투갈도 순방할 계획이었으나, 일본에서 귀국을 독촉해 결국 에스파냐와 포르투갈의 방문을 포기하고 7월 18일 마르세유항을 출발해 귀국길에 올랐다. 수에즈운하, 실론섬, 싱가포르, 사이공, 홍콩, 상하이를 거쳐 사절단이 요코하마에 도착한 것은 1873년 9월 13일이었다.

2. 서양 '문명'의 상대화와 체제개혁 구상

그렇다면 이와쿠라사절단은 서양문명을 총체적으로 어떻게 인식하고 있었을까. 먼저 『미구회람실기』의 서양문명에 대한 인식부터 살펴보자.

구메 구니타케는 『미구회람실기』에서 서양문명을 획일적이 아니라 상대적으로 파악하고 있다. 먼저, "문명이든 개화든 전 지구상에서 보면 한 구석에서 별처럼 대지를 비추고 있는 데 지나지 않다. 육지 넓이의 10분의 9는 아직 황폐한 곳에 속한다"[23]고 말해, 문명화한 곳은 전 세계에서 극히 일부에 지나지 않는다고 주장한다.

그리고 중요한 것은 문명을 가져오는 천연조건의 여부가 아니라 인간의 생산활동이라고 본다. "유럽 각국의 문명이 진보한 것은 그들이 국민의 이익을 꾀하는 데 경쟁하고 분발한 결과이다"[24], "나라의 빈부貧富는 토지의 비옥에 있지 않고 국민의 다소多少에 있지도 않다. 또 그 자질의 지혜와 우둔함에도 있지 않다. 단지 그곳의 풍속이나 생리生理에 근면하는 힘의 강약 여부에 있을 뿐이다"[25]라는 것이다.

그런데 이 '생리에 근면하는 힘', 즉 문명화는 정치변혁과 사회의 민주화가 따라야 한다. "유럽 각국은 프랑스혁명의 영향을 받아 국민은 자유의 리理를 말하고 나라는 입헌의 체體로 바꿈으로써…… 유럽의 문명은 이 개혁의 심천深淺에 뿌리를 두고 그 정화精華가 공예(제조 기술)의 산물로 발현되고 이원利源은 더욱더 용출湧出"[26]했다고 보기 때문이다.

　더구나 문명화는 최근의 현상으로 그 역사는 의외로 짧다고 말한다. "현재 유럽 각국은 모두 찬란한 문명을 자랑하며 부강하고, 무역 또한 활발하며, 뛰어난 기술을 가지고 있다. 국민은 쾌적한 생활을 보내며 즐기고 있다. 그러나 그 내면을 자세히 살펴보면, 이것은 유럽이 상업적 이익을 중시하는 풍속을 가지고 있기 때문에 차제에 이 상태에 이르렀음을 알 수 있다. 하지만 그것을 유럽의 독특한 것이라 생각하는 것은 잘못이다. 오늘날 유럽의 부강은 1800년 이후의 일로 이러한 현상이 현저해진 것은 불과 40년에 지나지 않는다"[27], "유럽의 공예와 무역은 해마다 융성해지고 있지만 15년 또는 20년 간의 일이다"[28]라고 파악했다. 그러므로 일본도 노력 여하에 따라 구미국가를 충분히 따라잡을 수 있다고 보았다.[29]

　구메는 "지금 동양에 오래된 나라가 많지만 그 개화의 정도가 홀로 나아가는 것은 우리나라뿐이다"[30]라며, 동아시아 가운데 문명화의 가능성이 가장 높은 것은 일본이라는 자부심을 내보였다. 구메의 인식은 일본의 '근대'를 구미에서 구하고 유럽문명 속에서 '개화'의 모델을 찾으려 한 것으로 그 배후에는 일본의 잠재력에 대한 자신감이 작용했다.

　이러한 『미구회람실기』의 서양문명 인식은 사절단에 참여한 고위 관료들의 인식과 기본적으로는 공통되는 것이다. 그러나 일본의 현실을 어떤 방법으로 '문명화'시킬 것인가라는 구체적인 방략에 대해서는 의견의 차이를 보인다. 이와쿠라사절단의 고위 관료들은 구미 회람을 통해 구미 국가의 발전상에 감탄하면서도 일본과의 격차를 절감하고[31] 급진적인 서양화에 대해서는 경계했다. 대표적인 인물이 기도 다카요시이다.

기도는 "오늘날 구미의 번영은 일조일석에 이루어진 것이 아니다. 그 원인이 축적되어 마침내 오늘날에 이른 것이다. 오늘날 일본의 상황을 보면 단지 이름뿐인 개화開化가 유행하지만 인심을 유지하기에는 정말 내용이 없다. 시골까지도 교도敎道가 잘 미치고 있는 구미와는 천양지차가 있다"[32]고 보았다. 이어서 기도는 구미의 '번성'은 단기간에 이루어진 것이 아니므로 일본의 급진적인 개화 풍조를 재검토할 필요가 있다고 지적했다. 나아가 서서히 진보하고 있는 러시아를 일본의 모범으로 삼아야 할 것이라고 주장하기까지 했다.

기도는 1872년 8월에도 잔류정부 지도자들에게 편지를 보내, "일본 관청의 개화가開化家의 행위도 그 순서를 헤아리지 않으면 오늘날 외치는 개화가 훗날 도리어 손해를 불러올지 모른다. 개화가의 폐해가 가장 두렵다"[33]며 급진적인 개화정책을 경고했다. 잔류정부가 추진하는 문명개화정책에 대해 강한 위기감을 품고 있었던 것이다.

물론 기도가 선진국의 문명에 전혀 무지했던 것은 아니다. 막말에 에도에서 페리의 내항을 체험했으며, 러시아 푸차친Putiatin이 이즈伊豆의 도다戶田에서 스쿠너선을 건조하는 것을 목격하고, 1860년에는 서양총과 회중시계를 은밀히 구입하기도 했다. 마차나 철도, 전신도 직접 이용해보고 그 편리한 위력을 이해하고 있었다.[34]

이러한 기도가 메이지 정부의 지도자로서 미국과 영국 등을 방문해 서양의 문명개화를 직접 체험했다. 기계나 병기의 발달 규모의 거대함, 그것을 만들어낸 기술과 경험에 감동했다고 생각된다. 그 기술과 경험을 일본에 어떻게 도입할 것인가, 어떻게 육성할 것인가에 그의 관심이 모아져 있었다.

따라서 기도는 무조건적으로 문명개화를 찬미하는 것이 아니라 일본에 합치되는 착실한 문명개화를 추구하고 그 도입에는 매우 신중했다. 문명개화의 선진국이라고 해도 '개화의 나라에도 추태'가 많고 '악폐에는 물들지 않도록 하고 싶다'고 인식했다. 기도는 개화, 즉 서양화 자체에는 반대하지 않지만 급진적인 방법은 바람직하지 않다고 보았던 것이다. 몇십 년의 시간을 두고 점진적으로 구미와 같은 국가를 건설하자는 것이 그의 주장이었다.

이러한 입장에서 기도는 문명개화를 찬미하는 개화론자에 대해 강한 비판을 가했다. 사절단에 참가한 하급관리가 유학경험을 앞세워 이사관을 우롱하는 태도에 비판적이었고, 유학생 중에 피상적으로 외국을 배우고 "일본을 경시하는 무리가 적지 않다"며 그들의 '경솔천박'이 심하다고 일기에 적고 있다.[35] 이것은 앞에서 살펴보았듯이, 자신보다 젊은 이토나 모리에게 이끌려 조약개정 교섭에 착수하여 실패한 것에 대한 반성도 크게 작용한 것으로 보인다.

기도는 개화의 폐해가 위험하다고 보고 그를 위해 근본의 확립을 중시했다. 특히 법제도와 '근본법률constitution'의 제정에 주목했다. 그는 미국을 방문한 이후 헌법의 중요성을 인식하고 1872년 1월 22일 워싱턴에 도착하자마자 각국의 '근본법률' 조사를 시도했다. 일본에 '확고한 법칙'이 없다는 점을 지적하고 법칙을 확정하는 것이 급무急務라고 보았다.[36] 3월에는 사쓰마번 출신의 유학생인 하타케야마 요시나리畠山義成(별명 杉浦弘藏)에게 미국 정체서政體書(헌법) 등의 조사를 권유받아 그 번역에 참가했다. 3월부터 4월에 걸쳐 매일같이 하타케야마의 숙사를 방문해서 미국헌법에 관해 연구하는 한편, 독일에 체재하는 아오키 슈조青木周藏에게 독일헌법과 정체에 관한 사전 조사를 의뢰했다.[37]

영국에 도착한 이후에는 '영국정체서'를 연구했다. 마침 좌원左院 시찰단[38]으로 영국에 와 있던 야스카와 시게나리安川繁成를 만나 영국의 입헌정치에 대해 설명을 들은 이후, 8월 말부터 장기여행을 하면서도 연구를 계속했으며 10월에는 야스카와의 숙소를 자주 방문해 영국정체서의 조사와 연구를 거듭했다.

기도는 프랑스에 건너간 뒤에도 니시오카 유메이西岡逾明 좌원 중의관에게서 프랑스정체서佛國政事書를 공부했다. 부사로서의 역할, 제도문물의 조사와 함께 기도의 헌법, 법제도의 조사 연구를 향한 노력은 대단히 적극적으로 이루어졌다. 독일에서는 아오키 슈조 공사의 안내로 뒷날 '제국헌법'의 작성에 영향을 끼친 그나이스트 Rudolf von Gneist 박사를 방문하기도 했다.

기도는 귀국 후 헌법제정을 요구하는 의견서를 정부에 제출하고 『신문잡지新聞雜誌』에 게재했다.[39] 이 의견서에서 기도는 구미회람중에 조사하고 파악한 각국의 제도문물의 '연혁과 풍토, 인정人情'을 바탕으로 삼고 있다. 그리고 국가의 '존폐흥망興廢存亡'이 '정규전칙政規典則의 융체득실隆替得失'의 여부에 달려 있다고 논한다. 토지가 광대하고 국민이 번식하더라도 '정규전칙'이 그것을 보호하지 않는다면 '부강문명富强文明의 외모'가 언젠가는 쇠퇴하게 될 것이라고 주장하고 그 사례로 폴란드를 들었다. 또한 기도는 일본에서는 인심이 한쪽으로 치우쳐 쓸데없이 개화를 모방하고 함부로 문명을 좇는 폐해가 존재한다고 논하고, 외형이 번성하고 풍경이 변화해도 실제의 문명으로 이어지지는 않는다고 주장한다. 그렇기 때문에 이러한 것을 바로잡기 위해 '확고한 법칙'으로서 헌법을 서둘러 제정할 필요성이 있다고 강조한다. 기도의 구상은 구체적으로 다음과 같다.

문명국에서는 군주가 있더라도 국민이 일치 협력해서 국무를 행한다. 관료는 일치 협력한 민의民意를 무겁게 받아들여 국무에 종사해야 하고 민의의 허락이 없다면 함부로 행동할 수 없다. 의원議員이 모든 일을 검사하여 관료의 사사로운 행동을 억제한다. ……아직 개화되지 못한 나라에서는 얼마간 군주의 영단英斷으로 민의를 받아들여 국무를 대신 행하고 관료에 맡겨 인민을 문명의 영역으로 이끌어야 한다. 일본에서는 천황의 명령이 매우 중대하여 민의에 바탕을 두는 구미의 정치와는 다르기 때문에 관료는 5개조의 서문을 표준으로 삼아야 한다.⁴⁰

즉 자신이 직접 견문한 '문명국' 즉 구미의 정치제도를 설명한 다음, 서양의 정치제도를 무조건 받아들일 것이 아니라 문명개화의 정도에 따라 입헌제를 도입해야 한다고 주장했다. 특히 일본은 과도적으로 먼저 5개조 서문을 기준으로 삼아 헌법을 제정해야 한다고 주장했다.⁴¹

이러한 생각은 오쿠보의 경우에도 크게 다르지 않았다. 오쿠보도 이와쿠라사절단이 귀국한 뒤 '입헌정체에 관한 의견서'를 정부에 제출했다.

오늘날 우리나라의 국체國體를 논의하는 것보다 긴급한 일은 없다. 그러나 이를 논의하는 데는 순서가 있고 함부로 유럽 각국의 군민공치君民共治제도를 모의模擬해서는 안 된다. 우리나라는 황통일계皇統一系의 법전을 갖고 있으며 또한 국민의 개명 정도도 다르다. 그 득실과 이해를 잘 생각하고 참작해 법헌전장法憲典章을 정해야 할 것이다.⁴²

일본의 사정을 무시하고 함부로 유럽의 군민공치제를 모방해서는 안 된다. 국민의 개명 정도도 유럽과는 다르기 때문에 그 이해득실을 잘 따져서 헌법 등 법률을 만들어야 할 것이라는 주장이다. 오쿠보는 서양정치에도 부정적인 측면이 있다고 보았다. 특히 공화정치에는 비판적이었다. 의견서에서 그는, 미국은 군주정치의 압제에서 벗어나 민주를 바탕으로 건국한 이래 그 뒤에 만들어진 나라는 모두 새로운 민에 기초해 공화정체를 취했는데, 붕당을 만들어 서로 뭉치는 폐해가 있어 점차 와해할 우려도 있다고 보았다. 특히 "예전의 프랑스 민주정치는 군주독재보다도 더욱 흉포하고 잔학했다"[43]고 주장했다.

오쿠보는 구미의 민주정치를 절대화하지 않고 상대화해서 보았다. 부강한 나라를 건설하는 데는 민주적인 정치제도가 아니라 애국심을 가진 국민이 어느 정도 있느냐가 중요하다고 말한다. 그는 "일본이 영국처럼 융성하지 못하는 이유는 3,100여 만 명의 국민 가운데 애군우국愛君憂國의 마음을 갖고 있는 자가 1만 분의 1에 지나지 않고, 정체政體도 재력才力을 속박하고 권리를 억제할 우려가 있기 때문"[44]이라고 지적하고 있다. 오쿠보는 당시 일본의 상황에서는 무엇보다도 절대적인 권력의 형성이 선결사항이라는 결론에 도달했다.

이렇듯 이와쿠라사절단에 참가한 기도나 오쿠보 모두, 당분간은 독재체제를 유지해야 하지만 점진적으로 서양식 입헌제로 나아가야 한다는 데는 인식을 공유하고 있었다.

이러한 서양 '문명'의 상대화와 그 수용에 대한 신중한 자세, 점진적인 입헌제 도입론은 1873년 10월의 '정한론' 정변에서 기도와 오쿠보 등 '사절단파'가 승리함에 따라 정부 안의 지배적 견해가 됐으며, 이후 이토 등 차세대 지도자들에게도 이어져 메이지 정부의 기본노선을 이루게 된다.

일본인인가, 중국인인가

20세기 전반기 중국여행을 통해본 대만인의 정체성

백영서

1. 여행을 위한 준비

　20세기 전반기 중국대륙을 견문하고 돌아온 대만인의 경험세계로 떠나는 우리의 이 여행은 어떤 의미가 있는가. 이 물음을 먼저 떠올리는 것이 이번 여행을 위한 첫 번째 준비에 해당된다. 왜냐하면 여행과정에서 여행객은 자신이 아는 만큼 보기 십상이므로 여행의 목적과 관련된 사전 조사가 필요하기 때문이다.

　필자는 대만인의 정체성 형성에서 중국에 대한 인식 또는 이미지가 표리관계에 있을 정도로 중요하므로 그 역사적 연원과 변천과정을 이해하는 것이 핵심적 과제라고 생각한다. 왜 그러한지를 최근 한국 사회에서 대만 문제에 대한 관심을 촉발시킨 하나의 사건을 예로 들어가면서 설명해보겠다.[1]

　2008년 7월 4일 중국과 대만을 잇는 정기 직항노선이 거의 60년 만에 운항을 시작했다. 1949년 공산당이 대륙 전체를 장악하고 중화인민공화국을 수립하자 국민당은 대만으로 패퇴했다. 그 후로 대만해협은 분단선이 되어 양안兩岸의 교류를 가로막았다. 그러던 와중에 1979년 3통(직접 통신·통상·통항)이 제안되어 양안 간의 화해와 교류의 핵심의제가 되어왔는데, 이번 마잉주馬英九 정권의 출현으로 그 일부가 실현된 셈이다. 비록 주말에만 떠나는 한정된 관광객을 위한 전세기이지만, 정기 직항로 개설의 의의는 자못 크다.

대만에서는 일차적으로 중국의 관광객이 가져올 경제적 이득을 중시한다. 점차 방문인원 제한을 풀어 관광객 규모를 확대할 예정인데, 그들이 가져다줄 관광수입의 증가로 침체의 늪에 빠진 대만경제가 활기를 되찾을 것으로 잔뜩 기대하고 있다. 그러나 이보다 더 큰 의의는 양안관계의 진전에 있어 새로운 역사의 장을 열었다는 것이다. 양안 주민 간의 자유로운 관광으로 서로간에 존재하는 심리적 거리가 좁혀지고 상호 이해가 깊어질 것이 분명하다.

그런데 주목해야 할 것은 대만 내부에서 이에 대한 비판의 목소리도 크다는 사실이다. 예상되는 관광사업의 경제적 효과가 별것 아닐 것이라는 추정에서부터 대륙의 관광객이 초래할지도 모를 여러 부정적 영향까지 거론되고 있다. 대륙 관광객들의 거친 매너 때문에 일본 등 외국 관광객이 감소할 것이라든지 그들이 저지를 환경파괴와 전염병 유입 등으로 톡톡히 '대가'를 치를 것이라고 우려하는 여론도 있다. 그러다 보니 "대륙 관광객이 떠난 뒤에는 전면 소독해야 한다"는 소리마저 공공연히 나오고 있는 실정이다.

외국인이 보면 너무 심하다 싶을지도 모를 대륙 관광객에 대한 이런 부정적 이미지는 사실 정치적 입장에 의해 조장 또는 증폭된 면이 있다는 점을 간과해서는 안 된다. 지난 총통선거에서 국민당 마잉주 후보가 직항로 개설을 선거공약으로 들고 나오자, 이에 대해 비판적인 입장을 취한 민진당 쪽에서는 대륙 관광객을 추화醜化하는 데 열중했다. 일례로 TV 선거광고를 통해 아무 데나 노상방뇨를 하고 함부로 침을 뱉는 이미지를 부각시킨 바 있다.

양안의 통일이냐 (대만공화국으로서의) 독립이냐라는 오랜 논쟁(이른바 통독統獨논쟁)으로 대만 사회가 심각하게 양분되어 있다는 것은 대만에 조금이라도 관심을 가진 사람이라면 익히 알고 있는 사실이다. 양안 문제는 바로 이러한 내부 분열에 의해 심각하게 왜곡되어 있다. 특히 중국이 점차 대국으로 떠오르면서 시간이 흐를수록 대만이 불리해질 것이라는 초조감이 더해져, 급격한 교류 증가로 인해 변화가 '홍수처럼 밀려오면' 이를 통제하지 못할까 하는 두려움이 생겨나기도 했다.

이렇듯 대만인의 중국에 대한 부정적 이미지는 정치적 입장에 따른 내부 분열로 증폭된 것임이 분명하다. 그러나 그 뿌리는 사실 그보다 훨씬 더 깊다. 1895년 청일전쟁에서 승리한 일본에게 청이 대만을 넘겨준 이후부터 1945년 일본이 패망하기까지의 50년간, 일본의 식민지로 전락한 대만의 주민들이 중국과 일본 사이에서 갖게 된 복잡한 정체성 문제가 바로 그 기원이라 할 수 있을 것이다. 그래서 우리는 그 역사상을 제대로 파악하여 오늘날 대만인들이 품고 있는 중국인식의 깊이를 온전히 이해할 수 있기를 기대하면서 이 여행에 나서는 것이다.

바로 이 문제를 규명하기 위해 우리는 일제 식민지 시기 대만인이 중국대륙을 어떻게 인식했는지를 살펴보려는 것이고, 그 방편으로 당시 중국대륙을 견문하고 돌아온 대만인의 경험세계로 들어가보려고 한다.

2. 식민지 시기 대만인의 대륙여행 조건

오늘날에도 대만인이 중국대륙을 여행하려면 (다른 국가의 국경을 넘어갈 때 필요한 비자가 아닌) 특별 통행허가가 필요할 뿐 아니라, 직항노선이 없는 관계로 홍콩 등 제3지역을 거쳐 입국하는 우회노선을 거쳐야 한다. 대만과 중국과의 관계는 국가와 국가 간의 관계가 아닌 '특수한' 관계이기 때문이다. 그런데 이런 복잡한 절차는 일본 식민지 시기 대만인이 중국을 여행할 때도 거쳐야 했던 것이다.[2]

청일전쟁의 패배로 청은 대만을 일본에 할양割讓해야 했다. 그 결과 양국 간에 맺은 마관조약馬關條約 제5조 제1항에 따라 대만 거주 중국인은 1897년 5월 8일 이전까지 대만에 거류할 것인지 아니면 대륙으로 돌아갈 것인지를 결정하도록 강요당했다. 그 기한이 만료되어 대만을 떠난 사람은 5,460명(총인구 280만 명)으로 인구의 0.2 퍼센트 미만이었다. 그에 따라 대만에 남은 대다수의 대만인은 자동적으로 '일본국 신민'이 됐다. 그런데 그들은 대륙, 특히 그들 대부분의 본래 출신지인 푸젠성福建省과 긴밀한 생활권을 유지해왔기 때문에 자연스레 왕래가 잦았다. 청일전쟁으로 갑작스럽게 그들의 생활권이 국경에 의해 분열됐다 해서 국가권력이 그들의 여행을 막을 수만은 없었다. 그래서 대만총독부는 별도로 국경 출입에 관한 규정을 만들어야 했다.

1897년 1월 '외국여행권단속규칙外國行旅券取締規則'이 발포됐다. 이에 따르면 일본국 신민이 된 대만인이나 일본인 모두 국경을 넘을 때에는 조사를 받고 여권을 획득해야 했다. 그런데 일본 국적을 취득한 대만인 가운데 일본국 여권을 갖고 중국에 건너가 일본인으로서 영사재판권 및 지방통행세厘金 등의 면세 특권을 악용하는 사례가 많아지면서 대만인에 대한 여권 발급이 점차 엄격히 제한되게 된다. 그에 따라 사진을 첨부하거나, 현지 사정상 사진 촬영이 불가능하면 대신에 용모상의 특징 등을 밝힌 신상명세서를 제출해야 했고, 신원조회에서도 차별을 받았다. 또한 1910년 7월 이후 대만의 바로 건너편인 샤먼[厦門]에 도착한 대만인은 현지 일본 영사관에 신고해야 하는 동시에 여권을 맡겼다가 그곳을 떠날 때 되돌려받았다. 나중에는 이것이 복잡하다고 하여 아예 편법이 사용됐는데, 즉 대만 항구에서 배를 탈 때 경찰이 여권을 검사하자마자 거둬 밀봉하여 선장에게 건네주고 아모이 도착 후에 바로 영사관 직원에게 전달하는 방편이 활용되기도 했다.

이 모든 조치는 대만총독부가 기본적으로 대만과 대륙을 격리시키려는 의도 아래에 여행을 통제하기 위해서 시행됐던 것이다. 특히 대만총독부는 대만 청년이 대륙으로 유학 가는 것을 막으려고 애썼다. 이에 비해 일본인은 1908년 이후 중국이나 홍콩을 출입국할 때 여권 소지 여부를 각자의 선택에 맡기는 편의를 제공받았다. 이런 상황들을 살펴보면 대만인이 중국을 드나들 때 차별받았음이 역력하다.

그와는 달리 일본국 신민으로서 대만인이 일본에 드나들 때에는 여권이 필요 없었고 또 일본을 경유해 여권 없이 대륙에 들어가도 됐기 때문에 이 방편을 이용해 중국에 건너가는 사람들이 늘어났다. 물론 그럴 경우 귀국한 후 처벌을 받기도 했다. 그런데 이 경우도 그 처벌 여부의 기준이 중국에 입국하려는 동기가 대만을 떠나기 전에 발생했는지 그 후에 발생했는지에 따라 결정되는 애매한 조처였다.

이렇게 대만인의 중국 출입은 불편했고 일본국 신민으로서 차별을 받았다. 이에 대만인 사이에서 저항의 움직임이 발생하기도 했는데, 예를 들면 상하이上海대만학생연합회는 '여권旅行券'에 반대하면서 '중국여행권철폐동맹撤廢渡華旅行券同盟'을 발기했다. 또한 대만의 급진적 정당인 대만민중당臺灣民衆黨도 중국여권赴華旅券制度 폐지운동을 벌인 적이 있다. 그러나 그것이 폐지되지는 않았고, 20세기 중반 중국과의 전쟁 국면으로 치달으면서 여행 요건은 오히려 더 강화됐다. 요컨대 "중국여행권 제도는 일본제국주의가 대만과 대륙을 분리시키는 데 필요한 가장 직접적이고 유효한 방법"[3]이었던 것이다.

3. '고아의식'을 조성한 대만인의 중국여행
―우쥐류의 정신세계

식민지가 된 대만의 주민이 국경을 넘어 중국을 여행하기에는 여러모로 제약이 따랐다. 그럼에도 불구하고 대만인들 가운데 생업과 관련해 같은 생활권인 푸젠성 남부 지방을 여행하는 사람들이 적지 않았고, 몇몇 소수는 여러 가지 이유로 중국대륙을 여행한 경험이 있었다.[4]

그들 소수의 여행자들 중에서 여행기를 남긴 사례는 극히 드물고 그에 대한 연구는 더더욱 적은 편이라 할 수 있다.[5] 하지만 다행히도 식민지 시대에 대륙에 (비교적 장기) 체류한 경험이 있는 사람들의 회고담이 채록되어 구술자료로 남아 있다.[6]

필자는 많지 않은 여행자 가운데 소설가 우쥐류吳濁流(1900~1976, 본명 우젠톈吳建田)에 주목하고자 한다. 그는 1941년 1월에서 1942년 3월 말까지 상하이를 거쳐 난징南京에서 생활하면서 관찰한 것을 적은 중국 여행기『남경잡감南京雜感』[7]을 남겼을 뿐만 아니라 나중에는 그 체류경험에 기반해 쓴 자전적 소설 『아시아의 고아亞細亞的孤兒』[8] 등 일련의 작품을 발표했는데, 이것들은 모두 일제 시기 대만인의 정체성을 가장 잘 형상화한 것으로 평가된다. 더욱이 그의 작품들에 나타난 중국에 대한 인식, 뒤집어보면 대만인의 정체성이 시기별로 미묘한 변화를 보이고 있다는 점에서 한층 더 주목할 가치가 있다. 따라서 필자는 그의 정신세계에 각인된 중국인식을 통하여 대만인이 중국을 여행하면서 겪은 경험에 접근하려고 한다.

먼저 우줘류의 여행기 『남경잡감』을 살펴보자. 글 전체를 관통하는 중국의 이미지는 '조국'으로서의 중국이다. 비록 그는 일본 국민의 신분이지만 문화적으로 일체감을 갖고 있는 중국에 대해 커다란 기대를 품고 있다. 그런데 그가 여행을 통해 중국대륙을 직접 견문하기 전에 가졌던 중국에 대한 이미지는 대체로 일본교과서를 통해 교육받은 지식에 의해 형성된 것이었다. 거기에 묘사된 중국은 "늙고 큰 나라老大之國, 아편의 나라, 전족纏足의 나라이고, 전쟁을 하기만 하면 언제나 지는 나라이며, 외환내우外患內憂가 끊이지 않는 나라"이다. 그는 일찍부터 중국대륙으로 가서 조국인 중국이 진짜 어떠한 곳인지 확인해보고 싶었으나 기회가 없어 학생시절부터 줄곧 왜곡된 관념을 품고 있을 수밖에 없었다.[9]

그러던 어느 날 우줘류는 직접 대륙으로 건너가 상하이와 난징 등지에서 1년 남짓 생활하게 된다. 그때 그가 견문한 중국은 다양하면서 복잡한 사회이다. 그는 중국이 마치 바다와 같다면서, "화북, 화중, 화남 및 화교가 혼연일체가 되어 같은 빛깔을 드러내나 각자의 특색이 있으니 천차만별이고 사회 또한 극히 복잡기이하다"고 묘사한다.[10]

또한 중국은 무질서 속에서 질서를 이뤄내는 독특한 문화를 갖고 있다고 본다. 이 점은 그가 일본의 운동회와 중국 중앙대학의 운동회를 비교 관찰한 아래 인용문에서 잘 드러난다.

> 일본 운동회는 순서에 따라 진행되는 데 비해 중앙대학의 운동회는 순서는 있지만 어디서 시작되고 어디서 끝나는지 알 수가 없었다.……이와 같이 중국식 운동회는 순리대로 진행할 수 없을 때는 유유히 서두르지 않고 시간의 흐름에 따라 해결하니 무질서 가운데 질서를 지킨다. 이런 식으로 운동회는 순조롭게 진행된다 하겠다. 이 점에서 민족성의 일단을 엿볼 수 있어 아주 흥미롭다.[11]

이 같은 문화적 특성을 그는 '대륙의 매력'으로 요약한다. 즉 중국인들이 해외로 뻗어나가는 추동력은 "결코 정치세력이나 국력이 팽창해서가 아니라 완전히 각 개인의 노력과 발전성에 의해" 생기는 것이고[12] 이를 통해 중국이 사람들을 동화시키는 매력, 요즈음 유행어로 바꾸면 이른바 '소프트 파워'가 분출된다는 것이다. 그렇다면 그 매력의 실체는 무엇인가.

대륙의 매력은 사회가 자유롭고 오락성이 풍부하며 돈을 벌고 계층을 이동할 수 있는 기회가 많다는 것이다. 또한 "생활형식이 간단하며 인성人性이 풍부"[13]한 점도 강점이라고 말한다. 여기에서 말하는 오락성은 마작, 파티, 연희 관람처럼 중국 사회 각 계층이 공통적으로 좋아하는 세 가지 오락을 가리키고, 중국이 자유로운 사회이고 기회의 사회라는 지적도 쉽게 이해가 간다. 그런데 생활형식이 간단하며 인성이 풍부하다는 것은 좀더 보충설명이 필요할 듯하다. 그것은 무엇보다 의식주가 인간의 욕구에 잘 부응한다는 뜻이다. 즉 서양 의복에 비해 중국 의복이 생활하기에 간편하고, 먹을거리가 욕망을 잘 충족시켜주며, 주택도 문만 닫고 나면 무엇을 하든지 간섭받지 않고 자유로워 편리하다는 것이다.¹⁴

이렇게 본다고 해서 그가 중국 사회와 문화를 긍정한 것만은 아니다. 단지 그의 조국인 중국은 일본인의 기준으로는 이해할 수 없는 곳임을 강조하려 했던 것이다. 예컨대 중국이 "정치적으로 점차 근대 국가의 면모를 그려내지만 내용적으로는 여전히 봉건적인" 국가라고 지적하면서도, "얼핏 보면 지리멸렬한 느낌을 갖게 하는 중국이지만 사실 자세히 들여다보면 위대하고 일관된 통일성을 볼 수 있다"는 점도 드러내고 있다.¹⁵

『남경잡감』에 나타난 중국은 그에게 일종의 신앙이 된 '조국'으로서 존재하고 있다. 일본 통치 아래 좌절을 되풀이한 그에게 '조국'은 정신적인 버팀목으로 기능했던 것이다.

사실 이 같은 '조국'이란 중국 이미지는 그만의 독특한 것은 아니었고, 적어도 당시 대만 지식인들이 공통적으로 품고 있던 것이라고 할 수 있다. 예를 들면, 예룽중葉榮鐘(1900~78)은 "대만이 일본에 넘겨진 이후 출생한 우리는 조국의 토지를 직접 밟아보지도 못했고 조국의 산천을 눈으로 보지도 못했으며 대륙에 혈족도 인친姻親도 없다. 문자역사 및 전통문화 이외에 한 점 연결된 곳을 찾을 수 없으니 조국은 단지 관념의 산물이지 경험의 실감은 아니다"¹⁶고 밝힌다.

그럼에도 그들이 그처럼 관념적이나마 중국에 대한 매우 강한 향심력을 갖게 된 것은 '민족정신' 덕이고, 그것은 또 일본제국주의의 압박으로 조성된 것임을 그는 다음과 같이 지적한다.

우리의 관념상의 조국은 도대체 어떤 국가인가. 우리의 조국에 대한 관념은 역사문자로 구성된 것이 상당한 정도를 차지하나, 일본인의 말과 행동을 통한 핍박만큼 절실하지는 않다. 우리가 일본인의 압박에 저항할 때마다 일본인이 한 공통된 공갈은 이 한마디 즉 "일본 국민으로 살기 싫으면 지나支那(중국에 대한 멸칭—인용자)로 돌아가도 좋다"였다. 이 같은 일본인의 압박이 크면 클수록 대만인이 아이처럼 조국을 흠모하는 감정은 더욱더 절실해졌다. 만일 일본인이 저 50년간의 통치 기간에 이른바 '일시동인一視同仁' 정책을 취해 차별하지 않고 능멸하지 않았다면 대만인의 민족의식은 아마도 이렇게 강렬하지는 않았을 것이다.[17]

그런데 불행하게도 그들이 중국을 직접 경험하면서 그 신앙은 점차 훼손되어갔다. 물론 우줘류의 『남경잡감』만 보면 신앙이 무너져 간 증거를 찾기는 힘들다. 하지만 전후에 발표된 『아시아의 고아』 같은 자전적 장편소설을 보면 이 점이 명확하게 드러난다.[18] 『아시아의 고아』에 묘사된 난징에서의 생활은 사실상 『남경잡감』의 내용을 그대로 옮겨놓은 것으로 후자는 전자의 원본이라 할 수 있다. 그런데 왜 『남경잡감』에는 『아시아의 고아』와는 달리 중국에 대한 환상이 깨지면서 절망하는 대목이 묘사되어 있지 않을까. 그 원인에 대해서는 뒤에 다시 살펴볼 예정이니 본격적인 언급은 잠시 미뤄두겠다. 여기에서는 간단히 『남경잡감』이 처음에 일본어로 발표됐다는 점에서, 저자가 중국인이 대만인을 어떻게 차별하는지를 일본 독자에게 알리고 싶지 않아서 그에 대해 기록하지 않았을 것으로 추정한 견해를 소개하는 데 그치겠다. 그러다가 전쟁 종결 후 『아시아의 고아』와 『무화과』를 집필하면서 비로소 난징에서 겪은 차별의 일을 폭로하게 된다는 것이다.[19]

그렇다면 이제는 『아시아의 고아』에서 중국이 어떻게 형상화되고 있는지 살펴볼 때가 됐다. 이 장편소설은 주인공이 대만—일본—중국대륙—대만으로 삶의 거처를 옮겨다니는 이야기로, 단순히 소설의 무대가 바뀌는 것뿐만 아니라 그와 더불어 정신세계(바꿔 말하면 정체성 형성)의 중심이 되풀이 이동하는 그야말로 여행소설이라 할 만한 작품이다.

소설의 주인공 후타이밍胡太明은 한학자인 할아버지와 한의사인 아버지를 둔 여유있는 지주 가정에서 태어났다. 그의 이름에서도 드러나듯이 '조국'의 순수한 문화를 간직한 명 왕조를 숭상하는 가풍의 영향으로 그는 어린 시절 서당에서 한학을 배우며 자랐다. 좀더 커서는 일본식 공학교에서 신식학문을 배웠고, 국어학교 사범부로 진학하면서 "조금씩 새로운 시대의 문화인으로 성장해갈 수 있었다."[20] 그리고 그곳을 졸업한 뒤 시골 공학교의 교원이 된다.

이러한 경력에서 엿볼 수 있듯이 그는 비교적 일본 식민지체제에 잘 적응한 편이었다. 그러나 부임지 학교에서 대만인 교사진과 일본인 교사진 간의 차별과 갈등을 겪으면서 차차 식민지의 현실을 직시하게 된다. 이 깨달음은, 그가 애타게 사모하던 일본인 여교사 나이토 히사코內藤久子에게 용기를 내 애정고백을 하자 돌아온 답변으로 그 절정에 이른다.

잠시 침묵이 흐른 뒤—이 시간이 무한히 오랜 듯했는데, 타이밍은 통통 뛰는 가슴을 억제하고 히사코의 끊어질듯 이어지는 그러나 분명하고 단호한 대답을 들을 수 있었다.
"전, 아주 기뻐요. 하지만 그건 불가능해요. 왜냐하면 저와 당신은……다르니까요."
도대체 무엇이 다르다는 말이지? 이건 굳이 이 자리에서 그녀의 설명을 듣지 않아도 알 수 있는 것이었다. 그녀가 말하고 싶은 건 바로 피차 민족이 다르다는 것이었다.

"오, 하느님!"

타이밍은 절망했다. 세상이 일순간에 무너지는 기분이었다. 이 얼마나 가혹하고 절망적인 선고인가![21]

이제 히사코는 그가 도저히 가까이 할 수 없는 존재가 되어버렸지만, 일본 자체는 아직 선망의 대상으로 남아 있었다. 그래서 그는 히사코로 인한 절망과 고통도 잊을 겸 일본 유학을 결심한다.

일본으로 유학을 떠난 타이밍은 일본생활에 잘 적응하면서 그곳의 풍광과 문화에 비교적 호감을 품게 됐지만, 그곳에서도 대만인으로서 느끼게 되는 차별감과 그에 따른 혼란을 떨쳐버릴 수 없었다. 그것은 그가 처음 일본에 도착하자마자 동향 친구 란藍이 해준 다음과 같은 충고에 압축적으로 표현되어 있다. "이곳에서는 자네가 대만 사람이란 걸 밝히지 않는 것이 좋아. 대만 사람들이 하는 일본어는 규슈九州 발음하고 비슷하니까 자네는 그냥 후쿠오카福岡나 구마모토熊本 출신이라고 하게."[22]

타이밍은 중국대륙 출신의 학생들과 접촉하면서 대만인으로서 당해야 했던 차별을 한층 더 날카롭게 느끼게 된다. 그는 어느 날 친구 란에 이끌려 재일중국인유학생회中國同學會에서 주최하는 강연장에 참석했다가 중국대륙에서 온 참석자에게 자신이 대만 출신이라고 소개한 후 심한 수모를 겪게 된다. 좀 길지만 인용해보겠다.

"와세다대학 졸업생인 천陳이라고 합니다. 광둥廣東 판위番寓 사람입니다. 잘 부탁드리겠습니다······."

자기에게 다가와 인사를 하는 그의 솔직한 태도에 타이밍도 자기소개를 했다.

"대만 출신의 후타이밍이라고 합니다. 현재는 고등공업학교物理學校에 다니고 있습니다."

그 순간 상대의 안색이 싹 변했다. 방금까지도 아주 친근했던 태도는 온데간데없이 사라지고 그는 모멸감에 찬 표정으로 입술을 일그러뜨렸다.

"뭐라고? 대만? 흥!"

그는 이렇게 냉소를 내뱉고는 더이상 말하기도 싫다는 표정으로 타이밍 곁을 떠나가버렸다.

이 둘 간의 대화는 금세 주변 사람들에게 퍼졌다.

"뭐? 대만놈이라고!",

"분명 스파이일 거야!"

한바탕 이런 쑥덕거림이 파도처럼 퍼져나가다가 드디어 어느 정도 잦아드는 듯싶더니 이번엔 다시 형언키 어려운 무거운 침묵이 주위를 휘감았다. 타이밍은 더이상 그 자리에 있을 수가 없어 자리에서 일어나 도망치듯 회의장을 빠져나왔다. 그는 말할 수 없는 분노를 꾹 누르며 인적이 드문 적막한 길을 빠른 걸음으로 걸어갔다.

갑자기 뒤에서 발자국 소리가 들렸다. 란이었다. 그는 타이밍을 따라잡을 기세로 급하게 달려오더니 타이밍의 어깨를 와락 낚아채며 화난 표정으로 말했다.

"바보 같은 자식! 일본인의 이간정책으로 일부 대만인들이 샤먼 일대에서 일본의 세력을 이용해 온갖 나쁜 짓이란 나쁜 짓은 다 한다는 거 몰라서 그래?"[23]

이러한 차별은 일본에서만 겪었던 것이 아니었다. 그는 유학을 마치고 대만으로 돌아오지만 곧 식민지 대만에서의 차별적 현실에 부딪히게 된다.[24] 일본에서 고등교육을 받았음에도 불구하고 기대했던 일자리를 구할 수 없었던 것이다. 그래서 그는 중국대륙에 기대를 걸고 대륙행을 결심한다. 위에서 보았듯이 여권을 얻는 일은 쉽지 않았지만, 다행히 옛 제자인 경찰의 주선으로 군수의 도움을 받아 예상보다 빨리 여권을 받을 수 있었다. 그때 군수는 타이밍에게 "중국으로 가더라도 힘들 걸세. 자네들처럼 고등교육을 받은 사람들은 차라리 대만에 남아 섬문화를 위해 진력하는 게 나을 거야"라고 충고한다.[25] 이 말은 이후 타이밍의 중국생활을 예언한 것이나 다름없었다.

교수 자리를 얻어준다며 타이밍을 대륙으로 부른 동향 친구 쩡曾은 난징에서 처음 그를 만난 자리에서 다음과 같이 주의사항을 일러준다.

우리는 어디에 가더라도 신용을 얻지 못해. 숙명적인 기형아 같은 존재이지. 우리 자신에게는 아무 죄도 없는데 그런 대우를 받는다는 건 정말 부당한 거야. 그러나 무슨 방법이 있나. 어디까지나 끝까지 따돌림만 당하는 의붓자식처럼 비뚤어진 근성을 갖지 않으려면 말없이 실제 행동으로 증명을 해 보이는 수밖에. 중국 건설을 위해 희생하겠다는 열정에 있어서는 우리도 절대 뒤떨어져서는 안 된다는 거야![26]

이렇게 대만인이 대륙에서 차별을 당하는 현실은 다른 사람들의 회고에서도 숱하게 지적된다. 차별을 피하고자 "외성인外省人과 있을 때 샤먼인으로 행세했다든가"[27], 대만인은 대륙에서 '삼등국민'으로 간주됐다[28]는 증언도 있고, "저장대 공학원浙江大工學院에 들어갔는데, 동료들이 대만이 어디 있는지도 모르고 화외지민化外之民으로 간주하면서 '생번生蕃'이란 별명으로 자신을 불렀다"는 증언도 있다.[29]

대륙에서 대만인이 당해야 했던 차별과 질시는, 『아시아의 고아』에서는 주인공 타이밍이 난징에서 외교부 공무원인 부인과 결혼해 아이까지 둔 중학교 교사임에도 불구하고 어느 날 갑자기 일본의 스파이라는 죄목으로 경찰에 체포당하는 사태에까지 이르게 한다. 타이밍은 그간 숨겨왔지만 사실 자신은 대만인이라는 것을 솔직히 인정하고, 그럼에도 불구하고 중국 건설을 향한 거짓 없는 마음만은 믿어달라고 토로했다. 그 진심어린 태도는 적잖이 담당 과장의 마음을 움직인 듯싶었다. 그러나 그를 동정하는 것과 '당국의 방침'은 별개였다. 과장은 말했다. "당신이 스파이일 리 없다는 것은 믿습니다. 하지만 그렇다고 해서 당신을 석방할 권한이 내게는 없습니다. 이것은 정부의 명령이니 나는 당신을 구속하지 않을 수 없군요."[30]

소설 구성상으로 보면 다소 작위적인 설정이지만, 타이밍은 자신의 제자였던 경찰관 부인의 도움으로 간신히 탈출을 감행해 거처를 상하이로 옮긴다. 당시 상하이는 반일운동이 한창인 곳이었다. 대만인은 중국민족주의와 일본제국주의의 틈바구니 사이에서 이러지도 저러지도 못하는 처지에 놓여 있었다. 급변하는 역사적 흐름에 직면해 대만인의 귀추歸趨는 중대한 위기를 맞게 됐던 것이다. 그들은 저마다 적과 아군으로 분열되어 있었다. 실제로 일본의 상하이 주재 영사관의 대만과장은 상하이 거주 대만인에 대한 상세한 자료를 확보하고 있었다.[31] 또 대만인들 가운데 일본의 중국 지배에 적극 협력하는 사람들도 있었는데, 예를 들면, 1936년 일본 통치 아래 있던 상하이에서 적지 않은 대만인이 특권이 있는 듯 자처했고,[32] 이른바 왕징웨이汪精衛 친일정권과 가까웠다.[33] 천쉬비陳許碧는 자신의 남편 천시칭陳錫卿이 대북제국대학臺北帝大 정치과를 졸업한 뒤 만주국의 문관시험에 합격해 그곳에서 관리로 일하다가 상하이로 옮겨와 왕정권의 핵심인물인 천궁보陳公博의 비서로 일한 적이 있다고 회고한다.[34]

이 같은 대만인의 복잡한 처지가 작품에서는 그들을 '고아'로 만드는 조건으로 묘사된다. 전 국민당 관리로서 브로커 노릇을 하던 리李는 타이밍이 상하이를 탈출해 대만으로 돌아갈 수 있도록 도와주는데, 그는 어느 날 타이밍에게 반농담조로 이렇게 빈정거린다.

역사의 동력은 모든 것을 휩쓸어버리고 있습니다. 당신 혼자 초연하게 관망하고 있는 것도 외로울 것입니다. 동정하지 않을 수 없군요. 당신은 역사가 어느 쪽 방향으로 움직여도 간여할 힘이 없으니까요. 설령 당신이 어떤 신념을 가지고 어느 쪽으로든 힘을 가한다 해도 남들은 신임하지 않을 거예요. 기껏해야 간첩 취급이나 하겠죠. 이렇게 보면, 당신은 일개 고아인 셈이지요.[35] (강조 인용자)

어쨌든 그가 '고아'로서 간난의 고초를 겪고 돌아간 곳은 대만이었다. 그런데 집안은 몰락했고, 대동아전쟁 말기에 광풍에 휘말린 대만은 그에게 정착지가 되지 못했다. 그는 정체성 혼란의 긴 여행 끝에 미쳐버리고 만다. 소설은 그렇게 끝을 맺는다.

이와 같이 이 소설에는 중일전쟁, 태평양전쟁으로 이어지는 전쟁의 소용돌이 속에서 일본인은 물론이고 중국인에게도 적으로 인식됐던 대만인의 처지, 다시 말해 공교롭게도 대만이 그 사이에 끼어 양쪽의 '공적公敵'이 되어버린 상황이 밀도있게 형상화되고 있다. 이것이 우쥐류가 말하는 '고아의식'을 낳은 근원이다.[36]

4. 여행 후기

　우쥐류의 정신세계에 표상된 중국 이미지를 통해 일본 식민지 시기 대만인이 중국을 여행하면서 겪은 경험세계에 접근한 우리의 여행은 이제 끝이 났다. 남은 일은, 같은 여정을 여행하려는 나중의 여행자를 위하여 이번 여행에서 보고 들은 내용 중 기억해둘 만한 것들을 간단히 정리해두는 작업뿐이다.
　첫 번째로 우쥐류가 형상화한 '아시아의 고아'로서의 정체성은 '대만의식'의 역사적 변천과정에서 어떤 위치에 있는 것인지 따져보자.
　여기서 황쥔졔黃俊傑가 '대만의식'의 발전단계를 네 단계로 나눈 것을 참고로 삼을 수 있겠다. 그에 따르면 그 첫째 단계는 명청시대의 대만으로, 그때는 중국의 지방으로서의 의식만 있을 뿐이니 곧 장저우章州의식, 촨저우泉州의식, 민난閩南의식 및 커자客家의식 등이 이에 해당한다. 둘째 단계는 일본 식민지 시대의 대만의식이다. 피통치자로서의 대만인의 집단의식인 대만의식이 이때 비로소 출현하는데, 그것은 민족의식이자 계급의식이다. 세 번째는 1945년 이후의 대만의식이다. 기본적으로 성적省籍의식이니, 특히 전후 대륙에서 건너온 외성인이 다수를 차지한 국민당정권에 대한 반항으로서의 대만의식이 1947년 2·28사건 이후 가속적으로 발전한다. 마지막 네 번째 단계는 1987년 계엄령 해제 이후의 대만의식이다. 대만이 민주화되면서 북경 정부가 대만에 가하는 압박에 대해 저항하는 정치의식이 형성됐음을 말하는데, '신대만인' 담론이 이런 새로운 분위기 속의 사유방식을 잘 보여준다.[37]

이렇게 네 단계로 구분한 문제의식에 대해서 논란이 없지는 않을 터이나 이에 대해서는 더 깊이 들어가지 않고, 여기에서는 이번 탐구의 주제인 일제 시대에 처음 출현한 대만의식에 대해 좀더 집중적으로 살펴보겠다. 일제 시대의 대만의식은 기본적으로 문화적 정체성이지 정치적 정체성은 아니다. 당시 대만인이 자기동일시한 것은 오랜 전통의 한문화이지 당시의 대륙을 통치한 중국 정권—그것이 청조이든 국민당정권이든—이 아니었다는 뜻이다.[38] 그런데 이 설명은 위에서 살펴본 우쭤류의 『남경잡감』의 조국관(즉 중국관)에는 해당하나, 『아시아의 고아』에 묘사된 중국에 대한 환멸과는 거리가 있다. 그 이유를 어떻게 설명해야 할까.

먼저 생각해볼 수 있는 것은, 작가의 의식이 변화된 역사적 상황에 대응한 결과라고 보는 관점이다. 전후의 대만 상황, 구체적으로 말하면 국민당 통치 아래의 '중국경험'이 작가를 단련시키면서 대만의식을 강화해갔고 그것이 작품에 반영된 것이라고 보는 것이다. 1960년대가 되면 작가의 대만인의식은 완전히 성숙하여 고아의식에서 강렬한 대만의식으로 전환된다.[39] 달리 말하면 황쥔제가 제시한 세 번째 단계의 대만의식에 의해 두 번째 단계의 대만의식이 재구성된 것으로 간주할 수 있다. 이 점은 작가가 광복 20주년을 맞아 1945년의 광복에 대한 감상의 변화에 대해 언급한 다음 대목에서 어느 정도 드러난다. 그는 "광복절에 대해 처음 몇 년은 열광과 희열을 느꼈으나, 다시 몇 년을 지내면서 문화에 대해 얼마간 방황과 불안을 느꼈다. 기쁨이 다하고 슬픔이 찾아온 느낌이었다. 지금에 이르러서는 아무런 느낌도 없는 듯하다"[40]고 털어놓았다. 그 역시 다른 대만 지식인들과 마찬가지로[41] 일본의 질곡에서 벗어나 관념 속에 그리던 조국의 품으로 돌아갔기 때문에 광복을 충심으로 기뻐했고, 그래서 조국의 정부가 와서 대만을 통치하는 것을 환영했지만, 광복 20주년을 맞아 그것을 반길 수 없는 처지에 이른 것이다.

그런데 필자는 이런 설명도 일정 부분 의의가 있다는 점을 인정하면서도 이와 각도를 달리해 규명해야 할 필요가 있다고 본다. 즉 두 번째 단계의 대만의식에 이미 세 번째 단계의 대만의식이 잠재해 있음을 우쥐류의 『아시아의 고아』가 잘 형상화한다는 사실을 강조하고 싶다. 달리 말하면, 대만의식은 (위에서 황쥔졔가 주장했듯이) 역사적 단계마다의 불균등한 정치권력의 구조 때문에 형성된 것이므로 그 맥락 속에서 파악해야 하는 것인[42] 동시에 그 연속성도 중시해야 한다는 뜻이다. 레오 칭Leo T.S. Ching이 명확하게 지적했듯이, "현재 진행중인 대만의 통독 논쟁은 탈식민 시기의 것이지만, 일본 식민 시기는 여전히 '대만의식'과 '중국의식'의 많은 과제들이 그 속에 뿌리내려 논쟁되는 하나의 강력한 하부텍스트subtext로 남아 있기"[43] 때문이다.

이와 관련해 필자가 특별히 주목하는 것은 우쥐류가 환기시키고 있는 '아시아'란 공간이다. 그는 작가로서 식민지 대만, 제국 일본 및 민족주의 중국 사이의 경계를 넘나들면서 동아시아가 연동하는 하나의 맥락을 이루고 있음을 문학적 감수성에 의해 적확하게 포착하고 있다. 흔히 대만의식을 거론할 때 중국과 대만이라는 양안관계에만 주의를 기울이는 경향이 강한데, 이미 일제 시대부터 일본의 개입에 의해 그 관계가 변형된 이래 지금까지도 그 틀이 유지되고 있음을 우리는 결코 간과해서는 안 된다. 그리고 특히 냉전시대를 거치면서 미국이 (일본을 그 하위파트너로 삼아) 양안관계에 개입해 대만―중국―일본의 삼각관계의 틀이 바뀌는 변화가 동아시아에 있었다는 사실도 주목해야 할 것이다.[44]

두 번째로 대만이 (우쥐류가 형상화한) '고아'란 정체성으로부터 벗어날 출로는 있는가에 대해 생각해보자.

이미 제기된 하나의 출로는 천잉전陳映眞이 주장한 "'고아의식'의 극복"이다. 그는 제국주의에 저항하는 중국 인민의 역사의 전형적인 한 부분인 대만의 역사가 중국근대사에 합류함으로써 고아심리를 극복할 수 있다고 답안을 제시했다.[45] 사실 이것은 전형적인 '통파(중국과의 통일 지지파)'의 관점이다. 그가 말하는 중국이 단순히 중국중심주의가 아니라 반제·반자본주의적 제3세계 민족주의와 통하긴 하지만, 그럼에도 불구하고 거대한 중국의 현존을 긍정하는 것은 분명하다.[46]

이 대척점에 선 것이 '독파(대만독립 지지파)'의 답안이라 할 수 있다. 예를 들면, 쑹쩌라이朱澤萊는 '고아'는 '하나의 거울'로서 "대만인에게 자기 자신을 비춰보게 한 첫 번째 것"이라고 그 이미지가 갖는 중차대한 의의를 인정하면서, 민족주의 중국과 제국주의 일본의 재현으로부터 자기를 분리해내 대만의 '자아탐구'를 수행해야 한다고 역설한다.[47] 그런데 이런 관점은 억압받는 '소수자'의 정치적 정당성의 근거가 되고 "쉽게 본토주의nativism 같은 것으로 전환되어" 식민지의 혼종성이나 불연속성을 편의적으로 간과할 위험이 있다.[48]

이상에서 제시된 두 출로에서도 알 수 있듯이, 고아의식으로부터 벗어날 출구를 찾는 어떠한 노력도 쉽사리 통독의 양극화된 자장 속으로 분해될 위험성이 다분하다. 여기서 이러한 이분법을 벗어나는 하나의 길로서 필자의 동아시아론의 한 요소인 '이중적 주변의 시각'[49]을 제안해보고 싶다. 이 시각에서 보면, "중앙과 주변의 관계에서 차별과 억압이 무한연쇄를 이루고 있고, 그 속에서 자신의 위치를 발견하고 중앙과 주변의 시각을 확립하는 것은 그 연쇄가 무한인 이상 무한의 노력을 요구한다. 그런 의미에서 주변의 시각을 갖는다는 것은 곧 지배관계에 대한 영원한 도전이요, 투쟁이다." 우줘류의 '고아'의식이 동아시아의 중심과 주변의 차별구조에 대한 비판이자 그에 저항하는 주체에 대한 성찰이란 점에서 필자의 문제의식과도 통한다 하겠다. 주변을 특권화하거나 본토주의로 환원되는 위험에서 벗어나기 위해서는 중심과 주변의 관계를 탈역사화하지 않고 역사적 맥락(특히 세계체제의 위계질서) 속에 위치시켜 비판적으로 분석하지 않으면 안 된다. 고아의식으로부터의 진정한 탈출은, 동아시아에서 역사적으로 형성된 주변의 다원적 주체의 정체성을 새롭게 정립하여 전체 구조를 변혁하는 동력을 확보함으로써 주변에 내재하는 비판성을 제대로 발휘하게 하는 지적·실천적 수행을 통해서만 가능할 것이다.

마지막으로, 식민지를 살던 대만인이 경계를 넘어 중국대륙을 여행하고서 대만을 다시 보며 경험한 식민지 근대성의 의미에 대해 정리해보자.

레오 칭은 "연속적 이동, 이민 및 여행(강요된 것이든 자발적이든)은 식민지 근대성의 지형도topography 안에서 실존의 일반적 조건과 존재론적 경험을 구성한다"[50]고 해석한다. 말하자면 끊임없는 떠돎과 여행이란 관념이 대만 식민지 주민만의 특유한 경험이 아니라 식민지 일반의 현상이란 주장이다. 여기서 한 걸음 더 나아가, 랴오빙후이廖炳惠는 우줘류가 여행을 통해 조국 중국을 가슴에 품지도 못하고 일본 식민지 통치로부터도 벗어나지 못한 채 오히려 두 개 문화의 모순 및 그 자체의 문제를 발견했음을 지적한다. 그러한 여행경험 끝에 우줘류가 발견한 것은 "비중국적非中的 · 비일본적非日的 대만의 근대라는 또 다른 종류의 경험"으로, 그는 이것을 '또 하나의 근대성alternative modernity'이라고까지 표현한다.[51]

그런데 랴오빙후이가 말하는 '또 하나의 근대'가 다원적 근대성의 하나의 변종인지, 아니면 근대를 넘어설 대안적 근대로까지 기대하는 것인지 그의 글에서는 구체적 서술이 없어 아쉽다. 필자는 대만인의 여행경험을 식민지 근대성의 시각에서 파악하는 작업의 유용성을 부인하지는 않지만, 그것이 '대안적 근대'로까지 이어질 수 있을지는 아직 잘 모르겠다.

어쨌든 대만인의 자기정체성을 찾기 위한 경계를 넘는 여행은 지금도 힘겹게 계속되고 있고, 그 세계를 이해하기 위한 우리의 탐구여행도 계속되어야 함은 물론이다.

미주

총설 동아시아 여행 속의 네트워크와 정체성

1 柳田國男, 「旅行の進步及び退步」(1927), 『定本柳田國男集 25』, 筑摩書房, 1970, 94쪽.
2 다니엘 부어스틴, 정태철 옮김, 『이미지와 환상』, 사계절, 2004, 130쪽.
3 古事類苑刊行會 編, 『古事類苑』上卷, 古事類苑刊行會, 1932, 587쪽.
4 田中明, 『近代天皇制への道程』, 吉川弘文館, 1979, 224~226쪽.
5 다카시 후지타니, 한석정 옮김, 『화려한 군주 : 근대일본의 권력과 국가의례』, 이산, 2003.
6 엔닌의 여행에 관해서는 E. 라이샤워, 조성을 옮김, 『중국 중세사회로의 여행』, 한울, 1991 등 참조.
7 유럽의 경우 통역에 대한 연구는 1950년대부터 시작됐으나 통역의 역사에 대한 관심은 최근까지도 극히 낮았다. 정치학자 R. 롤랜드는 "역사가는 지금까지 통역과 번역을 무시해왔다"고 지적한 바 있다(R. A. Rolland, *Interpreters As Diplomats : A Diplomatic History of the Role of Interpreters in World Politics*, University of Ottawa Press, 1999, 8쪽). 다만 유럽통합의 과정과 맞물려 최근 들어 '통(번)역학 르네상스'의 도래가 운위되고 있다. 일본의 경우에는 杉本つとむ, 『長崎通詞 : ことばと文化の飜譯者』, 開拓社, 1981 ; 片桐一男, 『阿蘭陀通事』, 丸善, 1995 ; 林陸朗, 『長崎唐通事』, 吉川弘文館, 2000 ; 鳥飼玖美子, 『通譯者と戰後日米外交』, みすず書房, 2007 등의 성과가 있을 뿐이다.
8 최근까지의 연구현황에 대해서는 桃木至朗 編, 『海域アジア史研究入門』, 岩波書店, 2008을 참조하라.
9 예컨대 伊豫谷登士翁 編, 『移動から場所を問う : 現代移民研究の課題』, 有信堂, 2007 참조.
10 문화연구 분야에서는 Caren Kaplan, *Questions of Travel : Postmodern Dis-*

courses of Displacement, Duke University Press, 1996과 같은 성과가 있으나 여기서는 역사학의 경우를 가리킨다.

| 제3부 네트워크 |

제국 경략에 미친 고대 순행의 유산

1 양제의 순행을 대외정책의 일환으로 보는 관점에서의 연구로는 돌궐 내부의 분쟁을 이용한 분화(分化)정책의 성공과 실패에 초점을 맞춘 劉健明, 『隋代政治與對外政策』 제7장 「仁壽大業年間對突厥的政策」, 文津出版社, 1999, 변경의 안위를 위한 양제의 노력을 강조한 何平立, 『巡狩與封禪』, 齊魯書社, 2003, 281~292쪽, 중국을 중심으로 하는 세계질서 구축과 순행을 연계시켜본 정재훈, 「수 양제(604~617)의 대외정책과 천하 순행」, 『중국사연구』 30, 2004 등이 있다.

2 何平立, 앞의 책, 10~13쪽.

3 『孟子』 梁惠王下, "天子適諸侯曰巡狩, 巡狩者, 巡所守也. 諸侯朝於天子曰述職, 述職者, 述所職也."

4 '정관지치(貞觀之治)'의 내용과 위징의 역할에 대해서는 김선민, 「隋·唐初 君臣의 公道의식 변화: 魏徵의 至公君主論」, 『魏晉隋唐史研究』 4, 1998 참조.

5 『隋書』, 中華書局, 1973, 卷 3, 煬帝上, 59~60쪽.

6 『隋書』 卷 2, 高祖下, 45쪽.

7 『資治通鑑』, 中華書局, 1956, 卷 181, 隋紀5, 煬帝 大業 5年 6月, 5,644쪽.

8 『隋書』 卷 4, 煬帝下, 95쪽.

9 『通典』, 中華書局, 1988, 卷 54, 禮14, 沿革14, 吉禮13, 巡狩, 1,505~1,506쪽, "隋煬帝自文帝山陵纔畢, 卽事巡遊, 乃慕秦皇·漢武之事, 西征東幸, 無時暫息, 六宮與文武吏士, 常十餘萬人, 然非省方展義之行也,……評曰……始皇遊幸四方, 屬車八十一乘, 二漢以降, 至於有隋, 或東封告成, 或觀省風俗, 百辟悉至, 羣司畢從, 不下十餘萬人, 何止千乘萬騎. 所以曠代多闕斯禮."

10 『隋書』 卷 3·4, 煬帝紀; 『隋書』 卷 84, 北狄傳; 『資治通鑑』 卷 181·182, 煬帝紀 등에 의거했다.

11 應劭, 『漢官儀』 卷 下(孫星衍輯, 『漢官六種』, 中華書局, 1990, 184~185쪽에서 인용), "天子車駕次第謂之鹵簿. 有大駕·法駕·小駕. 大駕公卿奉引, 大將軍參乘, 太僕御, 屬車八十一乘, 備千乘萬騎, 侍御史在左駕馬, 詢問不法者.……法駕儀, 公卿不在鹵簿中."

12 『隋書』卷 12, 禮儀7, 282~283쪽.
13 『通典』卷 54, 禮14, 沿革14, 吉禮13, 巡狩, 1,505~1,506쪽.
14 『通典』卷 54, 禮14, 沿革14, 吉禮13, 巡狩, 1,505쪽.
15 『隋書』卷 74, 趙仲卿傳, 1,697쪽.
16 문제로부터 양제 초까지의 동·서돌궐 세력판도의 변화에 대하여는 정재훈, 앞의 논문, 45~47쪽 참조.
17 『隋書』卷 47, 柳謇之傳, 1,275쪽
18 『資治通鑑』卷 180, 隋紀4, 煬帝 大業 3년 정월, 5,627쪽.
19 『隋書』卷 3 煬帝上, 67쪽.
20 『隋書』卷 8, 禮儀3, 159~160쪽.
21 『唐六典』, 中華書局, 1992, 卷 16, 衛尉寺, 464쪽, "凡大駕親征及大田·巡狩, 以羝羊豭猪雄鷄釁鼓, 若皇太子親征及大將軍出師, 則用貐肫." 즉 대가를 갖추어 친정(親征)·대전(大田)·순수(巡狩)하는 경우 모두 흔고를 사용한다.
22 『隋書』卷 8, 禮儀3, 163쪽, "隋制, 皇太子親戎, 及大將出師, 則以貐肫釁鼓, 皆告社廟."
23 북제에서도 황제의 친정시 흔고하고 사(社)에 의(宜) 제사를 지냈다. 『隋書』卷 8, 禮儀3, 159쪽, "後齊天子親征纂嚴,……誓訖, 擇日備法駕, 乘木輅, 以造于廟. 載遷廟主於齋車, 以俟行. 次宜于社, 有司以毛血釁軍鼓, 載帝社石主於車, 以俟行."
24 『資治通鑑』卷 180, 隋紀4, 煬帝 大業 3년, 5,629쪽에는 4월 병인(丙寅)에 북순을 떠나 기해(己亥)에 적안택에 도착한 것으로 되어 있다. 적안택은 경사에서 가까운 관내도에 있기 때문에 병인에서 기해까지 33일이 걸린다는 것은 맞지 않다. 『隋書』卷 3, 煬帝上, 68쪽의 "병신(丙申)일에 출발하여 기해(己亥)에 적안택에서 제를 올렸다"는 기사가 정확하다.
25 『隋書』卷 8, 禮儀3, 159쪽, "隋制, 行幸所過名山大川, 則有司致祭. 岳瀆以太牢, 山川以少牢."
26 『唐六典』卷 4, 尙書禮部, 祠部郎中條, 124쪽, (注 : 車駕巡幸, 路次名山大川, 古昔聖帝明王, 名臣將相陵墓及廟應致祭者,……). 수대의 경우도 마찬가지였다고 본다.
27 『隋書』卷 37, 李渾傳, 1,120~1,121쪽.
28 안문군(雁門郡. 代州)의 서북쪽이 마읍군(馬邑郡. 朔州)이다.
29 유림군의 이전 명칭은 승주(勝州)로 하투(河套. 오르도스)의 동북부에 해당한다.
30 『資治通鑑』卷 180, 隋紀4, 煬帝 大業 3년, 5,632쪽.

31 『資治通鑑』卷 180, 隋紀4, 煬帝 大業 元年, 5,621쪽.
32 『隋書』卷 65, 薛世雄傳, 1,533~1,534쪽 ; 『資治通鑑』卷 181, 隋紀5, 煬帝 大業 4년, 5,642쪽.
33 『隋書』卷 184, 突厥傳, 1,877쪽에서 최군숙(崔君肅)이 서돌궐 처라가한에게 왜 계민가한이 수에 충성을 다하는지 이유를 설명한 부분에서도 알 수 있다.
34 『隋書』卷 8, 禮儀3, 167~168쪽, "隋制, 大射祭射侯於射所, 用少牢. 軍人每年孟秋閱戎具, 仲冬敎戰法. 及 大業三年, 煬帝在楡林, 突厥啓民及西域, 東胡君長, 並來朝貢. 帝欲誇以甲兵之盛, 乃命有司, 陳冬狩之禮……."
35 『隋書』卷 3, 煬帝上, 70쪽, "發丁男百餘萬築長城, 西距楡林, 東至紫河, 一旬而罷, 死者十五六.", 『隋書』卷 24, 食貨, 687쪽, "明年帝北巡狩, 又興衆百萬北築長城, 西距楡林東至紫河, 緜亘千餘里, 死者大半." 『資治通鑑』卷 180, 隋紀4, 煬帝 大業 3年, 5,632쪽에는 "이순(二旬)"으로 되어 있다.
36 『隋書』卷 84, 突厥傳, 1,877쪽.
37 『隋書』卷 41, 高熲傳, 1,184쪽 ; 『資治通鑑』卷 180, 隋紀4, 大業 3年 7月, 5,632~5,633쪽. 즉결 처형은 전시체제에서 주로 쓰는 방식으로, 이와 같은 양제의 무리한 행위에 대한 설명으로는 김선민, 「隋 煬帝의 軍制改革과 高句麗遠征」, 『東方學志』119집, 2003. 3, 179~190쪽 참조.
38 금하는 황하로 유입하는 하투 동북부의 강이다. 또한 운중군 치소(治所)의 이름이기도 하다. 한대에는 성락현(盛樂縣)으로 불렸으며 진한대 선우도호부(單于都護府)가 있었던 곳이다.
39 유림에서 금하를 거슬러 올라가면 운중(雲中)이 나오고 이곳에 만수수(萬壽戍)를 두었다.
40 유곡은 『資治通鑑』卷 181, 隋紀5, 大業 4年, 5,641쪽에 의하면 유림의 서쪽에 있다.
41 『隋書』卷 3, 煬帝上, 71쪽.
42 『隋書』卷 25, 刑法, 706쪽.
43 『史記』卷 28, 封禪書, 1,355~1,356쪽.
44 순수시의 명산 제사와 관련해서는 산악숭배·신앙의 문화적 배경에 주목한 何平立, 앞의 책, 65~83쪽도 참조된다.
45 봉선의식에 대해서는 봉(封)과 선(禪)을 각각 천(天)과 지(地) 제사로 보는 설과 봉선을 하나의 제천(祭天)의식으로 보는 설이 있다.
46 『隋書』卷 7, 禮儀2, 140쪽. 개황 14년 군신들이 봉선을 할 것을 청했으나 고조는 받아들이지 않았다. 그러나 다시 진왕(晋王. 煬帝)이 백관을 거느리고 간청을 하

자 그에 관한 예를 제정하도록 했지만, 결국은 봉선제의를 축소하여 태산 아래에서 배(拜)하는 예로 대신했다.

47 『隋書』 卷 3, 煬帝上, 71쪽.

48 『資治通鑑』 卷 181, 隋紀5, 608(大業 4)年 8月, 5,641~5,642쪽.

49 『隋書』 卷 7, 禮儀2, 140쪽.

50 酒井忠夫, 최준식 옮김, 『도교란 무엇인가』, 민족사, 1990, 181~182쪽.

51 何平立, 앞의 책, 289쪽에서 611(大業 7)년 강도에서 용주를 타고 통제거를 통해 탁군에 당도한 행행을 3차 북순이라고 했으나, 이 글에서의 북순은 돌궐 지역에 한정하고 또 고구려전을 순행에서 제외하는 이유를 언급했으므로 611년의 탁군행은 이 글에서의 북순과는 무관하다.

52 『隋書』 卷 4, 煬帝下, 84쪽, "(大業 9)靈武白榆妄, 稱奴賊, 劫掠牧馬, 北連突厥, 隴右多被其患", 같은 책, 89쪽, "(大業 11)上谷人王須拔反, 自稱漫天王, 國號燕, 賊帥魏刁兒, 自稱歷山飛, 衆各十餘萬, 北連突厥, 南寇趙."

53 『隋書』 卷 65, 薛世雄傳, 1,534쪽.

54 『資治通鑑』 卷 182, 隋紀6, 大業 11年, 5,696쪽.

55 태원의 서북쪽, 안문의 서남에 있다.

56 『資治通鑑』 卷 182, 隋紀6, 大業 11年, 5,697쪽의 주에 인용된 『大業雜記』.

57 劉健明, 앞의 책, 246~247쪽에서는 시필가한의 안문성 포위에 관해 돌궐세력 내부의 변화에 따른 시의적절한 대외정책의 강구 없이 이전 계민가한 때의 분화정책을 계속했기 때문에 화를 초래한 것으로 보았다.

58 『資治通鑑』 卷 182, 隋紀6, 大業 11年, 5,697~5,699쪽.

59 일례로 병부상서 단문진은 아적(夷狄)은 그 본성상 약하면 투항하고 강하면 돌아서 깨무는 자들이며 지난 역사가 이를 증명한다고 했다. 『隋書』 卷 60, 段文振傳, 1,459쪽.

60 정관(貞觀) 4년 항호처리에 관해서는 김선민, 「唐 太宗의 對外膨脹政策」, 『黃元九敎授定年紀念論叢: 동아시아의 人間像』, 혜안, 1995, 102~110쪽 참조. 본문의 내용은 이 부분을 요약한 것이다.

61 『舊唐書』 卷 61, 溫彦博傳, 2,361쪽.

62 이상의 논쟁은 『舊唐書』 卷 61, 溫彦博傳; 『舊唐書』 卷 194 上, 突厥上; 『貞觀政要』 卷 9, 議安邊; 『唐會要』 卷 73, 安北都護府 등 여러 문헌에 전한다.

63 『唐太宗李衛公問對』, 臺灣商茂印書館, 1975, 140~141쪽.

64 639(貞觀 13)년 4월 태종이 구성궁(九城宮)에 머물고 있을 때 돌리가한(突利可汗)의 동생 아사나결사솔(阿史那結社率)이 휘하 40명을 이끌고 어영(御營)을 야

습하여 암살을 기도한 사건이 있었다. 태종은 돌궐부락을 중국 내지에 둔 것을 후회, 이사마(李思摩)의 통솔 아래에 항호들을 하투 이북으로 강제 귀환시켰다.

65 김선민, 앞의 논문, 1995, 110~113쪽.
66 『舊唐書』卷 61, 溫彦博傳, 2,360~2,361쪽.
67 『舊唐書』卷 67, 李靖傳, 2,475쪽.

송대 여행인프라와 문화체험

1 일본이 견당사 파견을 폐지한 이유에 대해서는 의견이 분분하다. 鈴木靖民, 『古代對外關係史の研究』, 吉川弘文館, 1975, 253~308쪽 참조.
2 田中健夫, 「東アジア通交關係の形成」, 『世界歷史 9 : 中世 3』, 岩波書店, 1970, 511~550쪽 참조.
3 木宮泰彦, 『日華文化交流史』, 富山房, 1955, 254쪽.
4 澤田敎英, 「成尋阿闍梨の研究」, 『西山學報』 14, 1961, 참조.
5 藤善眞澄, 『參天台五臺山記の研究』, 關西大學出版部, 2005과 棚橋光男, 『後白河法皇』, 講談社, 1995은 이 부분에서 의견이 일치한다.
6 이 글은 히라바야시 후미오(平林文雄)의 교점본 『參天台五臺山記 校本並に研究』, 風間書房, 1978을 저본으로 삼았으며, 중국 저장공상대학(浙江工商大學) 일본문화연구소에서 인터넷상에 올린 교점본을 참고했다. 그리고 『참천태오대산기(參天台五臺山記)』의 개괄적인 내용은 모리 가쓰키(森克己)의 논문을 참고했다. 森克己, 「參天台五台山記について」, 『駒澤史學』 5호, 1956.
7 郭萬平, 「宋日關係史研究的新史料 : 『參天台五臺山記』」, 『廣西社會科學』, 2003, 8期.
8 棚橋光男, 앞의 책, 220쪽.
9 중국은 최근 들어서야 『참천태오대산기』에 대한 연구가 시작됐다(郭萬平, 앞의 논문). 왕리핑(王麗萍)의 저서는(『宋代の中日交流史研究』, 勉誠出版社, 2002) 8장으로 구성되어 있는데 모두 『참천태오대산기』를 분석했다.
10 曹家齊, 「『參天台五臺山記』中所見的北宋乘轎風俗」, 『文化廣角』, 2005. 2.
11 王麗萍, 「宋代の外國人宿泊施設について : 『參天台五台山記』を史料として」, 『日本研究』 22호, 2004.
12 王麗萍, 「『參天台五台山記』所載宋人陳詠軼事考」, 『文獻』 2005, 3期.
13 井上泰也, 「續·成尋の『日記』を讀む : 『參天台五臺山記』の人物群像」, 『立命館文學』 584호, 2004.
14 藤善眞澄, 앞의 책, 318~343쪽, 344~364쪽 참조.

15 平林文雄, 앞의 책, 377쪽. 조진이 일본 조정에 올린 글이 있으므로 참조.
16 田中健夫, 앞의 논문, 533쪽.
17 平林文雄, 앞의 책,「參天五臺山記の傳本」, 399~440쪽 참조.
18 조진이 지불한 뱃삯을 송나라 도량형으로 환산해보면 다음과 같다. 미(米) 1곡(斛)은 5두(斗)로 305문(文)이었으며, 50곡은 15관(貫) 250문이었다. 송 신종 희녕 3(1070)년 한기(韓琦)의 말에 따르면 당시 상품 견 1필은 관부의 이익을 덧붙여 1,610문으로 견 100필은 161관에 해당했다. 송 인종과 신종 때 사람인 정해(鄭獬)에 따르면 금 1량(兩)은 10관이며, (王仲犖 遺著,『金泥玉屑叢考』卷 8, 中華書局, 1998, 253, 294, 293쪽 참조) 3소량(小兩)은 1대량(大兩)이므로 사금 4량은 대략 13관 300문이 되며, 조진이 송나라에 도착한 후 송나라 사람 진영(陳詠)에게 수은으로 동전 매입을 부탁했을 때 수은 1량은 36문에 해당했다(井上泰也,「成尋の『日記』を讀む:『參天台五臺山記』の金錢出納」,『立命館文學』, 577호, 2002. 447쪽. 이 논문은『참천태오대산기』의 금전 출납을 상세히 고찰했다). 즉 수은 180량은 6,480문이 된다. 이를 더해보면 대략 196관이 되며, 1인당 24관 500문이 된다.
19 (宋) 羅大經,『鶴林玉露』卷 5, 乙篇,「儉約」, 中華書局, 1997, 208쪽.
20 棚橋光男, 앞의 책, 225쪽.
21 『參天台五臺山記』卷 1, 3쪽.
22 『參天台五臺山記』卷 1, 3쪽.
23 『參天台五臺山記』卷 1, 5쪽.
24 『參天台五臺山記』卷 1, 4쪽.
25 章深,「重評宋代市舶司的主要功能」,『廣州社會科學』, 1998, 4期.
26 『參天台五臺山記』卷 1, 11쪽.
27 胡天明,「宋代外國人來華及其在中國的法律地位」,『中州學刊』1991, 5期.
28 송대 관제에는 문관(問官)이 없다. 조진이 자신에게 이것저것 물었다는 의미에서 문관이라 표현한 것으로 생각된다. 후지요시 마스미(藤善眞澄)는 이 문관을 통판(通判)이었던 소식(蘇軾)으로 보았다. 같은 책, 제2절「成尋をめぐる宋人: 成尋と蘇東坡」, 318~343쪽. 그런데 소식이 고려 사절에 대해서 매우 부정적이었던 것을 보면 조진 일행을 호의적으로 대한 이 문관은 소식이 아닐 가능성도 있다. (宋) 蘇軾,『蘇軾文集』卷 35,「論高麗買書利害箚子三首」, 中華書局, 1996, 994쪽 참고.
29 문관이 가져간 것은 세금에 해당하는 추해(抽解)로 보인다.
30 『參天台五臺山記』卷 1, 13쪽.

31 여행을 허락하는 공문서는 과소(過所)·공험(公驗)·공이(公移) 등으로 불린다. 조진은 공이라고 기록했다.
32 遠藤隆俊,「宋代中國のパスポート：日本僧成尋の巡禮」,『史學硏究』237, 2002.
33 蘇軾, 앞의 책.
34 엔닌, 신복룡 옮김,『입당구법순례행기(入唐求法巡禮行記)』권 1, 선인, 2007, 31, 45, 68, 94쪽 참고.
35 『參天台五臺山記』에 따르면 진영은 일본을 다섯 차례나 다녀온 상인이다.
36 『參天台五臺山記』卷 1, 13쪽.
37 『參天台五臺山記』卷 1, 17쪽；卷 8, 282쪽.
38 (宋) 司馬光,『資治通鑑』卷 286, 中華書局, 1987, 9,328쪽.
39 (宋) 李燾,『續資治通鑑長編』卷 93, 中華書局, 2004, 2,139쪽.
40 王麗萍은(「『參天台五台山記』所載宋人陳詠軼事考」,『文獻』2005, 3期) 진영의 역할은 통역이라 했다.
41 『參天台五臺山記』卷 2, 41쪽.
42 통사 진영과 관련해서 일본에서는 여러 논의가 있었다. 후지요미 마쓰미(藤善眞澄)는 진영이 송 영종 치평(治平) 2(1065)년 일본에 왔을 때 조진 등과 안면을 익혔으며, 일본 체류중에 조진과 밀약을 맺었다고 한다(藤善眞澄, 앞의 책, 339쪽). 그런데 하라 미야코(原美和子)는 진영이 지평 2(1065)년부터 신종 희녕 2(1069)년까지 일본에 체류한 확증이 없다고 한다.「成尋の入宋と宋商人：入宋船孫忠說について」,『古代文化』44권, 1호, 1992. 모리 가쓰키는, 지평 2년에 진영이 일본에 온 것이 분명하다고 한다(「日宋貿易に活躍した人人」,『續日本貿易の硏究』, 國書刊行會, 1975).
43 엔닌, 앞의 책 참조.
44 『參天台五臺山記』卷 2, 41쪽.
45 『參天台五臺山記』卷 1, 18쪽.
46 『參天台五臺山記』卷 1, 18쪽.
47 『參天台五臺山記』卷 2, 46쪽.
48 『參天台五臺山記』卷 1, 18, 21쪽 참조.
49 『參天台五臺山記』卷 2, 46쪽.
50 『參天台五臺山記』卷 1, 32쪽.
51 『參天台五臺山記』卷 3, 86쪽.
52 『參天台五臺山記』卷 3, 99쪽.
53 『參天台五臺山記』卷 4, 114쪽.

54 『參天台五臺山記』卷 6, 215쪽.

55 『參天台五臺山記』卷 8, 268쪽.

56 『參天台五臺山記』卷 7, 253쪽.

57 『參天台五臺山記』卷 7, 256쪽.

58 『參天台五臺山記』卷 6, 196쪽.

59 張廷茂・湯后虎,「明末至淸前期負責同歐洲國家交往的通事」,『貴州文史叢刊』, 2006, 1期.

60 朱瑞熙 등, 앞의 책, 95~98쪽.

61 『宋史』卷 153,「輿服志五」, 3,574쪽. 정사(正史)는 中華書局 標點校勘本을 이용함.

62 『參天台五臺山記』卷 1, 35쪽.

63 曹家齊, 앞의 논문.

64 『參天台五臺山記』卷 3, 95쪽.

65 (宋) 王得臣,『麈史』, 四庫全書本 卷 3,"熙寧以來, 皆乘馬也."

66 『參天台五臺山記』卷 4, 113~114쪽.

67 『參天台五臺山記』卷 5, 143쪽.

68 陳永華,「試析宋代的旅館業」,『商業經濟與管理』2001, 5期.

69 『參天台五臺山記』卷 1, 12쪽.

70 『參天台五臺山記』卷 1, 21~22쪽.

71 『參天台五臺山記』卷 4, 114쪽.

72 『參天台五臺山記』卷 5, 153쪽.

73 『參天台五臺山記』卷 5, 143쪽.

74 (唐) 杜佑,『通典』, 中華書局, 1988, 卷 152, 3,901쪽.

75 『參天台五臺山記』卷 5, 144쪽.

76 『參天台五臺山記』卷 3, 78쪽.

77 朱瑞熙 등, 앞의 책, 230~236쪽.

78 曾其海,「禪宗與天台宗關係之探討」,『台州師專學報』22卷, 2000, 4期.

79 『參天台五臺山記』卷 1, 38쪽.

80 『參天台五臺山記』卷 3, 81쪽.

81 『參天台五臺山記』卷 1, 23쪽.

82 『參天台五臺山記』卷 1, 32쪽.

83 『參天台五臺山記』卷 5, 158쪽.

84 『參天台五臺山記』卷 1, 30쪽.

85 현신(現身)은 부처 혹은 보살이 여러 형태의 모양으로 나타나는 것이다.
86 『參天台五臺山記』卷 2, 59쪽.
87 『參天台五臺山記』卷 5, 172쪽.
88 『參天台五臺山記』卷 6, 198쪽.
89 『參天台五臺山記』卷 6, 199쪽.
90 『參天台五臺山記』卷 1, 15쪽. 卷 4, 130쪽. 태평흥국사 대불전의 장엄이 '심묘(甚妙)'하다고 했다.
91 『參天台五臺山記』卷 3, 100~101쪽.
92 『參天台五臺山記』卷 1, 36쪽(景德寺) ; 卷 4, 130쪽(太平興國寺) ; 卷 5, 152쪽(紫嵓寺).
93 (明) 胡應麟,『少室山房筆叢正集』, 四庫全書本, 卷 4, 11쪽.
94 『資治通鑑』卷 277, 「明宗長興三年條」, 9,065쪽.
95 『參天台五臺山記』卷 1, 12쪽.
96 『參天台五臺山記』卷 2, 50쪽.
97 『參天台五臺山記』卷 8, 261쪽.
98 『參天台五臺山記』卷 7, 243쪽.
99 『參天台五臺山記』卷 7, 247쪽.
100 井上泰也의 주 13 논문 참조.
101 『參天台五臺山記』卷 4, 118쪽.
102 『參天台五臺山記』卷 4, 136쪽 ; 卷 5, 181쪽.
103 『參天台五臺山記』卷 6, 206쪽.
104 『參天台五臺山記』卷 4, 118쪽.
105 『參天台五臺山記』卷 4, 118쪽.
106 『參天台五臺山記』卷 4, 124쪽.
107 『參天台五臺山記』卷 2, 70쪽.
108 자구소(寂照, 962~1034)는 1003년에 입송(入宋)하여 일본으로 다시 돌아오지 않고 송나라에서 객사했다.
109 森克己, 앞의 논문.
110 『參天台五臺山記』卷 2, 72쪽.
111 『參天台五臺山記』卷 7, 233쪽.
112 『參天台五臺山記』卷 1, 32쪽.
113 『參天台五臺山記』卷 1, 36쪽.
114 『參天台五臺山記』卷 3, 80쪽.

115 『參天台五臺山記』 卷 8, 283쪽.
116 『參天台五臺山記』 卷 4, 119~121쪽에 문답의 전문이 있으나 여기서는 일부만 소개했다.
117 『參天台五臺山記』 卷 1, 6쪽.
118 『參天台五臺山記』 卷 5, 143쪽.
119 『參天台五臺山記』 卷 1, 32쪽.
120 『參天台五臺山記』 卷 8, 277쪽.
121 『參天台五臺山記』 卷 2, 55쪽.
122 『參天台五臺山記』 卷 2, 60쪽.
123 『參天台五臺山記』 卷 2, 70쪽.
124 『參天台五臺山記』 卷 2, 72쪽.
125 『參天台五臺山記』 卷 7, 255쪽.
126 『參天台五臺山記』 卷 7, 246쪽.
127 『參天台五臺山記』 卷 8, 276쪽.
128 『參天台五臺山記』 卷 2, 58쪽.
129 『禮記』, 中華書局, 1983, 十三經注疏本, 卷下, 「玉藻」.
130 (宋) 李燾, 『續資治通鑑長編』 卷 70, 中華書局, 2004, 1,564쪽.
131 (宋) 王溥, 『唐會要』 卷 82, 「休暇」, 中華書局, 1998, 1,518쪽.
132 殷偉・任玫, 『中國沐浴文化』, 雲南人民出版社, 2003, 20~25쪽 참조.
133 川端美季, 「湯屋取締規則及び湯屋營業取締規則に關する考察」, Core Ethics 2, 2006.
134 『參天台五臺山記』 卷 5, 160쪽.
135 『參天台五臺山記』 卷 1, 13쪽.
136 『參天台五臺山記』 卷 8, 281쪽.
137 마르코 폴로, 김호동 옮김, 『동방견문록』, 사계절, 2006, 386쪽.
138 『參天台五臺山記』 卷 1, 24쪽.
139 『參天台五臺山記』 卷 4, 136쪽.
140 『參天台五臺山記』 卷 6, 136쪽.
141 (宋) 王安石, 『臨川文集』, 四庫全書本, 卷 70.
142 齊藤圓眞, 「成尋見聞の天台山 : 喫茶の風を中心として」, 『天台學報』 40, 1998. 사이토 엔신(齊藤圓眞)은 에이사이(榮西)를 일본 차문화의 재흥이라고 귀결짓는 것은 성급한 결론이라고 지적했다.
143 점다법(點茶法)은 찻잎을 시루에 쪄 압착기로 물기를 뺀 다음 찻잎을 갈아서 둥

근 모양 혹은 벽돌 모양의 틀에 찍어낸 후, 이 차 덩어리를 갈아낸 찻가루에 끓는 물을 부은 뒤에 저어서 거품을 내며 마시는 방법이다.

144 『參天台五臺山記』 卷 1, 32쪽.
145 周琦·王佐才,「成尋與天台山文化」,『佛學研究』, 2002.
146 『參天台五臺山記』 卷 1, 35쪽.
147 다탕에 찻잎과 여러 가지 재료를 섞어 끓인 다음 찻물을 마시는 방법과 다호(茶壺)에 끓인 물을 부은 다음 찻물을 따라 마시는 방법 등이 있다. 조진의 일기에는 이 두 가지가 모두 보인다.
148 『參天台五臺山記』 卷 1, 14쪽.
149 『參天台五臺山記』 卷 6, 211쪽.
150 吳元敬,「鬪茶를 통해 본 宋代 茶文化」,『中國學報』48집, 2003.
151 朱瑞熙 等著,『遼宋西夏金社會生活史』, 中國社會科學出版社, 1998, 1~21쪽 참조.
152 시의 제목은「혜주일절(惠州一絶)」이다.
153 『參天台五臺山記』 卷 1, 8쪽에는 "唐菓子味如于菜, 大似菜"라고 되어 있는데 일본문화연구소에서 인터넷상에 공개한 교점본에는 "唐果子, 味如幹棗, 大似棗"라고 되어 있다. 여기서는 '내(菜)'가 풀을 총칭하므로 후자의 내용을 따르기로 한다.
154 『參天台五臺山記』 卷 1, 15쪽에는 '龍眼·味如干菜似荔子'라고 되어 있고, 중국 저장공업대학 일본문화연구소에서 인터넷상에 공개한 교점본에는 "龍眼, 味如幹棗 似荔子"라고 되어 있다. 여기서는 후자를 따르기로 한다.
155 『參天台五臺山記』 卷 1, 11쪽.
156 季羨林(『糖史(1)』, 江西教育出版社, 1998, 45~52쪽)은 사탕수수에서 설탕을 추출해내는 기술은 후위(後魏) 이전에 이미 생겨났다고 했다. 또한 그는 명대까지 일본에서는 사탕을 제조하는 기술이 없었을 것이라고 한다.『糖史(2)』, 江西教育出版社, 1998, 355쪽.
157 『參天台五臺山記』 卷 1, 9쪽.
158 『參天台五臺山記』 卷 4, 133쪽.
159 『參天台五臺山記』 卷 5, 151쪽.
160 『參天台五臺山記』 卷 5, 145쪽. 승려는 하루 한 차례만 식사를 하는데 이를 정식(正食)이라 하며, 정식이 아닌 먹을거리를 비정식(非正食)이라고 한다. 陸宜玲,「從『入唐求法巡禮行記』看中晚唐的佛事飮食」,『德州學院學報』 卷 23, 2007, 5期.

161 『參天台五臺山記』卷 6, 221쪽.

송 · 원대 남해인식과 남해여행

1 이러한 인식은 원대에도 변함없었다. 예컨대 『도이지략(島夷誌略)』(汪大淵, 『島夷誌略』, 蘇繼廎 校釋, 『島夷志略校釋』, 中華書局, 1981)의 오서(吳序)에 "중국의 바깥은 사해가 매고(維) 있다(즉 둘러싸고 있다).……오직 북해만은 바람이 심해 들어갈 수 없다"고 했다. 한편 원초 유명한 과학자 곽수경(郭守敬)은 세조의 명을 받아 원 영토의 경계를 측정하는 소위 '사해측험(四海測驗)'을 한 적이 있는데, 여기서의 사해는 해역으로서의 의미가 아니고 영토의 개념이다.

2 陳佳榮 · 謝方 · 陸峻嶺 編, 『古代南海地名彙釋』, 中華書局, 2002(재), 579쪽.

3 남해는 '해남(海南)'으로 바꿔 쓰이기도 했다. 이를테면 '해남대식국', '해남제번(諸蕃)국'이라고 한 것이 그 예이다. 물론 여기서의 해남은 오늘날 중국의 해남도와는 무관하다.

4 이 글에서 『영외대답(嶺外代答)』은 楊武泉 校注, 『嶺外代答校注』, 中華書局, 1999를, 『제번지(諸蕃志)』는 楊博文 校釋, 『諸蕃志校釋』, 中華書局, 2000을 이용했다.

5 宮崎市定, 「南洋を東西洋に分かつ根據に就いて」, 『東洋史研究』7-4, 1942, 6쪽 참조.

6 또한 북송 말 주욱(朱彧)의 『萍州可談』(叢書集成初編本) 卷 2에는 대해(大海)로 나가는 것을 '방양(放洋)'이라고 했다.

7 吳自牧, 『夢梁錄』 卷 12, 「河舟」.

8 眞德秀, 『西山先生眞文忠公文集』(國學基本叢書本) 卷 8, 「申樞密院措置沿海事宜狀」.

9 『도이지략』 「담양(淡洋)」조에 '해양지수(海洋之水)'라는 말이 보인다. 하지만 같은 책의 「승가랄」조에는 "양해(洋海)가 실처럼 가로 놓여 있다"라는 표현이 있는 것을 보면 원대에도 '해양'이 완전히 정착된 것은 아닌 것 같다.

10 山本達郞, 「東西洋という稱號の起源に就いて」, 『東洋學報』 21-1, 1933.

11 宮崎市定, 앞의 논문, 7~10쪽.

12 眞德秀, 앞의 「申樞密院措置沿海事宜狀」에는 천주를 기준으로 '남양', '북양', '동양'으로 구분하고 있는데, 동양은 지금의 팽호열도, 대만, 필리핀군도를 지칭한다. 그러므로 뒤에 살필 원대의 동양보다 범위가 훨씬 좁다. 진덕수가 말한 동양은 원대의 '소(小)동양'에 해당된다.

13 陳佳榮 外 編, 앞의 책, 140 및 160쪽 참조.

14 같은 책, 704쪽 참조.

15 같은 책, 272쪽 참조.

16 蘇繼廎 校釋, 앞의 책, 281쪽에서도 『도이지략』에 나오는 서양은 넓은 의미로는 서남해(인도양) 구역, 좁은 의미로는 아라비아해 구역을 가리킨다고 했다.

17 宮崎市定, 앞의 논문, 10쪽.

18 黃溍,『金華黃先生文集』卷 35下,「松江嘉定等處海運千戶楊君墓志銘」.

19 이에 대해서는 挑木至郎,「南の海域世界:中國にける南海交易と南海情報」,『中華の分裂と再生』(岩波講座 世界歷史 9), 岩波書店, 1991, 122~124쪽을 참조할 것.

20 이 노선에 대한 자세한 설명은 中國航海學會 編,『中國航海史(古代航海史)』, 人民交通出版社, 1988, 50~54쪽을 참조할 것.

21 中國航海學會 編, 앞의 책, 131~132쪽 ; 吳春明,『環中國海沈船 : 古代帆船・航技與舶貨』, 江西高校出版社, 2008, 180~183쪽 참조.

22 中國航海學會 編, 앞의 책, 145쪽.

23 목란피는 무라비트(Murabit)의 음역으로 지금의 아프리카 서북부 및 에스파냐 남부 일대에 있었다. 원래 11세기 말에서 12세기 중엽까지 아프리카 북부의 알 마그렙(al-Maghreb)과 에스파냐 남부의 알 무라비트(al-Murabitun)왕조를 통치했다. 陳佳榮 外編, 앞의 책, 192쪽 참조.

24 中國航海學會 編, 앞의 책, 145~147쪽 참조.

25 『元史』(中華書局本) 卷 131,「亦黑迷失傳」, 3,198쪽.

26 黃純艷,『宋代海外貿易』, 社會科學文獻出版社, 2003은 송대 해외무역 발전상을 무역항의 발전, 무역규모의 증가, 무역범위의 확대, 해상무역 비중의 증대라는 측면에서 잘 정리하고 있다(18~61쪽).

27 송・원대 천주의 발전을 다룬 논저는 매우 많은데, 최근의 논저로 中國航海學會・泉州市人民政府 編,『泉州港與海上絲綢之路(二)』, 中國社會科學出版社, 2003과 莊景輝 著・譯,『泉州港考古與海外交通史研究』, 岳麓書社, 2006이 참고할 만하다. 특히 앞의 책은 2002년 가을 천주에서 열렸던 두 차례의 학술회의에 제출된 논문 중 30여 편을 추려 묶은 논문집으로 다양한 관점을 살펴볼 수 있어 유익하다.

28 송대 천주의 남해무역을 비롯한 해외무역에 대해서는 莊景輝,「論宋代泉州的海外貿易」, 앞의 책(원재는『安海港史研究』, 福建教育出版社, 1988)을 참조할 것. 그리고 원대 천주의 번영과 그 원인에 대해서는 莊景輝,「論元代泉州的繁盛及其原因」, 앞의 책(원재는『福建學刊』1989-1)을 보라.

29 佐藤圭四郎,「元代における南海貿易:市舶司條令を觀たる(上)・(中)」,『集刊東洋學』11・12, 1964는 시박 조례를 세밀하게 분석하여 원대 무역의 실태를 밝히고 있다.
30 佐藤圭四郎, 앞의 논문(中), 58~59쪽.
31 이하 이에 대한 서술은 曹家齊,『宋代交通管理制度研究』, 河南大學出版社, 2002, 247~259쪽 참조.
32 中國航海學會 編, 앞의 책, 124~128쪽 ; 房仲甫・李二和,『中國水運史』, 新華出版社, 2002, 181쪽 참조.
33 『제번지(諸蕃志)』 서문에는 저자인 조여괄이 "휴일을 이용하여 제번도(諸蕃圖)를 열람했다"고 했는데 이 '제번도'는 남해 여러 나라와 도서 지역을 오가는 데 필요한 항해도였을 것으로 생각된다.
34 斯波義信,『宋代商業史』, 風間書房, 1968 ; 席龍飛,『中國造船史』, 湖北教育出版社, 1999 등 참조.
35 席龍飛, 앞의 책, 158쪽. 천주 출토 송대 해선에 대해서는 1975년 10월『文物』에 발굴간보(簡報)가 발표된 이래 많은 연구가 있었다. 福建省泉州海外交通史博物館 編,『泉州灣宋代海船發掘與研究』, 海洋出版社, 1987은 그 대표적인 성과 중의 하나이다. 그리고 이 해선의 구조에 대해서는 莊景輝,「泉州出土海船結構的歷史分析」, 앞의 책(원재는『廈門大學學報』1997-4), 71~81쪽 및 席龍飛, 앞의 책, 157~169쪽이 비교적 상세하다.
36 「南海一號古船簡介」. http://www.nanhaione.com/nanhaione/nanhaione_intro.asp 참조. 현재의 추정대로라면 '남해1호'는 천주 출토 송선과 규모가 비슷하나 적재 능력은 2~3배 정도 '남해1호' 쪽이 크다. 이 점은 앞으로 밝혀지겠지만 의문이 아닐 수 없다.
37 마르코 폴로, 김호동 역주,『마르코 폴로의 동방견문록』, 사계절출판사, 2000, 413~415쪽.
38 山形欣哉,「中國人が過海する時」,『アジア遊學』37, 勉成出版, 2002, 82쪽. 이 논문은 인도를 왕래하는 선박에 대한 마르코 폴로의 증언에 대해 상세히 고증하고 있다. 마르코 폴로의 증언의 정확성도 평가했지만 몇 가지 명백한 오류도 지적했다.
39 이븐 바투타, 정수일 역주,『이븐 바투타 여행기 2』, 창비, 2001, 240~242, 328쪽.
40 桃木至郎, 앞의 논문, 119쪽. 이 논문은 남해 관련 정보에 관한 정보원(源), 정보의 기록・이해・이용 문제를 잘 정리하고 있다(116~128쪽).
41 같은 논문, 118~119쪽.

42 왕원무에 관한 서술은 洪邁, 『夷堅三志己』(明文書局, 1982) 卷 6, 「王元懋巨惡」에 의거했다.
43 朱彧, 『萍州可談』 卷 2.
44 역흑미실에 관해서는 주로 『元史』 卷 131, 「亦黑迷失傳」, 3,198~3,199쪽에 의거했다.
45 『元史』 卷 210, 「外夷傳・爪蛙」, 4,656쪽.
46 『元史』 卷 17, 「本紀」 至元 29년 8월 己丑朔條, 365쪽.
47 이 글에서는 夏鼐 校注, 『眞臘風土記校注』, 中華書局, 2000을 이용했다.
48 앙코르는 당시 진랍의 도읍으로 왕조의 이름으로도 쓰였다. 『諸蕃志』 卷 上, 「진랍국」조에는 녹올(祿兀)이라 했다.
49 『諸蕃志』 卷 上, 「진랍국」조에는 천주에서 진랍국까지 순풍 때 한 달여 만에 도달할 수 있다고 했다. 이로 보아 출발지가 천주보다 북쪽이긴 하지만 온주에서 진랍까지 5개월이 걸린 것은 당시 순풍과 역풍이 항해에 얼마나 많은 영향을 미치는지 알 수 있다.
50 『眞臘風土記』, 「産婦」.
51 『眞臘風土記』, 「爭訟」.
52 『島夷誌略』, 「眞臘」.
53 『眞臘風土記』, 「流寓」 및 「貿易」.
54 『眞臘風土記校注』, 「城郭」 45쪽 및 「宮室」 67쪽.
55 『眞臘風土記』, 「語言」.
56 양추에 대해서는 黃溍, 『金華黃先生文集』 卷 35下, 「松江嘉定等處海運千戶楊君墓志銘」에 의거했다.
57 양추의 형 양영의 이력은 陳旅, 『安雅堂集』 卷 12, 「楊國材墓誌銘」에 나와 있는데 형의 묘지명에는 조부와 부친의 이력을 보충해주는 곳도 있다.
58 왕대연의 여행 범위와 관련해 그가 지중해를 항해했는가에 대해서는 찬반 양론이 있는데 정설이 없다.
59 왕대연의 이력에 대해서는 불확실한 게 많은데 이력과 편년에 대해서는 蘇繼頃 校釋, 앞의 책, 「서론」을 참조했다.
60 『島夷誌略』, 「交趾」.
61 『사고전서총목제요(四庫全書總目提要)』에는 여행기로 오해하기 쉬운 유기지속(遊記之屬)을 설정해놓고 있는데 여기에는 실제 유적이나 지리의 고증에 관한 책이 3부 선정되어 있을 뿐이다. 따라서 여행기나 견문록에 해당될 만한 것들은 (단, 국내 여행은 제외) 외기지속(外紀之屬)에 분류되어 있다.

62 『島夷誌略』, 「爪蛙」.
63 『島夷誌略』, 「喃巫哩」.
64 『島夷誌略』, 「僧加剌」.
65 『島夷誌略』, 「天堂」.
66 『島夷誌略』, 「華羅」.
67 『島夷誌略』, 「羅婆斯」.
68 『島夷誌略』, 「交趾」.
69 『島夷誌略』, 「烏爹」.

5세 달라이 라마 북경행의 배경과 17세기 내륙아시아 네트워크

1 1542년 겐뒨갸쵸가 라사 제붕사원에서 원적했다. 이후 그의 전세자를 지정할 움직임이 일기 시작했고 결국 1546년 소남갸쵸(bsod nams rgya mtsho, 1543~88)가 전세자로 지정됐다. 그러나 당시에는 달라이 라마라는 칭호는 사용되지 않았고, 소남갸쵸가 1578년 투메드 몽골의 알탄한으로부터 달라이 라마라는 칭호를 받음으로써 비로소 이 활불 계통의 명칭으로 사용되기 시작했다. 따라서 이 활불 계통은 3세 소남갸쵸에서 처음으로 전세자를 지정하여 전세 활불 계통을 형성한 셈이며, 이후 자시룬보를 창건한 겐뒨줍바(dge 'dun 'grub pa, 1391~1474)와 겐뒨갸쵸(dge 'dun rgya mtsho, 1475~1542)를 각각 1세와 2세 달라이 라마로 추존하여 이 활불 계통의 위상을 제고하고자 했다.

2 간덴포장, 즉 간덴 궁전은 1518년 당시 네우동(sne'u gdong)을 중심으로 티베트를 통치하고 있던 팍모추바 정부가 2세 달라이 라마 겐뒨갸쵸에게 하사한 건물로 제붕사원 내부에 위치해 있다. 당시 겔룩바는 19년 만에 라사 신년기원대법회 뫼람첸모에 참여할 수 있는 권리를 회복했으며, 이로부터 달라이 라마 활불 계통이 제붕사원과 세라사원의 최고 상사(上師) 지위를 역임하는 전통이 마련됐다. 17세기 중반, 겔룩 교단이 티베트의 정권을 장악하면서 당시 달라이 라마의 집정 장소였던 간덴포장의 이름을 따서 정권의 이름을 붙였다. 포탈라(rtse po ta la)의 경우, 5세 시기부터 그의 사후에 걸쳐 건설중에 있었으며, 13세 달라이 라마에 와서 오늘날의 규모로 확장됐으므로 5세 시기에는 집정 장소로 이용됐다고 보기 어렵다.

3 Ferdinand D. Lessing, *Yung-ho-kung, An Iconography of the Lamaist Cathedral in Peking*, The Sino-Swedish Expedition Publication 18, 1942, Pl.17, "The Emperor Ch'ien-Lung as Grand Lama."

4 Patricia Berger, *Empire of Emptiness : Buddhist Art and Political Authority in*

Qing China, University of Hawaii Press, 2003.

5 David M. Farquhar, "Emperor as Bodhisattva in The Governance of The Ch'ing Empire", *Harvard Journal of Asiatic Studies*, Vol. 38, No.1 (June, 1978), 5~34쪽.

6 Farquhar, 앞의 글, 33~34쪽.

7 Pamela K. Crossley, *A Translucent Mirror : History and Identity in Qing Imperial Ideology*, University of California Press, 1999, 238~239쪽.

8 촉토타이지(1581~1637)는 할하 좌익의 일파로 1632년 암도 지역으로 진출하여 세력확대를 꾀했으나, 겔룩 교단과 연결된 호쇼트 구시한의 진출로 실패했다. 그가 카규 교단과 연결됐던 것은 종교적 문제라기보다는 당시 겔룩 또는 카규 교단과 연결된 몽골 여러 정파의 이해관계가 복잡하게 얽혀 있었던 점에서 원인을 찾아야 할 것이다. 金成修, 『明淸之際藏傳佛敎在蒙古地區的傳播』, 社會科學文獻出版社, 2006, 52~57쪽을 참조.

9 Johan Elverskog, *Our Great Qing : The Mongols, Buddhism and the State in Late Imperial China*, University of Hawaii Press, 2006, 104~105쪽.

10 Elliot Sperling, "Tibet's Foreign Relations during the Epoch of the Fifth Dalai Lama", *Lhasa in the Seventeenth Century*, edited by Françoise Pommaret, Brill, 2003, 127~129쪽.

11 石濱裕美子,「チベット,モンゴル,滿洲の政治の場で共有された'佛教政治'思想について」,『早稻田大學教育學部 學術研究』(地理學·歷史學·社會科學 編) 48號, 2000. 2 ; 石濱裕美子,『チベット佛教世界の歷史的硏究』, 東方書店, 2001.

12 鄧銳齡,「關于1652~1653年第五輩達賴喇嘛晉京的兩个問題」,『民族硏究』 1995-3, 66~68쪽 ; 石碩,「淸朝前期治藏特点及相關問題」,『西藏硏究』 1996-1, 44쪽.

13 王輔仁,「達賴五世朝淸考」,『西藏硏究』 1982-3, 63~70쪽. 왕푸런(王輔仁)은 청조가 1644년 입관(入關) 직전에 5세를 공식 초청했고, 달라이 라마가 1652년 이를 수락함으로써 북경행이 성사됐다고 했는데, 이는 『청실록(淸實錄)』에 근거한 매우 보수적인 견해로, 이하에서 논의할 『몽문로당(蒙文老檔)』 기사를 통해 학계는 대체적으로 수정된 내용을 인정하고 있다. 즉 청조가 1637년 초청했고, 5세 달라이 라마가 1648년 말에 청조의 초청을 공식적으로 수락했다.

14 陳慶英·馬林 譯註,「五世達賴喇嘛進京記」,『中國藏學』 1992-2 ; 陳慶英·馬林 譯註,「五世達賴喇嘛進京記」(續),『中國藏學』 1992-3 ; 陳慶英·馬林 譯註,「五世達賴喇嘛進京記」(續),『中國藏學』 1992-4 ; 陳慶英·馬林 譯註,「五世達賴喇嘛進京記」(續完),『中國藏學』 1993-1을 통해 먼저 달라이 라마의 북경행에 대한

부분을 번역 발표했다. 그외에도 Ahmad Zahiruddin, *Sino-Tibetan Relations in the Seventeenth Century*, Instituto Italiano per il Medio Ed Estremo Oriente, 1970에도 5세 자서전의 일부가 번역되어 있다.

15 *Za hor gyi ban de ngag dbang blo bzang rgya mtsho'i 'di snang 'khrul pa'i rol rtsed rtogs brjod kyi tshul du bkod pa du ku la'i gos bzang*, 西藏人民出版社, 1989; 陳慶英‧馬連龍 馬林 譯, 『五世達賴喇嘛自傳‧雲裳』, 全國圖書館文獻縮微複製中心, 1997.

16 Sang rgyas rgya mtsho, *Drin can rtsa ba'i bla ma ngag dbang blo bzang rgya mtsho'i thun mong phyi'i rnam thar du kūla'i gos bzang glegs bam gsum pa'i phros bzhi pa ; Sang-rgyas rgya-mtsho Life of the Fifth Dalai Lama Vol. IV, Part I, The Fourth Volume, continuing the Third Volume, of the ordinary, outer Life, entitled "The Fine Silken Dress," of my own gracious Lama, Ngag-dbang Blo-bzang rGya-mtsho Page 1a-Page 203a*, Translated from the original Tibetan by Zahiruddin Ahmad, Śata-Piṭaka Series, Indo-Asian Literatures Vol. 392, International Academy of Indian Culture and Aditya Prakashan, 1999.

17 1620년대의 몽문 당안에 대한 연구로는 Nicola di Cosmo/Dalizhabu Bao, *Manchu-Mongol Relations on the eve of the Qing Conquest : A Documentary History*, Brill, 2003이 있으며, 5세 달라이 라마와 관련된 자료와 연구에 대해서는 아래에 별도로 상기했다.

18 中國第一歷史檔案館, 中國藏學研究中心合 編, 『清初五世達賴喇嘛檔案史料選編』, 中國藏學出版社, 1998; 中國第一歷史檔案館 編, 『清宮珍藏歷世達賴喇嘛檔案薈萃』, 宗教文化出版社, 2002; 齊木德道爾吉, 吳元豊, 薩‧那日松 主編, 『清內秘書院蒙古文檔案』第七輯, 內蒙古人民出版社, 2004.

19 中國第一歷史檔案館, 「崇德年間藏事檔案譯稿」, 『歷史檔案』2001-1, 19~23쪽; 郭美蘭, 「五世達賴喇嘛入觀述論」, 『中國邊疆史地研究』1997-2, 33~41쪽; 石濱裕美子, 「ダライラマ招請の背景にある順治5年の清‧モンゴル關係について：第一歷史檔案館所藏『蒙文老檔』を用いて」, 『史滴』20號, 1998, 100~120쪽; 李保文, 「關于滿藏最早建立互使關係問題」, 『西藏研究』2003-2, 8~17쪽; 李保文, 「順治皇帝邀請第五世達賴喇嘛考」, 『西藏研究』2006-1, 17~28쪽.

20 『清實錄』太宗卷四十九, 崇德四年十月; 王輔仁, 앞의 글, 1982, 63쪽.

21 서친한은 할하 좌익의 영수 중 하나로, 할하 몽골의 원조인 거러선저 잘라이르 홍타이지(1513~48)의 네 번째 아들 아민 토르할 노얀(1536~?)의 손자이다. 일

루르 달라이 서찬한 또는 숄로이 서찬한으로 불리기도 한다. 그러나 여기에서 보이듯이, 그가 '육신의 안팎으로 자신의 영혼을 자유로이 이동할 수 있는 상태'를 의미하는 '마하사마디'라는 칭호를 사용하고 있는데, 이는 티베트의 고위 승려로부터 수여받은 불교식 칭호, 즉 범봉(梵封)의 대표적인 예로, 청조에 보내진 모든 서신에서 일관되게 사용하고 있다.

22 호쇼를 흔히 기(旗)로 번역하지만, 이는 청조에 할하 좌익이 복속된 이후에 등장하는 3한(汗) 49기(旗)의 행정편제와 혼동될 수 있어 여기에서는 청조 복속 이전 할하가 유지하고 있던 7개의 호쇼 체제를 기(旗)로 번역하지 않고, 호쇼라는 용어를 그대로 사용했다.

23 齊木德道爾吉, 吳元豊, 薩·那日松 主編, 앞의 책, 第一輯, 崇德二年八月初六日, 190쪽. 이 자료는 또한 中國第一歷史檔案館, 中國藏學硏究中心合編, 앞의 책, 1998, 1~2쪽에도 실려 있다.

24 "할하 7호쇼(旗)"라는 표현은 마치 "40만 몽골과 4만 오이라트"라는 표현과 같이 몽골 문헌에서 일반적으로 할하의 행정구역 또는 인구규모를 묘사하는 데 사용되는 관용적 표현이다. 쉽게 비유하자면 '조선팔도(朝鮮八道)'라고 하는 우리 표현과 유사한 것이라고 할 수 있다. 할하 7호쇼의 구체적인 내용은 시기에 따라 약간의 차이를 보일 수 있으나, 대체적으로 투셰투한, 서친한 등 할하 좌익 4호쇼와 자삭토한, 서친 지농 등 우익 3호쇼로 구성되어 있었다. 1655년 할하 7호쇼에 대해 청조가 8명의 자사크(扎薩克)를 지명하여 할하에 대한 영향력 확대를 꾀했는데, 이는 당시 자삭토한 휘하에서 세력을 키워 독자노선을 걷고 있던 롭상타이지를 자사크에 임명함으로써 우익의 세력구도에 발생한 변화를 반영한 것으로, 그외의 경우는 기존의 7호쇼 체제를 그대로 용인한 것이다.

25 할하의 불교 수용은 투셰투한 굼부의 조부인 아바다이한 때 이뤄지며, 아바다이한은 투머드 알탄한을 통해 불교를 수용하게 된다. 오늘날 카라코름 유적 주변에 위치한 어르더니 조는 이때 세워진 할하 최초의 사원이었다. 할하 불교 수용과정과 제브준단바 출현 배경에 대해서는 金成修, 앞의 책, 48~57쪽을 참조.

26 다양한 6만호 체제와 할하에 대해서 岡田英弘, 「ダヤンハーンの六萬戶の起源」, 『榎博士還曆紀念東洋史論叢』, 山川出版社, 1975; 森川哲雄, 「ハルハ·トゥメンとその成立について」, 『東洋學報』 55-2, 1972; 岡洋樹, 「淸朝とハルハ「八扎薩克」について」, 『東洋史研究』 52-2, 1993 등을 참조.

27 한문 사료에서는 주로 "관온인성한(寬溫仁聖汗)"으로 번역됨.

28 齊木德道爾吉, 吳元豊, 薩·那日松 主編, 앞의 책, 第一輯, 崇德五年十月初六日, 279~282쪽.

29 할하 좌우익의 내분은 17세기 후반 내륙아시아 질서재편에 중요한 계기를 제공했다. 초기에는 할하 좌익이 우익을 복속하는 형국이 전개됐으나, 좌·우익의 갈등을 통해 오이라트(어루트) 몽골의 새로운 패자 준가르 갈단이 할하 좌익과 대치하게 되고, 다시 동부의 실력자 청조가 개입하면서 문제는 복잡하게 전개된다. 문제를 평화적으로 해결하려는 움직임이 겔룩 교단의 주도로 이뤄져 1686년 할하 좌우익 문제를 해결하기 위한 쿠린벌치르 회맹이 개최되기도 했으나 회담이 결렬되면서 갈단의 동진이 시작된다. 이후 할하 좌익이 갈단에 패해 청조에 복속되고, 할하 복속을 공표하는 1691년 돌론노르 회맹이 개최되는 등의 과정이 바로 그것이다. 쿠린벌치르 회맹에 대해서는 石濱裕美子,「ガルダン·ハルハ·清朝·チベットが共通に名分としていた『佛教政治』思想:滿洲文·モンゴル文·漢文『朔漠方略』の史料批判に基づいて」,『東洋史研究』59-3, 2000, 45~48쪽;金成修, 앞의 책, 158~173쪽을 참조.

30 1646년 수니트 몽골의 텅기스가 할하 좌익에 귀부하고, 이 와중에서 할하 좌익이 바린 몽골을 침입하여 인민을 할하로 끌고 간 사건은 달라이 라마의 북경행이 진행되던 순간에도 청조와 할하 좌익의 긴장관계를 가중시키고 있었다. 그러나 1655(순치 12)년 할하에 대한 자사크(八扎薩克) 임명이 이뤄졌을 때, 청조가 할하에 대해 재발 방지를 당부하면서 바린의 귀환 없이 할하와 청조 사이의 분쟁이 일단락됐다. 金成修, 앞의 책, 121~127쪽을 참조.

31 달라이 라마의 출생년에서 달라이 라마로 지정되는 데까지 약 5년의 시간이 흘렀다. 대개의 경우 출생 이후 1~2년을 넘기지 않으나, 당시 티베트의 정계를 장악하고 있던 짱바한이 4세 달라이 라마의 전세를 반대하여 달라이 라마 계통은 4세로 끝날 위기에 몰려 있었다. 그러나 이후 몽골군의 압력과 짱바한 카르마 덴종왕보의 건강이 위중하자 이것이 달라이 라마와 관계가 있다는 의견이 팽배했고, 짱바한은 하는 수 없이 자신과 밀접한 관계에 있던 랑카즈 귀족가문을 어머니로 하는 5세 달라이 라마의 출현을 허가했다.

32 山口瑞鳳,「ダライラマ五世の統治權:活佛シムカンゴンマと管領ノルブの抹殺」,『東洋學報』第73卷 3·4合倂號, 1992;山口瑞鳳,「十七世紀初頭のチベットの抗爭と靑海モンゴル」,『東洋學報』第74卷 1·2合倂號, 1993.

33 第五世達賴喇嘛·阿旺羅桑嘉措著, 陳慶英·馬連龍 譯,『達賴喇嘛三世·四世傳』, 全國圖書館文獻縮微複製中心, 1992, 218~219쪽.

34 3세의 동부 순행이 처음부터 북경을 염두에 두고 시작된 것은 분명히 아닌데, 여기에는 몇 가지 원인이 있었을 것이다. 첫째, 당시 티베트와 주변 정세를 볼 때 명조보다는 몽골과의 관계 개선이 더욱 중요했다는 점이다. 알탄한과의 만남과

그를 통해 13세기 쿠빌라이, 곽파 라마 사이에 형성됐던 시주(施主)와 복전(福田) 관계가 부활될 수 있다면 겔룩 교단으로서는 더이상 바랄 나위가 없었을 것이 분명했다. 둘째, 명조가 얼마나 절실히 달라이 라마의 방문을 원했는가 하는 점이며, 동시에 달라이 라마 또한 명조 방문을 통해 과연 무엇을 얻을 수 있었을까 하는 점이다.

35 『達賴喇嘛三世·四世傳』, 310쪽.
36 본문에 등장하는 서친 초르지, 서친 췌지, 또는 서친 구시 초르지는 모두 동일인물이다. 초르지는 티베트어 췌지의 몽골어 표기이며, 구시는 서친 췌지가 사용했던 칭호 중 하나이다.
37 齊木德道爾吉, 吳元豊, 薩·那日松 主編, 앞의 책, 第一輯, 崇德二年十一月, 204~205쪽 ; 中國第一歷史檔案館, 中國藏學研究中心合編, 앞의 책, 1998, 2~3쪽에도 유사한 기사가 실려 있다. 서신의 날짜나 수신자의 이름으로 보아 이는 위의 기사와 동일한 것으로 보이나 원문을 싣지 않고 번역문만 소개했기 때문에 분명하게 같은 기사라고 단언하기는 어렵다. 번역에 적잖은 차이가 있어 참고로 아래에 실어둔다. "넓은 아량으로 인자한 자, 평온한 성스러운 한(태종)이 티베트 한(카르마 덴종왕보)에게 글을 보내 말하기를, '앞서 (청조) 황제들이 나라를 세운 이래, 불법이 끊긴 적이 없었습니다. 짐이 이미 서친·구시·초르지를 사신으로 하여 위짱(티베트)에 파견했으니, 큰 호톡토(活佛)와 티베트 왕은 굳이 사신을 보낼 필요는 없습니다. 대개 말하고자 하는 것을 모두 서친·구시·초르지에게 직접 말하십시오. 이 점을 분명히 밝혀둡니다.' 정축년 겨울 망일, 연꽃이 만발한 성경에서."
38 위쪽을 의미하는 방향사인 degedü는 흔히 달라이 라마가 있는 티베트를 지칭한다. 이외에도 서방을 의미하는 또 다른 방향사 baraγun이 이를 대신하기도 한다.
39 qutuγtan 또는 qutuγtu는 축복받은, 고귀한 등의 뜻을 가진 형용사에서, gegen은 '밝은, 휘황한'의 뜻을 지닌 형용사에서 각각 파생된 명사이다. 몽골에서 활불 제도가 발전하면서 이는 직접 활불을 뜻하는 말로 사용되기 시작했다. qutuγtu의 경우는 티베트에도 영향을 주어, 티베트에서도 활불을 의미하는 말로 사용된다.
40 齊木德道爾吉, 吳元豊, 薩·那日松 主編, 앞의 책, 第一輯, 崇德六年八月初八日, 308~309쪽.
41 『五世達賴喇嘛自傳·雲裳』, 213쪽.
42 『淸太宗實錄』卷 63, 崇德 7年 10月 己亥條.
43 『淸太宗實錄』卷 64, 崇德 8年 5月 丁酉條.
44 陳慶英, 「西藏首次遣使淸朝史實探討」, 『中國藏學』1998-1, 51~63쪽.

45 같은 글, 59쪽 ; 智觀巴 · 貢却乎丹巴繞吉著, 吳均 · 毛繼祖, 馬世林 譯, 『安多政教史』, 甘肅民族出版社, 1989, 175~176쪽.
46 *Asaraγči neretü-yin teüke*, 民族出版社, 1984, 138쪽.
47 이락곡산 호톡토에 대한 연구로 若松 寬, 「伊拉古克三考」, 『淸代蒙古的歷史與宗敎』, 黑龍江敎育出版社, 1994 ; 馬汝珩, 「伊拉古克三史事考辨」, 『淸代西部歷史論衡』, 山西人民出版社, 2001, 276~292쪽 등을 참고.
48 『五世達賴喇嘛自傳 · 雲裳』, 248~249쪽 ; 石濱裕美子, 앞의 글, 1998, 11~12쪽에서는 『몽문노당(蒙文老檔)』의 기사를 인용하여 1648(순치 5)년 5월 청조에서 달라이 라마에 사신을 파견하여 방문을 재촉했고, 이에 대한 답신으로 달라이 라마가 이듬해인 1649년 2월에 청조에 사신을 파견해 1652년 방문을 확정했다고 보았다. 이 기사는 모두 『淸內秘書院蒙古文檔案』 第三輯, 順治五年五月二十日, 11~12쪽 ; 『淸內秘書院蒙古文檔案』 第三輯, 順治六年二月, 73~75쪽에 각각 수록되어 있다.
49 『淸內秘書院蒙古文檔案』 第三輯, 順治六年二月, 75쪽, 2~3행.
50 石濱裕美子, 앞의 글, 1998, 103~107쪽 ; 『淸內秘書院蒙古文檔案』 第三輯, 順治五年五月二十日, 11~12쪽. 1648~49년 사이의 서신을 분석한 이시하마 유미코의 연구에서는 순치제가 달라이 라마에게 보낸 1648년 5월 서신에서 처음 청조가 초청의 뜻을 밝혔는데, 그 원인이 당시 텅기스 사건으로 인한 할하 좌익과의 갈등을 해결하고, 서녕(西寧) 일대 이슬람교도의 반란을 진압하기 위해 호쇼트 구시한의 도움이 절실했기 때문으로 해석했다. 즉 구시한의 동의를 끌어내기 위해 달라이 라마의 초청을 결행했다는 것인데, 이는 앞선 부분에서 제시한 태종 연간의 서신에서 이미 청조가 초청 의사를 밝혔고, 서친 초르지 등을 통해 달라이 라마의 의사를 타진하고 있었음이 확인된 이상, 달라이 라마의 초청이 1640년대 중반에 발생한 일련의 사건에 의해 촉발됐다고 보는 것은 무리가 있다. 이는 아마도 순치연간의 자료를 중심으로 논의를 전개한 까닭일 것이다.
51 『淸內秘書院蒙古文檔案』 第三輯, 順治六年十月初七日, 87쪽 7행~88쪽 1행.
52 齊木德道爾吉, 吳元豊, 薩 · 那日松 主編, 앞의 책, 第三輯, 順治八年三月初八日, 242~243쪽.
53 기존 연구에서는 만한(滿漢) 신료의 의견 차이로 회견 지점을 섭사리 정하지 못했다고 설명해왔다. 황제가 달라이 라마를 몽골의 초원까지 가서 영접할 수는 없다는 것인데, 리바오원의 연구에서는 1648년 말에서 1649년 초에 이미 달라이 라마가 청조의 북경 초청을 수용했다가 1652년에 가서 구시한이 서신을 보내 다이가(代噶)로 회견 장소를 바꿀 수 없을지 요청했고, 청조가 이를 거부했다고 적

고 있다. 李堡文, 앞의 글, 2006, 23~25쪽 참조.
54 齊木德道爾吉, 吳元豊, 薩·那日松 主編, 앞의 책, 第三輯, 順治九年八月十一日, 337~338쪽; 같은 책, 順治九年九月十一日, 343쪽; 같은 책, 順治九年十月十三日, 349쪽.
55 『五世達賴喇嘛自傳·雲裳』, 247쪽.
56 『五世達賴喇嘛自傳·雲裳』, 248쪽.
57 『五世達賴喇嘛自傳·雲裳』, 291쪽.
58 북경 영정문(永定門) 남쪽에 위치했던 황실 정원. 처음 만들어진 것은 원대로 당시에는 수렵장으로 사용됐다가 명대에는 농지로, 다시 청대에 와서 다시 수렵장으로 바뀌었다. 황제들이 전염병을 피해 이곳에 거처하기도 했으며, 달라이 라마와 판첸 라마가 북경에 왔을 때, 모두 이곳에서 먼저 황제를 배알했다. 于敏中, 『日下舊聞考』卷 74, 北京古籍出版社, 1981, 1,251쪽.
59 현재 북경 안정문(安定門) 부근에 있는 서황사(西黃寺)를 의미한다. 이 사원은 달라이 라마의 초청을 위해 건설됐으며, 강희연간 이래 황사로 불리기 시작했다. 달라이 라마의 전기문에서는 라캉·세르보(lha khang ser po) 즉 황색 사원으로 기록되어 있다.
60 보다 자세한 여정에 대해서는 Ho-chin Yang, *China's Routes to Tibet during the Early Qing Dynasty : A Study of Travel Accounts*, Dissertation in the Department of Asian Languages and Literature, University of Washington, 1994, 89~162쪽을 참조. 여기에 밝힌 날짜는 5세 자서전에 기록된 장력(藏曆)을 양호친(Yang Ho-chin)이 앞의 논문에서 양력으로 환산했고, 그것을 다시 필자가 인용한 것이다.
61 Patricia Berger, 앞의 책, 203쪽, Plate 4.
62 『五世達賴喇嘛自傳·雲裳』, 328쪽.
63 金成修, 앞의 책, 158~168쪽.
64 齊木德道爾吉, 吳元豊, 薩·那日松 主編, 앞의 책, 第三輯, 順治九年八月十一日, 337~338쪽.
65 Nayiči toyin qutuɣtu-yin namtar, 內蒙古社會科學院所藏, 北京木刻본 : 成崇德, 申曉亭, 『清代蒙古高僧傳譯輯』, 全國圖書館文獻縮微複製中心, 1990 ; 金成修, 앞의 책, 68~72쪽.
66 『五世達賴喇嘛自傳·雲裳』, 333~334쪽.
67 Johan Elverskog, 앞의 책, 105~107쪽.
68 청조가 달라이 라마에게 보내는 문서가 대개 몽골어로 기록되어 있는 점은 흥미

롭다. 당시 몽골어는 일종의 공용어로 내륙아시아 각지에서 사용되고 있었다. 이에 티베트의 달라이 라마나 판첸, 그리고 사캬 교단의 고위 승려 등이 청조에 사신을 파견할 때도 대개는 몽골어로 된 문서를 소지하곤 했다. 이에 일찍이 청조는 내각(內閣) 아래 몽고당(蒙古堂. Monggo bithei ba)을 설치하여 이들 문서의 정리와 번역을 담당하도록 했고, 이에 이들 문서를 「몽고당당(蒙古堂檔)」이라고 분류하기도 한다.

69 中國第一歷史檔案館 編, 앞의 책, 2002, 10~11쪽.
70 James A. Millward, Ruth W. Dunnell, Mark C. Elliott, and Philippe Forêt, *New Qing Imperial History : The Making of Inner Asian Empire at Qing Chengde*, Routledge Curzon, 2004.
71 David M. Farquhar, 앞의 글, 20~24쪽.
72 鄧銳齡, 「吳三桂叛淸期間同第五輩達賴喇嘛通使始末」, 『中國藏學』 1998-4, 16~25쪽.
73 김호동, 『근대 중앙아시아의 혁명과 좌절』, 사계절, 1999 ; 劉正寅, 「阿帕克和卓流亡路線的再探討」, 『中國邊疆史地硏究』 2002-2, 64~72쪽 ; 劉正寅, 「噶爾丹統治時期的天山南路(1680~1697)」, 『民族硏究』 1994-5, 73~79쪽 등을 참조.
74 엔사(dben sa) 호톡토는 시가체 부근에 위치한 엔사사원의 활불 계통이다. 17세기 초 겔룩 교단이 짱바한의 공격으로 위기에 처했을 때 교단은 그를 서부 오이라트 몽골에 파견하여 구시한 등에 군대를 요청하도록 했다. 후에 그는 할하에서 제브준단바에게 수계하고, 할하·오이라트 회맹에 참석했는가 하면, 1642년에는 이락곡산 호톡토와 함께 청조에 사신으로 파견되는 등 내륙아시아 전역에서 활발한 활동을 전개했다.

근세 후지신앙의 성립과 그 전개

1 후지 신앙에 대한 종합적 연구로 井野邊茂雄, 『富士の信仰』, 名著出版, 1928 ; 平野榮次 編, 『富士淺間信仰』(民衆宗敎史叢書 16), 雄山閣, 1987 ; 岩科小一郞, 『富士講の歷史』, 名著出版, 1983 ; 平野榮次, 『富士信仰と富士講』(平野榮次著作集 1), 名著出版, 2004를 들 수 있다.
2 大谷正幸, 「食行身祿と『一字不說の卷』をめぐって」, 『宗敎硏究』 309, 1996 ; 安丸良夫, 「富士講」, 『民衆宗敎の思想』, 岩波書店, 1971 ; 久木幸男, 「富士講と彌勒信仰」, 『日本學』 5, 1984 ; 平野榮次, 「富士信仰と曼陀羅」, 『聖地と他界觀』, 名著出版, 1987 ; 岩科小一郞, 「創成期の富士講」, 『富士·御嶽と中部靈山』, 名著出版, 1978 ; 大谷正幸, 「富士信仰から角行系宗敎へ」, 『宗敎硏究』 340, 2004.

3 宮田 登,「山岳信仰と講集團」,『日本民俗學會報』21, 1961 ; 渡邊秀司,「富士講の硏究」,『佛大社會學』26, 2001 ; 渡邊秀司,「富士講の宗敎性とその背景」,『佛大社會學』25, 2000 ; 大谷正幸,「金明水と富士講」,『風俗史學』16, 2001 ; 黃瀨三朗,「杣谷の富士講と「せんげんさん」」,『日本の石佛』107, 2004 ; 平野榮次,「菊田日記」から見た吉田御師と富士講」,『甲府盆地』, 雄山閣, 1984 ; 平野榮次,「武藏野の富士講」,『日光山と關東の修驗道』, 名著出版, 1979 ; 大谷忠雄,「神奈川縣における富士講の展開」,『日光山と關東の修驗道』, 名著出版, 1979 ; 植松章八,「富士講の成立と展開」,『江戶の祈り』, 吉川弘文館, 2004 ; 大森義憲,「富士の御師」,『富士・御嶽と中部靈山』, 名著出版, 1978.

4 靑柳周一,「富士講と交通」,『交通史硏究』33, 1994 ; 靑柳周一,「富士山御師と宿泊業」,『歷史』88, 1997 ; 靑柳周一,「參詣の道・生計の道」,『地方史硏究』268, 1997.

5 木野主計,「富士講取締令の硏究」,『大倉山論集』29, 1991 ; 澤登寬聰,「富士信仰儀禮と江戶幕府の富士講取締令」,『法政大學文學部紀要』47, 2001.

6 최근 한국학계에서 연구된 성과는 박규태,「후지신앙과 여신 : 고노하나노사쿠야히메・후지강」,『日本思想』12, 2007. 6이 있다.

7 竹谷靭負,『富士山の精神史』, 靑山社, 1998, 60쪽.

8 富士吉田市史編纂室,『妙法寺記』, 富士吉田市史編纂室, 1991, 61쪽.

9 같은 책, 1518년, 1539년, 1548년, 1553년조의 기사들.

10 같은 책, 84쪽.

11 「角行藤佛くう記」,『民衆宗敎の思想』(日本思想大系 67), 岩波書店, 1971. 가쿠교의 행적에 대해서는 모두 이 문헌에 의거한다.

12 『扶桑敎祖年譜』는 岩科小一郎, 앞의 책, 1983, 46~51쪽에 전문이 실려 있다. 이 글의『扶桑敎祖年譜』기사는 모두 이 문헌에 의거하고 있다.

13 "一, 七日えのたちまち, 一, 百日の水行, 一, 人穴にて千日のこをり, 一, 中道にて木じき, 一, 十二月 十七日え はだかまち, 一, 中道にて十七日 ぢやうえ 一つにて ○○○, 一, 八かいにて百日の水行, 一, 人穴にて千日のこもり"라 기록하고 있다. 가쿠교가 직접 쓴 문서『日タの心得』는 비공개 사료여서, 岩科小一郎, 앞의 책, 1983을 이용했다.

14 鳩ケ谷市文化財保護委員會,『不二道基本文獻集』, 鳩ケ谷市文化財保護委員會, 1978, 11쪽. 한편『諸神法の卷』의「八海水行次第」에는 가쿠교의 수행(水行)에 대해 "一, あすみ 百日行の內天自星下り 我身うつる, 一, ふなつ 百日大行 水の文句申しうけ, 一, 山中 百日大行 あたための文申しうけ, 一, 西のうみ 百日大行に

て風ふせぎの文申しうけ, 一, しやうじ 百日大行 前夜りやうとう申しうけ 藤山たけたけ見る成, 一, もとす 百日大行 我生かわり申しうけ, 一, あふみ 百日大行 御行ゆるしの上にすわる, 一, よし原 百日大行にて 天より月をち我むねに入, 一, はこね 百日大行 やはたのしやりう文申しうけ 仙見大日ぼさつ御たいつめん仕成"라 기록하고 있다(岩科小一郎, 앞의 책, 1983, 58쪽).

15 같은 책, 64쪽.
16 같은 책, 64쪽.
17 같은 책, 64~65쪽.
18 『不二道基本文獻集』, 13쪽.
19 『不二道基本文獻集』, 13~14쪽. 한편 이와시나 고타로(岩科小太郎)는 쇼쿠교 직필이라는 『히비노코코로에(日夕の心得)』을 인용하고 있다. 이와시나 고타로가 인용하고 있는 것과 이 논문에 인용하고 있는 것과는 약간의 차이가 있다(岩科小太郎, 앞의 책, 1983, 65~66쪽; 岩科小太郎, 「創成期の富士講: 食行と身祿」, 『富士·御嶽と中部靈山』(山岳宗教史研究叢書 9), 66~67쪽 참조).
20 지키교의 전기에 대해서는 여러 사료에 산견되나, 가장 자세하게 기록되어 있는 것은 鳩ケ谷市文化保護委員會, 『富士講古典教義集: 小泉文六郎決定之覺書』 3(鳩ケ谷市古文書第二十一集), 鳩ケ谷市文化保護委員會, 1997이다. 이하 지키교의 전기에 대해서는 주로 이 책에 의한다.
21 澁谷區, 『澁谷區史料集』第二, 澁谷區, 1981, 117쪽.
22 주 14 참조.
23 『澁谷區史料集』第二, 27쪽.
24 「一字不說之卷」, 『不二道基本文獻集』(鳩ケ谷市の古文書第四集), 34~35쪽.
25 安丸良夫, 「三十一日の御卷」, 『民衆宗教の思想』(日本思想大系 67), 437쪽. 인용한 부분에서는 자비, 정, 도움, 절제의 4덕목을 주장하고 있으나, 도움을 정직으로 대치하기도 한다(444쪽).
26 『澁谷區史料集』第二, 98쪽.
27 安丸良夫, 앞의 책, 429쪽.
28 「一字不說之卷」, 『不二道基本文獻集』, 35쪽.
29 安丸良夫, 앞의 책, 436쪽.
30 같은 책, 436쪽.
31 같은 책, 436쪽.
32 「御決定之卷」, 『不二道基本文獻集』(鳩ケ谷市の古文書第四集), 51쪽.
33 「御添書之卷」, 『不二道基本文獻集』, 46쪽.

34 岩科小一郎, 앞의 책, 1983, 177쪽.
35 같은 책, 177쪽.
36 같은 책.
37 「御添書之卷」, 『不二道基本文獻集』, 45쪽.
38 이상의 초기 후지코의 형성에 대해서, 岩科小一郎, 앞의 책, 1983, 233~234쪽; 岩科小一郎, 「富士塚の系譜」, 『富士講と富士塚－東京・神奈川』(日本常民文化硏究所調査報告第 2集), 神奈川大學日本常民文化硏究所, 1978, 33~34쪽 참조.
39 『御觸書寬保集成』, 岩波書店, 1987, 1,286쪽(문서번호 2849).
40 『江戶町觸集成』, 塙書房, 1998, 9~10쪽(문서번호 10179).
41 岩科小一郎, 「富士塚の系譜」, 앞의 책, 1983, 34쪽.
42 [표 2]는 澤登寬聰, 「富士信仰の成立と展開」, 『富士吉田市史』(通史編第二卷近世), 富士吉田市史編纂委員會, 2001, 820~822쪽; 澤登寬聰, 「富士信仰の形成・發展と不二道」, 『北區史』(通史編近世), 東京都北區, 1996, 485~488쪽을 바탕으로 작성.
43 같은 책, 820~822쪽을 분석한 수치임.
44 같은 책, 820~822쪽을 분석한 결과임.
45 [표 3]은 岩科小一郎, 앞의 책, 1983, 272쪽; 平野榮次, 「富士講・富士塚の民俗」, 『富士講と富士塚：東京・神奈川』(日本常民文化硏究所調査報告第2集), 神奈川大學日本常民文化硏究所, 1978, 53~54쪽을 참조하여 작성.
46 [표 4]는 岩科小一郎, 앞의 책, 1983, 272쪽; 大谷忠雄, 「神奈川縣の富士講と富士塚」, 『富士講と富士塚：東京・埼玉・千葉・神奈川』(日本常民文化硏究所調査報告第4集), 神奈川大學日本常民文化硏究所, 1979; 岡田博・平野榮次, 「埼玉縣の富士講と富士塚」, 『富士講と富士塚：東京・埼玉・千葉・神奈川』(日本常民文化硏究所調査報告第4集), 神奈川大學日本常民文化硏究所, 1979를 참조하여 작성.
47 이를 어떻게 해석해야 할 것인가에 대한 실마리는 발견하지 못했다.
48 이 점에 대한 해석의 방법을 현재로서는 발견하지 못했다.
49 각 지역의 후지코에 대한 연구는 많다. 대표적인 연구로 平野榮次, 「武藏野の富士講の特質」, 『日光山と關東の修驗道』, 名著出版, 1979; 大谷忠雄, 「神奈川縣における富士講の展開」, 『日光山と關東の修驗道』, 名著出版, 1979를 들 수 있다.

민국 시기 상하이 우성여행단과 '레저여행'

1 鍾叔河, 『走向世界 : 近代中國知識分子考察西方的歷史』, 中華書局, 1985 참조.
2 趙君豪, 「旅行講座 : 葉玉甫先生訪問記」, 『旅行雜誌』 9-3, 1935. 3.
3 趙君豪, 「旅行講座 : 王儒堂先生訪問記」, 『旅行雜誌』 9-10, 1935. 10.
4 馬曉京, 「近代中國出境旅遊活動的曆史考察」, 『湖南民族學院學報(社會科學版)』 2-16, 1998 ; 張俐俐, 『近代中國旅遊發展的經濟透視』, 天津大學出版社, 1998 ; 王淑良 · 張天來, 『中國旅遊史(近現代部分)』, 旅遊教育出版社, 1999 ; 王曉秋, 「晩淸中國人走向世界的一次盛擧」, 『北京大學學報 : 哲社版』, 2001. 이후에도 많은 연구가 이루어졌지만 논조 자체가 크게 변하지는 않는다.
5 Erik Cohen, "Who is a Tourist? : a Conceptual Clarification," *Sociological Review*, Vol. 22, 1974(닝왕, 이진형 · 최석호 옮김, 『관광과 근대성 : 사회학적 분석』, 일신사, 2004, 25~27쪽에서 재인용).
6 喩學才, 『中國旅遊文化傳統』, 東南大學出版社, 1995, 269~278쪽. 위쉐차이(喩學才)의 설명에 따르면, 전통 시기 중국의 여행문화는 귀족적인 소수인, 자급자족적 · 폐쇄적 의를 중히 여기고 이를 가볍게 여기는(重義輕利) 전통, 자기 혼자 즐기는(自我欣賞), 심유(心遊)의 문화 등으로 특징지어진다고 한다.
7 빈프리트 뢰쉬부르크, 이민수 옮김, 『여행의 역사 : 오디세우스의 방랑에서 우주여행까지』, 효형출판, 2003, 217~220쪽.
8 닝왕, 앞의 책, 40쪽.
9 柳田國男, 「旅行の進步及び退步」(1927), 『定本柳田國男集 25』, 築摩書房, 1970.
10 다니엘 부어스틴, 정태철 옮김, 「여행이 관광으로」, 『이미지와 환상』, 사계절, 2004, 130쪽.
11 周憲, 「旅行者的眼光與現代性體驗 : 從近代遊記文學看現代性體驗的形成」, 『社會科學戰線』 2000-6, 116쪽.
12 熊月之 主編, 羅蘇文 · 宋鑽友 著, 『上海通史 第9卷 民國社會』, 上海人民出版社, 1999, 179~180쪽.
13 馬學新, 『上海文化源流辭典』, 上海社會科學院出版社, 1992, 123~124쪽 ; 熊月之 主編, 羅蘇文 · 宋鑽友 著, 앞의 책, 179~180쪽 ; 賈鴻雁, 「略論民國時期旅遊的近代化」, 『社會科學家』 106, 2004-2, 85, 87쪽.
14 중국여행사의 설립 동기에 대해서는 박경석, 「근대중국의 여행인프라와 이식된 근대 여행 : 중국여행사의 설립과 활동을 중심으로」, 『중국사연구』 53집, 2008. 4, 217~224쪽 참조.
15 喩學才, 앞의 책.

16 張旗,「西風東漸:論晚淸旅遊風尙」,『華夏文化』2004-4.
17 「春遊紀盛:(三)淸明節滬南之形形色色」,『申報』1926. 4. 6;「春遊小誌:(二)龍華寺內之情形」,『申報』1926. 4. 8.『신보(申報)』는 "춘유기성(春遊紀盛)" 또는 "춘유소지(春遊小誌)"라는 연재 기사를 통해 당시의 사정을 잘 전해주고 있다.
18 「春遊記盛:杭遊通信」,『申報』1926. 4. 4;「上海銀行遊杭專車經過詳情」,『申報』1926. 4. 7.
19 「春遊記盛:群大西湖春遊團出發」,『申報』1926. 4. 4.
20 「春遊記盛:招商公學之旅行」,『申報』1926. 4. 4.
21 賈鴻雁, 앞의 글, 87쪽.
22 白動生, 西湖兒童旅行團,『西湖兒童旅行記』, 正中書局, 1937. 2. 이 여행기에는 '아동들의 기특한 여행'에 대한 각계의 뜨거운 호응이 담겨 있다.
23 신안여행단에 대해서는 張德鵬,「新安旅行團史略」,『檔案與史學』1996-5 참조.
24 「春遊小誌:儉德會旅行團之尾聲」,『申報』1926. 4. 8.
25 1909년 유명 무술인 귀위안자(郭元甲)가 상하이에서 정무체조학교(精武體操學校)를 창설한 다음해 정무체조회(精武體操會)로 개칭했다가, 1916년 정무체육회로 개명했다.「中國武術百年大事記」,『中華武術』2001-9;「精武體育會史料選」,『檔案與史學』1998-1.
26 友聲旅行團 編,『友聲旅行團簡史』, 友聲旅行團, 1947. 18~19쪽.
27 「春遊紀盛:振群校友會之春假旅行」,『申報』1926. 4. 6.
28 友聲旅行團出版股 編,『旅行月刊:華北旅行志號』, 友聲旅行團, 1931. 8;友聲旅行團出版股 編,『到普陀去!』, 友聲旅行團, 1934;友聲旅行團 編,『友聲旅行團簡史』;友聲旅行團 編,『友聲旅行團徵求特刊』, 友聲旅行團, 1947. 3. 아래 특별한 언급이 없을 경우 상기 자료를 근거로 한 것이다.
29 欽鴻,『蘇州煙雨記』, 上海畫報出版社, 2001, 186쪽.
30 賈鴻雁, 앞의 글, 85쪽.
31 友聲旅行團 編,『友聲旅行團簡史』, 12, 16쪽.
32 友聲旅行團 編,『友聲旅行團簡史』, 3, 16쪽.
33 友聲旅行團 編,「大事記」,『友聲旅行團簡史』, 16쪽.
34 友聲旅行團 編,「現任理監事暨幹事姓名表」,『友聲旅行團簡史』, 22~23쪽;友聲旅行團出版股 編,「加入華北旅行團員姓氏一覽表」, 앞의 책, 1931, 5~8쪽.
35 岩間一弘, 甘慧傑 譯,「1940年前後上海職員階層的生活況」,『史林』2003-4, 41쪽 참조.

36 杜恂誠, 「1933年上海城市階層收入分配的一個估算」, 『中國經濟史研究』 2005-1, 116쪽과 121~122쪽의 표를 이용하여 작성했다.
37 友聲旅行團出版股 編, 앞의 책, 1931, 1쪽.
38 友聲旅行團 編, 『友聲旅行團簡史』, 2쪽.
39 友聲旅行團 編, 「前言」, 『友聲旅行團簡史』, 1쪽.
40 友聲旅行團 編, 「各支團部史略」, 『友聲旅行團簡史』, 14쪽.
41 沈杏初, 「請列位提倡旅行愛護旅行團幷請海上旅行:到普陀去」, 友聲旅行團出版股 編, 앞의 책, 1934, 12쪽.
42 友聲旅行團出版股 編, 앞의 책, 1931, 1쪽.
43 沈杏初, 「請列位提倡旅行愛護旅行團幷請海上旅行:到普陀去」, 友聲旅行團出版股 編, 앞의 책, 1934, 11쪽.
44 友聲旅行團 編, 「第十三屆徵求會宣言」, 『友聲旅行團徵求特刊』, 1쪽.
45 友聲旅行團 編, 『友聲旅行團簡史』, 9쪽.
46 같은 책, 4쪽.
47 友聲旅行團 編, 「宣言」, 『友聲旅行團簡史』, 2~3쪽.
48 友聲旅行團 編, 「本團呈鐵道部文」, 『友聲旅行團簡史』, 5쪽.
49 友聲旅行團出版股 編, 앞의 책, 1931, 1쪽.
50 友聲旅行團 編, 「章程」, 『友聲旅行團簡史』, 30쪽.
51 友聲旅行團 編, 「無錫錫報」, 『友聲旅行團簡史』, 8쪽.
52 友聲旅行團 編, 『友聲旅行團簡史』, 12쪽.
53 友聲旅行團 編, 「無錫錫報」, 『友聲旅行團簡史』, 4쪽.
54 友聲旅行團 編, 「大事記」, 『友聲旅行團簡史』, 16~22쪽.
55 友聲旅行團 編, 「無錫錫報」, 『友聲旅行團簡史』, 7~8쪽.
56 沈杏初, 「請列位提倡旅行愛護旅行團幷請海上旅行:到普陀去」, 友聲旅行團出版股 編, 앞의 책, 1934, 11쪽.
57 「團體消息:友聲旅行團之遊園會」, 『申報』 1927. 6. 2.
58 1947년 3월에 열린 제13차 '징구대회'의 경우, 징구위원회 위원이 120명에 이르렀고, 30여 명씩 모두 20개의 '징구대'가 조직되어, 720명을 훌쩍 넘는 인원이 단원 모집에 직접 참가한 셈이 된다.
59 友聲旅行團 編, 「第十三屆徵求大會章程」, 『友聲旅行團徵求特刊』, 3쪽;「團體消息:聲旅行團之遊園會」, 『申報』 1927. 6. 2.
60 '찬조, 기본, 영구 단원'은 납부한 금액만큼 지분을 가지며 선거권과 피선거권을 가졌다. '보통단원'은 여행단에서 조직한 단체여행에 실비로 참가할 수 있었고

각종 체육문화행사의 혜택을 받을 수 있었지만, 선거권과 피선거권은 없었다.
61 友聲旅行團 編, 「第十三屆徵求大會章程」, 『友聲旅行團徵求特刊』, 3쪽 ; 友聲旅行團 編, 「歷屆徵求成績表」, 『友聲旅行團徵求特刊』, 10쪽 ; 友聲旅行團 編, 「章程」, 『友聲旅行團簡史』, 30쪽.
62 欽鴻 編, 『蘇州煙雨記』, 上海畫報出版社, 2001, 186쪽.
63 友聲旅行團 編, 『友聲旅行團簡史』, 5~7쪽. 우성여행단은 길지 않은 『간사(簡史)』에 철도부에 보낸 공문과 회신되어온 공문의 전문을 실으면서, 이를 "실로 우리나라 여행역사에서 갈아 없앨 수 없는 한 페이지"라고 높이 평가했다.
64 관련 서술은 友聲旅行團出版股 編, 앞의 책, 1931, 8쪽을 참조했음.
65 관련 서술은 友聲旅行團出版股 編, 앞의 책, 1934를 참조했음.
66 '화북여행'이 언제 처음 실행됐는지에 대해서는 다소간의 혼선이 있다. 우선, '화북여행'의 제반 사항을 안내해놓은 『여행월간(旅行月刊) : 화북여행지호(華北旅行志號)』는 1931년 8월에 초판이 발행됐고, 그 안에는 여행일정이 9월 26일에 시작하여 10월 11일에 끝나는 것으로 되어 있다. 이에 따르면 '화북여행'이 1931년 9~10월에 이루어졌다고 볼 수 있다. 그런데 1931년 9월 하순이면 9·18 만주사변이 한창인 때여서 한가로이 단체여행을 즐겼다고 보기는 어렵다. 더욱이 『우성여행단간사(友聲旅行團簡史)』의 「대사기(大事記)」에는 '1931년 9·18로부터 1·28 상해사변에 이르기까지 여행이 중지됐다'가 1932년 6월에야 회복됐다. 제1차 '화북여행'은 1932년 8월에 거행됐다'고 적고 있다. 애초 1931년 가을에 가기로 되어 있던 '화북여행'이 9·18사변으로 무산됐다가 이듬해 8월에나 성사됐던 것으로 보인다. 友聲旅行團 編, 「大事記」, 『友聲旅行團簡史』, 19쪽.
67 友聲旅行團出版股 編, 「往返日程」, 앞의 책, 1931, 2~3쪽 ; 友聲旅行團出版股 編, 「滬京津平通車時刻表」, 앞의 책, 1931, 48쪽.
68 友聲旅行團出版股 編, 앞의 책, 1934.
69 周太彤·胡煒, 『黃浦區志(上海市區志系列叢刊)』, 上海社會科學院出版社, 1996, 252쪽에서 인용.
70 『上海市年鑑』1936年(下), 中華書局, 1936·1937年版(陸興龍, 「近代上海社團組織及其社會功能的變化」, 『上海經濟研究』2005-1, 89쪽에서 재인용).
71 같은 글, 89쪽.
72 艾萍, 「現代化進程中的上海近代社團組織」, 『探索與爭鳴』2006-3, 52~53쪽.

| 제4부 정체성 |

사마천의 남방여행과 천하인식

1 이성규, 『사마천 사기 : 중국 고대사회의 형성』(서울대학교출판부, 2007) 중 「사기 해설」의 제3장 「사료의 비판과 취사」, 50~54쪽.
2 『史記』 卷 123, 「大宛列傳」.
3 Li Way-yee, "The Idear of Authority in the Shiji," *Harvard Journal of Asiatic Studies* 54, 1994-2.
4 『漢書』 卷 62, 「司馬遷傳」, 「報任安書」.
5 『史記』 卷 17, 「漢興以來諸侯王年表」 序文.
6 『史記』 卷 1, 「五帝本紀」, 6쪽.
7 王國維, 「太史公行年考」(『觀堂集林』 卷 11)에서는 사마천이 6차의 여행을 진행한 것으로 파악했는데, 그는 7차 여행이라고 하는 한 무제 원봉 5년의 여행을 사마천과 무관한 것으로 이해했다. 그 여정이 이미 사마천의 1차 여행에 포함되어 있기 때문에 그렇게 판단한 것으로 보인다.
8 후지타 가스히사, 주혜란 옮김, 『사기를 탄생시킨 사마천의 여행』, 2004, 이른아침. 사마천의 여행과 관련된 직접적인 기록에 대해 왕궈웨이(王國維)는 16건을 확인했다. 「태사공자서」에서 사마천이 아버지 사마담과 대면하는 장면에 대해 왕궈웨이는 여행과 무관한 것으로 파악했는데, 사마천이 원봉원년 봉선에 참여하고 귀환하는 길에 아버지를 만난 것이 분명한 것으로 후지타 가스히사(藤田勝久)의 주장처럼 포함시키는 것이 타당하다.
9 王國維, 鄭鶴聲, 『司馬遷年譜』, 商務印書館, 1944 ; 瀧川龜太郞, 『史記會注考證』, 劉汝霖, 『漢晉學術編年』, 長安出版社, 1979 등.
10 李長之, 『司馬遷之人格與風格』, 育幼圖書有限公司, 1983 ; 聶石樵, 『司馬遷通論』, 北京師範大學出版社, 1987 등.
11 이외에 『정의(正義)』에서 말하는 42세는 그해 사마천이 42세가 됐다는 것이 아니라, 42세를 살았다는 의미이고, 『색은(索隱)』에서 말하는 28세는 원봉 3년을 가리키는 것이 아니라 태초 3(102)년을 의미한다고 하여 그 출생은 원광 6(기원전 129)년이라는 주장도 있고(吉春, 『司馬遷年譜新編』, 三秦出版社, 1989), 그 근거는 제시하지 않았지만 기원전 161년에 출생한 것으로 정리되기도 했지만(M. Mayers, "Chinese Reader's Manual"), 별로 설득력은 없어 보인다.
12 佐藤武敏, 『司馬遷の世界』, 汲古書院, 1997.
13 王國維, 「太史公行年考」, 『觀堂集林』 11, 1917.

14 『史記』卷 130,「太史公自序」.
15 『史記』卷 30,「平準書」, 1,433쪽.
16 『漢書』卷 6,「武帝紀」, 180쪽.
17 『漢書』卷 6,「武帝紀」, 172쪽.
18 『史記』卷 41,「越王句踐世家」.
19 『史記』卷 2,「夏本紀」.
20 『史記』卷 1,「五帝本紀」帝舜.
21 『史記』卷 113,「南越列傳」.
22 『史記』卷 116,「西南夷列傳」.
23 『漢書』卷 95,「西南夷列傳」.
24 '나자(羅子)'는 춘추 시대의 '나국(羅國)'으로 주 무왕 시기에 나국은 자작으로 봉해져 나자(羅子) 혹은 나자국(羅子國)이라고 한다. 그 위치는 『사기』의 정의(正義)와 『통전(通典)』「지리전(地理典)」에 의하면 나현성(羅縣城)은 악주(岳州) 상음현(湘陰縣) 동북 60리에 있었는데, 춘추 시대에 나자국이 있었다고 한다(『史記』卷 84,「屈原賈生列傳」; 『通典』「地理典」,「古荊州」,「巴陵郡岳州」). 이것은 진대(晋代) 장사군(長沙郡)에 속하고 현재 호북성 의성(宜城) 일대로서 후한대 만이(蠻夷) 지역이었다.
25 『後漢書』卷 86,「南蠻西南夷列傳」.
26 『사기』권 5「진본기(秦本紀)」에 따르면 진(秦) 혜문왕 23년 진나라 장수 사마착이 촉을 정벌하여 이를 멸망시킨 것으로 되어 있다. 그러나 이 기사 외에는 열전에서와 같은 구체적인 내용은 없다
27 파투무(巴渝舞)에 대해서는 『사기』권 117「사마상여열전(司馬相如傳)」에 대한「집해(集解)」와「색은(索隱)」에서는 곽박(郭璞)의 말을 인용하고 있는데, "파군(巴郡) 서쪽 민중(閬中)에 유수(渝水)가 있는데 요인(獠人)들이 그 물가 위에 사는데 모두 건장하고 용맹하며 춤추기를 좋아하여 한 고조가 이들을 모집하여 삼진(三秦)을 평정하는 데 이용했다. 나중에 악관(樂官)으로 하여금 그들의 무곡(舞曲)을 익히게 했는데 그 때문에 파투무라고 했다"고 한다. 실제 『한서(漢書)』「예악지(禮樂志)」와 『후한서』에는 각각 '파투고원(巴渝鼓員)'과 '파투탁가자(巴渝擢歌者)'가 편제되어 있다.
28 『後漢書』卷 86,「南蠻西南夷列傳」.
29 江應梁,『中國民族史』上, 民族出版社, 1990, 262쪽.
30 『後漢書』卷 86,「南蠻西南夷列傳」, 2,829쪽. 이는 진대(晋代)의 호조지식(戶調之式)에서 '이인(夷人)', '원이불과전자(遠夷不課田者)'로 구분하고 있는 데서도

동일하게 나타난다.
31 『宋書』 卷 97, 「荊雍州蠻傳」.
32 『後漢書』 卷 86, 「南蠻西南夷列傳」.
33 金裕哲, 「魏晋南北朝時代江南社會與種族問題」, 『中國江南社會與中韓文化交流』, 杭州出版社, 1997.
34 『史記』 卷 17, 「漢興以來諸侯王年表」 序文.
35 『史記』 卷 113, 「南越列傳」.

명조(明朝)에서 본 류큐왕국의 정체성

1 渡邊美季, 「中日の支配論理と近世琉球:中國人・朝鮮人・異國人;漂着民の處置をめぐって」(『歷史學硏究』810, 2006. 1), 12~13쪽; 마리우스 B. 잰슨, 지명관 옮김, 『일본과 동아시아 이웃 나라들: 과거에서 미래로』, 소화, 2002, 24~25쪽. 또한 紙屋敦之, 『幕藩制國家の琉球支配』, 校倉書局, 1990는 류큐 지배를 동아시아세계의 변동에서부터 추구했으나 막번제 국가체제 아래의 상하관계와 지배논리를 중시했다.

2 초기의 예속론은 喜舍場一隆, 「薩摩藩琉球統治確立期の政治經濟的背景」, 『近世薩琉關係史の硏究』, 東京國書刊行會, 1993 참조. 류큐가 중·일의 영향을 강하게 받지만 양쪽과 명확히 구별되는 독자적 국가로 보는 입장(高良倉吉, 『アジアのなかの琉球王國』, 吉川弘文館, 1998), 그리고 豊見山和行, 『琉球王國の外交と王權』, 吉川弘文館, 2004 등과 같이 류큐가 책봉조공 관계를 핵으로 막번제 아래에서 왕국의 자율성을 확보했다고 이 연구들을 꼽을 수 있다.

3 渡邊美季, 앞의 책, 12~13쪽. 여기서 지배논리는 '중국형 세계질서'와 '일본형 화이(華夷)관념'이라는 말로 표현되어온 중국과 근세 일본을 각각 중심으로 하는 광역지배의 논리로 규정하고 있다. 즉 근세 류큐는 중·일 양국의 지배질서가 겹쳐지는 지역이라는 것이다.

4 金城正篤, 「頒封論·領封論:冊封をめぐる議論」, 『第3回琉球・中國交涉史に關するシンポジウム論文集』, 1996; 上原兼善, 『幕藩制形成期の琉球支配』, 吉川弘文館, 2001, 41~56쪽.

5 당시 해상에서는 명조가 공인한 중국과 동남아 각 국가 간의 무역거래뿐만 아니라 일본과의 직·간접 무역과 포르투갈 등의 폭력적 상업활동이 기승을 부리게 됐다. 류큐의 경제적 이익은 손상되고 국력이 크게 약화되기 시작했다. 村井章介, 「東南アジアの中の古琉球」, 『歷史評論』603, 2000; 中沙明德, 『江南』, 講談社, 2002, 156~157쪽.

6 류큐는 1589년 9월 천룡사(天龍寺) 승려 도암(桃庵) 등을 파견했고 이들은 다음 해 3월까지 규슈(九州), 교토(京都)에 체재했다. 紙屋敦之, 『幕藩制國家の琉球支配』, 校倉書房, 1990 ; 민덕기, 「朝鮮・琉球를 통한 江戶幕府의 對明 접근」, 『한일관계사연구』 2집, 한일관계사학회, 1994. 7, 106쪽.

7 복건성(福建省)에 본적을 둔 중국인의 후예로 구메촌(久米村) 정씨(鄭氏)의 9대에 속하며 가정(嘉靖) 44년 2월 남경 국자감에 입학하여 6년간 체류했다. 1605년에 삼사관(三司官)이 됐고, 1609년 시마즈(島津) 군의 침입 때, 친중국파의 대표로 압송되어 2년 뒤 사쓰마에서 처형당했다. 松浦章, 「明代海商と秀吉 '入寇大明' の情報」, 『末永先生米壽記念論集』 坤の卷, 1985.

8 侯繼高, 『全浙兵制考三卷日本風土記五卷』 卷 2, 「近報倭警」(筆寫本, 日本內閣文庫). 이 자료집은 첩보활동 및 표류, 무역 등을 통한 왜의 동정에 대한 정보를 엮은 주요 사료이다. 표류 중국인, 사쓰마 번주(藩主) 측근의 중국인 의사 허의후(許儀後), 곽국안(郭國安)의 기밀 정보 및 복건상인 주균왕(朱均旺)의 공술(供述)과 편지, 보고문 등이 실렸다. 후계고(侯繼高)는 왜구 격퇴로 이름을 날린 무장 출신으로 1592년경에 이 자료집을 펴냈다. 川越泰博, 「『全浙兵制考』の撰者侯繼高とその一族」, 『明清史論集 : 中央大學川越研究室二十周年記念』, 國書刊行會, 2003.

9 米谷均, 「『全浙兵制考』'近報倭警'にみる日本情報」, 『8〜17世紀の東アジア地域における人物情報の交流』, 科研報告書(米谷均, 「『全浙兵制考』'近報倭警'에서 본 일본정보」, 『한일관계사연구』 20집, 2004. 4에 재게). 이 논문에서는 조선이 이미 도요토미 히데요시에게 항복했다는 진신의 보고가 해양루트를 통해 유입되면서 명과 조선 사이에 균열을 불러일으켰고 이후 명의 전략과 참전에 심각한 영향을 끼친 점을 조명했다.

10 米谷均, 앞의 글, 2004, 163〜164쪽. 진신에 대해서는 『명사(明史)』, 『조선왕조실록』 등에도 관련 기록이 산재해 있다. 진신은 만력(萬曆) 21년 8월 명의 장수 송응창(宋應昌)의 명령으로 일본에 간첩으로 파견됐을 가능성이 제기된다. 三木聰, 「福建巡撫許孚遠の謀略 : 豊臣秀吉の征明をめぐって」, 『人文科學研究』 4號, 高知大學人文學部, 1996. 6, 47쪽.

11 이 사절단 파견에 관해 『歷代寶案』 第1集, 卷26(國立臺灣大學印行本), 866〜867쪽, 萬曆 19年 閏2月 符文 「琉球國中山王世子尙 爲進貢等事」 ; 같은 책, 卷 1, 1,081〜1,082쪽, 執照 「琉球國中山王世子尙 爲進貢等事」 등의 기록이 남아 있다. 이들은 이해 윤2월 14일(3월 26일)에 파견됐고 정의대부(正議大夫) 정예(鄭禮), 사자(使者) 마양신(馬良臣), 통사 정적(通事 鄭迪) 등으로 구성, 작은 배에 표문

한 통과 말 4필, 유황 등의 조공품을 싣고 진공(進貢)하는 여정으로 기재되어 있다.
12 米谷均, 앞의 책, 2004, 169~170쪽에서는 진신의 류큐 도착과 체제 사이의 일자 및 목적 등이 불분명한 점을 들어 그가 명의 관청에 보고할 수 없는 비밀을 갖고 있으며, '왜경통보(倭警通報)'를 명목으로 귀국한 것 역시 해금에 저촉된 것을 은폐하기 위한 구실로 간주했다. 그러나 그는 주 10과 같이 계속 명군과 관련을 맺었고 정유재란 당시에는 조선에서 온 가능성이 높은 것으로 볼 때, 명조 관부와의 연결은 간단히 취급하기 어렵다.
13 『神宗實錄』卷 238, 萬曆 19年 7月 癸未(中央硏究院 歷史語言硏究所, 民國 53年).
14 관련 내용이 『宣祖修正實錄』 25卷, 宣祖 24(1591)年 8月 1日(癸巳)자 기사에 실려 있다. 8월 23일자의 요동도사(遼東都司) 자문과 날짜상 착오가 발생한 것은 실록 쪽의 착종으로 보인다. 조선에서는 이 자문을 받고 국왕명의「근주위왜정사(謹奏爲倭情事)」를 올려 의혹 사실을 일일이 변명해야 했다.
15 이 사실은 米谷均, 앞의 책, 2004, 79~180쪽에서 柳成龍, 『西崖集』卷 3, 「陳倭情奏文」(한국문집총간 52, 민족문화추진회) 57~60쪽, 崔岦 ; 『簡易文集』卷 1(한국문집총간 49, 민족문화추진회), 175~181쪽, 「근주위왜정사」를 참고해서 밝힌 바 있다. 또한 절강순무어사(浙江巡撫御史)가 보고한 「위치보왜이긴급군정(爲馳報倭夷緊急軍情), 걸래독무아문(乞勅督撫衙門), 엄가정탐(嚴加偵探), 조위어방(早爲禦防), 이두후환사(以杜後患事)」에서는 류큐에서 돌아온 복건인 진신의 게보(揭報)에서 일본 정황과 조선침략 사실을 알게 됐다고 했다.
16 당시 조선은 일본 통신사 파견 후, 사신을 북경에 보내 일본 관련 정보를 전달, 1591년 8월 11일 명조로부터 "조선이 보고한 왜노의 소식은 류큐가 보고한 것과 같다"고 포상을 받았다. 그럼에도 명조는 류큐발 소식을 접하자 다시 해명을 요구하여 조선을 곤경에 빠뜨렸다. 『神宗實錄』卷 239, 萬曆 19年 8月 癸卯.
17 『神宗實錄』卷 239, 萬曆 19年 8月 乙巳, 앞서 복건순무 조참로가 군비를 증강하여 방어를 강화한 것과 마찬가지로 절강성 쪽에도 존류은(存留銀)으로 대비태세를 갖추도록 건의한 것이다.
18 上原兼善, 앞의 책, 39쪽에서는 이 명령을 명조가 세자를 빨리 즉위시켜 '류큐의 국내 통치와 일본침략에 대비시키기 위한 의도'라고 보았다. 그러나 당시 명조는 류큐가 일본에 '초유(招誘)'된 것으로 의심하고 있었기 때문에 청봉(請封)에 대한 재촉은 액면 그대로 받아들이기 어렵다.
19 『歷代寶案』卷 31, 1,081~1,082쪽, 琉球世子 執照「爲哨探倭情事」(萬曆 20年 9月 23日給)에 의하면 사자(使者) 수달로(守達魯), 관대사인(冠帶舍人) 양수

덕(梁守德), 화장(火長) 정사론(鄭思存) 등을 작은 배에 태워 다시 명조에 파견했다.

20 절강(浙江) 덕청(德淸) 출신으로 1582년 진사에 합격, 양명학에 조예가 깊으며 동림(東林) 계열의 개혁노선에도 참여했다. 특히 광동첨사(廣東僉事) 시기부터 왜구와의 전투에 직접 관여해 70여 명을 포획하는 등 그 자신 '남왜(南倭)' 문제와 직접 대치했던 전문가였다. 『明史列傳』卷 171, 儒林2.

21 1534(가정(嘉靖) 13)년에 책봉사로 파견된 진만(陳侃)은 사행길에 앞서 관곽(棺槨)을 준비할 만큼 조난 위험이 크다고 기술해 복건 지방에서의 영봉(領封)을 주장했다. 金城正篤, 앞의 책, 2001, 36~37쪽

22 『世宗實錄』卷 482, 嘉靖 39年, 3月 甲戌. 당시 복건성에 진공(進貢)사절로 온 채정회(蔡廷會)는 해상의 풍파와 해적의 위험이 예기되므로 자신이 대리로 책봉조문(詔文)을 수령하겠다고 요청했다. 예부에서는 찬반양론의 논의 끝에 요청을 거절하기로 결정했다.

23 허부원은 일본 정탐과 복건 지방 무역이익 보호에 적극적으로 나섰는데 여기에는 모곤(茅坤) 등 복건 출신 지식인들의 조언이 큰 역할을 했다. 모곤은 또한 임진왜란 직전 당시 호부상서(戶部尙書)이던 석성(石星. 만력(萬曆) 19년 8월에 병부상서가 됨)에게도 편지를 보내 복건 지방에 일본의 침략정보가 전해졌다는 사실을 전했다. 中沙明德, 앞의 책, 156~158쪽.

24 『神宗實錄』卷 273 萬曆 22年 5月 癸未. 이 기사의 저본이 되는 허부원의 상주문 「題爲琉球乞恩冊封事」, 『敬和堂集』 疏卷(日本內閣文庫本)에는 자세한 정보가 실려 있다.

25 三木聰, 앞의 글, 1996, 增田勝機, 「歸化人汾陽理心(中國名郭國安について」(鹿兒島短期大學, 『硏究紀要』57, 1996) 참조.

26 金城正篤, 앞의 책, 1996, 40쪽 ; 上原兼善, 앞의 책, 2001, 41쪽에서는 이 사절단을 상녕(尙寧)이 책봉요청을 위해 보낸 것으로 파악했지만 사세용(史世用)의 귀국과 진공(進貢)이 주목적이었다. 사절단 대표 우파(于灞)가 정의대부급이 아니라 통사인 점 역시 이를 뒷받침해준다.

27 『歷代寶案』卷 32, 萬曆 22年 10月 11日 執照, 琉球國中山王世子尙「爲護送官員事」. 배를 건조하여 귀환시키려고 했으나 서둘러야 했기 때문에 부득이 작은 배로 입국했고 여기에는 다음해 정공(正貢)을 위한 말 2필, 생유황 등을 실었다고 한다.

28 이 건에 대해서는 허부원(許孚遠)의 상주문 「題爲琉球乞恩冊封事」가 『歷代寶案』卷 8, 布政司咨文 「爲琉球乞恩冊封事」萬曆 23년에 그대로 기재되어 있다.

29 허부원이 사세용에게 사쓰마와의 합작 공작 이외에도 대(對)류큐공작도 구체적으로 추진했는지는 불분명하다. 설혹 류큐와의 합작공작계획이 있었다고 하더라도 '조난'으로 우연히 류큐에 도착했다는 식으로 밝히는 쪽이 첩보공작의 목적에 부합할 터이다.

30 여기서 문신이 책봉사절로 파견된 것은 정통(正統)연간(1436~49)부터이므로 결코 태조 이래의 성법(成法)이 아니라면서 중국령 책봉의 타당성을 구체적으로 강조했다.

31 許孚遠,「請計處倭酋疏」에 전함 2천 척, 정병(精兵) 20만으로 일본을 제압한다는 계획이 실려 있다. 허부원은 이 계획을 제안한 한 달 후 다시 공작선을 사쓰마에 파견했다.

32 이 사실은 뒤에 류큐가 정식으로 명조에 책봉요청 사절을 보낸 뒤 명조와 교섭을 벌이는 과정에 제출된 자문에 실려 있다. 『歷代寶案』1집, 卷 4 禮部咨文, 133~140쪽,「爲進貢謝恩事」(萬曆 29年 11月 22日).

33 『歷代寶案』1集, 卷 8, 布政司咨文, 242~249쪽,「爲琉球乞恩冊封事」(萬曆 24年 6月).

34 『宣祖實錄』27卷, 宣祖 25年 壬辰 6月 26日 甲寅. "명나라는 허의후(許儀後)를 통하여 역시 왜적의 음모를 듣고는 우리 나라로 하여금 섬나(暹羅), 류큐 등과 결합하여 병사를 합쳐 일본을 정벌하여 무찌르도록 했다."

35 이 집조문(執照文)은 이전 복건순무 허부원이 왜노(倭奴) 관백(關白)의 동정을 정탐하라고 한 데 대한 회답형식을 띠고 있다. 『歷代寶案』1集, 卷 32, 執照 1,087~1,088쪽,「爲飛報倭情事」(萬曆 26年 4月 初7日).

36 『歷代寶案』1集, 卷 32, 執照 1,088~1,089쪽,「爲飛報倭奴關白身亡事」(萬曆 26年 10月初 3日).

37 『歷代寶案』1集, 卷 32, 執照 1,089~1,090쪽,「爲進貢謝恩請封事」(萬曆 27年 2月 27日).

38 『神宗實錄』卷 344, 萬曆 28年 2月 丁丑.

39 『歷代寶案』1集, 卷 4, 禮部咨文,「爲進貢謝恩事」(萬曆 29年 11月 22日) 중 135~136쪽.

40 上原兼善, 앞의 책, 2001.

41 『神宗實錄』卷 363, 萬曆 29年 9月 己酉.

42 류큐 관사(官舍)직에 있는 웅보달(熊普達)은 만력(萬曆) 22(1594년)에 우파와 함께 사세용을 호송한 사절단의 일행이었다.

43 『歷代寶案』1集, 卷 4 禮部咨文, 133~140쪽,「爲進貢謝恩事」(萬曆 29年 11月

22日);渡邊美季,「琉球人か,倭人か:16世紀末から17世紀初の中國東南沿海における琉球人像」,『史學雜誌』116卷 10號, 2007. 10.

44 류큐에는 명조 초기에 나하(那覇)에 정착한 구메촌(久米村)의 화교 이외에도 16세기 이래 다양한 이유로 왕래하는 중국인, 일본인들이 많았기 때문에 이들이 함께 같은 배에 탑승하는 것은 특별히 부자연스러운 일이 아니었다고 한다. 上原兼善, 앞의 책, 2001 ; 渡邊美季, 앞의 책, 2005, 20쪽.

45 『神宗實錄』 卷 363, 萬曆 29年(1601) 9月 乙酉.

46 『神宗實錄』 卷 411, 萬曆 33年(1605) 7月 戊寅.

47 하자양은 복건 체류 당시 사행선(使行船)이 포획되거나 왜가 사절단을 해치려 한다는 소문이 번지고 있었다고 하면서 '복건의 두 대신(臺臣)들이 국위 손상을 우려하여 황상의 명령을 바꾸기를 청했다. 나는 황제의 명령으로 나온 터 해외가 모두 우러러보는데 어찌 신뢰를 깰 수 있는가. 사신이 망녕되이 두려움을 보이면 국위의 손상이 더욱 심하다'고 밝히면서 사행길에 올랐다. 夏子陽,「使琉球錄序」萬曆 34年 12月,『使琉球錄』.

48 "이전에 (사(謝)) 걸(傑)이 류큐를 책봉하고 귀환하여 말하기를 이 나라에는 일본관이 있어 수백 명이 무리를 지어 있고 봉사(奉使)의 배가 지참한 화물이 교역되는 것을 기다리고 있는데 이 사람들은 드나들 때 날카로운 칼을 겨누고 있어 류큐는 내심 두려워한다." 何喬遠,『圖書』卷 146, 島夷志 등의 정보가 유통되고 있었다.

49 李廷機,「乞罷使疏球疏」,『李文節集』奏疏 2.

50 정사(正使)로 인선된 홍첨조(洪瞻祖)는 丁憂를 이유로 사직했다고 하지만 정황으로 볼 때 의도적인 회피의 혐의가 짙다고 한다. 夫馬進,「夏子陽撰『使琉球錄』解題」, 夫馬進 編,『增訂使琉球錄解題及び硏究』, 榕樹書林, 1999, 58~60쪽.

51 『神宗實錄』卷 411, 萬曆 33年 7月 戊寅.

52 夏子陽,「敬陳奉使事宜, 以隆君命以重國體事」,『使琉球錄』, 卷上之一, 題奏. 이 상주문은 실록기사에도 요약문이 실려 있다.『神宗實錄』萬曆 31年 正月 乙酉.

53 夏子陽,「使琉球錄序」萬曆 34年 12月,『使琉球錄』.

54 夫馬進. 앞의 책, 57~58쪽. 여기서는『萬曆福州府志』(萬曆 41年 刊 76卷本, 日本內閣文庫藏) 卷 25 丙午(萬曆 34)의 기사를 분석. 하자양이 지인인 복건 출신 임재(林材)에게는 "류큐가 거의 일본의 지배 아래에 있으며 책봉사절이 중국의 권위를 지키기 어려웠다고 진심을 토로한 것"을 밝혀냈다. 이는 천조(天朝)의 위엄을 떨쳐보였다고 공언한『사유구록(使琉球錄)』의 기사에서는 볼 수 없었던 하자양의 본심을 드러낸 것으로 보았다.

⁵⁵ 『神宗實錄』萬曆 35年 6月 己卯.

⁵⁶ 豊見山和行·高良倉吉 編, 『琉球·沖繩と海上の道』, 吉川弘文館, 2005. 사쓰마에서는 이해 9월 시마바라 소우안(島原宗安)을 류큐에 보내어 막부가 관계회복을 희망한다는「정대명천사서(呈大明天使書)」와 책봉사에게 류큐왕에게는 교섭 알선을 의뢰하는「정유구국왕서(呈琉球國王書)」를 전달했다고 한다. 豊見山和行, 앞의 책, 2004, 149~157쪽 ; 민덕기, 앞의 책, 109쪽.

⁵⁷ 류큐 쪽은 하자양 일행이 귀국한 후, 이들이 노고에도 불구하고 예물조차 받지 않은 데 대한 감사의 표시로 명조 쪽에 금전을 보내왔다. 卷 18, 國王咨文, 568~569쪽, 「爲頒封事竣, 特辭鐥金以重使節事」 34年 咨文.

⁵⁸ 喜舍場一隆, 「明末の琉明關係について」, 『海軍史硏究』 53, 1996에서는 류큐에 의한 침공 보고 후에 명조가 시행한 공기개정(貢期改定)정책 및 류큐의 청원운동을 거쳐 공기(貢期)복구가 되는 과정을 검토했다. 紙屋敦之, 『琉球と日本』, 中國, 山川出版社, 2003.

⁵⁹ 豊見山和行, 「近世初期における琉球王國の對薩摩外交」, 『琉球大學敎育學部紀要』 54, 1999.

⁶⁰ 中沙明德, 앞의 책, 156~157쪽. 1606(慶長 11)년, 일본 쪽이 가신을 파견해서 대만 시찰, 1616(元和 2)년에는 나가사키대관(長崎代官)인 무라야마 아쓰야스(村山篤安)가 막부의 양해 아래에 대만 원정단을 파견했다. 그 뒤에는 매년 일본 선이 대만으로 도항했다고 한다.

메이지 관료의 '문명'인식

1 이와쿠라사절단에 관해서는 제2차 세계대전 이전부터 불평등조약 개정교섭과 관련해 외교사적 입장에서 연구가 이루어졌다. 미국에서의 개정교섭이 좌절된 이후는 의례적 수호로 일관했기 때문에 실패했다고 평가됐다. 전후에도 조약개정 문제의 연구에 역점이 두어졌다. 그 성과는 메이지 초기의 조약개정사 연구, 메이지 초기의 국제관계에 관한 연구 등으로 대표된다. 그러나 1960년대에 들어 구메 구니타케(久米邦武)의 『特命全權大使 米歐回覽實記』(전5권, 岩波書店, 1977. 이하 『米歐回覽實記』)를 재료로 한 연구가 크게 진전됐다. 먼저 사상사, 비교문화사의 영역에서 加藤周一, 「日本人の世界像」, 『近代日本思想史講座』 8, 筑摩書房, 1961, 芳賀徹, 「明治初期 : 知識人の西洋體驗」, 『比較文學比較文化』, 弘文堂, 1961이라는 성과가 나왔다. 나아가 19세기의 구미 근대 국가의 실상을 백과사전적으로 서술한 『米歐回覽實記』의 복각판(宗高書房)과 이와나미문고(岩波文庫)판이 간행되어 다면적인 시점에서 사절단을 분석하는 연구가 개시됐다. 그리고 사

미주•431

회, 경제, 교육, 문화 등 다양한 영역에서 『米歐回覽實記』의 개별적 연구가 점차 종합적·학제적 연구로 나아가 田中彰, 高田誠二 編, 『「米歐回覽實記」の學際的研究』, 北海道大學圖書刊行會, 1993, 西川長夫·松宮秀治 編, 『「米歐回覽實記」を讀む』, 法律文化社, 1995가 간행됐다. 최근에는 영역판과 현대어역판도 출간됐다. 『米歐回覽實記』의 본격적 연구가 축적되는 한편, 일본 근대국가의 형성을 해명하려는 시점에 선 정치사적 연구가 진행됐다. 그 전환점을 이루는 대표적인 연구가 大久保利謙 編, 『岩倉使節の硏究』, 宗高書房, 1976이다. 이와쿠라사절단의 편성에 관해 『岩倉使節の硏究』는 오쿠마(大隈)사절단이 내정된 상태에서 이와쿠라 사절 임명이라는 전권대사 인사의 극적인 선회에 대해 이와쿠라와 오쿠보가 오쿠마 시게노부(大隈重信)를 배격하기 위하여 '삿초파(薩長派)'의 사절단 구성을 기도했으며, 그것이 사절단의 사명(使命) 개정과 소규모에서 대규모 사절단 편성으로 바뀌었다고 해석하여 이후 통설이 됐다. 이에 대해 이와쿠라사절단이 메이지 신정부가 최초로 구미 각국에 파견한 칙사라는 점을 중시하여 방문의 예의를 충분히 표시할 사절 후보는 이와쿠라 이외에는 없었으며 또 오쿠마사절단이 구상됐다 해도 내정된 것은 아니었다는 스가와라 모리쿠니(菅原彬州)의 설이 있다. 이밖에 약정서 문제, 위임장 문제, 잔류정부 문제, 정한론 문제 등 정치사에 관련된 구체적 과제와 사절단의 의의 등이 검토됐다. 나아가 외교사, 정치사, 법제사, 군사사, 화학기술사, 경제사, 사회사, 교육사, 사상사, 종교사, 문화사 등 다양한 연구관심을 통한 이와쿠라사절단 연구가 지금도 진행되고 있다.

2 田中彰, 『岩倉使節團』, 講談社現代新書, 1977; 田中彰, 『「脫亞」の明治維新』, 日本放送出版協會, 1984; 田中彰, 『岩倉使節團の歷史的硏究』, 岩波書店, 2002; 田中彰, 『明治維新と西洋文明』, 岩波書店, 2003 등.

3 毛利敏彦, 『明治維新政治外交史硏究』, 吉川弘文館, 2002.

4 多田好問 編, 『岩倉公實記』 中卷, 岩倉公舊籍保存會, 1927, 929~936쪽.

5 春畝公追頌會 編, 『伊藤博文傳』 上卷, 統正社, 1943, 636~638쪽.

6 태양력 실시 이전인 1872년 말까지는 음력으로 표기하고 1873년 1월 1일부터는 양력으로 표기한다.

7 『伊藤博文傳』 上卷, 624~628쪽. 영문은 1,013~1,017쪽.

8 때마침 내린 폭설로 대륙횡단열차가 불통되어 예정보다 장기간 솔트레이크에 체류하게 됐다. 이하 사절단의 일정과 견학, 시찰지에 관해서는 久米邦武, 『特命全權大使 米歐回覽實記』 전5책 및 松尾章一, 「特命全權大使米歐回覽實記 年譜」(大久保利謙 編, 『岩倉使節の硏究』) 참조.

9 The Alabama Claims, 1862~1872. 미국의 남북전쟁 당시 영국이 건조한 알라바

마호가 남군을 위해 사용되어 북군의 해상업에 큰 타격을 입힌 것으로 영국의 중립의무 위반이 문제시된 사건이다.

10 5월 21일자 일기, 妻木忠太 編, 『木戶孝允日記』第二, 日本史籍協會, 1933, 193~194쪽.

11 2월 21일자 河瀨眞孝에게 보낸 편지, 日本史籍協會 編, 『木戶孝允日記』第四, 日本史籍協會, 1930, 338~339쪽 ; 3월 8일자 일기, 157쪽.

12 10월 15일 사이고 다카모리(西鄕隆盛), 요시이 도모자네(吉井友實)에게 보낸 편지, 『大久保利通文書』第四, 日本史籍協會, 1928, 448~449쪽.

13 笠原英彦, 『大久保利通』, 吉川弘文館, 2005, 101쪽.

14 『米歐回覽實記』3권, 64쪽.

15 1873년 1월 27일 니시 도쿠지로(西德二郎)에게 보낸 편지, 『大久保利通文書』第四, 485쪽. 이 편지에서 오쿠보는 니시에게 러시아 정체 규칙과 지방관 규칙을 조사, 번역하도록 의뢰했다. 영·미·불은 이미 조사가 끝났으나 너무 차이가 나서 도저히 미치지 못하지만 러시아라면 "반드시 표준으로 삼을 것이 많을 것"이라고 보았다. 독일을 방문한 뒤로는 '표준'이 독일 쪽으로 약간 수정된 것으로 보인다.

16 『伊藤博文傳』上卷, 706쪽.

17 1873년 3월 15일자, 『木戶孝允日記』第二, 332쪽.

18 3월 9일 마키무라 마사나오(槇村正直)에게 보낸 편지, 『木戶孝允文書』第五, 12쪽.

19 3월 21일 사이고 다카모리(西鄕隆盛), 요시이 도모자네(吉井友實)에게 보낸 편지, 『大久保利通文書』第四, 492쪽.

20 3월 7일자, 『木戶孝允日記』第二, 328쪽.

21 파리에는 당시 일본인이 다수 머물고 있었다. 그중에서도 오야마 이와오(大山巖), 가와무라 스미요시(川村純義), 무라타 신파치(村田新八), 다카사키 마사카제(高崎正風), 가와지 도시요시(川路利良), 마에다 마사나(前田正名), 나카이 히로시(中井弘) 등 가고시마현(鹿兒島縣), 즉 사쓰마번(薩摩藩) 출신자가 다수 머물고 있었다. 오쿠보는 파리 교외의 상제르망에서 열린 가고시마현 향우회에 참석했다고 한다(勝田孫彌, 『大久保利通傳』下卷, 同文館, 1911).

22 덴쇼(天正) 견구(遣歐) 소년사절단이라고도 함. 1582(天正 10)년 규슈(九州)의 기독교 다이묘(大名)인 오토모 소린(大友宗麟), 오무라 스미타다(大村純忠), 아리마 하루노부(有馬晴信)가 로마에 파견한 4명의 소년이 중심이 된 사절단. 예수회 회원인 알렉산드로 바리냐노(Alessandro Valignano) 신부가 제안, 1590(天

正 18)년에 귀국.
23 『米歐回覽實記』, 2권, 21쪽.
24 『米歐回覽實記』, 5권, 167쪽.
25 『米歐回覽實記』, 5권 275쪽.
26 『米歐回覽實記』, 5권, 21쪽.
27 『米歐回覽實記』, 2권, 66쪽.
28 『米歐回覽實記』, 5권, 25쪽.
29 『米歐回覽實記』, 2권, 254쪽.
30 『米歐回覽實記』, 4권, 321쪽.
31 사절단이 로마에 체재할 무렵 이와쿠라가 이토에게 말하길, 지금까지 각국의 상황을 시찰했는데 영국, 미국, 독일, 프랑스와 같은 강대국은 말할 필요도 없이, 이류나 삼류국가라 하더라도 그 문화가 융성함은 일본이 쫓아갈 수 없을 정도도 현격한 차이가 있다. 우리들이 아무리 이를 연구한다고 해도 도저히 이를 실제로 채용할 전망이 없다. 상황이 이렇다면 구미 순시(巡視)의 사명(使命)을 욕되게 할 것이라며 매우 비관하는 심경을 드러냈다고 한다. 이에 대해 이토는 그것은 쓸데없는 걱정이다. 일본에서 실시해야 할 문화의 취사선택 등에 대해서는 자신들이 노력할 것이니 결코 걱정할 필요는 없다고 위로해 안심시켰다고 한다(『伊藤博文傳』上卷, 723~724쪽).
32 1872년 7월 1일 스기야마 다카토시(杉山孝敏)에게 보낸 편지, 『木戶孝允文書』第四, 369쪽.
33 1872년 8월 스기야마 다카토시에게 보낸 편지, 『木戶孝允文書』第四, 383쪽.
34 妻木忠太, 『木戶松菊公逸事』, 有朋堂書店, 1932(松尾正人, 『木戶孝允』, 吉川弘文館, 2007, 152~153쪽에서 재인용).
35 1872년 3월 8일자, 『木戶孝允日記』, 157~158쪽.
36 2월 1일자 가와키타 도시스케(河北俊弼)에게 보낸 편지, 『木戶孝允文書』第四, 337쪽.
37 『木戶孝允日記』第二, 162~182쪽.
38 좌원(左院)시찰단은 1872년 1월 27일 일본을 출발해 프랑스와 영국을 중심으로 이상적인 의회제도에 대해 조사했다. 좌원의 소의생(少議生) 야스카와 시게나리(安川繁成)는 영국, 중의관(中議官) 니시오카 유메이(西岡逾明)와 소의관 다카사키 마사카제(高崎正風), 고무로 시노부(小室信夫), 중의생 스즈키 간이치(鈴木貫一)가 프랑스를 시찰했다. 해외에서는 이와쿠라 대사의 지시를 받아 활동했다.
39 이러한 기도의 헌법제정의견서는 기도의 의뢰를 받아 아오키 슈조가 1873년 봄

에 기초한 「大日本政規草案」을 바탕으로 작성된 것이다. 아오키는 1874년 5,6월에는 「大日本國政典草案」이라는 수정판을 내놓았다. 이것들은 프로이센헌법과 그나이스트의 의견을 참고로 한 초안이다(坂根義久 校注, 『青木周藏自傳』, 平凡社, 1970).

40 『木戶孝允文書』第八, 121~122쪽.

41 이렇듯 기도는 '군민공치의 헌법'을 긴급한 목표로 내걸었지만 의회의 설치에는 소극적이었다. '인민의 의회'를 설치하여 운용하는 데는 인민의 진보가 불충분하다고 보았다. '정부의 관리'가 정책을 논의하고 '천황폐하가 항상 독재'하여 제정하는 것이 타당하다고 논했다. '독재의 헌법'이더라도 '후일 인민의 협의'를 일으킴으로써 '동치헌법(同治憲法)의 뿌리'가 될 것이라고 논했다(1873년 9월 이토에게 제시한 각서, 『木戶孝允文書』第八, 127~128쪽).

42 『大久保利通文書』第五, 188쪽.

43 『大久保利通文書』第五, 183쪽.

44 『大久保利通文書』第五, 186쪽.

일본인인가, 중국인인가

1 이하 일부는 졸고, 「중국 직항로 개설을 둘러싼 대만사회의 분열」, 『창비주간논평』(weekly.changbi.com), 2008년 7월 9일자에서 옮겨옴.

2 이하 내용은 梁華璜, 「日據時代臺民赴華之旅券制度」, 『臺灣風物』 39卷 3期, 1989. 9를 요약한 것이다.

3 같은 책, 41쪽.

4 국외여행과 달리 대만 안에서의 여행은 식민 당국의 주도 아래 제도화됐다. 이에 대해서는 呂紹理, 『展示臺灣』, 麥田出版, 2005 참조.

5 이 글에서 다루는 우줘류(吳濁流)의 대륙여행기와 그보다 앞선 롄헝(連橫, 1878~1936)의 『대륙유기(大陸遊記)』에 대부분의 연구가 집중되어 있다.

6 『口述歷史 : 日據時機臺灣人赴大陸經驗』 5期, 中央研究院近代史研究所, 1994 ; 『口述歷史 : 日據時機臺灣人赴大陸經驗』 6期, 中央研究院近代史研究所, 1995(이후 이 자료의 인용은 구술자 이름과 기수(期數)만 밝힘).

7 『남경잡감(南京雜感)』은 1942년 『대륙예술(大陸藝術)』 잡지에 연재했으나 일본 당국이 불허하여 당시는 단행본으로 간행되지 못했다고 한다. 여기서는 『吳濁流作品集』 1卷, 遠行出版社, 1977에 실린 텍스트를 이용했다(이하는 작품명과 면수만 밝힘).

8 1943년에 집필이 시작되어 대만 광복 직전에 탈고한 것으로 알려진 이 작품은

1956년 처음으로 『胡太明』이란 제목의 일본어판으로 일본에서 간행됐다가 다시 『亞細亞的孤兒』란 제목으로 바뀌었다. 이 일본판을 중문으로 옮긴 것이 1962년 대만에서 간행됐다. 이 글에서는 臺灣文學名著 3, 草根出版, 1995를 텍스트로 삼았다(이하는 작품명과 쪽수만 밝힘). 원문을 인용할 때 송승석 박사의 번역문을 참조했다. 미간행된 그의 초고는 일본어판을 저본으로 한 듯한데, 이 글에서 텍스트로 삼은 중문판과 차이가 나 대조하면서 필요에 따라 필자가 수정해 인용했다. 초고를 보여준 그에게 감사한다.

9 『南京雜感』, 51쪽.
10 『南京雜感』, 89쪽.
11 『南京雜感』, 84쪽.
12 『南京雜感』, 114쪽.
13 『南京雜感』, 115쪽.
14 『南京雜感』, 116쪽.
15 『南京雜感』, 117쪽.
16 葉榮鐘, 『小屋車夫集』, 中央書局, 1967, 212쪽.
17 같은 책, 212~213쪽.
18 난징에 도착한 이후 그가 겪어본 조국은 결국 일본교과서에서 배운 내용과 통하는 면도 있음을 발견하게 된다. 예컨대 그는 상하이에 도착한 후 거리에서 창녀와 거지를 보고 중국인의 비참함을 목도하는 동시에 외국인의 폭군과 같은 모습을 마주대하고는 조국에 대해 눈물을 머금게 된다. 『無花果』, 臺灣文學名著 4, 草根出版, 1995, 97쪽.
19 宋冬陽, 「朝向許願中的黎明」, 『文學界』 10期, 1984. 5, 139쪽.
20 『亞細亞的孤兒』, 38쪽.
21 『亞細亞的孤兒』, 77쪽.
22 『亞細亞的孤兒』, 88쪽.
23 『亞細亞的孤兒』, 96~97쪽.
24 대만인은 대만에서 일본인에게 '이등공민'으로 차별당했다. 다이슈리의 회고에 의하면, 그녀의 오빠는 배에서 '중국신청년'이란 제목의 글을 읽은 것만으로 일본 경찰에 의해 검문을 당하고 끝내 파출소로 끌려가는 수모를 겪었다고 한다. 戴秀麗, 第6期, 107쪽.
25 『亞細亞的孤兒』, 139쪽.
26 『亞細亞的孤兒』, 145쪽.
27 林坤鐘, 5期, 68쪽.

28 吳左金, 5期, 105쪽.
29 許顯耀, 6期, 9쪽.
30 『亞細亞的孤兒』, 200쪽.
31 林坤鐘, 5期, 28쪽.
32 林坤鐘, 5期, 68쪽.
33 林坤鐘, 5期, 72쪽.
34 陳許碧, 5期, 249~258쪽.
35 『亞細亞的孤兒』, 211~212쪽.
36 宋冬陽, 위의 글, 133쪽.
37 黃俊傑, 『臺灣意識與臺灣文化』, 臺灣大學出版中心, 2006, 3~38쪽.
38 우줘류는 『무화과(無花果)』, 17쪽에서 이렇게 털어놓는다. "대만인은 이 같은 치열한 향토애를 가진 동시에 조국에 대한 사랑도 마찬가지로 가졌다. 조국을 사모하고 조국에 대한 애국심을 가슴에 품은 것은 누구나 다 같았다. 단지 대만인의 조국애는 사랑하는 대상이 청조가 아니었다. 청조는 만주인의 국가이지 한인의 국가가 아니고, 청일전쟁은 만주인이 일본인과 싸우다 패배한 것이지 결코 한인이 패배한 게 아니었다. 대만은 비록 일시적으로 일본에 점령당했지만 끝내 어느 날인가 광복할 것이다. 한민족은 반드시 부흥하여 자신의 나라를 부흥할 것이다. 노인들은 꿈속에서 어느 날 한군이 대만을 해방하러 오리라 굳게 믿었다. 대만인의 마음속에 존재하는 것은 한(漢)이라는 이 아름답고 위대한 조국이었다."
39 宋冬陽, 위의 글, 141쪽.
40 「光復卄年的感想」, 『吳濁流選集』 5, 遠行, 1977, 179쪽.
41 葉榮鐘, 앞의 글, 212쪽.
42 葉俊傑, 앞의 글, 34쪽.
43 Leo T. S. Ching, *Becoming 'Japanese': Colonial Taiwanese and the Politics of Identity Formation*, University of California Press, 2001, 8쪽.
44 이 점에서 천잉전(陳映眞)이 대만의식(臺灣結)을 아시아 냉전구조와 연관시켜 설명하는 방식도 귀 기울여볼 필요가 있다. 「國家分裂結構下的民族主義國家 : '臺灣結'的戰後史之分析」, 『中國論壇』 289期, 1987. 10.
45 1976년 우줘류가 타계한 그해 필명으로 발표한 글(艾鄧, 「孤兒的歷史和歷史的孤兒 : 讀吳濁流 : 亞細亞的孤兒」, 『臺灣文藝』 13卷 53期, 1976. 10)에서는 이 주장을 전면에 내세우지 않았지만, 나중에 같은 글을 자신의 문집에 실을 때는 명문화했다(陳映眞, 『孤兒的歷史, 歷史的孤兒』, 遠景出版, 1984, 94~95쪽).
46 Leo T. S. Ching, 앞의 책, 181쪽.

47 宋澤萊, 『臺灣人的自我追尋』, 前衛出版社, 1988, 특히 19쪽.
48 Leo T. S. Ching, 앞의 책, 185쪽.
49 그것은 서구 중심의 세계사 전개에서 비주체화의 길을 강요당한 동아시아라는 주변의 눈과 동아시아 내부의 위계질서에서 억눌린 주변의 눈이 동시에 필요하다는 문제의식이다. 필자가 말하는 중앙과 주변의 관계는 단순히 지리적 위치를 가리키지 않고 무한한 연쇄관계 또는 무한 억압이양(抑壓移讓)의 관계를 갖는 가치론적 차원의 것이다. 백영서, 「주변에서 동아시아를 본다는 것」, 백영서 외 엮음, 『주변에서 본 동아시아』, 문학과지성사, 2004, 특히 18쪽.
50 Leo T. S. Ching, 앞의 책, 234쪽 주 30.
51 廖炳惠, 「旅行與異樣現代性 : 試探吳濁流的南京雜感」, 『中外文學』 29卷 2期, 2007. 7, 295, 303쪽.

수록논문 중 발표된 글의 출처

- 김성수, 「5세 달라이 라마 북경행(北京行)의 배경과 17세기 내륙아시아 네트워크」, 『명청사연구』 29, 2008. 4.
- 김종섭, 「『참천태오대산기(參天台五臺山記)』로 본 송대 여행 인프라와 문화체험」, 『사림』 30, 2008. 6.
- 박경석, 「민국(民國)시기 상하이우성여행단(上海友聲旅行團)과 '레저여행'」, 『중국근현대사연구』 38, 2008. 6.
- 이계황, 「근세 후지(富士)신앙의 성립과 그 전개」, 『일본역사연구』 26, 2007. 12.
- 차혜원, 「명조와 류큐(琉球) 간 책봉(冊封) 조공(朝貢)외교의 실체—만력연간(萬曆年間. 1573~1620), 명조의 류큐정책을 중심으로」, 『중국사연구』 54, 2008. 6.

지은이 약력

김선민
연세대 사학과 졸업, 연세대 사학과 석사·박사
현재 연세대 국학연구원 연구교수
주요 논저 「수(隋)·당초(唐初) 군신(君臣)의 공도(公道)의식 변화―위징(魏徵)의 지공군주론(至公君主論)」, 『고대중국』, 『아시아 역사와 문화 2 중국사 중세』(이상 번역), 『역주 당육전』(공역)

김성수
연세대 사학과 졸업, 연세대 사학과 석사, 중국 난카이(南開)대 역사계 박사
현재 연세대 국학연구원 연구원
주요 논저 「동아시아론의 전개와 역사 텍스트 속의 동아시아」, 「티벳 불교권의 형성과 청조(淸朝) 번부지배체제(藩部支配體制)」, 『明淸之際藏傳佛敎在蒙古地區的傳播』

김영진
연세대 사학과 졸업, 연세대 사학과 석사·박사
전 연세대 사학과 강사
주요 논저 「송대 사대부 연구에 대하여」, 「남송대 지역사회에 있어서 사인(士人)의 활동과 그 이념」, 「육유―남송대 향거사대부의 생활과 활동」

김유철
서울대 동양사학과 졸업, 서울대 동양사학과 석사·박사
현재 연세대 사학과 교수
주요 논저 『균전제와 균전제도』, 『역사학과 지식정보사회』(이상 공저), 『중국 고대

정사(正史) 예악지(禮樂志) 역주』, 『당대사(唐代史)의 조명』(이상 번역)

김종섭
연세대 사학과 졸업, 연세대 사학과 석사, 중국 난카이대 역사계 박사
현재 서울시립대 국사학과 교수
주요 논저 「당(唐)·오대(五代) 막직관(幕職官)의 임용방식과 역할」, 「오대(五代) 과거(科擧)의 시행과 작용」, 「오대(五代) 문관 인식의 단면」, 「오대(五代) 관제(官制) 운영의 특징」, 「당대(唐代) 중앙과 연안 번진(藩鎭)의 관계」

박경석
연세대 사학과 졸업, 연세대 사학과 석사·박사
현재 동북아역사재단 연구위원
주요 논저 「청말의 '의진활동가(義賑活動家)'와 구재(救災)의 근대적 변모」, 「남경국민정부의 '공자탄신기념'과 민족주의」, 「남경국민정부 구재행정의 근대적 변모와 민간의진」, 『공자 현대중국을 가로지르다』, 『一九三〇年代的中國』(이상 공저)

방광석
연세대 사학과 졸업, 연세대 사학과 석사, 일본 릿쿄(立敎)대 박사
현재 고려대 동아시아문화교류연구소 연구교수
주요 논저 「1880년 대 초 일본의 국가체제구상」, 「'제국헌법'과 메이지천황(明治天皇)」, 「침략의 표상—한국에서 본 이토 히로부미(伊藤博文)」, 『근대일본의 국가체제 확립과정—이토 히로부미와 '제국헌법체제'』, 『일본 우익의 어제와 오늘』(공저), 『민족은 없다』(번역)

백영서
서울대 동양사학과 졸업, 단국대 사학과 석사, 서울대 동양사학과 박사
현재 연세대 사학과 교수
주요 논저 『동아시아의 귀환』, 『중국 현대 대학문화 연구』, 『동아시아의 지역질서』(공저), 『중국 국민혁명의 분석적 연구』(공저)

이계황
연세대 사학과 졸업, 연세대 사학과 석사, 일본 교토(京都)대 박사
현재 인하대 일어일본학과 교수

주요 논저 「近世武家官位制の成立過程について」, 「'근세천황제' 연구 서설」, 『文祿慶長の役と東アジア』, 『천황과 일본문화』(공저), 『새로 쓴 일본사』(공역)

임성모
연세대 사학과 졸업, 연세대 사학과 석사·박사
현재 연세대 사학과 교수
주요 논저 『패전 전후 일본의 마이너리티와 냉전』, 『동아시아의 민족이산과 도시』(이상 공저), 『번역과 일본의 근대』, 『전장의 기억』(이상 번역)

차혜원
연세대 사학과 졸업, 연세대 사학과 석사, 일본 교토대 박사
현재 연세대 사학과 교수
주요 논저 「유동적 역사공간—근세 동아시아로의 접근」, 「明末, 地方官の人事異動と地方輿論」, 『명청시대 사회경제사』(공저), 『옹정제』, 『중국사의 대가, 수호전을 역사로 읽다』(이상 번역)

찾아보기

|ㄱ|

가라쓰(唐津) 72, 73
가부나카마(株仲間) 233
가이슈(快宗) 73, 76, 84
가지기도(加持祈禱) 225
가쿠교(角行) 10, 25, 215~222, 225, 227, 230, 231, 242
가탐(賈耽) 122, 125, 141
간덴포장(dga' ldan pho brang) 173
간방(干傍) 148
감포(澉浦) 132, 153
갑사(甲士) 45, 48~50, 60
강수(綱首) 143
개화 351, 356, 360, 362~365, 367
건량(乾糧) 58
검덕저축회(儉德儲蓄會) 253, 263, 273
게쓰교(月行) 221, 225, 242
겐신(源信) 93, 94
겔룩 교단 25, 172~175, 180, 187~189, 198, 199, 202, 208, 210, 408, 409, 411, 415
경략(經略) 21, 111, 132, 141
경원(영파) 153
계민가한 42, 47, 50, 51, 53, 56, 57, 62, 63, 68,
고경(高熲) 52
고구려 18, 46, 52

『고다이교노마키(御大行の卷)』 217~219
고리불(古里佛) 118
고림(故臨) 123~127, 146, 156
고모토(講元) 241
고소산(姑蘇山) 280, 294
고아의식 10, 31, 374, 385, 386, 388, 389
고창 50, 61
고취(鼓吹) 44, 269
곡사(曲赦) 59
곤신침(坤申針) 151
공동산(空桐山) 281, 281, 286, 293, 316
공빙(公憑) 131, 134
공이(公移) 20, 54, 79~81, 96
공험(公驗) 134
관본(官本)무역 132, 133, 154
관본선(官本船) 121, 132, 154~156
관상(官商) 154
광주(廣州) 20, 111~114, 116, 117, 121~123
「광주통해이도(廣州通海夷道)」 122, 125, 141
광한군(廣漢郡) 305
교사(郊祀) 44, 48, 287
교자(轎子) 72, 83, 86, 108
교제(郊祭) 38, 352
교지(交趾) 162
구국구망(救國救亡) 247, 249, 259

찾아보기 • 443

구람(俱藍) 127, 146
구의산(九疑山) 287, 289, 294, 300, 302, 313, 314, 319
국청사(國淸寺) 71, 72, 77, 80, 81, 84, 87, 88, 94, 96, 100, 102, 103
군례(軍禮) 51
군민공치(君民共治) 367
귀위안자(郭元甲) 253
규슈(九州) 323, 380
금계(金鷄) 54
금하(金河) 42, 47, 52
기도 다카요시(木戶孝允) 30, 349, 363
기주(岐州) 43
김사력(金仕歷) 335

| ㄴ |

나침반 134, 135, 151
나카마(仲間) 26
난징(南京) 31, 251, 252, 255, 270, 374, 375, 378, 382, 383
『남경잡감(南京雜感)』 374, 375, 378, 386,
남군(南郡) 298~301, 307~311, 316, 318
남대양(大洋)해 113, 115
남리(藍里) 123~127, 164
남만(南蠻) 27, 306~312, 315, 318, 319
남무리(喃巫哩) 164
남방민족 10, 303, 308
남성진(嵐城鎭) 58
남송(南宋) 21, 110, 111, 113~116, 128, 131, 135, 141, 143, 152, 160
남순(南巡) 42~44
남원(南苑) 205, 206

남월(南越) 112, 304, 312~314
남창(南昌) 158~160
남해(南海) 19, 21, 110~116
남해무역 21, 111, 129~131, 133, 137, 139, 144, 155, 157
남해여행 9, 21, 22, 110, 111, 129, 130, 134, 142, 144, 156~158, 170
남해인식 9, 17, 21, 110, 112
남해항로 9, 111, 112, 121~123, 125, 128, 129, 131, 147
내륙아시아 10, 17, 24, 25, 172, 174, 176~179, 181, 184, 190~192, 198, 199, 207, 208
내셔널리즘 17, 22, 23, 246, 247, 249, 250, 259, 261
노부(鹵簿) 44, 48
누번관(樓煩關) 42, 52
늠군만(廩君蠻) 307~309

| ㄷ |

다이가(代嘎) 201, 205, 206, 208
다자이후(太宰府) 70, 97
다카다 후지시로(高田藤四郎) 230~233, 236
다키아게(焚き上げ) 242, 243
달두가한 47
당병(糖餠) 105, 106
대가(大駕) 44, 48, 131
『대덕남해지(大德南海志)』 116~118, 141
대동양 121, 141
대두발곡(大斗拔谷) 43
대만의식 31, 385~387
대만인 11, 27, 30, 31, 369, 371~375,

378~386, 388~390
대불산 161, 162
대사(大射) 51, 54, 55, 90
대서양 117, 121, 357
대오다(大烏爹) 119
도사(道士) 45, 56
도요토미 히데요시(豊臣秀吉) 324, 331, 344
『도이지략(島夷誌略)』 9, 111, 116~120, 129, 135, 140~142, 157, 159~162
도조신(道祖神) 48
도쿠가와 이에야스(德川家康) 219
돌궐 39, 41, 43, 45~47, 50~53, 57~60, 62~66
동남해 113, 116, 121
동대식(大食)해 113, 115
동대양해 113
동도(東都) 38, 40, 42, 43, 50, 52, 53, 57~59
동안로(東岸路) 122
동양(東洋) 26, 112, 113, 115~118, 120, 121, 141, 352, 363
동정(洞庭) 228, 306, 328, 383

| ㄹ |

라이엔(賴緣) 73, 74, 83, 84
랴오빙후이(廖炳惠) 389, 390
루중만(漊中蠻) 308
류원림(劉元霖) 337, 338
류큐(琉球) 11, 27~29, 320~332, 334~346

| ㅁ |

마관조약(馬關條約) 372

마로간(馬魯澗) 120
마르코 폴로 102, 129, 131, 137~139, 142, 157
마리발(麻離拔)국 124
마왕퇴(馬王堆) 302
마읍(馬邑) 42, 47, 49, 52
마잉주(馬英九) 370
마제(禡祭) 43
마젠성(馬劍笙) 255
마팔아(馬八亞)국 127, 128, 146, 147
마환(馬歡) 169
막남 몽골 184, 186
막번체제(幕藩體制) 25, 223~225, 233, 240, 241, 244, 347
만국공법(萬國公法) 351, 352, 356, 358, 359
만다라(曼茶羅) 232
만도(萬島) 325
만맥(蠻貊) 165, 167
만선사(挽船士) 45
망사(望祀) 287, 296, 300, 313, 314
매감(埋坎) 56
메이지 관료 10, 28, 29, 347, 349
명주(明州) 75, 76, 80, 97, 130, 148, 149
모토코(元講) 232, 234, 236, 238, 239, 241
목란피(木蘭皮)국 125
『몽양록(夢梁錄)』 135
무도군(武都郡) 305
무릉장사(武陵長沙蠻) 308
무위(武威) 335
『무화과(無花果)』 378
문관(問官) 76, 80, 96
문명인식 348

문명화 11, 349, 362, 363
문산군(汶山郡) 305
문제(文帝) 302
문혜대사(文慧大師) 92~94
『미구회람실기(米歐回覽實記)』 30, 349, 362, 363
미로쿠(身祿) 10, 25, 26, 215, 216, 218, 221~231
미로쿠도교(身祿同行) 230, 231
미야자키 이치사다(宮崎市定) 116

| ㅂ |

박릉(博陵) 43
반봉론(頒封論) 321
발연산(拔延山) 43, 51
발제(跋祭) 48
번객(蕃客) 45
번인(番人) 152, 165
번자개(樊子蓋) 59
범겸(范謙) 330, 331
범안귀(范安貴) 58
법가(法駕) 44
병주(幷州) 41, 42, 49
보임안서(報任安書) 278, 290
복건(福建) 114, 143, 144, 153, 322, 324, 326~328, 330~333, 339, 340, 343~345
봉선(封禪) 54, 55, 282, 286, 297, 315~317
부풍(扶風) 43
북경 24, 174
북산(北山) 329, 333
북새(北塞) 43, 57
북순(北巡) 38, 39, 42, 43, 45, 47, 48, 52, 53, 55, 57~61
북평(北平) 43
분양궁(汾陽宮) 43, 57, 58
분주(分州) 42

| ㅅ |

『사기(史記)』 10, 27, 278~283, 285~288
사남(查南) 148
사마담(司馬談) 271, 277, 292
사마상여(司馬相如) 278, 279
사마천(司馬遷) 10, 27, 28, 277, 278, 280~283, 285~288
사명지례(四明知禮) 87, 94
사세용(史世用) 329, 331~334
사쓰마번(薩摩藩) 28, 321~323, 331, 337, 344, 365
사해(四海) 112, 121, 253
사회단체 23, 236, 253, 273, 274
산가파(山家派) 87
산외파(産外派) 87
삼불제(三佛齊) 113, 114, 116, 121, 123
상녕(尙寧) 324, 325, 328, 330, 331, 333, 334, 337, 342
상하이(上海) 10, 17, 22, 23, 31, 246, 250~253, 255, 258, 260, 263, 265, 268, 270, 272, 273, 362, 374, 375, 382~384
상하이당훈동학회(上海黨訓同學會) 265
샤먼(厦門) 373, 381, 382
서남이(西南夷) 285, 286, 301, 304~306, 308, 309, 314, 316
서남해 113, 116, 120, 121
서대식해 113, 115

서문(徐聞) 120, 122, 140, 160, 161, 169, 312, 367
서양 11, 14, 26, 29, 30, 112, 113, 115~120
서역(西域) 41, 46, 51, 56, 60, 61, 278
서친 초르지 10, 189~198
서친한(할하 몽골 좌익) 180~182, 185, 186, 195, 211
서학취(徐學聚) 339
석성(石星) 331
선싱추(沈杏初) 258, 265
선자쿠이(沈嘉奎) 265
설삼재(薛三才) 330, 331
세와닌(世話人) 241
세이슈(聖秀) 73, 91, 92
세전동학회(稅專同學會) 253, 263
센다쓰(先達) 26, 231, 232, 238, 241~243, 245
소동양 116~118, 121, 141
소서양 116, 117, 121, 141
소식(蘇軾) 72~74, 77, 105, 192, 323
수밀격창(水密隔艙) 136, 137
수부법(水浮法) 135
순치제(順治帝, 世祖) 24, 174, 175, 178, 196, 199, 201, 206
순행(巡幸) 9, 17, 18, 19, 37~42
슈겐도(修驗道) 25, 215~217, 220, 230, 244
슈신청(舒新城) 253, 269
승가대사진신탑(僧伽大師眞身塔) 90
승가랄(僧加剌) 118, 145, 165
시박(市舶)무역 131, 132
시박사(市舶司) 21, 75, 111, 128, 130~134, 148, 153

시후박람회(西湖博覽會) 262
식민지 근대성 32, 389, 390
신종(神宗) 19, 20, 71, 74
신켄(心賢) 73
쑨쭝위안(孫宗源) 254, 256, 257, 266
쑹쩌라이(宋澤萊) 388

|ㅇ|

아바첸보(lnga pa chen po) 173
『아시아의 고아(亞細亞的孤兒)』 31, 375, 378, 385~387
암도(青海) 185, 187~189, 192, 193, 196, 198, 199, 201, 207, 121
야랑왕(夜郎王) 309, 312
야마모토 다쓰로(山本達郎) 115
야마부시(山伏) 215, 216
야오위안간(姚元幹) 254~257
양(洋) 114
양정벽(楊庭璧) 127, 128, 146, 147
양추(楊樞) 120, 121, 142, 143, 153~157
에다코(枝講) 230, 233, 239
에보시이와(烏帽子岩) 229
에이사이(榮西) 102
엔닌(圓仁) 20, 71, 78, 79
엔친(円珍) 74
여가(呂嘉) 13, 23, 247~249, 258, 259, 303, 304
역흑미실(亦黑迷失) 128, 142, 144~146
영거(靈渠) 313
영봉론(領封論) 321, 339
『영애승람(瀛涯勝覽)』 169
『영외대답(嶺外代答)』 111, 113~116, 120, 122, 123, 125, 127, 128, 141,

155, 156
예룽중(葉榮鐘) 377
오감(吳鑑) 161
오다(烏爹) 166
오대산(五臺山) 20, 75, 84~87, 89, 90, 94, 98, 101, 108
오랄국(烏剌國) 122
오령(五嶺)산맥 313
오야마비라키(お山開き) 243
오충(吳充) 99, 103
오쿠보 도시미치(大久保利通) 30, 349
온주(溫州) 132, 147~149
YMCA(靑年會) 253, 263, 273
왕대연(汪大淵) 9, 22, 111, 116, 120, 129, 135, 140, 142, 152, 157, 158
왕사오창(王紹昌) 265
왕사정(王士禎) 337, 342
『왕생요집(往生要集)』 93, 94
왕원무(王元懋) 142~144
왕징웨이(汪靜衛) 384
왜경(倭警) 11, 323, 324, 326, 327, 345
왜사관(倭使館) 339
외성인(外省人) 382, 385
우마레마스(生まれ増す) 223
우미마스(生み増す) 223
우성여행단(友聲旅行團) 10, 22, 23, 246, 250, 253~260
우쥐류(吳濁流) 11, 31, 374, 375, 378, 386~390
우집(虞集) 161, 162
우혈(禹穴) 289, 294
원언회(元彥會) 339
월수군(越嶲郡) 305
월주(越州) 76, 83, 84, 86

위안쭝바오(袁忠寶) 265
위짜이겅(俞載賡) 255
윈쭤청(雲作丞) 260
이광리(李廣利) 278
이븐 바투타 129, 131, 137~139, 142, 157
이와쿠라 도모미(岩倉具視) 349
이와쿠라(岩倉)사절단 350
이장춘(李長春) 328
이정기(李廷機) 339
이칸(惟觀) 73
이토 히로부미(伊藤博文) 30, 349, 356, 368
일지양속(日支兩屬) 320
일칭(日稱) 92, 93

| ㅈ |

자문(咨文) 324, 331, 332, 335, 342
자야반디타 197, 213
자우(zau) 138
자쿠쇼(寂照) 94
장가강(䍧柯江) 304
장건(張騫) 278, 280
장사(長沙) 59, 72, 221, 225, 282, 300, 302, 306, 312, 313, 316, 323
장저(張翥) 120, 160, 161
저우쥔칭(周俊卿) 265
전왕(滇王) 309, 312
절강(浙江) 290, 322, 326, 327, 337, 338
점다(點茶) 93, 103, 104, 108
점성(占城)국 143~145, 148, 168
정동(鄭洞) 323~328
정무체육회(精武體育會) 253, 263, 273
정미침(丁未針) 151

정적(鄭迪) 324
정체성 9~11, 13, 15, 16, 24, 26~28,
　　30, 31, 37, 320, 321, 340, 344, 369,
　　371, 375, 379, 384~386, 388, 389
정크(junk) 138
정화((鄭和) 20, 82, 158, 159, 168, 242,
　　243, 245, 365
정효(鄭曉) 339
제로(齊魯) 280
제번지(諸蕃志) 111, 113, 114, 128, 135,
　　140, 141, 161, 163
젠큐(善久) 73
조(町)공동체 26, 223, 233, 245
조공(朝貢) 27~29, 51, 61, 62, 131,
　　145, 147, 154, 178, 213, 233, 245,
　　320~323, 327~329, 332~337,
　　339, 343~346
조공무역 131, 323, 343
조메이(長命) 73
조약개정 348, 350~352, 354~356
조여괄(趙汝适) 113
조진(成尋) 9, 19, 20, 70~82
조참로(趙參魯) 327
조카마치(城下町) 233
조타(趙佗) 312, 314
종전(寶錢) 307, 310
종포(寶布) 307, 310
주거비(周去非) 113
주경라마제도(駐京喇嘛制度) 199
주동(住冬) 123, 126
주번(住蕃) 144
중국보이스카우트총회(中國童子軍總會)
　　266
중국여행사(中國旅行社) 23, 246, 250,

　　252, 263, 274
중앙서찬사(中央西餐社) 268
지남어(指南魚) 134
지보(智普) 92
지키교 미로쿠(食行身祿) 221, 222 ⇨ 미
　　로쿠(身祿)
직도(直道) 286
진 시황(秦 始皇) 17, 38, 41, 46, 55,
　　112, 278, 282, 283, 290, 313, 316
진군교우회(振群校友會) 253
진덕수(眞德秀) 115
『진랍풍토기(眞臘風土記)』 111,
　　147~149, 152, 163, 168
진신(陳申) 88, 90, 94, 324, 325, 327,
　　328, 338
진영(陳詠) 20, 72, 78~83
진포(眞蒲) 148
짱바한 카르마 덴종왕보 189

| ㅊ |

참지정사(參知政事) 99
『참천태오대산기(參天台五臺山記)』 9,
　　19, 20, 70~73
창오(蒼梧) 302, 304, 306, 313
채규(蔡奎) 336~338
책봉(冊封) 11, 28, 29, 178, 180, 208,
　　210, 313, 321, 322, 328~338, 340,
　　341, 343, 345, 346
천궁보(陳公博) 384
천길상(天吉祥) 92, 93
천사관(天使館) 339
천쉬비(陳許碧) 384
천시칭(陳錫卿) 384
천잉전(陳映眞) 388

천주(泉州) 21, 111, 114~116, 120, 121, 127, 128, 131, 136~139, 143
천지강(陳繼綱) 255
천축승(天竺僧) 92, 93, 108
천태대사진신탑(天台大師眞身塔) 88
천태산(天台山) 20, 71, 72, 75, 77, 79, 80, 83
『청원속지(淸源續志)』 160
청일전쟁 30, 371, 372
초유(招諭) 32, 111, 127, 144~147, 149, 154
침려군(沈犂郡) 305

| ㅋ |

카캄(kakam) 138

| ㅌ |

태사(太史) 247, 285
태사공자서(太史公自序) 278, 288, 289, 316
태종(太宗) 40, 63, 66~69, 72
태주(台州) 72, 77, 81, 84, 86, 96
태치(泰時) 287, 297
토마스 쿡(Thomas Cook) 248
토마스 쿡 앤 선스(Thomas Cook & Sons) 248
통독(統獨)논쟁 387
통사(通事) 20, 72, 77~80
투다(闊多) 104
투머드 몽골 187, 188

| ㅍ |

파촉(巴蜀) 279, 285, 301, 303~305, 309, 316

파투무(巴渝舞) 279, 308, 309
팍모추바 정권 202
판순만(板楯蠻) 307~309, 310
팔라발(八羅孛)국 128, 145
푸젠성(福建省) 31, 264, 372, 374
푸퉈(普陀) 258, 263, 270, 272
풍경(馮京) 99, 103, 161, 247, 258, 272, 360

| ㅎ |

하거서(河渠書) 281~283, 286, 294
하자양(夏子陽) 11, 336, 340~343
하카다(博多) 70, 73, 335
한 무제(漢 武帝) 17, 38, 41, 46, 54, 55, 278, 282, 283, 285~287, 290, 300, 313, 315, 316
『한서(漢書)』 122, 278, 285, 286, 290, 293, 296, 297, 305, 306, 308, 312, 313, 315, 319
할하 몽골 189, 197
합포(合浦) 122
항주(杭州) 75, 76, 79~81, 83, 84, 96, 102, 103
해관구락부(海關俱樂部) 243, 263
해금(海禁) 169, 323
행천부사(行泉府司) 132
허국(許國) 326, 327
허부원(許孚遠) 330~336, 339, 340
헌법 365~367
혜능(惠能) 94
혜현(慧賢) 92, 108
호르무즈 137, 154, 155
호쇼트 몽골 173, 180, 189~191, 212
호여녕(胡汝寧) 327

호응린(胡應麟) 91
『화양국지(華陽國志)』 305
활불 172, 181, 187, 196, 197, 199, 204, 208
황사(黃寺) 196, 201, 204
황승현(黃承玄) 344, 345
황쥰졔(黃俊傑) 385~387
황지국(黃支國) 122
황치류(黃綺流) 257
회계산(會稽山) 289, 294
후지(富士)신앙 10, 25, 26, 216, 217, 221, 230, 231, 240, 244, 245
후지산(富士山) 17, 25, 26, 216~222, 224~228

후지와라 가쿠교(藤原角行) 217 ⇨ 가쿠교(角行)
후지즈카(富士塚) 10, 25, 25, 216, 225, 230, 234~236, 238, 240, 241, 243
후지코(富士講) 10, 17, 25, 26, 215, 216, 230~233, 236, 238, 239
『후청록(侯鯖錄)』 114
『후한서(後漢書)』 306, 307, 312
훅호트(呼和浩特) 183, 185, 187, 188, 192, 193, 197
흉노 정벌 278
『히비노코코로에(日日の心得)』 219
히토아나(人穴) 218, 231

동아시아 역사 속의 여행 2
네트워크, 정체성

지은이 임성모 외
펴낸이 윤양미
펴낸곳 도서출판 산처럼

등 록 2002년 1월 10일 제1-2979호
주 소 서울시 종로구 내수동 72번지 경희궁의 아침 3단지 오피스텔 412호
전 화 725-7414
팩 스 725-7404
E-mail sanbooks@paran.com

제1판 제1쇄 2008년 8월 30일

ⓒ 임성모 외, 2008

값 28,000원

ISBN 978-89-90062-28-4   93910
ISBN 978-89-90062-30-7   (세트)

*잘못된 책은 서점에서 바꾸어 드립니다.